LES SOURCES
DE LA
PENSÉE PHILOSOPHIQUE
DE
RAIMOND SEBOND
(RAMON SIBIUDA)

Dans la même collection:

1. Bonnet, Pierre. *Bibliographie méthodique et analytique des ouvrages et documents relatifs à Montaigne.* 1983. In-8 de 586 pp., rel.
2. Defaux, Gérard. *Marot, Rabelais, Montaigne: l'écriture comme présence.* 1987. In-8 de 227 pp., br. et rel.
3. Brousseau-Beuermann, Christine. *La copie de Montaigne. Etude sur les citations dans les «Essais».* 1989. In-8 de 312 pp., br. et rel.
4. Clive, H. Peter. *Bibliographie annotée des ouvrages relatifs à Montaigne, publiés entre 1976 et 1985. Avec un complément de la Bibliographie de Pierre Bonnet.* 1990. In-8 de 264 pp., rel.
5. *Montaigne, penseur et philosophe.* Actes du Congrès de Dakar (mars 1989). 1990. In-8 de 235 pp., br. et rel.
6. *Montaigne, Apologie de Raimond Sebond. De la* Theologia *à la* Théologie (C. Blum). 1990. In-8 de 368 pp., br. et rel.
7. Gray, Floyd. *Montaigne bilingue: le latin des «Essais».* 1991. In-8 de 168 pp., br. et rel.
8. Magnien-Simonin, Catherine. *Une vie de Montaigne ou «Le sommaire discours sur la vie de Michel Seigneur de Montaigne (1608)».* 1992. In-8 de 88 pp., br. et rel.
9. Tripet, A. *Montaigne et l'art du prologue au XVIe siècle.* 1992. In-8 de 262 pp., br. et rel.
10. Tétel, Marcel. *Présences italiennes dans les «Essais» de Montaigne.* 1992. In-8 de 216 pp., br. et rel.
11. Pot, Olivier. *L'inquiétante étrangeté. Montaigne: la pierre, le cannibale, la mélancolie.* 1993. In-8 de 256 pp., br. et rel.
12. Comte-Sponville, André. *«Je ne suis pas philosophe». Montaigne et la philosophie.* 1993. In-8 de 48 pp., br.
13. Garavini, Fausta. *Monstres et chimères, Montaigne, le texte et le fantasme.* 1993. In-8 de 288 pp., br. et rel.
14. Vauvenargues. *Fragments sur Montaigne.* Edité par Jean Dagen. 1993. In-8 de 128 pp., br. et rel.
15. Brody, Jules. *Nouvelles lectures de Montaigne.* 1994. In-8 de 200 pp., br. et rel.
16. Frame, Donald. *Montaigne, une vie, une œuvre (1533-1592).* 1994. In-8 de 456 pp., br. et rel.
17. De Puig, Jaume. *Les sources de la pensée philosophique de Raimond Sebond.* 1994. In-8 de 324 pp., br. et rel.

Etudes montaignistes
dirigées par Claude Blum
XVII

Jaume DE PUIG

LES SOURCES DE LA PENSÉE PHILOSOPHIQUE DE RAIMOND SEBOND
(RAMON SIBIUDA)

Ouvrage publié avec le concours
du Centre National de la Recherche Scientifique

PARIS
HONORÉ CHAMPION ÉDITEUR
7, QUAI MALAQUAIS (VIe)
1994

Diffusion hors France: Editions Slatkine, Genève

COMITÉ DE PUBLICATION

R. Aulotte (Paris); W. Bots (Leyde); J. Brody (Dekalb); G. Defaux (Baltimore); O. Lopez Fanego (Madrid); F. Garavini (Florence); M. McKinley (Charlottesville); L. Kritzman (Hanover); E. Kushner (Toronto); E. Limbrick (Victoria); D. Ménager (Paris); G. Nakam (Paris); Fr. Rigolot (Princeton); Z. Samaras (Thessalonique); J. Supple (St. Andrews); M. Tetel (Durham); A. Tripet (Lausanne); A. Tournon (Aix-Marseille).

© 1994. Editions Champion, Paris.
Reproduction et traduction, même partielles, interdites.
Tous droits réservés pour tous les pays.
ISBN 2-85203-399-2   ISSN 0986-492-X

Fundare omnia in homine
(*Liber creaturarum*, ms. Arsenal 747, fol. 32 v°, ligne 2.)

AVANT PROPOS

Rattaché par beaucoup à l'école lulliste, Ramon Sibiuda reste un auteur peu connu. En étudiant sa *Scientia libri creaturarum*, nous avons tenté de dégager le milieu à partir duquel cette oeuvre a été pensée, les problèmes auxquels elle voulait répondre et les sources qu'elle a utilisées. Tout en demeurant soumises à révision, nos conclusions auront peut-être apporté quelque lumière. Ramon Sibiuda nous apparaît désormais dans la ligne de l'augustinisme médiéval, avec une position originale au sein de ce courant de pensée. Car, en radicalisant le thème de la connaissance de soi-même cher au socratisme chrétien et par le recours aux textes de saint Anselme, saint Bernard, saint Bonaventure, Hugues et Richard de Saint-Victor, surtout, Sibiuda expose une synthèse raisonnée et rationnelle de l'ensemble du dogme chrétien. Pensée théologique, l'effort sebondien est une recherche de la *ratio fidei* à partir de l'homme et toujours référée à l'homme. Paru dans l'année 1436, le *Liber creaturarum* est d'abord une réponse chrétienne aux problèmes que posait l'humanisme alors naissant ; mais ensuite il n'en constitue pas moins, indépendamment de cette référence, une approche philosophique - anthropologique - de la religion chrétienne. Auteur assez indépendant des écoles de son temps, Ramon Sibiuda cumule dans le *Liber Creaturarum* le triple métier de théologien, de philosophe de l'homme et d'apologiste de la foi.

PREMIÈRE PARTIE

BIO-BIBLIOGRAPHIE DE RAMON SIBIUDA (? - 1436)

CHAPITRE I

SA VIE

Nous aborderons l'étude biographique du personnage mal connu qui se cache sous le nom de Ramon Sibiuda[1] à partir de deux séries de sources. On se référera d'abord à quelques documents manuscrits connus qui contiennent le peu de données que nous possédons sur sa vie. Ensuite nous analyserons des documents bio-bibliographiques, oeuvre de compilateurs, auteurs de répertoires, ainsi que de dictionnaires et bibliothèques, d'une valeur inégale, parfois même déroutante. L'historien ne peut se passer de ce matériel éparpillé et qui ne contient que quelques brins de vérité, mélangée à beaucoup d'idées erronées. En effet, jusqu'ici les archives n'ont pas fourni assez de documents sur Ramon Sibiuda et il faudra, donc, laisser planer d'importants doutes sur le personnage dont nous entreprenons l'étude.

A - SOURCES MANUSCRITES

1 - Les plus anciens documents qu'on possède aujourd'hui et où l'on retrouve des renseignements concernant Ramon Sibiuda sont d'origine toulousaine. C'est M. Fournier[2] qui commence la série dans la publication de

---

[1] Les mss., les éditions anciennes et les bibliographes présentent une grande variété dans la tradition du nom : SIBIUDA : ms. Toulouse 747 ; SEBUDE : ms. Vat. Reg. Lat. 397 et Arsenal 747 ; SEBEIDE : BNP ms. lat. 3134 ; Trithème, *De Scriptoribus ecclesiasticis*, Basel 1494, fol. 108 v° ; Gesner, *Bibliotheca Universalis*, Tiguri 1545, p. 580 ; Simler, *Bibliotheca instituta...*, Tiguri 1574, p. 598 ; SEBENDE : ms. Metz 149 ; ms. Clermont-Ferrand 195 ; SEBEYDE : éd. goth. s. l., s. a. (Hain, *Repertorium bibliographicum*, n. 14066) ; trad. française parue à Lyon chez Claude Daulphin en 1519 (Graesse, *Trésor des livres rares et précieux*, t. VI, 1ère partie, 1865, pp. 203-204) ; Val. André, *Catalogus clarorum Hispaniae Scriptorum*, Moguntiae 1607, p. 100 ; SABUND(A)E : ms. Cues 196 ; ms. München, Staatsbibliothek clm 8743 ; ms. Grenoble 319 ; éd. Deventer ; éd. de Strasbourg 1496 ; SABUNDO : ms. Bruxelles, Bibliothèque Royale 2168 ; SABIEUDE : BNP ms. lat. 3133 et 3135 ; BN Madrid ms. lat. 1552 ; SIBIEUDE : ms. Rouen 595 ; SABUNDUS : ms. Namur 28 ; SEBONDA : ms. Bruxelles, Bibliothèque Royale 2169 ; SABUNDIUS : ms. Arxiu històric Municipal de Barcelona B-79 ; SEBEYDEM : éd. goth. s. l., s. a., in incipit (Hain, *Repertorium*, n. 14066) ; CEBEYDE : Nicolas Bertrand, *Gesta Tholosanorum*, Tholosae 1515, fol. 51 r° ; SEBON : Montaigne ; SEBOND : Du Verdier, *La Bibliothèque d'Antoine du Verdier seigneur de Vauprivas*, Lyon 1585, pp. 719-720, 1088 ; SEBAUDI : Joh. Wower, *Cent. I, Epistola LX*, Hamburg s. a., p. 120 ; SABAUDA : Merik Casaubon, *Of Credulity and Incredulity in things divine and spirituals*, London 1670, p. 16 ; SEBONDE : Altamura, *Bibliothecae Dominicanae...*, Romae 1677, p. 454 ; Bayle, *Dictionnaire historique et critique*, t. II, 2ème partie, Rotterdam 1697, p. 1034 ; SEBUNDIUS : dans les éditions de la *Viola Animae*, oeuvre faussement attribuée à Sibiuda.

[2] MARCEL FOURNIER, *Les Statuts et privilèges des Universités françaises depuis leur origine jusqu'en 1789*, vol. I, p. 774 a b. Ce document provient des Archives de la Haute-Garonne, Fonds Saint-Sernin, Reg. du Collège Saint-Raymond, copie du XVIIIème s., f. 19 v°.

son cartulaire des universités médiévales du Midi de la France. Il s'agit d'une addition aux Statuts du Collège Saint-Raymond, datée le 17 mars 1429. Ce document se trouve dans un cahier du XVIIIème s.[3], où l'on avait eu soin de le recopier, plus les Statuts du Collège et quelques-unes des additions postérieures aux Statuts.

Ce document mentionne au début un *reverendus in Christo pater et dominus Ramundus Sebiende*[4] *magister in artibus et rector venerabilis universitatis studii tholosani*, à propos duquel on dit qu'il *visitavit praesens collegium Sancti Raymundi prout et tenebatur ratione sui officii rectoriae, prout dicebat, et pro videndo si collegium erat per administratores eiusdem debito modo provisum*.

Le document nous place, donc, en plein milieu universitaire de Toulouse, et nous avons affaire à un ecclésiastique maître-ès-arts et recteur en fonctions pendant le deuxième trimestre de l'année académique 1428 - 1429.

2 - Ensuite il y a quelques documents que nous avons eu la chance de trouver dans les Archives de la Haute-Garonne et qui s'étaient jusqu'ici dérobés à la poursuite des érudits[5]. Dans le premier, daté le 21 juillet "a nativitate"[6], il s'agit de quelques provisions arrêtées par un conseil de douze professeurs présidé par Hugues Amelli, *decretorum doctor canonicus sancti Saturnini*, qui siège en fonction de *locumtenens domini rectoris videlicet domini Ramundi Sibioude*. Aucune précision ultérieure ne venant pas compléter la sobriété de cette donnée, nous retiendrons ceci : en 1434, pendant le deuxième trimestre de l'année académique 1433-1434, Ramon Sibiuda est recteur à l'université de Toulouse. Il est dit aussi qu'il est *magister in sacra pagina*[7].

3 - Dans un document de la même année, daté le 6 novembre, et qui nous détaille le nom de dix professeurs toulousains, nous y retrouvons *Ramundum Sebioude sacre pagine magister*[8].

Ayant consulté à Toulouse le document original, nous avons constaté dans le cartulaire de M. Fournier quelques erreurs de transcription et une ommission qui affecte le sens. Voir, à ce propos, les critiques de H. Denifle contre les éditions de textes de M. Fournier dans *Les Universités françaises au moyen-âge. Avis à M. Marcel Fournier*, Paris 1892, et aussi, de Denifle-Chatelain, *Les délégués des universités françaises au Concile de Constance. Nouvelle rectification aux ouvrages de M. Marcel Fournier*, Rennes 1892.

[3] Fournier, par lapsus, date cette copie du VIIIème s.
[4] Fournier transcrit, à tort, *Raymundus* par *Ramundus*.
[5] Archives de la Haute-Garonne, Fonds Notaires (E) Reg. Assolenti J., 379, fol. 72 r° - 74 v°. René GADAVE, dans *Les documents sur l'histoire de l'université de Toulouse et spécialement de sa faculté de droit civil et canonique*, Toulouse 1910, pp. 109-111, avait attiré notre attention sur ce Fonds et sur le registre Assolenti. C'est en le reprenant en entier que nous avons trouvés les documents qu'il ne cite pas. Cela nous donne à penser que les Archives notariales de Toulouse constituent une source très riche et toujours partiellement explorée pour l'histoire du Studium toulousain.
[6] Archives de la Haute-Garonne, Fonds Notaires (E) Reg. Assolenti J, 379, fol. 72 r°.
[7] *Id., ib.*
[8] *Ib.*, fol. 73 r°.

4 - René Gadave avait signalé un document du 12 janvier 1435, où l'on trouve Ramon Sibiuda en fonction de recteur. Il s'agit d'une réquisition adressée au recteur Sibiuda par Raymond Serène, *legum doctor ac regens in universitate tholosana*, contre l'admission à l'université de Pierre Pigat, docteur-ès-lois, s'il ne paie pas ses dettes. Notre personnage apparaît sous le nom de *R. Sebioude rectoris*[9].

5 - A la suite de ce document, une très courte minute du 24 janvier de la même année constate encore le nom de *R. Sebioude rectoris dicti venerabilis studii*[10].

6 - Finalement, un document du 8 mars 1435 rapporte le nom de R. Sebioude parmi une liste de quatorze professeurs[11].

Un fait révélateur : lorsque le nom de Ramon Sibiuda apparaît à côté ou parmi des frères mineurs, des prédicateurs, des carmes, des augustins et des chanoines, il n'est jamais assigné à aucun ordre religieux. Nous avons vu, cependant, qu'il a droit a être appelé *venerabilis in Christo pater*. Nous en tirerons la conséquence qu'il était prêtre séculier.

Une deuxième remarque, concernant la variété des graphies de son nom : nous venons de trouver *Sebiende* (mais dans un cahier du XVIIIème siècle), *Sibioude*, et *Sebioude*.

Troisième remarque : dans le document de 1429 Sibiuda apparaît comme maître-ès-arts, tandis que dès le début de l'année 1434 il est présenté comme *sacre pagine magister*.

Dernière remarque : Sibiuda a été recteur du Studium toulousain en 1429, en 1434 et en 1435.

7 - Le document toulousain le plus intéressant sur Ramon Sibiuda ne provient pas des Archives ; il se trouve dans le ms. 747 de la Bibliothèque Municipale de Toulouse. Dans ce ms. il existe le texte de son oeuvre *Scientia libri creaturarum seu nature et de homine*. Nous aurons l'occasion de revenir sur ce précieux ms.[12]. Pour l'instant, nous nous bornerons à étudier son

---

9   GADAVE, *o. c.*, p. 110 ; Archives Hte. Gar., *l. c.*, 74 r°.
10 Archives Hte. Gar., *ib.*
11 *Ib.*, fol. 74 v°.
12 Le premier qui a attiré l'attention sur l'importance du ms. 747 de la Bibl. Munic. de Toulouse pour établir quelques données incontestables autour de Sibiuda a été G. COMPAYRÉ, dans sa thèse *De Raymundo Sabundo ac de Theologiae Naturalis libro*, Paris 1872. Après lui, REULET, *Un inconnu célèbre. Recherches sur Raymond de Sebonde*, Paris 1875 ; BOVE, *Assaig crítich sobre'l filosoph barceloní en Ramon Sibiude*, Barcelona, Jochs Florals de Barcelona 1896, pp. 225-429 ; PROBST, *Le lullisme de Raymond de Sebonde*, Toulouse 1912 ; AVINYO, *Breu estudi crític del filòsof català Ramon Sibiuda*, Barcelona 1935 ; ALTÉS, *Raimundo Sibiuda y su sistema apologético*, Barcelona 1939 ; CARRERAS i ARTAU, TOMAS, *Orígenes de la filosofía de Raimundo Sibiuda*, Barcelona 1928 ; *Introducció a la història del pensament filosòfic a Catalunya*, Barcelona 1931, pp. 51-58 ; CARRERAS i ARTAU, TOMAS y JOAQUIM, *Historia de la filosofía española. Filosofía cristiana de los siglos XIII al XV*, vol. II, cap. XX, pp. 101-175 ; POU i RIUS, *Orientación y método filosóficos en los pensadores renacentistas de la Corona de Aragón*, Barcelona 1970.

explicit et la note d'une autre main qui a été rajoutée après l'explicit. D'abord, voici l'explicit :

> "Et sic explicit liber creaturarum seu nature seu liber de homine propter quem sunt creature alie inchoatus et inceptus in alma vniuersitate uenerabilis studij tholosani Anno domini M° CCCC° XXXIIII° Et completus et terminatus in eadem vniuersitate anno domini M° CCCC° XXXVI° in mense februarij undecima die que fuit dies sabbati Ad laudem et gloriam et honorem sanctissisme trinitatis et gloriosissime uirginis marie matris domini nostri jhesu xti filii dei Et ad vtilitatem omnium xtianorum et omnium hominum quiquidem liber totaliter comictitur correccioni sacrosante romane ecclesie Deo gracias."

Plus loin, d'une autre main et avec une écriture plus fine, on trouve cette note :

> "Hic liber est Berengarij Operarij auctoritate regia notarij tholose habitatoris extractus a consimili copia magistri alrici de Rupe eciam notarij ibidem et correctus per ambos iam dictos notarios subscriptos cum originali libro manu reuerendi magistri ramundi sibiude in sacra pagina in artibus et in medicina magistri compilatoris eiusdem scripto finitus corrigi die mercurij cinerum XIII mensis febroarij Anno ab incarnacione domini millesimo quadringentesimo tricesimo sexto cuiusquidem compillatoris vita functi penultima aprilis eodem anno anima in pace requiescat Amen Al. de Rupe. Beng. Op."

C'est à partir de cela qu'on arrive à dégager quelques données fondamentales. D'après l'explicit, Sibiuda serait l'auteur de ce livre, *Scientia libri creaturarum seu nature siue liber de homine*, qu'il commença à rédiger en 1434 et a terminé le samedi 11 février 1436. La note ajoutée en bas de l'explicit nous dit qu'il était maître-ès-arts, en médecine et en théologie. En fin, il mourut le 29 avril 1436. Cependant il semble qu'une contradiction apparaît entre les dates de l'explicit et celles de la note des notaires qui le suit. En effet, il ressort de l'explicit que l'onze février 1436 était un samedi. Or, dans la note des notaires le 13 février de la même année serait un mercredi et notamment le mercredi des cendres, et non pas un lundi comme il le faudrait, si la première indication de l'explicit ne serait pas mauvaise. D'autre part, si on prend en toute rigueur ces dates, nous aurions ceci : Ramon Sibiuda écrit sa *Scientia* de 1434 jusqu'à l'onze février 1436 ; or, les deux notaires toulousains se seraient trouvés dans la possibilité d'en extraire deux copies (celle du ms. et la *consimilis copia magistri Alrici de Rupe*), de corriger celle de Berenguer Operarii avec l'autographe de l'auteur et aussi de terminer leur travail deux jours seulement après que Ramon Sibiuda aurait fini son oeuvre. Toutes ces contradictions ne sont qu'apparentes si l'on fait attention aux problèmes de la computation du temps à l'époque[13]. En effet, avant 1515

---

13   Pour cette question, voir REULET, *o. c.*, pp. 25-31, dont nous résumons l'exposé.

l'année civile commençait en France au printemps et l'on datait "ab incarnatione" (c'est ce que nous voyons faire aux deux notaires civils toulousains) ; tandis que l'Eglise datait "a nativitate", c'est à dire en computant l'année à partir du solstice d'hiver. Ainsi, dans la note des notaires il faut sous-entendre 1437 au lieu de 1436. Et ce serait une année après la mort de Ramon Sibiuda (+ 29 avril 1436) que les notaires auraient fini la correction du ms. Effectivement, en 1437 le jour de Pâques tomba le 31 mars. Le mercredi des cendres - 47 jours avant Pâques - tomba le 13 février, date des notaires. Etant donné que l'année 1436 fut bissextile, nous retrouverions facilement que le 13 février 1436 était certainement lundi et que l'onze février - date de l'explicit - était samedi. Nous concluons, donc, avec, Reulet[14] :

- Ramon Sibiuda a commencé son livre en 1434 et l'a terminé l'onze février 1436.

- Les notaires toulousains Berenguer Operarii et Alrice de Rupe ont terminé la correction de la copie manuscrite que possède la Bibliothèque Municipale de Toulouse le 13 février 1437, une année et deux jours après que l'oeuvre est sortie des mains de son auteur.

- Sibiuda est mort le 29 avril 1436, deux mois et 18 jours après avoir fini sa *Scientia libri creaturarum*.

- Le manuscrit de Toulouse 747 peut être accepté comme la copie authentique de l'oeuvre de Sibiuda, la reproduction du texte tel que son auteur l'a laissé, tout au moins en ligne de principe, puisque le travail critique pourrait réserver des surprises. Car, si le ms. de Berenguer Operarii a été écrit d'après la copie appartenant à son collègue Alrice de Rupe, il n'en porte pas moins dans les marges des corrections faites à partir du texte autographe. C'est, du moins, ce que s'engagent à affirmer et à souscrire les deux notaires.

8 - Le ms. 595 de la Bibliothèque Municipale de Rouen apporte une donnée très intéressante. Bien qu'il ne soit pas possible de lire son incipit, car le manuscrit est mutilé, nous trouvons dans l'explicit la constatation que Ramon Sibiuda était *in decretis liccenciatus* :

> " Et sic explicit liber creaturarum seu nature seu liber de homine propter quem sunt creature alie Inchoatus et inceptus in alma Uniuersitate uenerabilis studij tholosani per Reuerendum magistrum Ramundum Sibieude in sacra pagina proffesorem nobilissimun et in artibus et medicina magistrum in decretis eciam liccenciatus compositus anno domini millesimo quadringentesimo tricesimo quarto et completus et terminatus in eadem uniuersitate Anno domini millesimo CCCC° tricesimo sexto in mense Februarij undecima die que fuit dies sabbati ad laudem et gloriam et honorem trinitatis et gloriosissime uirginis marie matris domini nostri Ihesu Xti filii Dei et ad utilitatem omnium

---

14   Id., *ib.*

xtianorum Et omnium hominum Qui quidem liber totaliter comictitur correccioni sacro sancte romane ecclesie Deo gracias".

Il est évident que le copiste du manuscrit Rouen 595 a voulu intercaler le nom et les titres académiques de l'auteur dans le corps même de l'explicit, à côté des circonstances sur la composition du livre qui y sont mentionnées. Avec *l'iluminado* 97 de la Bibliothèque Nationale de Lisbonne, c'est le seul manuscrit qui ouvre une telle parenthèse dans cet explicit uniformément transmis par tous les autres mss. qui le rapportent ; et il est aussi le seul qui renseigne sur les études et la licence en droit canon de Sibiuda. Aucun document, aucun ms. en dehors de celui-ci ne fait allusion à la circonstance que Ramon Sibiuda était canoniste. Nous retiendrons cette donnée : elle peut s'avérer très suggestive plus loin, lorsque nous étudierons l'oeuvre sebondienne.

9 - Les manuscrits sebondiens qui restent en dehors de ceux dont nous venons de nous occuper n'élargissent pas notre faible connaissance historique de l'auteur de la *Scientia libri creaturarum*. Six d'entre eux reprennent l'explicit du manuscrit 747 de Toulouse, mais omettent la note des notaires[15]. Dans les autres cas, les copistes n'ajoutent rien de nouveau[16]. Ils confirment ce que nous savons déjà par les documents d'archives et par le manuscrit 747 de Toulouse : Sibiuda enseigna à l'université toulousaine, il était maître-ès-arts, docteur en médecine et maître en théologie.

10 - Toutefois nous devons faire une mention spéciale du ms. 3914 de la Herzogliche Bibliothek zu Wolfenbüttel, peut-être très proche des années qui suivirent la mort de Sibiuda[17]. Il s'agit d'un petit recueil de douze feuilles ; les sept premières contiennent des extraits *ex libro Raymundi filii Gaufredi qui inscribitur Theologia Naturalis vel creaturarum siue de homine liber*. Les feuilles 8 à 10 contiennent *Fracii Africi discipuli Bulbonis Albunizar liber*

---

[15] Ce sont les mss. suivants : Vat. Reg. Lat. 397 ; Bibliothèque Munic. Toulouse 748 ; Bibl. Publique Rouen 595 ; BN Madrid ms. lat. 1552 ; Clermont-Ferrand 195 ; Bibl. Munic. Auch 6.

[16] Voici les trois formules que nous trouvons dans les mss., en incipit ou en explicit, dans lesquelles on mentionne le nom et les titres de Ramon Sibiuda :
- venerabilis doctor in theologia magister Remundus Sebude eciam in septem artibus liberalibus et in medicina solemnis magister perspicuus : Vat. Reg. Lat. 397 ; Arsénal ms. 747.
- reverendus magister Raymundus Sebende in artibus et in medicina doctore et in sacra pagina egregio proffessore, regente in alma universitate tholosana : Bibl. Munic. Metz 149 ; Bibl. Munic. Clermont-Ferrana 195.
- a venerabili viro magistro Raymundo Sabunde (Sabieude, Sabundo, etc.) in artibus et medicina doctore et in sacra pagina egregio proffessore : Cues 196 ; Bruxelles, Bibl. Royale 2168 ; BNP ms. lat. 3133 ; Namur, Bibl. de la Ville, 28 ; BN Madrid ms. lat. 1552 ; Grenoble, Bibl. Munic. 319.

[17] En voir la description dans HEINEMANN, OTTO VON, *Die Handschriften der Herzoglichen Bibliothek zu Wolfenbüttel*, II Abt., *Die Augusteischen Handschriften*, t. V, Wolfenbüttel 1903, pp. 206-207.

quartus de septem herbis septem planetis attributis, secundum prologum "inventus in civitate Troyana in monumento reclusus cum ossibus propriis regis Kyroni". Dans l'explicit de cette partie il y a cette date : *Finitus anno domini M CCCC XXXXIX feria secunda post dominicam infra octavam corporis Xti*. Feuille n. 12 : *Ein plattdeutsches und ein lateinisches Recept gegen di Pocken*. Nous n'avons pas encore vu ce manuscrit. En ce qui regarde Ramon Sibiuda, il faudrait d'abord identifier ces extraits, qui, d'après l'explicit par lequel ils se terminent, concernent *l'ars operationis magistri Raymundi filii Gaufredi*. Ce manuscrit mériterait, nous semble-t-il, toute notre attention, s'il devait se confirmer que la date de 1439 était valable pour l'ensemble du recueil ; car il serait le seul qui se réfère à l'oeuvre de Sibiuda en la nommant *Theologia Naturalis*, titre qui n'était censé d'apparaître qu'avec l'édition de Deventer, vers 1480. En ce qui concerne la donnée selon laquelle maître Raymond serait fils de Godefroid, sans la rejeter, nous préférons suspendre notre jugement jusqu'au moment où nous pourrons étudier la pièce. Nous en prenons acte de forme provisoire. Peut-être un jour les recherches dans les archives la confirmeront ou l'invalideront. A présent, pour elle même, elle ne constitue pas un renseignement de première importance.

Pour conclure, nous dirons ceci : Les sources manuscrites connues jusqu'ici permettent d'établir que Ramon Sibiuda se trouve à Toulouse un peu avant 1428. Car nous savons qu'à Toulouse, pour accéder au rectorat du Studium - trimestriel[18] -, il fallait observer un ordre d'antiquité dans chaque faculté[19]. Maître-ès-arts et recteur en 1429, il aurait dû être incorporé au Studium toulousain à une date antérieure, impossible à signaler pour l'instant. Puis, en 1434, il est professeur de théologie et commence à rédiger sa *Scientia libri creaturarum*. Redevenu recteur en 1435, il termine son oeuvre le 11 février 1436 et meurt le 29 avril suivant. Il possédait la maîtrise ès-arts, en médecine et en théologie, et il était licencié en droit canon.

B - SOURCES IMPRIMEES

1 - Le plus ancien document imprimé qui nous renseigne sur Ramon Sibiuda est le témoignage de l'abbé Trithème[20] :

> "Raymundus Sebeide, natione hispanus, vir in divinis scripturis studiosus et eruditus, atque in secularibus litteris egregie doctus, artium

---

[18] Cfr. les statuts de l'Université de Toulouse de 1313, dans M. Fournier, *o. c.*, p. 474-476.

[19] Cfr *ib.*, p. 470, le doc. n. 543 du 12 mars 1311 : "... V. Item quod de doctoribus vel magistris secundum suam facultatem eligatur in rectorem antiquior de sua facultate, qui numquam rector fuerit. Quod si antiquior alias rector fuerit, assumetur post primum antiquum antiquior, et sic de aliis successive, donec omnes per ordinem fuerint assumpti. Post quod rursus eodem ordine iteretur".

[20] *De Scriptoribus ecclesiasticis*, Basel 1494, fol. 108 v°.

> et medicine doctor insignis ; qui docendo et scribendo in gymnasio tholosano magnum eruditionis sue experimentum dedit. Fertur multa preclara scripsisse opuscula, de quibus ego vidi tantum volumen grande, quod in prefata universitate publice legerat, in cuius principio et multa et gloriosa promittit ; de quorum veritate nonnulli sibi applaudunt tamquam experti, quod prenotavit Creaturarum sive de homine, lib. I Ad laudem et gloriam. Questiones disputate, lib. I. Cetera me latent. Claruit temporibus Sigismundi Imperatoris et Eugenii pape quarti Anno domini 1430".

En substance, Trithème nous dit que Ramon Sibiuda était espagnol, professeur à Toulouse vers l'année 1430, auteur du *Liber Creaturarum* et d'un volume de *Quaestiones disputatae*, qu'il nous signale ne pas avoir vu. Dépouillé de réthorique, son témoignage n'ajoute à ce que nous avons établi par ailleurs, que ces deux nouveautés : l'origine espagnole de Ramon et l'attribution à lui d'un volume de questions disputés. Accepterons-nous le témoignage de Trithème? On ne saurait pas dire, en tout cas, avec Reulet[21] et sans preuves à l'appui, que Trithème fait de Sibiuda un espagnol par méprise ou par distraction[22].

Pour le moment, nous croyons que la donnée de Trithème, vraie dans l'essentiel, doit être retenue, quitte à la contraster avec des données ultérieures, si notre enquête nous en fournit d'avantage. En laissant provisoirement de côté la question soulevée par ces *Quaestiones disputatae* que Trithème met au compte de Sibiuda, nous acceptons sa donnée : il se peut très bien que Ramon Sibiuda soit *hispanus*.

2 - L'abbé de Sponheim a été copié par le lyonnais Symphorien Champier avec une exactitude remarquable[23] et, à son tour, celui-ci a inspiré le toulousain Nicolas Bertrand, qui dit :

> "Produxit praeterea Tholosa in medicina doctores solemnes et probatos, inter quos hispanus ille cebeyde vir divinarum scripturarum amator, artium et medicinae insignis doctor apud gymnasium tholosanum evasit : atque a tholosanis studiis eruditionis experimentum magnum habuit : qui plurima grandiaque volumina tholose condidit et apud tholosates publice legit : ut testatur Symphorianus medicinae proffessor in suo volumine scribens ad electum regium lugdunensem[24].

---

[21] REULET, *o. c.*, p. 68. L'auteur tente d'établir sans aucune preuve positive que Sibiuda n'était pas espagnol, comme l'admettait tout le monde avant lui, mais toulousain. Il a été âprement contesté par MENENDEZ Y PELAYO, *La patria de Raimundo Sabunde*, dans *La Ciencia española, Obras completas*, Madrid 1923, vol. I.

[22] REULET, *o. c.*, p. 68.

[23] SYMPHORIEN CHAMPIER, *De Claris medicinae scriptoribus*, Lugduni 1506, fol. 39. a.

[24] N. BERTRAND, *Gesta Tholosanorum*, Tholosae 1515, f. 51 v°.

Ce témoignage n'est qu'une amplification de la nouvelle de Trithème puisée dans le livre de Champier. Nicolas Bertrand ne s'est pas soucié de vérifier lui-même ce qu'il affirme sur Sibiuda. En tout cas, nous noterons que c'est dans un livre consacré à l'histoire de Toulouse dans lequel Nicolas Bertrand ne dédaigne pas inclure *l'hispanus ille cebeyde*. C'est une confirmation de la donnée de Trithème, que Bertrand aurait pu contester s'il en avait eu les moyens.

Gesner puise dans Trithème[25] et Simler résume Gesner[26]. Mais avec Scaliger les confusions commencent. Celui-ci, en effet, fera une seule et la même personne du dominicain Ramon Martí (s. XIII), auteur du *Pugio fidei*, et de notre Ramon Sibiuda :

"... Raymundus Sebon dominicanus eximius philosophus, sed nimis allegoriis indulgens, et non solum ille Pugio fidei ostendit, sed et liber de Theologia Naturali"[27].

Ensuite Scaliger trompera Naudé[28], mais celui-ci sera corrigé par Maussac[29] en ce qui concerne la confusion de Ramon Martí et Ramon Sibiuda ; cependant Maussac fera dire à Montaigne que Sibiuda était un juif devenu chrétien ; non content avec cela, il en fait lui-même un barcelonais et place sa mort dans l'année 1432 :

"Non est Raymundus Sebon auctor Pugionis, nec eo tempore quo (Scaliger) notavit, vixit, nec dominicanus fuit, nec in hebraicis cum Raymundo comparandus. Sciendum est Raymundum Sebonde nec dominicanum nec in Hebraicis aliisque linguis orientalibus valde versatum fuisse, quamvis eum ex Iudaeo christianum nobis repraesentet Michael a Monte toto capite Apologiae (quo pacto etiam Augustinus Iustinianus Martinum nostrum quod in hebraicis contra esse versatissimus auguratur fuisse Iudaeum), sed tantum hispanum et barcinonensem, atque in Academia tholosana medicinae proffessorem, philosophiae sacraeque scientiae eoque gradu illuc insignitum uti omnes extranei et alienigenae ut hispani, angli, scoti, hivernique, germani et helvetii, si se talibus dignos preabent honorum apicibus sincere et ἀδιαφορως solent admitti : diemque suum obiisse anno millesimo quadringentesimo trigesimo secundo, ut, refert Trithemius et post eum Iosias Simlerus Bibliothecae gesnerianae breviator..."[30].

---

[25] *Bibliotheca instituta et collecta primum a C. Gesnerio, deinde in Epitomem redacta, iamvero postremo recognita et... aucta per Josiam Simlerum Tigurinum*, Tiguri 1574, p. 598.
[26] *Bibliotheca Universalis...*, Tiguri 1545, p. 580.
[27] Cfr *Pugio Fidei*, éd. Paris 1651, p. 3iij : "Ex epistola Josephi Justi Scaligeri Resp. III° id. Septembris anno 1603 ad Casaubonum", et aussi "Ex alia Scaligeri Resp. inter postumas n. 63 scripta 16 calend. maii ad Casaubonum".
[28] *Bibliographia politica*, dans *Relectiones hyemales de ratione et methodo legendi utrasque historias*, Cantabrigiae 1648, pp. 255, 257.
[29] Cfr *Pugio Fidei*, éd. Paris 1651, p. 3iij.
[30] *Ib.*, ib.

Réfuté, plus tard, par Scharbau sur la question du judaïsme de Sibiuda[31], Maussac sera copié par Altamura[32] ; mais Pierre Bayle mettra en doute l'affirmation selon laquelle Montaigne aurait dit que Ramon Sibiuda était juif devenu chrétien ; pourtant, il suivra Maussac en ce qui concerne l'origine barcelonaise de Sibiuda et la date de sa mort : ces deux points n'ont pas attiré son esprit critique[33]. De notre côté, il nous semble que l'information de Maussac est trop confuse pour que nous nous engagions à la suivre. Il ne dit pas d'où a-t-il puisé l'origine barcelonaise de Sibiuda ; les sources qu'il cite, expressément, n'ont pas pu le lui dire. Là-dessus, il faudra encore attendre que les archives fassent un jour toute la lumière.

Sur les traces de Maussac, Moréri reprend ses affirmations (espagnol, natif de Barcelone) et il ajoute qu'étant sorti de son pays pour venir enseigner dans l'Université de Paris, il fut arrêté malgré lui par les écoliers de Toulouse, où il mourut en 1432. Or, d'après Altès Escrivà, ce serait l'éditeur Pierre Compagnon, de Lyon, qui en 1648 aurait affirmé : "Ante ducentos et plures annos parisiensem Clarissimam totius orbis Accademiam adire volens, patrio Hispaniarum solo relicto, tolosae subsistere Scholasticorum ibi degentium precibus coactus, morte praeventus est priusquam votum solverit"[34].

Sans pouvoir maintenant évaluer l'origine lyonnaise de cette notice, il est clair que Moréri a pu la puiser dans l'édition de Compagnon. Lui-même ne s'y engage pas trop : *on dit*... Par conséquent, en attendant une meilleure confirmation et sans avoir mené des recherches particulières sur l'affirmation de P. Compagnon, nous n'accorderons pas une valeur de première importance à ce qui s'abrite sous le timide *on dit* de Moréri.

Nous n'allons pas nous attarder sur ce que disent les auteurs de dictionnaires, encyclopédies et catalogues que nous avons consulté. Ils se copient fidèlement les uns aux autres, on ne dépasse en aucun cas le témoignage de Trithème et les faibles additions successives, vraies ou fausses, de Scaliger, Maussac et Moréri. Dès les documents d'archives en passant par les mss., jusqu'au *Dictionnaire des Sciences philosophiques*[35], les progrès sont rares. Tout ce que nous avons appris de nos sources manuscrites est confirmé ; en plus, nous n'avons que l'affirmation de Trithème : *natione hispanus*. Pour le dire avec le mot de Nicolas Antonio, nous ne parvenons pas à sortir Ramon Sibiuda de son statut de personnage *obscuri aeque nominis et conditionis*[36].

---

[31] SCHARBAU, *Iudaismus detectus*, Lubecae 1722, pp. 120-123.
[32] *Bibliothecae Dominicanae...*, Romae 1677, p. 454.
[33] *Dictionnaire historique et critique*, t. II, 2ème partie, Rotterdam 1696, pp. 1034-1036.
[34] Cfr ALTES ESCRIVA, J., *Raimundo Sibiuda y su sistema apologético*, Barcelona 1939, p. 13, note 31 ; *Le Grand Dictionnaire historique de Moréri*, Paris 1759, vol. IX, p. 306.
[35] *Dictionnaire des sciences philosophiques*, t. V, Paris 1851, pp. 365-367.
[36] *Bibliotheca Hispana Vetus*, t. II, Romae 1696, p. 141, numéro 116.

SA VIE

3 - Montaigne parle à deux reprises de Ramon Sibiuda. D'abord dans sa traduction du *Liber Creaturarum*[37], dans la lettre-dédicace à son père ; puis, dans le chapitre XII du deuxième livre des *Essais*, la célèbre *Apologie de Raymond Sebond*. Montaigne est bien plus qu'un compilateur, sa connaissance de l'oeuvre sebondienne n'est pas seulement externe, il l'a traduite en français, il a eu un long commerce avec les idées de son auteur, à qui il s'est efforcé de donner, en le traduisant, "assez de façon et d'entregent pour se présenter en toute bonne compagnie"[38]. Il pourrait être une bonne source d'information. Mais il ne dit presque rien. Il n'ajoutera aucune donnée nouvelle à ce que nous savons ; il semble même savoir bien moins de choses que les auteurs de dictionnaires anciens et modernes.

Pourtant, il n'hésite pas à affirmer quelque chose. Et d'abord dans la lettre-dédicace à son père :

> "... j'ay taillé et dressé de ma main à Raymond Sebon, ce grand Theologien et Philosophe Espaignol, un accoustrement à la Françoise"[39].

Puis, dans le deuxième livre des *Essais*, chap. XII :

> "... Cet ouvrage (*la Theologia Naturalis'*) me semblant trop riche et trop beau pour un autheur duquel le nom soit si peu conneu, et duquel tout ce que nous sçavons c'est qu'il estoit Espaignol, faisant profession de medecine à Toulouse, il y a environ deux cents ans, je m'enquis autrefois à Adrien (*Turnèbe ou Tournebu*), qui sçavait toutes choses, que ce pouvoit estre de ce livre ; il me respondit qu'il pensoit que ce fut quelque quinte essence tirée de Saint Thomas d'Aquin"[40].

Montaigne, donc, affirme ici que Sibiuda était espagnol, théologien, philosophe et médecin, enseignant à Toulouse. Au début de *l'Apologie* il expliquait quand, comment et par l'intermédiaire de qui l'oeuvre de Sibiuda était arrivé chez lui :

> "... Pierre Bunel, homme de grande réputation de sçavoir en son temps, ayant arresté quelques jours en la compaignie de mon pere avec d'autres hommes de sa sorte, luy fit present, au desloger, d'un livre qui s'intitule *Theologia Naturalis sive Creaturarum magistri Raymondi de Sabonde*"[41].

---

37 *La Theologie Natvrelle de Raymond Sebond, doctevr exellent entre les modernes, en laquelle par l'Ordre de Nature est demonstrée la verité de la Foy chrestienne et catholique, traduicte nouuellement de Latin en François*, Paris, Gourbin 1569.
38 *Lettre-dédicace* ; éd. Conard, Paris 1932, vol. I, p. 3.
39 *Ib.*, ib.
40 *Oeuvres complètes de Michel de Montaigne, Les Essais. III. Texte du ms. de Bordeaux. Etude, commentaires et notes par le Dr. Armaingaud*, Paris, Conard 1925, pp. 255-257.
41 *Essais*, liv. II, chap. XII au début ; *éd. c.*, p. 252.

Que ce soit à travers Adrien Turnèbe[42], que ce soit à travers Pierre Bunel[43], le peu de choses que Montaigne nous dit sur Sibiuda dérive de sources toulousaines. Cela a son importance. Ainsi, nous trouvons que dans les milieux humanistes de Toulouse, vers la moitié du XVIème siècle, il était courant de considérer Ramon Sibiuda comme un espagnol. On n'en savait presque rien, on le situait chronologiquement d'une façon imprécise[44], mais ce point était acquis : il était espagnol. Il faut avouer, par la suite, que le témoignage de Trithème est confirmé par cette source indépendante, provenant directement de Toulouse, la ville d'où, si le témoignage de l'abbé de Sponheim n'avait pas été vrai, des contre-indications auraient pu facilement venir. La tradition de l'hispanicité de Sibiuda reçoit un nouvel appui de la part des amis de Montaigne.

4 - Les éditions anciennes du *Liber Creaturarum*[45], si nous mettons à part les différentes façons d'écrire le nom de son auteur, en développant et en fixant des formes que nous rencontrons déjà dans les mss. les plus tardifs, ne nous renseignent pas sur sa vie. Elles reproduisent, pour la plus part, l'affirmation qui revient si souvent dans les mss. : Sibiuda était maître-ès-arts, en médecine et en théologie ; elles mentionnent, aussi, son magistère à Toulouse. C'est tout.

C - DEUX DETAILS AUTOBIOGRAPHIQUES DANS LE "LIBER CREATURARUM" ?

Ce que les documents examinés jusqu'ici nous disent sur Sibiuda est si peu, que nous nous sommes tournés du côté de son oeuvre avec l'espoir d'y découvrir quelque détail révélateur sur sa personnalité ou sur des circonstances de sa vie ; l'enquête a été négative.

Cependant, il y a deux endroits où l'on se demande si l'auteur n'apparaît pas derrière ses mots. Le premier de ces textes appartient au titre 162 du *Liber Creaturarum* ; dans ce chapitre, Sibiuda illustre comment peut-on se représenter la tristesse qu'éprouveront dans l'au-delà, tous ceux dont la vie morale aura été enraciné dans l'amour de soi. Il commence par ces mots :

---

[42] Hélleniste (1512-1565), enseigna les belles lettres à Toulouse en 1533. Traducteur et éditeur d'auteurs grecs. Cfr *Montaigne. Oeuvres Complètes*, Paris Seuil 1967, p. 600.

[43] Humaniste français, qui vécut à Toulouse, à Venise, à Lavaur et de nouveau à Toulouse (1499-1546). Cfr JOSEPH COPPIN, *Montaigne traducteur de Raymond Sebon*, Lille 1925, p. 25.

[44] En le faisant reculer deux cents ans par rapport à son époque, Montaigne place Sibiuda vers le deuxième tiers du XIVème s.

[45] Cfr *Raimundus Sabundus. Theologia Naturalis seu Liber Creaturarum. Faksimile Neudruck der Ausgabe Sulzbach 1852*, Stuttgart-Bad Cannstatt 1966, p. 11*, où Fr. Stegmüller dresse un catalogue des éditions anciennes et modernes.

"Primo sic : Nam per experienciam videmus quod quando aliquis poterat habere aliquod maximum bonum sibi conuenientissimum per quod esset exaltatus et ditatus et per totam suam vitam completus, ut uerbi gracia, papatum uel cardinalatum uel episcopatum uel aliquod regnum uel ducatum, uel aliquod officium *et maxime in patria propria et in loco proprio*, et si iste talis perdat tale et tantum bonum per culpam suam et alius habeat... "[46].

Nous ne voudrions pas tomber dans les fantaisies, mais il nous semble que la petite remarque *et maxime in patria propria et in loco proprio* peut connoter, de la part de son auteur, l'expression de quelque chose de personnel. Trithème et Montaigne nous ont dit que Sibiuda était espagnol. Rien de plus naturel que le professeur éloigné de son pays souligne (*maxime*) le bonheur spécial que l'on trouve à réussir chez soi. En fait, si l'on regarde de près cette remarque et si l'on veut la référer aux *papatum, cardinalatum, episcopatum, regnum uel ducatum* qui ont été évoqués, elle apparaîtra sensiblement déplacée. Par contre, elle accompagnerait aisément *l'officium*, lui aussi évoqué. Faudrait-il en conclure que Sibiuda aurait tenté en vain d'obtenir quelque *officium* dans son pays et que, ayant échoué, il le quitta pour Toulouse ? Le texte ne nous autorise pas à avancer cette hypothèse. D'autre part, on n'a pas encore trop étudié les liens de tout ordre qui rapprochaient les pays de la Couronne d'Aragon et l'ensemble du Languedoc dans le bas moyen-âge. Sibiuda n'a pas été le premier ni le dernier espagnol ayant enseigné à l'Université de Toulouse. La relation entre les deux pays, si proches par la langue, par la culture de vieille souche latine, même par des souvenirs d'histoire politique très précis, était normale et constante dans les deux sens. Il n'y a, donc, rien de particulier dans le fait que Sibiuda, par des circonstances que nous ne connaissons pas, se trouve lié à la vie universitaire de Toulouse au début du XVème siècle. Mais, alors, les mots *et maxime in patria propria et in loco proprio* ne se laisseraient-ils interpréter comme une allusion au fait que Sibiuda, professeur à Toulouse, n'en est pas, quand même, originaire ? Sans prétendre trancher, nous croyons qu'on doit laisser une porte ouverte à cette suggestion.

Le deuxième texte à analyser se trouve dans le titre 234, dans lequel il est question de l'état de justice originelle. Après avoir établi l'immortalité de l'homme dans cette étape, Sibiuda renchérit :

"Item, sicut homo nollet mortem, ita nollet senectutem nec perdere iuuentutem nec pulchritudinem corporalem nec fortitudinem sed semper uellet conseruari in suo uigore, quia *maxima miseria est venire ad senectutem*"[47].

---

46   BN Paris, ms. lat. 3133, fol. 90 r° b.
47   BN Paris, ms. lat. 3133, fol. 150 r° b.

Bien que, parlant en sens absolu, ce texte ne peut pas être considéré comme une référence évidente à quelque circonstance particulière de son auteur, notre attention a été attirée par la présence du verbe *venire*. *Venire ad senectutem* c'est une phrase assez normale sous la plume d'un vieux ; un jeune homme, même un adulte, *va* certainement en direction de la vieillesse, mais c'est du point de vue de l'homme âgé que l'on y *vient*. Voilà un détail tout infime, non dépourvu, cependant, d'importance dans notre cas, étant donné que nous ignorons la date de naissance de maître Ramon. L'auteur du *liber Creaturarum* serait-il un vieil homme ? En réserve d'informations plus exactes, la question reste posée.

D - LA QUESTION DU NOM

Jamais, peut-être, le nom d'un philosophe, fut-il médiéval, n'a subi plus de transformations que celui de Sibiuda. Il se transforme d'abord dans les manuscrits, puis, avec les premières éditions, il se latinise, il est adapté par les traducteurs aux diverses langues, toujours sous des formes plus disparates. Nous pensons que ce sont les documents des Archives de la Haute-Garonne et le ms. 747 de Toulouse qui ont gardé le nom authentique de notre auteur. A remarquer, toutefois, qu'entre le ms. 747 et les documents du registre Assolenti que nous avons étudiés auparavant, l'ancienneté de l'écriture revient au ms. En effet, les documents du registre Assolenti dont nous nous servons ne sont que des copies du XVIème siècle de documents plus anciens, tandis que le ms. Toulouse 747 a été terminé en 1437, comme nous avons vu. Nous pensons, donc, qu'il lui revient de donner la règle.

Or, sans aucun doute, il présente la forme *Ramundi Sibiude*, au génitif, c'est-à-dire, Ramon Sibiuda. Nous avons eu l'opportunité de le vérifier, nous-mêmes, sur place ; dans ce beau manuscrit gothique, le nom de l'auteur ne laisse aucune place à l'hésitation. Cette forme est suivie de près par les documents du registre Assolenti ; cependant, la forme *Sibiuda* ne se trouve que dans le premier de la série, daté le 21 juillet 1434, et elle est transcrite *Sibioude*. Les autres pièces rapportent déjà *Sebioude*. La diphtongue *ou* au lieu de la voyelle simple *u* que nous trouvons dans le ms. Toulouse 747 ne servirait peut-être pas à conserver le son originel de la diphtongue *iu*, qu'on prononce *iou* au sud des Pyrénées ? De ce point de vue, la transcription du nom dans le registre Assolenti serait très rigoureuse, puisqu'elle tiendrait à conserver le nom phonétiquement originel. Mais il est aussi incontestable que cette transcription a pu donner naissance à des corruptions telles que S(a)(e)(i)b*ieu*de[48] et Seb*iende*[49]. En tout cas, il est clair qu'entre la forme la

---

[48] Cfr BNP ms. 3133 ; Bibl. Pub. Rouen 595.
[49] FOURNIER, *o. c.*, vol. I, p. 774 a.

plus ancienne du nom et celles déjà évoluées qui apparaîtront bientôt dans les mss., s'interpose la forme *Sibioude*. Phonétiquement correcte, du point de vue paléographique cette forme est à l'origine des graphies où apparaît le *n* : *S(a)(e)bunde*, *Sebonde*.

La présomption de F. Stegmüller que le ms. Arsenal 747 serait plus ancien que celui de Toulouse ne tient pas. Stegmüller prétend que Ars. 747 aurait été terminé du vivant de Sibiuda, au moins en partie. Il appuie son affirmation sur l'explicit de ce ms.[50] :

> "Hunc uenerandum librum creaturarum seu nature seu librum de homine propter quem sunt creature alie edidit et compilauit uenerabilis doctor in theologia magister Remundus Sebude eciam in septem artibus liberalibus et in medicina solemnis magister perspicuus, cuius uitam *sanitatis incolumitate* perfouendam perseueret xtus. Amen".

Le même explicit nous est transmis par le ms. Vat. Reg. Lat. 397, daté le 14 octobre 1438. A cette époque, Sibiuda était mort. Comme il serait erroné de prétendre que ce ms. suppose dans son explicit que Sibiuda était toujours vivant, on ne peut pas tirer cette conclusion de l'explicit du ms. Ars. 747, non daté. D'ailleurs, Stegmüller admet que la forme authentique du nom de Ramon était *Sibiuda*[51]. S'il tient le ms. de l'Arsenal comme rédigé en tout ou en partie (*ihre Vorlage*) du vivant de notre philosophe, on ne s'explique pas pourquoi n'a-t-il pas préféré la forme *Sebude* de ce ms., ainsi que de Vat. Reg. Lat. 397.

Cela dit, nous renoncerons à examiner le processus de transformation du nom dans les mss. et dans les éditions anciennes. Il nous suffit d'avoir signalé la forme la plus sûre du point de vue documentaire. Ajoutons que cette forme précise, *Sibiuda*, n'est pas du tout inconnue, et notamment comme nom de famille, dans le domaine linguistique catalan[52]. Mais nous nous abstiendrons d'en extraire des conséquences trop hâtives.

Nous ne saurions, en effet, déduire de cette seule constatation que Sibiuda était originaire de tel ou tel autre endroit, ainsi que s'y hasardent Stegmüller et, à sa suite, Pou[53]. Ce sont des données que seules les archives nous livreront, peut-être, un jour.

---

[50] Cfr *Raimundus Sabundus...*, o. c. ; l'opinion de Fr. Stegmüller est exposée dans la *Einführung*, p. 9*.
[51] *Ib.*, p. 3*.
[52] Cfr *Diccionari Aguiló*, t. VII, Barcelona 1931, p. 266 ; CARRERAS I ARTAU, T. Y J., *Historia de la Filosofía Española. Filosofía cristiana de los siglos XIII al XV*, vol. II, Madrid 1943, pp. 105-106.
[53] Cfr *Raimundus Sabundus...*, o. c., p. 3* ; POU I RIUS, R., *Orientación y método filosóficos en los pensadores renacentistas de la Corona de Aragón*, Barcelona 1970, p. 1, note 1.

E - LA LANGUE DE RAMON SIBIUDA

Le latin de Sibiuda a surpris certains de ses lecteurs par sa saleté[54], et Montaigne nous parle du "port farouche et maintien barbaresque" de maître Ramon[55] ; le latin du *Liber Creaturarum* est décrit par lui comme "un espagnol baragouiné en terminaisons latines"[56]. En fait, Sibiuda n'écrit ni mieux ni pire que tant d'autres auteurs du moyen-âge. Cependant, les spécialistes ont bien noté que son latin a une influence marquée des structures linguistiques romanes. A partir du latin sebondien, Reulet a voulu déduire la nationalité française de Ramon ; d'après Reulet, il suit "de si près la construction de la phrase française que bien souvent on la dirait calquée sur notre langue"[57]. Toutefois, outre le fait que pendant le XVème s. la langue française était, dans le Languedoc, "absolument étrangère" et "entendue de peu de personnes, même parmi celles de premier rang"[58], Reulet ne tient pas compte du fait que les exemples qu'il offre pour illustrer l'adéquation du latin sebondien au français pourraient aussi être employés pour démontrer la correspondance du style sebondien au style de n'importe quelle des langues romanes. Telle est la critique de fond qu'a faite M. M. Menéndez y Pelayo à la thèse peu fondée de Reulet[59], en remarquant que tous les exemples fournis par lui s'adaptent bien plus au génie de la langue catalane qu'à celui de la française[60]. D'une façon générale, il semble, donc, que la langue du *Liber Creaturarum* ne peut pas orienter de forme sûre en vue d'établir la nationalité de son auteur.

Nous avons, cependant, relevé une expression typique de Sibiuda et qui n'est pas rapportée par Du Cange comme appartenant au latin médiéval, laquelle se retrouve, en revanche, dans des auteurs classiques catalans de la fin du moyen-âge et du XVIème s. C'est l'expression *ad oculum*, toujours avec des verbes ou des adjectifs qui signifient *voir* et *démontrer*. Ainsi, nous lisons dans le *Liber Creaturarum* :

> "... quoniam ad oculum probatur[61] ; ipsae creaturae quae sunt nobis manifestae ad oculum[62] ; hoc ostenditur et probatur clarissime ad

---

[54] Cfr J. A. COMMENIUS, *De Uno Necessario*, Amstelodami 1668, p. 49 : "... ob prolixitatem tamen et eorumdem crebram repetitionem stylique, quam a sui saeculi barbarie traxit, scabritiem... "

[55] MONTAIGNE, *La Theologie Naturelle de Raymond Sebond*, Paris, Gourbin 1581, fol. 4 r°.

[56] *Essais*, lib. II, cap. 12, au début.

[57] REULET, *o. c.*, p. 73.

[58] MOLINIER, A., dans VIC-VAISETTE, *Histoire du Languedoc*, t. IX, Toulouse, Privat 1885, p. 1154.

[59] M. MENENDEZ Y PELAYO, *La Ciencia Española*, t. II, Madrid 1933, pp. 9-18.

[60] Id., *ib.*, p. 15.

[61] Cfr *Raimundus Sabundus...*, *o. c.*, tit. 3, p. 8.

[62] *Ib.*, tit. 210, p. 306.

oculum sic[63] ; ut autem ad oculos videamus[64] ; ordo creaturarum quem videmus ad oculum[65] ; et hoc apparet ad oculum[66] ; possumus hoc declarare ad oculum in corpore humano[67] ; possumus cognoscere manifestissimam differentiam et separationem et distinctionem ad oculum inter homines et omnia animalia[68]...", etc.

Cette construction, qui n'est pas latine[69], revient dans des auteurs catalans contemporains de Sibiuda et même postérieurs ; fait révélateur, elle est employée dans leurs écrits toujours et seulement avec des verbes connotant vision ou démonstration. Nous en donnons d'abord trois exemples extraits de textes contemporains de Sibiuda :

"Car la millor e pus vertadera demostració que hom pot fer sí és com la cosa és *demostrada a ull*... Perquè nos, volents satisfer al vostre desig, volem *mostrar a ull* com la gent de Catalunya fort valerosa és per tot lo món nomenada"[70].

"E no *veus* tu *a ull* que tothom hic mor e no s'hic perdona a edat ne a llinatge, masculí ne femení, ne a ric ne a pobre ?"[71].

"E deus ací saber que, no contrastant que les sanctes Escriptures daço hajen molt tractat, empero aquells quj pus pregonament nan parlat ens han informats son estats primerament aquell glorios martir monsenyer sent Dionis en lo libre que feu qujs apella de angelical gerarchia, en lo qual posa que aço que aquí tracta de la angelical natura ell hac de hom qui *a uyll ho uehé*, ço es, de monsènyer sent Pau..."[72].

---

[63] *Ib.*, tit. 217, p. 330.
[64] *Ib.*, tit. 224, p. 349.
[65] *Ib.*, tit. 233, p. 373.
[66] *Ib.*, tit. 248, p. 410.
[67] *Ib.*, tit. 277, p. 476.
[68] *Ib.*, tit. 203, p. 289.
[69] DU CANGE rapporte les expressions suivantes : *oculariter intueri, oculariter demonstratur, oculatim cernere, emere ad oculum* (haud pondere), *oculo ad oculum perlegere.*
[70] "Car la plus bonne et la plus véritable démonstration que l'on puisse faire c'est lorsque la chose est *démontrée à oeil*... C'est pourquoi nous, qui voulons satisfaire à vos désirs, nous allons *montrer à oeil* comment les gents de Catalogne ont la renommée d'être fort courageux partout dans le monde". Proposition du roi MARTI L'HUMA aux Corts de la Catalogne réunies à Perpignan en l'année 1402 ; cfr *Parlaments a les Corts Catalanes*, Barcelona, E. N. C. 1928, p. 68.
[71] "Est-ce que tu ne *vois pas à oeil* que tout le monde meurt ici et qu'on n'y tient pas compte de l'âge, de la naissance, du sexe ni de la richesse ? " Cfr BERNAT METGE (+1412), *Apologia*, dans *Obres Completes*, édition de Martí de Riquer, Barcelona, Editorial Selecta 1950, p. 141.
[72] "Tu dois savoir que, bien que la sainte Ecriture en a beaucoup traité, cependant, ceux qui en ont parlé plus profondément et nous en ont informé sont d'abord le bienheureux martyr monseigneur saint Denis, dans son livre appelé de la hiérarchie angélique, dans lequel il affirme que ce qu'il dit sur la nature des anges il l'a reçu de quelqu'un qui l'avait *vu à l'oeil*, à savoir, de monseigneur saint Paul... " ; cfr FRANCESC EIXIMENIS, *Libre dels Angels*, Biblioteca de Catalunya, ms. 462, fol. 1 r° b.

La même expression se retrouve sous la plume de Cristofor Despuig, qui écrit en 1557 "Los Col. loquis de la Insigne ciutat de Tortosa", sa patrie :

> "Si cert y no sols en esta terra mas en quasi tota España, que de Castella y altres moltes parts envien pera mides de esta gloriosa santa per a curar de varios mals y especialment de porsellanes, y ab gran rao, perquè *vehuen al ull* quant grans y quant continuos miracles es Deu servit fer per la intercesio de ella en benefici dels homens lliuranlos de tan lletges malalties"[73].

> "... y serà asó per nostres pecats, que no es de creure que altra cosa sia, perquè vegem clarament *al ull* la posibilitat de la obra, veyem lo brau y perfet principi que te..."[74].

La littérature administrative enregistre, elle aussi, cette expression, qui n'a pas survécu dans le catalan moderne avec le même sens qu'elle avait anciennement. Nous en offrons un exemple du milieu du XVème siècle :

> "Item en les coses contengudes en lo penultim capitol designat en les dites primeras ordinacions qui vol que los Juheus haian star tots dins lo Call, attès que per los dits honorables jurats es stat *vist a ull* que los juheus no caben dins lo dit Call, volen e ordonen que los dits Juheus prenguen star e habitar en algunes cases qui son fora lo dit Call, en lo loch apellat dejus requesen e assats prop e dauant lo portalet del Call..."[75].

Jusqu'à présent nous n'avons pas trouvé l'expression équivalente au catalan *a ull* dans les langues romanes que nous pouvons lire ; et nous avouons que l'expression *ad oculum videre, ad oculum demonstrare* nous a bien étonné lorsque nous avons lu le *Liber Creaturarum*, d'abord par sa nouveauté, ensuite parce que Sibiuda en fait un usage abondant. Or, il semble logique de rapprocher ces deux expressions, le catalan *a ull* et le latin sebondien *ad oculum*, par un rapport de cause à effet : c'est à la langue catalane littéraire de son temps où Sibiuda emprunte l'expression *ad oculum* et son jeu sémantique.

---

73   "Oui, certes, non seulement dans ce pays, mais aussi dans presque toute l'Espagne, car de la Castille et de beaucoup d'autres endroits on envoie chercher des amulettes de cette bienheureuse sainte, pour guérir plusieurs maladies, et spécialement des porcelaines ; et à bon droit, parce qu'ils *voient à l'oeil* combien grands et continuels sont les miracles que Dieu daigne faire par intercession de la sainte en faveur des hommes, en les délivrant de maladies aussi gênantes" ; cfr CRISTOFOR DESPUIG, *Los Col. loquis de la Insigne Ciutat de Tortosa*, Tortosa 1975 (réimpression de l'éd. du P. Fidel Fita, Barcelona 1877), p. 32.

74   "Ce sera à cause de nos péchés, car il ne faut pas croire que ce soit pour une autre raison, puisque nous voyons clairement *à l'oeil* la posiblité de cette entreprise, eu égard au magnifique et parfait commencement qu'elle a" ; cfr Id., *ib.*, p. 163.

75   "Item, sur les arrêts contenus dans l'avant-dernier chapitre désigné dans les dites premières ordonnances, lequel prescrit que les juifs soient tenus de rester à l'intérieur du Call, attendu que par les dits honorables jurés a été *vu à l'oeil* que les juifs n'ont plus de place dans le dit Call, ils ordonnent que les dits juifs s'installent et logent dans quelques maisons qui se trouvent en dehors du Call, dans l'endroit 'dejus requesen', assez proche et juste en face de la petite porte du Call... " ; cfr ARXIU MUNICIPAL DE GIRONA, *Manual d'Acords de l'any 1445*, fol. 46, v°, ligne 7 ss.

La donnée nous paraît assez intéressante, car elle dénoterait que Sibiuda a pu être élevé dans un milieu certainement catalan et culte (une école d'écrivains ?). D'autre part, cette donnée n'en confirme pas moins les données précédentes : l'affirmation de Trithème, le témoignage de Montaigne, le nom catalan de Ramon. Ainsi, nous voyons que des éléments tous divers convergent vers le même point : Ramon Sibiuda serait un *hispanus*, plus exactement, un *catalanus*. Faute de données définitives, pour l'instant nous devons nous contenter de cette convergence des signes ; au terme de notre enquête, donc, nous nous bornerons à conclure :

Ramon Sibiuda, clerc séculier vraisemblablement catalan, maître-ès-arts, en médecine et en théologie, licencié en droit canon, professeur d'arts et de théologie à Toulouse, où il fut recteur du Studium en 1429, en 1434 et en 1435 au moins, est l'auteur de la *Scientia libri creaturarum* et mourut à Toulouse le 29 avril 1436, peut-être dans un âge avancé. Nous ne savons pas où est-il né, où a-t-il fait ses études, où fut-il reçu maître dans chacune des facultés, où et quand a-t-il fait ses études juridiques ; nous ne savons même pas s'il exerça l'enseignement ailleurs qu'à Toulouse et pour combien de temps. Sa vie se déroula, très probablement, dans le cadre politique et culturel sous la Couronne d'Aragon et du Languedoc toulousain, peut-être dès avant même la fin du XIVème s. jusqu'à l'année 1436.

CHAPITRE II

SON OEUVRE

Nous allons donner un catalogue des manuscrits et des éditions de l'oeuvre de Sibiuda. Ce catalogue résume les travaux antérieurs au notre, tout en apportant quelque nouveauté, mais il doit rester provisoire : des rectifications et additions sont toujours possibles. Aux manuscrits et aux éditions, nous avons jugé opportun d'ajouter les traductions en diverses langues dont l'oeuvre de Sibiuda a été l'objet. Ainsi, on aura un tableau indicatif de l'influence que notre philosophe a pu exercer au cours des diverses époques.

A - SCIENTIA LIBRI CREATURARUM ou LIBER CREATURARUM
1 - MANUSCRITS

Nous connaissons 36 mss. de la seule oeuvre sans aucun doute authentique de Sibiuda. Nous en donnons la liste en les classant, tant qu'il est possible, par ordre chronologique. Lorsque nous n'avons pas pu consulter directement un ms., nous reproduisons les références qu'en donne le catalogue de la bibliothèque où il se trouve, en les complétant parfois avec les indications de Fr. Stegmüller[76].

a) Manuscrits datés

1) Bibl. Munic. de Toulouse 747, année 1437.

Fol. 1 r° : Un beau dessin couvre la moitié du folio. Sur un fond de ciel bleu avec des étoiles en or et les rayons de deux astres (le soleil et la lune ?) luisant sur la ligne de l'horizon, on voit le Père en train de soutenir la croix où son Fils est cloué. Au dessus d'une terre verdoyante, on voit des bêtes et des reptiles. En dessous, trois couches de barres superposées, dans lesquelles on perçoit : des mineraux, des arbres et des plantes, des reptiles et des poissons. Tout se termine, à la base du dessin, par une barre en couleur ocre. Aux deux côtés de la composition se tiennent deux figures humaines. La figure de gauche soutient une inscription qui s'envole vers le ciel et sur laquelle on peut lire : *Quando factum concordat cum debito*. La figure de droite soutient une inscription qui par son extrémité inférieure débouche dans la gueule dentée d'un monstre penché à l'angle ; on lit ces mots : *Quando*

---

[76] Dans *Raimundus Sabundus...*, o. c., pp. 6* - 11*.

factum non concordat cum debito. Toujours à droite, quatre bandes portant chacune son inscription pénètrent du dehors dans l'enceinte de la composition. Du haut en bas, on peut lire : *Esse uiuere sentire et intelligere ; Esse uiuere et sentire ; Esse et uiuere ; Esse tantum.*

Immédiatement au dessous de la composition, en lettres très fines et petites par rapport à celles du reste du ms. : *Sciencia libri creaturarum seu nature et de homine per quam homo cognoscit seipsum et deum conditorem suum, ad quod obligatur deo et quid debet et quid facit pro meritum uel demeritum obtinendo.*

Incipit : "Ad laudem et gloriam sanctissime trinitatis et gloriosissime uirginis marie *(en marge* : et tocius curie celestis). In nomine domini nostri jesu xti ad utilitatem et salutem omnium xtianorum sequitur sciencia libri creaturarum siue libri nature et sciencia de homine que est propria homini in quantum homo est..."

Fol. 279 r° : "Et sic explicit liber creaturarum seu nature seu liber de homine propter quem sunt creature alie inchoatus et inceptus in alma uniuersitate uenerabilis studij tholosani anno domini M° CCCC° XXX° IIII° Et completus et terminatus in eadem uniuersitate anno domini M° CCCC° XXX° VI° in mense februarij undecima die que fuit dies sabbati Ad laudem et gloriam et honorem sanctissime trinitatis et gloriosissime uirginis marie matris domini nostri jhesu xti filij dei Et ad utilitatem omnium xtianorum et omnium hominum Quiquidem liber totaliter comictitur correccioni sacrosante romane ecclesie Deo gracias".

En bas, d'une autre main, en lettres plus petites :

"Hic liber est berengarij operarij auctoritate regia notarij tholose habitatoris / extractus / a consimili copia / magistri alrici de Rupe eciam notarij ibidem / et correctus per ambos iam dictos notarios subscriptos cum originali libro manu reuerendi magistri ramundi sibiude / in sacra pagina in artibus et in medicina magistri / compilatoris eiusdem / scripto / finitus corrigi die mercuri cinerum XIII mensis febroarij Anno ab incarnacione domini m° cccc° XXX° VI° / cuiusquidem compilatoris uita functi penultima aprilis eodem anno / anima in pace requiescat / Amen

Al. de Rupe. Beng. Operarius. "

Ce sont 279 ff. à une seule colonne. Le manuscrit est découpé en paragraphes introduits par des titres en rouge, correspondant aux titres des *tituli* dans lesquels est divisé le livre par les éditions anciennes et modernes. Une main postérieure a ajouté à chaque paragraphe le numéro de référence aux *tituli* des éditions, de 1 à 330. Des corrections du texte en marge, gothiques, très soignées et propres (les corrections des notaires). Ecriture gothique, avec des initiales pour chaque paragraphe.

D'après Stegmüller, ce manuscrit transmet un texte qui dépend directement de l'autographe, qu'il appelle "die erste Textgestalt". Ce manuscrit et sa famille seraient la base pour la reconstruction du texte critique du *Liber Creaturarum*. Nous l'appellerons simplement première rédaction.

2) Vat. Reg. Lat. 397, année 1438[77].

Fol. 1 r° : Incipit : "Ad laudem et gloriam sanctissime trinitatis et gloriosissime uirginis marie In nomine domini nostri Jhesu xti ad vtilitatem et salutem omnium xtianorum Sequitur sciencia libri creaturarum. siue libri nature et sciencia de homine que est propria homini jnquantum homo est que est necessaria homini omni et est ei naturalis..."

Fol. 290 r° : "Sic igitur homines adherentes diabolo in eternum iusticiam pacientur et cruciabuntur cum eo / et homines adherentes xto in eternum gaudebunt cum eo in celo et cum angelis eius / Ad quod gaudium nos perducere dignetur Jhesus xtus filius dei et unigenitus marie gloriosissime / qui uiuit et regnat benedictus in secula seculorum amen".

Fol. 290 v° : "Et sic explicit liber creaturarum seu nature seu liber de homine propter quem sunt creature alie jnchoatus et jnceptus in alma Vniuersitate uenerabilis studij tholosani Anno A natiuitate Domini m° quadringen.^{mo} tricesimo quarto / et completus et terminatus in eadem Vniuersitate Anno Domini millesimo CCCC° tricesimo sexto Jn mense februarij vndecima die que fuit dies sabbati ad laudem et gloriam et honorem sanctissime trinitatis et gloriosissime uirginis marie matris Domini nostri jhesu xti et ad vtilitatem Omnium xtianorum et omnium hominum / qui quidem liber totaliter comictitur correctioni sacrosancte romane ecclesie Amen Amen".

Fol. 290 r°-290 v° : Explicit du copiste sur l'auteur : "Hunc Venerabilem librum creaturarum seu nature seu librum de homine propter quem sunt creature alie edidit et Compilauit Venerabilis Doctor in theologia Magister Remundus sebude eciam in septem artibus liberalibus et in medicina solemnis magister perspicuus Cuius vitam sanitatis incolumitate perfruendam perseueret xts amen Deo gracias".

Fol. 291 r° : Explicit du libraire, avec son sceau : "Lathomj + Scriptor aymo lathomj de arbosio clericus in ciuitate burgensi fuit copiatus dictus liber et completus XIIII[a] die mensis octobris Anno domini millesimo quadrin. ^{mo} tricesimo octauo / Compilauit uenerabilis doctor nithcolaus".

Ms. en papier, 305 x 210 mm., 291 ff., en fait 281, parce que les ff. 81 à 90, par inadvertance, n'ont pas été numérotés. Jusqu'au fol. 41 les titres de chaque paragraphe sont écrits en rouge.

D'après Stegmüller, ce ms. transmet le texte de la première rédaction.

---

[77] WILMART, ANDREAS, *Bibl. Vat. Codices mss. recensiti. Codices Reg. Lat.*, t. II, s. l., 1945, pp. 452-454.

3) Bibl. Publique de Metz, ms. 149, année 1441.

Ms. mélangé. Fol. 71 r° : "Incipit liber creaturarum siue de homine compositus a reuerendo magistro Raymundo Sebende in artibus et in medicina et in sacra pagina egregio professore / regente in alma uniuersitate tholosana. Ad laudem et gloriam altissime trinitatis..."

Fol. 81 v° : "... ita conformiter magis complacebit deus naturaliter si producit aliquem sibi similem de natura sua qui sit deus quam in producendo mundum per artem".

Ms. mutilé. Il ne contient que le titre 1 jusqu'au commencement du titre 47, avec des lacunes dans les titres 1, 6, 12 et 18 ; les titres 7 à 11 manquent du tout. Papier, in-4°. La date indiquée ci-dessus se trouve au fol. 20 r°, où se termine la première pièce du recueil, *Liber dictus elucidarium* : "Johannes Dich hunc licrum scripsit M CCCC XLI qui cum Xto vivere possit". Il s'agit, donc, d'une date *a quo* pour l'ensemble du manuscrit. Ecriture italienne renouvelée.

4) Bibl. de l'Hospital de Cues, ms., 196, année 1450[78].

Fol. 1 r° : Incipit liber nature sive creaturarum in quo tractatur specialiter de homine / et de natura eius in quantum homo et de hys que sunt ei necessaria ad cognoscendum seipsum et / deum... compositus a ve / nerabili viro magistro raymundo Sabunde in artibus et medicina doctore et in sacra pagina egregio professore. (En rouge :) 1450 fuit scriptus // Ad laudem et gloriam altissime et gloriosissime trinitatis... sequitur sciencia libri creaturarum..."

Fol. 202 r° : Incipit : "... Ad que dignetur nos perducere ihesus... seculorum Amen // Et sic est finis libri creaturarum seu nature sive de homine propter quem alie creature facte sunt finitus per manus fratris Johannis silveli Anno domini 1450 / primo die octobris // Orate pro scriptore propter dominum ihesum xtum".

Papier, 204 ff. (202 v°-204 v° vides) ; au fol. de garde v° : "Anno 1451 fuit maxima pestilencia in Colonia". D'une autre main, huit vers *De regimine sacerdotum* commençant : "Presbyter attente capias hic dogmata mente". Petite cursive. Ce ms. appartenait au Card. Nicolas de Cues. D'après Stegmüller, il transmet un texte dépendant d'une troisième rédaction, faite après la mort de Sibiuda, entre 1438 et 1450, dans laquelle on aurait voulu améliorer le style sebondien. La valeur critique de ce texte, attesté par d'autres mss. et repris dans les éditions anciennes et modernes, ne serait pas très grande. Par contre, il s'agit du texte le plus répandu, semble-t-il, du *Liber Creaturarum*.

---

[78] Cfr *Verzeichnis der Handschriften-Sammlung des Hospitals zu Cues bei Bernkastel am Mosel*, bearbeitet von J. MARX, Trier 1903, pp. 182-183.

5) BN Lisboa, ms. iluminado 97, année 1453[79].

Explicit : " Et sic explicit liber creaturarum seu nature seu liber de homine propter quem sunt creature alie inchoatus et inceptus in alma vniuersitate uenerabilis studij tholosani Anno domini M° CCCC° XXX° IIII° et completus et terminatus in eadem uniuersitate Anno domini M° CCCC° XXX° VI° in mense februarij undecima die que fuit dies sabbati compositus a magistro Raymondo Sabieude in artibus et medicina magistro et in sacra pagina egregio proffessore. Ad laudem et gloriam et honorem sanctissime trinitatis et gloriosissime uirginis marie matris domini nostri jhesu xti filii dei. Et ad utilitatem omnium xtianorum et omnium hominum Quiquidem liber totaliter comictitur correctioni sacrosancte romane ecclesie. Deo gracias".

6) BN Paris, ms. lat. 3134, année 1455.

Fol. I r° a : *Tabula* (addition du début du XVIème s.) : "Per scientiam traditam in hoc opere certifice solui potest omnis questio tam de deo quam de homine..." Fin de la table : "Prima scala est de omnibus inferioribus creaturis usque ad hominem. Secunda scala seu ascensus est de homine usque ad deum".

Fol. II r°-III v° vides.

Fol. 1 r° a : Incipit : "Ad laudem et gloriam altissime et sanctissime trinitatis et gloriosissime uirginis marie In nomine domini nostri Ihesu Xti ad utilitatem omnium xtianorum Sequitur sciencia libri creaturarum seu liber nature et sciencia de homine in quantum homo est que est necessaria omni homini et est ei naturalis..."

Fol. 173 r° b : "Et sic explicit liber creaturarum seu nature seu liber de homine propter quem sunt creature alie Inchoatus et inceptus in alma vniuersitate venerabilis studij tholosani Anno domini mille. mo quadring. mo tricesimo quarto et completus et terminatus in eadem vniuersitate Anno domini m° quadring. mo tricesimo sexto in mense februarii vndecima die que fuit dies sabbati Ad laudem et gloriam et honorem sanctissime trinitatis et gloriosissime uirginis marie matris domini nostri Ihesu Xti filii dei et ad utilitatem omnium xtianorum et omnium hominum qui quidem liber totaliter comictitur correctioni sacrosancte ecclesie romane Deo gracias Finitus parisius in domo trecensi per manum Jo. Bassier presbiteri Edduensis Diocesis anno domini 1455 decima septembris presentibus viris eximiis magistris Hugonibus Menandi et Gossi Ita est".

---

79 Cfr MARTINS, MARIO, *Estudos de Literatura Medieval*, Braga 1956, chap. XXX, p. 306, d'où nous tirons la référence que nous donnons de ce ms. Il n'y a pas de catalogue imprimé des mss. de la BN de Lisbonne, et nous n'avons pas pu obtenir le film de cet "iluminado". Peut-être le manuscrit dont parle le P. Martins est à mettre en rapport avec celui que Haenel a vu dans la Biblioteca Real de Corte de Lisbonne. Cfr HAENEL, G., *Catalogui librorum mss. qui in bibliothecis Galliae, Helvetiae, Belgii, Britanniae m., Hispaniae, Lusitaniae asservantur*, Lipsiae 1830, p. 1030, K. 1. 16.

Fol. 135 r° b : "Johannes Bassierj Pertinet magno hospitali Belne Eduensis diocesis actum 4 Juni 1493. D. M. Vagot Sobrius 1498".

Fol. 173 r° en bas de page : "Hoc volumen spectat magno hospitali belne cui erogauit scriptor eiusdem capellanusque in quo inhumatus in quo fuit unus capellanorum per XVI annos in quo obiit anno 1480 in die sancti bartholomei apostoli Xti Quem deus in regno collocet ipse suo ut mihi retulit dominus Rolet nepos eius filius fratris qui roletus obiit cantor sancti Petri belne in die sancti Francisci 1499 P. M. P. "

Fol. 173, dans la marge (addition fin XVème-début XVIème s.) : "A Raymundo Sebeide ut patet in principio copertorii huius voluminis".

Papier, ff. I-III, 1-173, à 2 cols., 290 x 210 mm. Divisé en 330 *tituli*, comme dans les éditions postérieures. D'après Stegmüller, ce ms. transmet le texte de la première rédaction.

7) Stadtbibliothek Mainz, ms. lat. II 235, année 1457[80]

Fol. 1 r° a : "Raymundus (*addition en marge* : de Sabunde) Liber nature sive creaturarum".

Fol. 247 v° b : "Liber creaturarum seu nature sive de homine per manum Johannis (*addition effacée* :) Braxatoris ortulani de Maguntia die Gregorii (*12 mars*) 1457".

D'abord divisé en 401 *capitula*, un correcteur postérieur a rapporté cette division à 330, à partir de l'ancien 218.

Fol. 248 r° b, en bas : Table alphabétique : "Amor est primum donum, cap. 106".

Fol. 252 r° b : Explicit de la table : "Xtiani tota intentio et studium, cap. 279".

Les références de la table correspondent à la numération corrigée des chapitres. La table et les corrections du texte ne proviennent pas de la main du copiste qui a écrit le texte de base ; table et corrections ont été, probablement, empruntées à une des éditions anciennes (éd. Deventer ?). D'après Stegmüller, ce ms. transmet le texte de la troisième rédaction.

8) Bonn, Universitätsbibliothek, ms. lat. 311, année 1459[81].

9) Mayence, Bibliothek des Bischöflichen Priesterseminars, ms. 161, a. 1461[82].

---

[80]   Cfr *Raimundus Sabundus*... o. c., p. 7*.

[81]   Cfr SANTIAGO-OTERO, HORACIO, *Manuscritos del "Liber Creaturarum" de Ramón Sabunde*, dans "Revista Española de Teología" XXXVII (1977), p. 424.

[82]   Cfr P. O. KRISTELLER, *Iter Italicum*... vol. III..., p. 603a.

10) Bibl. Royale de Bruxelles, ms. lat. 2168, année 1468[83].

Fol. 1 r° : Note : "Liber monasterii S. Nicholai in Brauweller".

Fol. 1 r° a : "Liber nature sive creaturarum... compositus a venerabili viro magistro Raymundo Sabundo magistro in artibus et medicine doctore ac in sacra pagina egregio professore". Incipit : "Ad laudem et gloriam altissime et gloriosissime trinitatis sanctissimeque dei genitricis uirginis marie et tocius curie celestis, in nomine domini nostri Iehsu xti, ad utilitatem et salutem omnium xtianorum sequitur sciencia libri creaturarum siue libri nature et sciencia de homine que est propria homini in quantum homo est..."

Fol. 229 r° : "Finitus et completus anno Domini M° CCCC° LXVIII° in uigilia conceptionis beate Marie Virginis. Orate pro scriptore propter Deum".

Papier, 230 ff., 289 x 206 mm., à 2 cols. D'après Stegmüller, ce ms. transmet le texte de la troisième rédaction.

11) BN Paris, ms. lat. 3135, année 1469.

Fol. 1 r° a : "Incipit liber nature siue creaturarum in quo tractatur specialiter de homine et natura eius in quantum homo et his que sunt necessaria ad cognoscendum seipsum et deum et omne debitum ad quod homo tenetur et obligatur tam deo quam proximo. Compositus a reuerendo magistro raymundo sabieude in artibus et medicina magistro et in sacra pagina egregio professore. Ad laudem et gloriam..."

Fol. 154 v° a : "Explicit liber creaturarum seu nature Anno domini millesimo quadringentesimo sexagesimo nono".

Fol. 158 v° : "Istum librum fecit scribi rev. Pater F. J. Tielin sacre theologie professor de conventu Nyorti. Hic autem liber intitulatur : de naturis creaturarum et specialiter de homine".

Parchemin, I-158 ff., à 2 cols., 270 x 190 mm., avec rubriques. Au fol. de garde I, il y a cette notice, d'une main moderne : "Remond Sebond, doctissimus in linguis orientalibus et Rabbinorum scriptis *(confusion avec Ramon Martí O. P.)* conscripserat duo ingentia volumina, quorum compendium edidit Petrus Galatinus Franciscanus, qui nihil ibi a se habet. Archetypa duo Sebondi extare ait in rerum natura, alterum habuisse Mathaeum Beroaldum, alterum habere Tholosatam bibliothecam. Ex Scaligeranis Mss. e Bibliotheca Regia desumpsit Carolus Patin. D. M. P. 1662. Iste Raimundus erat hispanus, Dominicanus, bene versatus in Philosophia et Theologia et in Talmud. Scripsit illum librum ante annos CCL. Est cum iudicio legendus. Idem, ibidem".

Le ms. est divisé en 330 *tituli*. D'après Stegmüller, il transmet le texte de la première rédaction.

---

[83] Cfr GHEYN, J. VAN DEN, *Catalogue des manuscrits de la Bibl. Royale de Belgique*, t. III, *Théologie*, Bruxelles 1903, p. 324.

12) Bonn, Universitätsbibliothek, ms. lat. 312, année 1472[84].

13) Bibl. Munic. Toulouse, ms. 748, année 1487.

Fol. 1 r° (en haut de la page, d'une main postérieure) : "Liber scientiae creaturarum siue liber naturae et scientia de homine per quam illuminatur ad cognoscendum seipsum et suum conditorem".

Fol. 1 r° a : Incipit : "Ad laudem et gloriam sanctissime trinitatis et gloriosissime uirginis marie et tocius curie celestis. In nomine domini nostri Jehsu Xti ad utilitatem et salutem omnium xtianorum sequitur scientia libri creaturarum siue libri nature et sciencia de homine que est propria homini in quantum homo est..."

Fol. 285 r° b : "Et sic explicit liber creaturarum seu nature siue liber de homine propter quem sunt creature alie. Inchoatus et inceptus in alma uniuersitate uenerabilis studij tholosani. Anno domini m° cccc° tricesimo quarto. Et completus et terminatus in eadem uniuersitate Anno domini m° cccc° tricesimo sexto in mense februarij undecima die que fuit dies sabbati. Ad laudem et gloriam et honorem sanctissime trinitatis et gloriosissime uirginis marie matris domini nostri jesu xti filii dei et ad utilitatem omnium xtianorum et omnium hominum. Qui quidem liber totaliter comictitur correctioni sacro sancte romane ecclesie. deo gracias".

En bas : "Anno domini m^{mo} cccc lxxxvii fuit extractus a quodam alio libro in loco de heremo et finitus XIX^a mensis ianuarii per me Johannem Vilaris".

Fol. 285 v°-286 v° : "Sequitur repertorium seu particularis tabula huius libri. Et primo post prohemium Radix et fundamentum huius sciencie habetur folio 2". Explicit du répertoire : "quod in homine est una obligatio maior quam prima, 217".

Ms. anonyme, 285 ff., lettre cursive du XVème s. Le texte est distribué en paragraphes sans numération, au dessus desquels il y a des soutitres en rouge, correspondant aux *tituli* des éditions. Pour Stegmüller, il transmet le texte de la première rédaction.

14) Pennsylvania, University Lia, ms. 7, année 1487[85].

15) Staatsbibliothek München, clm 8743, année 1493[86].

Fol. 1 r°-fol. 8 v° : Table. Incipit : "Amor est primum donum et res data est tantum signum amoris, tit 106".

---

[84] Cfr SANTIAGO-OTERO, H., *l. c.*, p. 424.
[85] Cfr ID., *ib.*, p. 525.
[86] Cfr *Catalogus codicum latinorum Bibliothecae regiae monacensis secundum Andreae Schemelleri Indices. Composuerunt* CAROLUS HALM et GULIELMUS MEYER. *Tomi II Pars I codices num. 8101- 10930 complectens*, Monachii, 1874, p. 51.

Fol. 8 v° : Raimundi de Sabunde liber creaturarum seu nature siue de homine propter quem alie nature facte sunt..."

Fol. 263 v° : Scripsit Caspar Stapf Sweuus de underndürncken 1493".

Ce ms. provient du couvent des franciscains de Munich. Les *Tituli* sont numérotés dans la marge. D'après Stegmüller, il transmet le texte de la troisième rédaction.

b) Manuscrits non datés

16) Bibl. de l'Arsenal de Paris, ms. lat. 747.

Fol. 1 r° a : Table : "Incipit tabula libri creaturarum siue nature siue hominis editi a magistro Remundo Sebude magistro in theologia et septem artibus liberalibus et medicina. Caput rubricarum. Iste liber illuminat intellectum et accendit uoluntatem. Ista sciencia soluit omnem questionem..."

Fol. 8 r° b : Explicit de la table : "De correctione romane ecclesie cui commictitur liber iste".

Fol. 8 v° b : "Tabula alphabetica. Ablucio in aqua est baptismus primum sacramentum..."

Fol. 15 r° b : Explicit de la table alphabétique : "Ymago dei manifestat quod omnes homines debent se reputare tamquam unum hominem".

Fol. 16 vide. A la suite de ce fol., on reprend la numération à partir de 1.

Fol. 1 r° : Incipit : "Ad laudem et gloriam sanctissime trinitatis et gloriosissime uirginis marie / In nomine domini nostri Jhesu Xti ad utilitatem et salutem omnium xtianorum / sequitur sciencia libri creaturarum / siue libri nature / et sciencia de homine que est propria homini in quantum homo est / que est necessaria homini omni et est ei naturalis et conueniens..."

Fol. 263 r° : "Sic igitur homines adherentes diabolo in eternum tristiciam pacientur et cruciabuntur cum eo / et homines adherentes Xto in eternum gaudebunt cum eo in celo et cum angelis eius. Ad quod gaudium nos perducere dignetur Jhesus Xtus filius dei et uirginis gloriosissime qui uiuit et regnat benedictus in secula seculorum Amen. Et sic explicit liber creaturarum seu nature seu liber de homine propter quem sunt creature alie. inchoatus et inceptus. in alma uniuersitate uenerabilis studij tholosani anno a natiuitate domini millesimo quadringentesimo tricesimo quarto. Et completus et terminatus in eadem uniuersitate Anno domini millesimo quadringentesimo tricesimo sexto In mense februarij vndecima die que fuit dies sabbati. Ad laudem et gloriam et honorem sanctissime trinitatis et gloriosissime uirginis marie matris domini nostri jhesu xti et ad vtilitatem omnium xtianorum et omnium hominum. Quiquidem liber totaliter comictitur correccioni sacrosancte Romane ecclesie. Deo gracias".

Fol. 263 v° : "Hunc uenerandum librum creaturarum seu nature seu librum de homine propter quem sunt creature alie edidit et compilauit uenerabilis doctor in theologia magister Remundus Sebude eciam in septem artibus liberalibus et in medicina solennis magister perspicuus cuius uitam sanitatis incolumitate perfruendam perseueret xtus. Amen".

D'une autre main : "Pro libraria Regalis collegii Campaniae alias Nauarrae".

Parchemin, 263 ff., plus les ff. A et 1 à 6 (tables), 291 x 210 mm., écriture du XVème siècle, 1 col., initiales rouges et bleues, les tables à 2 cols. Il n'est pas divisé en *tituli*, mais en paragraphes sans numération et avec rubriques. D'après Stegmüller, ce ms. transmet le texte de la première rédaction.

17) BN Paris, ms. lat. 3133.

Fol. 1 r° a : "Incipit liber nature siue creaturarum in quo tractatur specialiter de homine et natura eius in quantum homo et de eis que sunt necessaria ad cognoscendum seipsum et deum et omne debitum ad quod homo tenetur et obligatur tam deo quam proximo. Compositus a reuerendo magistro Raymundo Sabieude in artibus et medicina magistro et in sacra pagina egregio professore. Ad laudem et Gloriam altissime trinitatis..."

Fol. 245 r° : "Et sic explicit liber creaturarum seu nature seu liber de homine propter quem sunt creature alie inchoatus et inceptus In alma vniuersitate uenerabilis studij tholosani. Anno domini millesimo quadrigentesimo tricesimo quarto. Et completus et terminatus in eadem vniuersitate. Anno domini millesimo CCCC° tricesimo sexto in mense febroarij XI die que fuit dies sabbati. Ad laudem et gloriam et honorem sanctissime trinitatis et gloriosissime uirginis marie matris domini nostri ihesu xti filii dei. Et ad vtilitatem omnium xtianorum. Et omnium hominum Qui quidem liber totaliter commictitur correccioni sacro sancte romane ecclesie. Deo gracias".

En bas : "De camera compotorum blecensi".

Au fol. de garde II v°, note d'une main d'humaniste de la seconde moitié du XVIème s. : "Hic author servat suum quemdam ordinem dicendi mirabilem. Est autem liber paulo latinius editus a Gryphio impressore lugdunensi titulo Viola animae".

S. XV. Parchemin, II-245 ff., à 2 cols., 285 x 205 mm., divisé en 330 *tituli*. Rubriques. D'après Stegmüller, il transmet le texte de la première rédaction.

18) BN Paris, ms. lat. 18133[87].

S. XV. Parchemin, 498 ff. Mutilé, le texte commence vers la fin du titre 1.

---

[87] Cfr DELISLE, LÉOPOLD, *Inventaire des manuscrits latins de Nôtre-Dame et d'autres fonds conservés à la Bibliothèque Nationale sous les nos. 16179 - 18613*, dans "Bibliothèque de l'Ecole des Chartes" 31 (1870) 543 ; P. O. KRISTELLER, *Iter Italicum...*, vol. III..., p. 268 b.

19) BN Madrid, ms. lat. 1552[88].

Fol. de garde 1 r°, écriture du XVIIIe siècle : "Liber Creaturarum seu nature in quo tractatur de homine et natura eius, auctore Reverendo Magistro Raimundo Sabieude in studio Tolossano, in artibus et medicina magistro, et in sacra theologia egregio professore, Anno 1434".

Fol. de garde 2-3 : vides.

Fol. 1 r° a : "Incipit liber nature siue creaturarum In quo tractatur specialiter de homine et natura eius in quantum homo et de eis que sunt necessaria ad cognoscendum seipsum et deum et omne debitum ad quod homo tenetur et obligatur tam deo quam proximo. Compositus a Reuerendo Magistro Raymundo Sabieude in artibus et medicina magistro et in sacra pagina egregio professore".

"Ad laudem et gloriam altissimi trinitatis et gloriosissime uirginis marie et tocius curie celestis. In nomine domini nostri Ihesu xpi Ad utilitatem et salutem omnium xtianorum. Sequitur sciencia libri creaturarum siue libri nature in (*sic*) sciencia de homine que est necessaria homini omni et est ei naturalis et conueniens per quam illuminatur ad cognoscendum seipsum et suum conditorem et omne debitum ad quod homo tenetur in quantum homo est..."

Fol. 262 r° a : "... uiuit et regnat benedictus in secula seculorum. amen".

"Et sic explicit liber creaturarum seu liber de homine propter quem sunt creature alie incohatus et inceptus in alma uniuersitate uenerabilis studii tholosani Anno domini millesimo CCCC[mo] XXXIIII[to] Et completus et terminatus in eadem uniuersitate Anno domini millesimo CCCC[mo] XXXVI[to] in mense febroarii XI[ma] die que fuit die sabbati ad laudem et gloriam et honorem sanctissime trinitatis et gloriosissime uirginis marie matris domini nostri Ihesu xpi filii dei et ad utilitatem omnium xtianorum et omnium hominum. Quiquidem liber totaliter commictitur correctioni sacrosancte Romane ecclesie. Deo gracias".

S. XV. Papier et parchemin alternés dans cette proportion constante : 2 ff. parchemin + 6 ff. papier. 262 ff. + 11 ff. de garde (3 + 8), 273 x 205 mm., à 2 cols., 33/36 lignes. Initiales, rubriques, titres en rouge, sans numération de titres ou chapitres.

D'après Stegmüller, ce manuscrit transmet le texte de la première rédaction.

20) Bibl. Munic. Clermont-Ferrand, ms. 195[89].

---

[88] Cfr *Inventario general de manuscritos de la Biblioteca Nacional*, t. IV, mss. 1101-1598, Madrid s. d., pp. 446-447.
[89] Cfr *Catalogue des manuscrits des Bibliothèques Publiques de France. Départements*, t. XIV, p. 67.

Fol. 1 r° a : "Liber creaturarum siue de homine compositus a reuerendo magistro Raymundo Sebende in artibus et in medicina magistro et in sacra pagina egregio professore regente in alma universitate Tholosana. Ad laudem et gloriam altissime trinitatis..."

Fol. 227 r° a : "Et sic explicit liber creaturarum seu nature seu liber de homine propter quem sunt creature alie, inchoatus et inceptus in alma universitate venerabilis studii tholosani anno domini M CCCC XXX IV completus et terminatus in eadem universitate anno domini M CCCC XXX VI in mense februarii XI die que fuit dies sabbati ad laudem et gloriam et honorem sanctissime trinitatis et gloriosissime virginis marie matris domini nostri Ihesu Xti filii dei et ad utilitatem omnium xtianorum et hominum. Qui quidem liber totaliter commititur correctioni sacrosancte romane ecclesie Amen. Deo gracias amen dico qui scribo

O michi continuo multum sudata labore
pagina sic valeas scriptorem munere dites
Sic placeas neque meritum detractio ledat".

S. XV. Parchemin, 227 ff., 285 x 210 mm. D'après Stegmüller, ce ms. transmet le texte de la première rédaction.

21) Bibl. Publique d'Auch, ms. 6.

Fol. 1 r° : D'une autre main, écriture moderne : "Huius libri auctor est Raimundus Sebondi insignis Theologus ac philosophus hispanus quem gallicum reddidit Michael de Montaigne".

"Incipit liber nature et creaturarum seu de Sciencia hominis capitulum primum". Le reste du fol. a été enlevé ; c'était la place occupée par le prologue. Fol. 2 r° abîmé.

Fol. 2 v° : Le haut de la page abîmée ; vers le milieu : "Sequitur radix origo principium et fundamentum istius sciencie. Capitulum secundum. Quia homo naturaliter semper querit certitudinem et euidentiam claram nec aliter quiescit nec quiescere potest donec perueniat ad ultimum gradum certitudinis..."

Fol. 241 v° : "Et sic explicit liber creaturarum seu nature seu liber de homine propter quem sunt creature alie. Inchoatus et inceptus in alma uniuersitate uenerabilis studij tholosani. Anno domini mille° quadringentesimo tricesimo quarto et completus et terminatus in eadem uniuersitate Anno domini m° cccc° xxxvi° in mense Februarij undecima die que fuit dies sabbati. Ad laudem et gloriam et honorem sanctissime Trinitatis et gloriosissime uirginis Marie matris domini nostri ihesu xti filii dei et ad utilitatem omnium xtianorum et omnium hominum. Qui quidem liber totaliter commictitur correctioni sacro sancte romane ecclesie. Deo gracias".

Fol. 242 r° : "Incipit tabula precedentis libri. Et primum prohemium libri folio 1".

Fol. 251 v° : CCCXLIIII De finali executione iudicij et generali separacione malorum et bonorum folio CCXLI. Explicit tabula. Deo gracias". S. XV. Parchemin, 262 ff., 302 x 220 mm., lettres ornées. Provient du monastère de Gimont. Le texte est divisé en 345 *capitula* ; la table en donne 344.

22) Bibl. Publique de Rouen, ms. 595.

Fol. 1 r° : "... et uita omnium creaturarum Unde omne uiuere et omnis uita omnium creaturarum tendit et respicit ad ipsum uiuere hominis tamquam ad principalius et nobilius uiuere / et ideo uiuere hominis tamquam principalius uiuere excellit..." ; texte correspondant à ce que dans les éditions postérieures est devenu le titre 103.

Fol. 324 r° : "Et sic explicit liber creaturarum seu nature seu liber de homine propter quem sunt creature alie Inchoatus et inceptus in alma Uniuersitate uenerabilis studij tholosani per Reuerendum magistrum Ramundum Sibieude in sacra pagina proffessorem nobilissimum et in artibus et medicina magistrum in decretis eciam liccenciatus. Compositus anno domini millesimo quadringentesimo tricesimo quarto et completus et terminatus in eadem Uniuersitate Anno domini millesimo IIII° tricesimo sexto in mense Februarij undecima die que fuit dies sabbati ad laudem et gloriam et honorem trinitatis et gloriosissime uirginis marie matris domini nostri Ihesu xti filii dei Qui quidem liber totaliter comictitur correccioni sacrosante Romane ecclesie. Deo gracias".

Papier, 324 ff., 200 x 134 mm., écriture cursive du XVème siècle, à 1 col. Le manuscrit est incomplet du commencement jusqu'au titre 103. Les paragraphes dans lesquels il est divisé ne sont pas numérés, il n'y a pas de table.

23) Bibl. de la Ville de Namur, ms. 28[90].

Fol. 1 r° a : "Incipit nature siue creaturarum in quo tractatur specialiter de homine et de natura eius in quantum homo et de iis que sunt ei necessaria ad cognoscendum se ipsum et deum et omne debitum ad quod homo tenetur et obligatur tam deo quam proximo. compositus a venerabili viro magistro Raymundo Sabundo in medicina et artibus doctore ac in sacra pagina egregio professore. Ad laudem et gloriam..."

Fol. 167 v° b : "... benedictus in secula seculorum amen. Explicit liber nature siue creaturarum magistri Raymundo de Sabundo doctoris trium facultatum. Laus deo altissimo".

Dans la marge inférieure, d'une autre main : "Iste liber pertinet monasterio de Gardineto beate marie uirginis iuxta Walkuriam".

---

[90] Cfr FAIDIER, PAUL, *Catalogue gén. des Bibl. de Belgique*, vol. I, *Catalogue des mss. conservés à Namur*, Gembloux 1934, p. 91.

Papier, 167 ff., 290 x 210 mm., à 2 cols., s. XV. D'après Stegmüller, ce ms. transmet le texte de la troisième rédaction.

24) Bibl. Royale de Bruxelles, ms. lat. 2169[91]

Fol. 1 r° : Notes : "Raymundus Sebonda. Liber nature. Iste liber pertinet conuentui fratrum sante crucis in Namurco".

Fol. 1 r° a : Incipit : "Ad laudem et gloriam altissime et gloriosissime trinitatis sanctissimeque dei genitricis uirginis marie et tocius curie celestis, in nomine domini nostri Jehsu Xti ad utilitatem et salutem omnium xtianorum sequitur sciencia de homine que est propria homini in quantum homo est..."

Papier, 152 ff., quelques ff., en parchemin, à 2 cols., 295 x 215 mm., s. XV. D'après Stegmüller, ce ms. transmet le texte de la troisième rédaction.

25) Arxiu Munic. Històric de Barcelona, ms. B-79.

Fol. de garde v° : "Liber domus sancte Barbare in Colonia ordinis Carthusiensis". En écriture moderne : "Phillips Ms 565".

Fol. 01 r°, au dessous d'un ex-libris : "Sir T. P. Middle Hill 565[92].

Fol. 02 r°-023 r° vides. Fol. 023 v°, au crayon, écriture moderne : "The Prologue is parted over frille (?) came stated on the opposite page".

Fol. 1 manque. Contenant le prologue, il a été enlevé.

Fol. 2 r° a : La moitié de la col. a été arrachée ; ce qui en subsiste, ainsi que la moitié de la col. b ont été recouvertes par une tranche de papier, sur lequel on distingue, en écriture moderne, ces mots : "Auctor est Raymundus Sabundius cuius prologus prohibetur in Indice Tridentino". Plus en haut, à gauche : "Eduarttoda Londres 1917".

Fol. 2 v° a : "Radix origo principium et fundamentum istius sciencie. Quia homo naturaliter semper querit certitudinem et euidenciam..."

Fol. 251 v° b : "... ad que dignetur nos perducere Jhesus Xtus filius dei rex eterne glorie qui est benedictus in secula seculorum Amen". Deux lignes plus bas : "Et sic est finis libri creaturarum seu nature siue de homine propter quem alie creature facte sunt. Finitus per manus Johannis Dobben de Alemaria. Orate pro eo propter deum".

S. XV. Papier, à 2 cols., rubriques. D'après Stegmüller, ce ms. transmet le texte de la troisième rédaction.

---

[91] Cfr GHEYN, J. VAN DEN, *Catalogue des mss. de la Bibl. Royale de Belgique*, t. III *Théologie*, Bruxelles 1903, p. 324.

[92] Sir Thomas Phillips, baronet (+ 1827), réunit au XIXème siècle, d'abord à Middlehill (Worcester), puis à Cheltenham (Glocester), une très riche collection de manuscrits. En 1886 commença la dispersion de ce fonds, dont on avait dressé un inventaire inachevé qui contenait les notices de 23.837 articles. Cfr OMONT, HENRI, *Catalogue des Manuscrits de la Bibliothèque de Sir Thomas Phillips*, Paris, Bibliothèque Nationale 1903, pp. 5-6.

26) Sevilla, Biblioteca Capitular ms. 84-1-4[93].
Mutilé au commencement (prologue), à 1 col.

27) Bibl. Publique de Grenoble, ms. 319.
Fol. 1 r° a : "Incipit theologia naturalis siue liber creaturarum specialiter de homine et de natura eius in quantum homo : et de his que sunt ei necessaria ad cognoscendum se ipsum et deum et omne debitum ad quod homo tenetur et obligatur tam Deo quam proximo. Compositus a venerabili uiro magistro Raymundo de Sabunde in artibus et medicina doctore in sacra pagina egregio professore. prologus. Ad laudem et gloriam..."
Fol. 359 r° a : "Ad que dignetur nos perducere jesus xtus filius dei : rex eterne glorie : qui est benedictus in secula seculorum. Amen".
"Liber Creaturarum seu theologia naturalis : specialiter de homine et de natura eius in quantum homo : propter quem alie creature facte sunt : ex cuius cognitione homo in Dei et creaturarum cognitionem assurgit finis feliciter. Deo omnipotenti sit laus honor et gloria atque gratiarum actio".
Fol. 360 r° a : Table : "Creature quomodo continue dant totum quod habent, tit. 50".
Fol. 365 v° b : Explicit de la table : "Xtiani tota intentio et studium debet esse circa xti passionem et quomodo ad se debet applicare passionem xti, tit. 279. Finit tabula. Deo omnipotenti sit laus honor et gloria atque gratiarum actio".
C'est une copie du XVIème s. de l'édition de Strasbourg par Martin Flach ior., en 1501. Dans la marge du fol. 1 : "Ex bibl. ff(ratrum) praed(icatorum) gratioanop". Papier, 365 ff., 284 x 188 mm., fin s. XVI.

28) Düsseldorf, Landes - und Stadtbibliothek, ms. B 121[94].
S. XV. Parchemin, mutilé au commencement.

29) Staatsbibliothek München clm 10592[95].
Fol. 22 r° : "Incerti liber creaturarum".
Transcription du s. XVII de l'édition lyonnaise de 1526. Le prologue manque.

30) Mayence, Stadtbibliothek, ms. 608[96].
S. XV.

---

[93] Cfr José Ma. GÓMEZ HERAS, *El "Liber Creaturarum" de R. Sabunde. Estudio bibliográfico*, dans "Cuadernos Salmantinos de Filosofía" III (1976) 256.
[94] Cfr P. O. KRISTELLER, *Iter Italicum*..., vol. III..., p. 522b.
[95] Cfr HALM, C. et MEYER, G., *Catalogus codicum lat. Bibl. Reg. Monacensis sec. A. Schemelleri Indices*, t. II, pars I, cod. 8101-10930 complectens, Monachii 1874, p. 153.
[96] Cfr P. O. KRISTELLER, *Iter Italicum*..., vol. III..., p. 605a.

31) Liège, Bibliothèque de l'Université, ms. lat. 350[97].
32) Manchester, John Rylands Library, ms. lat. 490 67858.
33) Milano, Biblioteca Ambrosiana, ms. lat. O 67 Sup[98].
34) Wien, Dominikanerkonvent, lat. 100/65, incomplet[99].
35) Wien, Dominikanerkonvent, lat. 212/178.
36) New York, Hispanic Society of America, ms. HC 327/108[100].

c) Appendice

37) Herzogliche Bibliothek zu Wolfenbüttel, ms. 3914[101].
Fol. 1 : "Ex libro Raymundi filii Gaufredi qui inscribitur Theologia naturalis vel Creaturarum sive de homine liber".
Fol. 8 : "Explicit ars operationis magistri Raymundi filii Gaufredi".
Nous avons parlé déjà de ce ms.

38) Universitätsbibliothek Erlangen ms. 571[102].
Fol. 183 r° a : "Incipiunt sermones ex theologia naturali (*en rouge*) ebenfalls zu Nosce te ipsum bis Sermo Quadragesimus octauus de finali iudicio et ultimus, ex Raymundo titulo CCC XX VIII, Viola LXXXVI".
Fol. 276 r° : "... ad quam dignetur nos perducere Jesus Amen". En rouge : "Expliciunt sermones collecti ex theologia naturali et ex Viola anime anno 1510 in festo sci benedicti abbatis per me fratrem martinum hainrici".
C'est un manuscrit du XVIème siècle.

39) Bonn, Universitätsbibliothek, ms. lat. 324[103].
Excerptum [ex libro creaturarum].

40) Bruxelles, Bibliothèque Royale, ms. 1391[104].
Abbreviatum libri de homine Raymundi de Sebonde.

---

[97] Pour les mss. 31-32, cfr SANTIAGO-OTERO, H., *l. c.*, pp. 424-425.

[98] Cfr *Inventario Ceruti dei manoscritti della Biblioteca Ambrosiana*, Trezzano, Editrice Etimar 1978, t. IV, pp. 306-307.

[99] Pour les mss. 34-35, cfr P. O. KRISTELLER, *Iter italicum...*, vol. III..., p. 53a.

[100] Cfr P. O. KRISTELLER, *Iter italicum...*, vol. V, p. 179.

[101] Cfr *Die Handschriften der Herzoglichen Bibliothek zu Wolfenbüttel, II Abt., Die Augusteischen Handschriften*, t. V, Wolfenbüttel 1903, p. 206.

[102] Cfr FISCHER, HANS, *Die Lateinische Papierhandschriften der Universitätsbibliothek Erlangen*, Erlangen 1936, p. 273.

[103] Cfr SANTIAGO-OTERO, *l. c.*, p. 424.

[104] Cfr GHEYN, J. van den, *Catalogue des manuscrits de la Bibliothèque Royale de Belgique*, t. II, pp. 319-320.

41) Cuyk-Sint-Agatha, Kruisheerenklooster, ms. C 119, an 1481[105].
Abbreviatus liber de homine magistri Raymundi de Sabundo, professoris sacre theologie atque doctoris in medicinis.

2 - EDITIONS

Quinze éditions latines du *Liber Creaturarum*, appelé *Theologia Naturalis* à partir de l'édition de Deventer, nous sont connues. Nous en donnons la liste en suivant Stegmüller[106] et quelques indications de Palau Dulcet[107].

1) Lyon, Guillaume Balsarin[108].

Fol. 1 r° : "Liber creaturarum siue de homine, compositus a reverendo Raymundo Sebeydem (*sic*) artibus et medicina magistro et in sacra pagina egregio professore regente in alma Universitate tholosana".

Fol. 2 r° : "Sequitur tabula presentis opere".

Fol. 8 v° b : "Explicit tabula // liber creature".

Fol. 9 manque. Fol. 10 r° a : "( )D laudem et gloriam..."

Fol. 275 r° b : "Et sic explicit liber creaturarum seu liber de homine propter quem sunt alie creature inchoatus et inceptus est a reuerando (*sic*) raymondo sebeyde in artibus et medicina magistro et in sacra pagina egregio professore regente in alma Universitate tholosana. Anno domini M° CCCC° XXXVI° XI die mensis februarii que fuit dies sabbati Ad gloriam laudem et honorem sanctissime trinitatis et gloriosissime virginis marie matris domini nostri ihesu xti filli dei et ad utilitatem omnium xtianorum et aliorum hominum".

S. l., s. d., in-4°. HAIN, *Rep. bibliogr.*, n° 14066 ; COPPINGER, *Suppl.*, n° 14066 ; EBERT, *Allgemeines Bibliogr. Lexikon*, n° 19679[109]. Exemplaire consulté : BN Paris, Rés. 3581, 3582.

D'après Stegmüller, cette édition, et elle seule, transmet une deuxième rédaction du texte du *Liber Creaturarum*, qui n'est pas sans rapports avec le texte du ms. lat. de la BNP 3134, mais d'une valeur critique secondaire.

---

[105] Cfr LIEFTINCK, G. I., *Manuscrits datés conservés dans les Pays-Bas. Catalogue paléographique des manuscrits en écriture latine portant des indications de date*, tome I, *Les manuscrits d'origine étrangère (815-C 1550). Texte*, Amsterdam, North-Holland Publishing Company 1964, p. 9, n° 20 ; *Planches*, ib., pl. 210.

[106] Cfr *Raimundus Sabundus... o. c.*, pp. 13* - 16*.

[107] PALAU DULCET, ANTONIO, *Manual del Librero Hispano Americano*, t. XVIII, Barcelona 1966, pp. 215-219.

[108] Pour l'attribution de cette édition, peut-être princeps, à Guillaume Balsarin, cfr PELLECHET, MARIE, *Catalogue des incunables des Bibliothèques publiques de Lyon*, Lyon 1893, p. 2 et 361 ; BAUDRIER, *Bibliographie lyonnaise*, t. XII, p. 50. Stegmüller l'attribue à Johannes Siber, mais il ne dit pas pourquoi.

[109] EBERT donne l'année 1484 pour cette édition, tandis que selon CLAUDIN, *Histoire de l'imprimerie en France au XV et XVI siècle*, Paris 1900, l'impression aurait été réalisée entre 1487 et 1492.

2) Deventer, Richard Paffroed (année 1485 ?).

Fol. 1 r° a-7 r° b : Table : "Amor est primum donum..."

Fol. 8 r° a : "Incipit theologia naturalis siue liber creaturarum specialiter de homine et de natura eius in quantum homo. et de is que sunt ei necessaria ad cognoscendum se ipsum et deum et omne debitum ad quod homo tenetur et obligatur tam deo quam proximo ; compositus a venerabili viro Raymundo de Sabunde in artibus et medicina doctore et in sacra pagina egregio professore."

Fol. 255 r° a : "Explicit liber creaturarum seu nature siue de homine propter quem alie creature facte sunt ex cuius cognitione illuminatur homo in cognitionem dei et creaturarum. impressus Daventrie per me Rychardum paffroed".

S. d., in-fol. goth, à 2 cols., 255 ff. HAIN, n° 14067 ; COPPINGER, n° 14067 ; EBERT, n° 19680[110] ; BRUNET, *Manuel du Libraire*, t. V, Paris 1864, col. 9. Exemplaires consultés : BN Paris, Rés. D 2439[111], 2440, 2441, 2442 ; Bibl. Sainte-Genviève, Rés. lat. 305.

Cette édition, ainsi que les suivantes sans exception, transmet, d'après Stegmüller, le texte de la troisième rédaction.

3) Strasbourg, Martinus Flach, année 1496.

Fol. 1 r° : "Theologia naturalis siue liber creaturarum, specialiter de homine et de natura eius in quantum homo et de his que sunt ei necessaria ad cognoscendum seipsum et deum et omne debitum ad quod homo tenetur et obligatur tam Deo quam proximo".

Fol. 2 r° a : "Incipit tabula huius libri. Amor est primum donum..."

Fol. 7 r° a : "Incipit theologia naturalis... compositus..."

Fol. 162 r° b : "Finit liber creaturarum... Impressus Argentine per Martinum Flach inibi conciuem Anno incarnationis dominice millesimo quadringentesimo nonagesimosexto mense vero Januarii die vecesimoprimo".

In-fol., goth., 162 ff., à 2 cols. HAIN, n° 14069 ; PANZER, *Annales typographici*, vol. I, p. 55, n° 294. Exemplaires consultés : BN Paris, Rés. D 2443, 2444 ; Z. Payen 601.

4) Strasbourg, Martinus Flach ior., année 1501.

Fol. 1 r° : "Theologia naturalis siue liber Creaturarum specialiter de homine et de natura eius in quantum homo / et de his que sunt ei necessaria ad cognoscendum se ipsum et Deum. et omne debitum ad quod homo tenetur et obligatur tam Deo quam proximo".

---

[110] EBERT signale que l'exemplaire de la Herzogliche Bibliothek zu Wolfenbüttel porte une date manuscrite : 1488.

[111] Cet exemplaire, à la fin de l'explicit, porte une date manuscrite : *anno 1485*. a venerabili viro Raymundo de Sabunde in artibus et medicina doctore et in sacra pagina egregio professore. "

Fol. 6 r° : "Tabula alphabetica. Incipit tabula huius libri".
Fol. 6 r° : "Finit tabula".
Fol. 7 r° a : "Prologus. Incipit theologia naturalis... Compositus a venerabili viro magistro Raymundo de Sabunde, in artibus et medicina doctore, in sacra pagina egregio professore. Prologus. Ad laudem et gloriam..."

A la fin : "Liber creaturarum seu theologia naturalis, specialiter de homine et de natura eius in quantum homo : propter quem alie creature facte sunt : ex cuius cognitione homo in dei et creaturarum cognitionem assurgit. Finit feliciter ex officina Martini Flach iunioris, ciues Argentiniensis, Anno Domini millesimo quingentesimo primo, septimo calendas februarii".

In-fol., à 2 cols., goth. PANZER, vol. VI, p. 26, n° 3. Exemplaire consulté : BN Paris, Rés. D 11588.

5) Nürnberg, Antonius Koberger, année 1502.

Fol. 1 r° : "Theologia naturalis siue liber creaturarum specialiter de homine et de natura eius in quantum homo. et de his que sunt ei necessaria ad cognoscendum se ipsum et omne debitum ad quod homo tenetur et obligatur tam Deo quam proximo".

Fol. 2 r°-5 v° : "Tabula alphabetica".

Fol. 6 r° a : "Incipit theologia naturalis siue liber creaturarum... compositus a venerabili viro magistro Raymundo de Sabunde. In artibus et medicina doctore et in sacra pagina egregio professore".

A la fin : "Finit liber creaturarum seu nature siue de homine propter quem alie creature facte sunt ex cuius cognitione illuminatur homo in cognitionem dei et creaturarum. Impressus Nuremberge per Anthonium Koberger inibi conciuem. Anno Incarnationis dominice millesimo quingentesimo secundo. Mensis vero septembris die vicesimotertio".

In-fol. goth., à 2 cols., sign. A-R. Exemplaire consulté : BN Paris, rés. D 206[112].

6) Lyon, année 1507.

Fol. 1 r° : "Theologia naturalis siue liber creaturarum specialiter de homine et de natura eius in quantum homo. Et de his que sunt ei necessaria ad cognoscendum seipsum et deum. et omne debitum ad quod homo tenetur et obligatur tam deo quam proximo".

Fol. a ij r° : "Prologus. Incipit theologia naturalis... compositus a venerabili viro magistro Raymundo de Sabunde. In artibus et medicina doctore et in sacra pagina egregio professore".

---

[112] Les exemplaires de la BN Paris côtés Rés. D 51816, Rés. D 51817, Z. Payen 602, que Stegmüller cite comme appartenant à l'édition de Nürnberg (cfr *Raimundus Sabundus... o. c.*, p. 13*), appartiennent en fait à l'édition lyonnaise de 1507.

A la fin : "Finit liber creaturarum seu nature siue de homine propter quem alie creature facte sunt ex cuius cognitione illuminatur homo in cognitionem dei et creaturarum. Impressus Lugduni. Anno Incarnationis dominice millesimo quingentesimo septimo. Mensis vero novembris die XVI".
Fol. u, ch. sign. aa : "Tabula alphabetica".
In-8°, car., goth., sign. a-z, A-J, aa. Exemplaire consulté : BN Paris, Rés. D 51816.

7) Paris, Jean Petit, année 1509.
Fol. 1 r° : "Theologia naturalis siue liber creaturarum specialiter de homine et de natura eius inquantum homo. et de his que sunt ei necessaria ad cognoscendum seipsum et deum. et omne debitum ad quod homo tenetur et obligatur tam deo quam proximo".
"Venales habentur in edibus Johannis Petit sub signo leonis argentei in vico regio divi Jacobi".
Fol. a ij : "Prologus. Incipit theologia naturalis... compositus a venerabili viro Raymundo de Sabunde. In artibus et medicina doctore et in sacra pagina egregio professore".
Fol. h IV : "Finit liber creaturarum siue nature siue de homine propter quem alie creature facte sunt ex cuius cognitione illuminatur homo in cognitione dei et creaturarum. Impressus Parrhisiis per Johannem Barbier, alme Universitatis Parrhisiensis bibliopolam impensis et ere Johannis Parvi eiusdem Universitatis librarii jurati. Anno gratie millesimo quingentesimo nono, mensis decembris die decima nona".
Fol. aa : "Tabula alphabetica".
In-8), car. goth. sig. A-Z, A-H, aa. Exemplaire consulté : BN Paris, Rés. D 51818.

8) Lyon, Jacques Myt, 1526.
Fol. a ij : "Incipit theologia naturalis siue liber creaturarum specialiter de homine et de natura eius in quantum homo : et de his que sunt ei necessaria : ad cognoscendum seipsum et deum : et omne debitum ad quod homo tenetur et obligatur tam deo quam proximo : compositus a venerabili viro magistro Raymundo de Sabunde. In artibus et medicina doctore et in sacra pagina egregio professore".
Fol. k vij v : "Finit liber creaturarum seu nature siue de homine propter quem alie creature facte sunt : ex cuius cognitione illuminatur homo in cognitione dei et creaturarum. impressus Lugduni per Jacobum Myt. Anno Incarnationis dominice Millesimo Quingentesimo XXVI. Mensis vero Maii. die XV".
Fol. suivant : "Tabula alphabetica".
In-8), sign. a-z, A-H, +. Exemplaire consulté : BN Paris, D 51819.

9) Lyon, année 1540.

Fol. 1 r° : "Liber Creaturarum. Theologia naturalis siue Liber Creaturarum specialiter de homine et de natura eius in quantum homo et de his que sunt ei necessaria ad cognoscendum seipsum et Deum ; et omne debitum ad quod homo tenetur et obligatur tam Deo quam proximo".

Fol. a ij : "Incipit theologia naturalis... compositus a ve. viro m. Raymundo de Sabunde in artibus et medicina doctore in sacra pagina egregio professore".

Fol. 247 v° : "Finit Liber Creaturarum seu nature siue de Homine propter quem alie creature facte sunt. ex cuius cognitione illuminatur homo in cognitione dei et creaturarum. Impressus Lugduni 1540".

Fol. + : "Tabula alphabetica".

In-8°, car. goth., sign. a-z, A-Z, +. Exemplaire consulté : BN Paris, Z. Payen 603 ; D 11919.

10) Lyon, Jacques Giunta, 1541.

Fol. 1 r° : "Theologia naturalis, siue Liber Creaturarum specialiter de homine et de natura eius in quantum homo : et de his que sunt ei necessaria ad cognoscendum seipsum et deum et omne debitum ad quod homo tenetur et obligatur tam deo quam proximo. Additus est foliorum numerus quem Index nouissime emendatus clarissime demonstrauit. 1541 Lyon apud jacobum Giunta".

Fol. 2 et 3 : enlevés dans notre exemplaire. Ils contenaient le prologue.

Fol. 4 r° : "De origine huius scientie. Quia homo naturaliter..."

Fol. 301, r° : "Tabula alphabetica".

In-8°. Exemplaire consulté : Barcelona, Biblioteca de Catalunya, Rés. (2) 8° - 5.

11) Venise, Franciscus Ziletus, 1581.

Page 1 : "Theologia Naturalis Raymundi de Sabunde hispani viri subtilissimi : seu verius Thesaurus Divinarum considerationum ex naturae fontibus haustarum tum Theologis tum Philosophis atque universis scientiarum artiumque studiosis plurimum profuturus".

Page a-2 : "Praefatio" (par F. Ziletus).

In-8°, sign. a-c et 400 pp., sans le prologue. Exemplaire consulté : BN Paris, Rés. Z. Payen 604.

12) Frankfurt, Wolfgang Hoffman, 1635.

Page + 1 : "Theologia Natvralis siue Liber Creaturarum specialiter de homine et de natura eius, in quantum homo, et de his quae sunt ei necessaria ad cognoscendum Deum et seipsum, et omne debbitum ad quod homo tenetur et obligatur, tam Deo quam proximo. Cum elencho et serie titulorum nec non Indice rerum et verborum locupletissimo : Authore Raymundo de Sabvnde, Artium et Medicinae doctore et S. S. Theologiae quondam professore".

Page + 2 : "Prologus. Ad laudem et gloriam..."
In-8°, sign. +1-9, ++1-8, +++1-4 ; pp. 1-784 ; Ddd 1-8 ; Eee 1-3.
Exemplaire consulté : Barcelona, Biblioteca de Catalunya, A 1 - 8° - 1191.

13) Lyon, Pierre Compagon, 1648.
Page + 1 : "Theologia naturalis sive Liber Creaturarum auctore venerabili viro magistro Raymundo de Sebunde et artibus et medicina doctore et in sacra pagina egregio professore. Lugduni, sumptibus Petri Compagnon, via Mercatoria sub signo Cordis boni. M. DC. XLVIII. Cum approbatione et privilegio Regis".
Page 1 : "Titulus I. Sequitur radix, origo, principium et fundamentum istius scientiae".
Page 678 : "... Ad quae dignetur nos perducere Iesus-Christus Filius Dei, Rex aeternae gloriae, qui est benedictus in saecula saeculorum. Amen".
In-8°, épître liminaire. Exemplaire consulté : Paris, Bibliothèque Nationale, D. 11920.

14) Sulzbach, J. E. de Seidel, 1852.
Page I : "Raimundi de Sabunde Theologia naturalis seu liber creaturarum ad optimarum editionum fidem denuo recognitus, Solisbaci, J. E. de Seidel, 1852.
Page III : "Praefatio" (par Joachim Sighart).
Page 1 : "Theologia Naturalis. Titulus I. Radix, origo, principium et fundamentum huius scientiae".
Page 626 : "... Ad quae dignetur nos perducere Jesus Christus filius Dei, Rex eternae gloriae, qui est benedictus in saecula saeculorum. Amen".
Page 627 : "Index rerum et verborum", jusqu'à la page 648.

15) Stuttgart-Bad Cannstatt, Friedrich Frommann Verlag, année 1966.
"Raimundus Sabundus. Theologia Naturalis seu liber creaturarum. Faksimile Neudruck der Ausgabe Sulzbach 1852. Mit litterargeschichtlischer Einführung und kritischer Edition des Prologs und des titulus I von Friedrich Stegmüller".

3 - TRADUCTIONS

a) Traduction française anonyme de Lyon, 1519[113].

"A l'honneur de Dieu et de sa benoiste mere est imprime le liure pour l'homme par lequel toute nature humaine peult cognoistre quelle est sans auoir auctre liure apris. Et a este imprime a Lyon sur le Rosne : et requiert bien : auec priuilege a la requeste et depens de Claude daulphin".

---

[113] Cfr PALAU DULCET, *Manual del Librero Hispano Americano*, t. XVIII, p. 216.

A la fin : "Et ainsi est finy et acompli le liure des creatures ou liure de l'homme pour lequel sont crees les autres creatures compile per reuerend Raymond Sebeyde. Nouuellement imprime a Lyon par Bernard lescuyer aux depens de Claude daulphin e fut acheue le VIIe iour du mois de Decembre Mil CCCCC et XIX".
In-fol. goth.

b) Traduction française de Michel de Montaigne[114].

1) "La theologie Natvrelle de Raymond Sebond Doctevr exellent entre les modernes en laquelle par l'ordre de nature est demonstrée la verité de la Foy Chrestienne et Catholique, traduicte nouuellement de Latin en François. A Paris, chez Michel Sonnius 1569, " in-8°, II-496 ff. Des exemplaires de la même édition furent vendus chez Gilles Gourbin et chez Guillaume Chaudière.

2) "La theologie natvrelle de Raymond Sebon traduicte nouuellement en françois par messire Michel Seigneur de Montaigne. A Paris, chez Michel Sonnius, demeurant a lEscu de Basle, rue Saint Jacques, M. D. LXXXXI", in-8°, II-496 pp. D'autres exemplaires chez Gourbin et chez Chaudière.

3) Idem. "Dernière édition reveue et corrigée. Roven, chez Romain de Beauvais, pres le grand portail de nostre Dame, 1603, " in-8°, VIII-891 pp. + table.

4) Idem. "A tovrnon par Clavde Michel et Thomas Sovbron M. DC. V. ", in-8°, II-891 pp. + table.

5) Idem. "A Paris, chez la veusue M. Guillemot et S. Thiboust au Palais de la gallerie des prisonniers, M. D. C. X. I. ", in-8°, VIII-891 pp. + table. Des exemplaires de cette édition se trouvent aussi chez Tovssaints de Bray, rue S. Iacques aux Espics neufs.

6) Idem. "Livre d'excellente doctrine. Rouen, chez Iean de Marc, au haut des desgrez du Palais, M. DC. XLI", in-8°, VIII-891 pp. + table.

7) Idem, avec préface du Dr. Armaingaud, Paris, L. Conard, 1932-1935, 2 vols. in-16°, tomes IX et X de l'édition Conard des *Oeuvres complètes* de Montaigne. La préface du dr. Armaingaud, promise dans le premier volume, n'est jamais parue.

c) Extraits de la traduction de Montaigne.

1) "Extrait de la Théologie naturelle de Raymond Sebon, traduite en françois", par Louis-Aimé Martin, dans *Montaigne. Essais*, nouvelle édition, Paris, Eloi Jehanneau 1818, t. V, in-8°.

---

[114] Cfr COPPIN, J., *Montaigne traducteur de Raymond Sebon*, Lille 1925, pp. 35-53.

2) "Le christianisme de Montaigne ou pensées de ce grand homme sur la Religion", par Monsieur L. (=Labouderie), Paris, Demonville 1819, in-8°, X-596 p.

3) "Passages extraits de la traduction par Montaigne de la Théologie Naturelle de Raymond Sebon", par Amaury Duval, dans *Montaigne. Essais*, publiés d'après l'édition la plus authentique et avec des nouvelles notes par Amaury Duval, t. VI, Paris 1822, in-octavo.

4) "Extrait...", par Louis-Aimé Martin, nouvelle édition, Paris 1823, in-8°.

5) Idem, nouvelle édition, Paris 1826.

6) "Extrait de la Théologie Naturelle de Raymond Sebon traduite en françois", par J. V. Le Clerc, dans *Montaigne. Essais*, nouvelle édition avec les notes de tous les commentateurs, choisies par J. V. Le Clerc, t. IV, Paris 1866, in-8°.

d) Traduction flamande[115].

"Raymondi de Sabonde, Boeck der natuerlichen Wyshet", par Franciscus Verboot (+1555). Edition seulement connue par la référence de Dirks.

e) Traduction anglaise[116].

"Natural Theologie or the book of creatures". Traduction anglaise anonyme, contenant le prologue et les 330 titres des éditions latines. Restée manuscrite.

f) Traduction catalane incomplète.

Cebrià Montserrat a traduit les 24 premiers titres du *Liber Creaturarum* dans la revue barcelonnaise *Critèrion* I (1925) 49-59 ; 162-173 ; II (1926) 142-151 ; 407-417 ; VII (1931) 238-248. D'après Stegmüller, il utilisait l'édition latine de Sulzbach 1852.

g) Traduction allemande incomplète.

D'après Rothe[117], à partir du titre 211 et jusqu'à la fin, le *Liber Creaturarum* a été édité en allemand par Andreas Keller sous le titre *Von der Uebertreffenlichkeit, Glaubwirdigkeit und gwalttigen Autoritet der heiligen Schrifft*, à Tubingen, l'année 1550. En fait, il s'agit de la traduction des titres 209-216, relatifs à l'Ecriture Sainte.

---

[115] Cfr DIRKS, *Histoire littéraire et bibliographique des frères mineurs de l'Observance de Saint François*, Anvers 1885, p. 3.

[116] Cfr WARNER, G. F. et GILSON, J. P., *British Museum. Catalogue of western manuscripts in the Old Royal and King's Collections*, vol. II, Oxford 1921, p. 258, n° 17. D. XXII.

[117] ROTHE, *Dissert. de R. de Sabunde*, 1846, p. 24.

SON OEUVRE

h) Traduction italienne[118].

1) "Theologia naturale di Raimondo Sabunde. Traduzione libera in cinque tometti, per Mariano Paganelli", vol. I, Faenza 1789 ; vol. II, Faenza 1790 ; vol. III, Cesena 1791 ; vol. IV, Cesena 1792 ; vol. V, Cesena 1795. Attribuée au P. Giovanni Regoli (1764-1844).

2) "Le Creature. Ampio libro dell'uomo. Opera di Raimondo Sabunde..., rifusa ed accomodata agli studi della gioventù del secolo XIX, da un sacerdote della Compagnia di Gesù", Faenza 1813, 2 vols., in $12°$[119].

3) Idem. Reggio, G. Davolio et figlio 1818, 3 vols., in-$12°$.

4) Idem. "Arrichita in questa nuova edizione di aggiunte", Faenza, nella tipografia Conti 1819, 3 vols., in-$12°$.

5) Idem. "... arrichita in questa quinta edizione di nuove aggiunte e correzioni", Modena, dalla tipografia Camerale 1823, in-$4°$.

6) Idem. Orvieto, presso Sperandio Pompei 1827, 3 vols., in-$8°$.

7) Idem. "... arrichita di nuove e copiose giunte e correzzioni. Edizione nuovissima", Ferrara, Tipografia Negri 1839, 3 vols., in-$12°$. Cette édition reproduit celle de Ferrara 1819, et ajoute une brochure : "Metodo di adottrinare sul libro *Le Creature* di Raimondo Sabunde", Ferrara, Tipografia Negri alla Pace 1840, in-$16°$, 157 p.

i) Traduction espagnole.

"Las Criaturas. Grandioso tratado del hombre. Escrito por Raymundo Sabunde filósofo del siglo XV. Refundido y adaptado para la juventud del siglo XIX por un sacerdote de la compañía de Jesús. Seguido de un tratado titulado : Armas a los débiles para vencer a los fuertes. Traducido del italiano por D. ", Barcelona, Librería Religiosa (Imprenta y Librería de Pablo Riera) 1854, in-$4°$, 423 p.

Il s'agit de la traduction d'une traduction qui est, à son tour, une adaptation. D'après les indications de Palau Dulcet[120], on s'aperçoit que la pensée de Sibiuda arrive à Barcelone transformée en un traité d'apologétique à l'usage du dix-neuvième siècle.

---

118 Cfr STEGMULLER, *Raimundus Sabundus*..., p. 18* ; *Manual del Librero Hispano Americano*, t. XVIII, p. 217 a.
119 Attribuée aussi au P. Regoli par nos sources.
120 Cfr PALAU DULCET, A., *Manual del Librero Hispano Americano*, t. XVIII, p. 217 a-b.

4 - REFONTES

a) Oculus Fidei

Johann Amos Commenius (1592-1670), admirateur de Sibiuda, donna un extrait du *Liber Creaturarum*, en en corrigeant le style : "... ob prolixitatem tamen et eorumdem crebram repetitionem stylique (quam a sui seculi barbarie traxit) scabritiem, paucioribus quam optandum erat notus aut lectus : ideoque a nobis contractior et lucidior Amsterdami nuper editur"[121]. Il dit lui-même que l'édition n'eût pas de succès : "Sed jacet sic etiam merx sine emptore"[122]. Elle parut sous ce titre : *Oculus Fidei. Theologia naturalis sive Liber Creaturarum*. Amstelodami, P. van der Berge 1661. Malgré son succès manqué, cette édition n'en fut pas moins mise à l'Index en 1707[123].

b) D'après Stegmüller[124], Caspar Hartzheim, S. I. (1678-1758), donna aussi une refonte du Livre des Créatures. Elle est parue à Cologne en 1735, chez Servatius Noethen. Mais Stegmüller n'en donne pas le titre exact.

B - VIOLA ANIMAE

Quoique attribuée à Ramon Sibiuda par beaucoup d'auteurs et bibliographes, cette oeuvre n'est qu'une refonte du *Liber Creaturarum*, écrite dans un latin déjà renaissant par le chartreux belge Pierre Dorlant, comme il ressort des deux épigrammes latins qui accompagnent la première édition. Dans la fin du premier, adressé au lecteur, on peut lire ces mots :

> "O quotiens dices : valeas bene candide Dorlant
> Qui primus doctis tradidit opus auctor".

Et le deuxième signale expressément :

> "Hinc tua perpetua merces dorlande manebit
> Ingenio cuius voluitur iste liber
> Extractus magno summa studio Raymundi
> Theologi sacri : que spaciosa fuit".

Tous ceux, anciens ou modernes[125], qui ont attribué cette oeuvre à Raymond Sibiuda n'ont pas tenu compte de ces distiques, ou bien ont identifié

---

[121] J. A. COMMENIUS, *De Uno Necessario*, Amstelodami 1668, cap. VI, p. 49.
[122] ID., *ib*.
[123] STEGMULLER, *Raimundus Sabundus...*, p. 20*.
[124] ID., *Ib*.
[125] SIMLER, *Bibliotheca instituta...*, Tiguri 1574, p. 598 ; HAIN, *Repertorium Bibliographicum*, nn. 14070-14071 ; VAL. ANDRE, *Catalogus Clarorum Hispaniae Scriptorum*, Mainz 1607, pp. 100-101 ; A. DU VERDIER, *La Bibliothèque d'Antoine Du Verdier...*, Lyon 1585, pp. 719-720 ; POSSEVIN, *Apparatus Sacer*, t. II, Cologne 1608, p. 316 ; CAS. OUDIN, *Supplementum de Scriptoribus...*, Paris 1686, ad an. 1430 ; ID., *Commentarius de Scriptoribus ecclesiasticis antiquis*, t. III, Lipsiae 1722, cols. 2367-2368 ; DU PIN, *Histoire des controverses et des matières ecclésiastiques traitées dans le quinzième siècle*, Ière Partie, Paris 1691, p. 444 ; BAYLE, *Dictionnaire historique et critique*, t. II, IIème partie, Rotterdam 1697, p. 1036 ;

la *Viola Aniame* avec les *Quaestiones disputatae* dont parlait Trithème. La raison de cette identification est toute externe : la *Viola* se présente en forme de dialogues. Mais cette solution ne tient pas. D'abord, on ne connait pas de manuscrit de la *Viola* : mais surtout il y a le fait que l'édition princeps n'en est parue qu'en 1499, tandis que Trithème avait publié son *De Scriptoribus Ecclesiasticis* en 1494, cinq années auparavant ; il ne pouvait, donc, citer ou mentionner un livre qui paraît plus tard.

Les six premiers dialogues de la *Viola* ne sont qu'un abrégé du *Liber Creaturarum*. Le septième, composé vraisemblablement par Pierre Dorlant lui-même, intitulé "De mysteriis sacrae passionis domini nostri iesu christi semper benedicti", n'a rien à voir avec le *Liber Creaturarum* et se déroule dans un cadre divers, puisque, si dans les six premiers, le dialogue se passe entre *Raymundus Sebundius* et *Dominicus Seminiverbius*, dans le septième, Raymond disparaît et Dominique engage le dialogue directement avec Marie.

L'oeuvre a connu un certain succès et a été plusieurs fois édité et traduit. Nous donnerons le catalogue de ces éditions et traductions, car il est incontestable que la *Viola* a contribué à répandre certains points de vue de Ramon Sibiuda parmi le public du temps de la Renaissance et des siècles postérieurs.

1 - EDITIONS
1) Cologne, H. Quentell, 1499.

Fol. aa 1 r° : "Viola anime per modum dyalogi : inter Raymundum Sebundium : artium : medicine atque sacre theologie proffessorem eximium. et dominum dominicum Seminiuerbium. De hominis natura (propter quem omnia facta sunt) tractans. Ad cognoscendum se. deum. et hominem".
"Epygramma :
> Multiplices cernis iam iam studiose libellos
> Quos impressorum prestitit arte labor
> Ille tamen noster numquam prius vsque repertus
> Et fuerat paucis cognitus ante liber :
> Vtilis in primis frugi et breuis ille libellus
> Sub modicis cartis commoda multa tenens
> At labor est ingens : multos percurrere libros
> Pro multis nobis hic satis vnus erit
> Est opus electum : nomen viola : atque legenti
> Vtilis : et nullo frigore lesa viret :

FABRICIUS, *Delectus argumentorum...*, Hamburg 1725, pp. 457-458 ; ID., *Bibliotheca latina mediae et infimae aetatis*, t. V-VI, Florentiae 1898, pp. 345-346 ; J. F. BUDDEI, *Isagoge historico- theologica ad theologiam universam singulasque eius partes*, Lipsiae 1727, col. 463 ; JÖCHER, *Allgemeines Gelehrten Lexikon*, t. IV, Leipzig 1751, col. 463 ; LABOUDERIE, *Biographie Universelle ancienne et moderne*, t. 37, Paris s. d., pp. 190-191 ; *Dictionnaire des Sciences philosophiques*, t. V, Paris 1851, p. 367 ; PALAU DULCET, ANTONIO, *Manual del Librero Hispano Americano*, t. XVIII, Barcelona 1966, p. 217.

> Emptor habes animam valeas quo pascere flore
> E coelo venit : quidquid odoris habet
> O quotiens dices : valeas bene candide dorlant
> Qui primus doctis tradidit opus auctor".

Fol. aa 1 v° : "Mathei Herbeni poete laureati Epygramma ad lectores" :

> Quisquis breui cupias artis cunctas superare
>   Atque oculo mentis cernere mira dei
> Ire per ambages : ac mille volumina librum
>   Non opus est : namque hec perdocet iste liber
> Ergo hebetant artes : et dogmata philosophorum
>   Rusticus hic vere doctior esse potest
> Grammaticus solus sagit hic plus arte : quam ille
>   Qui cunctas alias hac fine posse putat
> Neque docet gradibus quibus ardua scandere possis
>   Nature : que simul discere quid sit homo :
> Nec contentus eris : si te quoque noveris ipse
>   (Quid magnum est) pariter ducit ad alta dei
> Nec reuocare pedem finit ad diuos properantem
>   Ni doctus redeat : qui rudis ante fuit
> Hinc tua perpetua merces dorlande manebit
>   Ingenio cuius uoluitur iste liber
> Extractus magno summa studio Raymundi
>   Theologi sacri : que spaciosa fuit
> Finit Epygramma" ;

Fol. aa 2 r° : "Distinctio libri cum tabula. Presens liber qui Viola anime intitulatur : in septem distinguitur dialogos :

Primus tractat de natura hominis in quantum homo est, et de his que sunt necessaria homini ad cognoscendum se ipsum deum et proximum" (chapitres 1-8).

"Secundus tractat de beneficiis dei et hominis obligatione" (chapitres 9-21).

"Tertius de amore et viribus eius, conditionibus et fructibus ; Quomodo deum optimum maximum debeamus amare" (chapitres 22-31).

"Quartus quomodo debeamus deum timere, adorare, laudare, honorare ; Et qualiter ad hoc obligatur homo" (chapitres 32-42).

"Quintus de lapsu miserabilis generis humani. Et quod per unum hominem omnes ceciderunt" (chapitres 43-55).

"Sextus de reparatione lapsi hominis, et quod per unum omnes resurgimus" (chapitres 56-86).

"Septimus de mysteriis sacre passionis domini nostri iesu christi inter Mariam et Dominicum dyalogus".

Incipit tabula capitulorum (AA II v° - AA IV v°).

Fol. A 1 r° : "Prologus in dialogos sequentes".

Fol. A 1 v° : "Inter magistrum Raymundum Sebundium et dominicum Seminiuerbium : de natura hominis in quantum homo est. et de his que sunt necessaria homini ad cognoscendum seipsum. deum. et proximum. et omne debitum quo deo obligatur et proximo ; disputatio incipit feliciter".

Fol. P 2 v° : "... Finit inter magistrum Raymundum Sebundium et dominum Dominicum Seminiuerbium disputatio. de homine propter quem alie creature facte sunt : ex quarum cognitione illuminatur homo ad cognoscendum et se et deum et alias creaturas".

"Incipit septimus dialogus pulcerrimus ac deuotissimus inter Mariam et Dominicum : de mysteriis sacre passionis domini nostri iesu christi semper benedicti".

Fol. R 6 r° : "Finit dyalogus de mysteriis sacre passionis christi : et per consequens totus liber iste (qui viola anime inscribitur) in septem distinctus dyalogos Colonie Impensis honesti viri Henrici Quentell faustissime iam primo impressus. Anno natalici salvatoris nostri M. CCCC. XCIX. Die XXIX mensis Maii".

"Epygramma ad librum :
Inter honoratos nulla formidine libros..."

Fol. R 6 v° : Gravure : "Ad beatam Annam carmen : Hic effunde preces deuote poplite flexo..."

In-4°. Exemplaire consulté : BN Paris, Rés. D. 7416.

2) Tolède, P. Hagenbach, 1500.

Fol. I r° : "Viola anime per modum dyalogi : inter Raymundum Sebundium : artium : medicine : atque sacre theologie professorem eximium et dominum Dominicum Seminiuerbium. De hominis natura (propter quem omnia facta sunt) tractans. Ad cognoscendum se, deum et hominem".

Fol. I v° : "Epygramma : Multiplices cernis iam iam studiose libellos..."

Fol. II r° : "Mathei Herbeni poete laureati Epygramma ad lectores : Quisquis breui cupias artis cunctas superare..."

Fol. II v° : "Distinctio libri cum tabula capitulorum".

Fol. a 1 r° : Prologus in dyalogos sequentes.

Fol. a 1 v° : "Inter magistrum Raymundum Sebundium et dominum Dominicum Seminiuerbium : de natura hominis... disputatio incipit feliciter".

Fol. 136 v° : "Finit dyalogus de mysteriis sacre passionis christi : et per consequens totus liber iste (qui viola anime inscribitur) in septem distinctus dyalogos. in alma toletana ciuitate hispaniarum primate Impressus. Anno natalicii saluatoris nostri Millesimo quingentesimo, die ultima mensis augusti".

Fol. 136 v° : "Epygramma ad librum... Ad beatam Annam carmen..."

In-4°. Exemplaire consulté : BN Paris, Rés. D. 3677.

3) Cologne, 1500.

"Raymundi de Sabunde. Viola animae per modum dialogi inter Raymundum Sebundum et dominum Dominicum Seminiverbium, de hominis natura tractans ad cognoscendum se, Deum et hominem". Cologne, 1500, in-4°.

Edition mentionnée par Coppinger[126] et Panzer[127].

4) Cologne, H. Quentell, 1501.

Il existe un exemplaire de cette édition dans la Bibliothèque du British Museum, côté I A 4954 -4-[128]. Panzer la connait aussi[129].

5) Milano, Lignano frères, 1517.

Fol. aa 1 r° : "Viola anime per modum dyalogi inter Raymundum Sebundium artium medicine atque sacre theologie professorem eximium et dominum Dominicum Seminiuerbium. De hominis natura propter quem omnia facta sunt tractans, ad cognoscendum se, Deum et hominem. Venditur Mediolani, apud Johannem Jacobum et Fratres de Lignano, ad signum Angeli".

Fol. X II v° : "Finit dyalogus de mysteriis sacre passionis Christi aliis quoque salutiferis doctrinis quibus homo suas actiones potest ordinare in laudem Dei ac gloriose Virginis Marie, ut potest intueri, et per consequens totus liber iste (qui Viola anime inscribitur), merito cum verum odorem vite, doctrine, sapientie quam spiret, in septem distinctum dyalogos ; Mediolani impressus impensis honestissimorum fratrum de Lignano, anno a Natali Christi salvatoris nostri millesimo quingentesimo decimo septimo pridie cal. Junias".

In-8°, car. goth., sign. aa, A-U, X. Exemplaire consulté : BN Paris, Rés. R. 2666.

6) Antwerpen, Martin Caesar, 1533.

Edition mentionnée par Graesse[130], Panzer[131] et Val. André[132] :

"Petri Dorlando Cartusiani Viola anime dialogus VII quorum sex priores concinnavit ex Theologia Naturali Raymundi Sebundii Hispani velut in compendium reducta ; septimi vero ipse Dorlandus auctor est".

---

[126] *Suppl.*, IIème Partie, vol. II, p. 59, n° 5198.
[127] *Annales typogr.*, vol. I, p. 324, n° 367.
[128] Cfr *British Museum. General Catalogue of Printed Books. Photolithographic edition to 1955*, vol. 54, London 1963, col. 824 ; PALAU DULCET, *Manual del Librero Hispano Americano*, t. XVIII, p. 218.
[129] *Annales typogr.*, vol. VI, p. 348, n°4.
[130] *Trésor des livres rares et précieux*, t. VI, p. 204.
[131] *Annales typogr.*, vol. IX, p. 351, n° 179 c.
[132] *Bibliotheca Belgica...*, p. 736.

7) Antwerpen, Ioan. Hillenium, 1543.
Edition mentionnée par Val. André[133].

8) Lyon, Sébastien Gryphius, 1544.
Fol. a 1 r° : "De natura hominis. Raemundi Sebundii Dialogi : Viola Animi ab ipso auctore inscripti. Lugduni, apud Seb. Gryphium, 1544". In-8°, 328 p. Exemplaire consulté : BN Paris, D 51815.

9) Lyon, Theobaldum Paganum, 1550.
Page 1 : "Raemundi Sebundii de natura hominis dialogi. Hi et Christi et sui ipsius cognitionem exhibent, nunc demum aucti summaque fide recogniti. Dialogorum seriem et velut praecipua totius libri capitula sequens pagella indicat. Lugduni, apud T. P., 1550".

Page 406 : "Habes hic (amice lector) ad operis huius calcem ex alio auctore Dialogos duos et pios et venustos de cognitione sui ipsius..." Page 407 : "Nosce te ipsum Dialogus. Reinerus, Stephanus". Page 409 : "Quidquid boni agimus diis acceptum referre oportere. Paulus, Quintinus".

Exemplaire consulté : BN Paris, Z. Payen 619.

10) Lyon, Theobaldus Paganus, 1568.
Idem. Exemplaire consulté : BN Paris, D 11936.

Stegmüller signale en plus les éditions suivantes[134], que nous n'avons pas pu consulter :

11) Lyon, Héritiers de S. Berand, 1609.

12) Lyon, Theobaldus Paganus, 1650.

13) Lyon, Theobaldus Paganus, 1668.

14) Cologne, Johannes Adolphus, 1700. Cette édition ne contiendrait que les six premiers dialogues.

2 - TRADUCTIONS

a) Traductions françaises

1) Traduction de Jean Martin
- (a) Fol. aa I r° : "La Théologie naturelle de Dom Raymond Sebon docteur excellent entre les modernes, mise de Latin en François, suyvant le commandement de tresillustre et tres uertueuse dame, Madame Leonor, royne douairiere de France. A Paris, de l'imprimerie de Vascosan, rue saint Iacques à l'enseigne de la Fontaine. 1551".

---

[133] *Ib.*, ib.
[134] Cfr *Raimundus Sabundus...*, p. 19*.

Fol. aa II r° : "A Monseigneur, monseigneur le Reuerendissime Cardinal de Lenoncourt..."

Fol. aa II v° : "Brieve declaration de ce qui est contenu es six dialogues de la theologie naturelle de Dom Raymond Sebon, ensemble des Chapitres en iceux".

Fol. A I : "Prologue de l'autheur aux lecteurs. Combien il est necessaire de cognoistre les choses escrites en ce petit liure".

Fol. A II : "La theologie naturelle de Dom Raymond Sebon. Introduction pour ce liure. Chapitre premier. Raymond. D'ou viens tu maintenant..."

In-4°, sign. et 140 ff. Contient six dialogues. Exemplaire consulté : BN Paris, D 3585.

- (b) Fol. aa I : "La Theologie naturelle de Dom Raymond Sebon, Docteur excellent entre les modernes, mise premierement de Latin en François, par Iean Martin, Secretaire de Monsieur le Cardinal de Lenoncourt, suyvant le commandement de tresillustre et tresuertueuse Dame, Madame Leonor, Royne douairiere de France. Et de nouveau reueuë et conferee au Latin et corrigee en plusieurs lieus. Davantage oultre la Table des Dialogues et Chapitres, y a esté aiousté vn indice alphabetique fort ample des matières, auec sommaires cotations en marge. A Paris, De l'imprimerie de Vascosan, rue S. Iaques à l'enseigne de la Fontaine. 1565".

In-16°, Tables, sign. a-v, plus 285 ff. Cette édition ne contient que six Dialogues. Exemplaire consulté : BN Paris, Z. Payen 609.

- (c) Idem, Paris, Vascosan 1566 ; in-8°, tables et 285 ff. Contient six dialogues.

- (d) Idem, Paris, F. Morel, 1597 ; in-8°, tables et 285 ff. Contient six dialogues.

2) Traduction de Charles Blendecq

- (a) "La Violette de l'ame composee en forme de dialogue par Raymond Sebon ancien Theologien. Ou est tres doctement traicté de la Nature de l'homme, pour l'amour duquel toutes choses sont creez. par ce traité l'homme pourra paruenir à une parfaicte cognoissance tant de son Createur comme de soy mesme, Le tout mis en François par D. Charles Blendecq, Religieux de Marchiennes. A Arras, De l'imprimerie de Guillaume de la Riuiere, 1600".

In-24°, pièces liminaires, 479 p. Contient sept dialogues.

- (b) "La violette de l'ame, ou par un dialogue diversifié est doctement enseigné le vray et asseuré moyen de parvenir à la cognoissance de Dieu, de soy-mesme, et du prochain. Traduicte du Latin de Raymond Sebond par D. Charles Blondel (*sic*) Religieux de l'ordre de Sainct Benoist à Marchiennes. A Arras, chez François Bauduin Libraire Iuré, au coing du marchez, à la Fontaine, 1617".

In- 24°, epistre, table, epigrama, 482 p. Contient sept dialogues.

b) Traductions espagnoles

1) Valladolid, Francisco Fernandez de Cordoba, 1549

"Violeta del anima Que es summa de la Theologia natvral a manera d'dialogo. Que tracta del hombre por causa del qual las otras criaturas son hechas Por el conoscimiento de las qles se alumbra el hombre pa conoscerse assi y a Dios y a las otras criaturas. Nueuamente traduzido d. Latin en romançe Castellano".

A la fin : "Fue impresso en la muy noble villa de Valladolid cerca d'las Escuelas Mayores. Por Francisco Fernandez de Cordoba impresor. Acabose a XXIII dias dl mes de Nouiembre dl año de nuestra salud 1549".

In-16°, 16 ff., 232 ff. et le signe de l'imprimeur[135].

2) Traduction du P. Antonio Ares.

- (a) "Dialogos de la naturaleza del hombre, de su principio y su fin. En los quales se le da por admirable estilo el necesario y verdadero conocimiento assi de Iesu Christo nuestro Dios y señor como de si mismo. Traduzidos de la lengua latina en la qual los compuso el muy docto y piadoso maestro Remundo Sebunde, en Castellana, y anotados por el Padre Fray Antonio Ares, Predicador de la sagrada Religion de los Mínimos, del glorioso patriarca Francisco de Paula, a cuya profunda humildad y altisima Caridad los dedica. En Madrid por Juan de la Cuesta, Año 1614. Vendense en el Convento de N. Señora de la Victoria".

In-4°, table, approbations, dédicace, "Fray Antonio Ares al Lector", 752 p. + table des matières. Contient 8 dialogues.

- (b) Idem, Madrid, Juan de la Cuesta, 1616.

c) Traduction anglaise par J(ohn) R(obertes)[136].

"Reymund Sebundius. Of the nature of man. Certayne dialogues which shew the knowledge of Christ, and of man himself augmented agayne and faythfully corrected. Translated out of Latin into English by J. R. "

C'est une traduction restée manuscrite de l'édition du *De natura hominis* de 1568. Le nom de John Robertes a été conjecturé à partir d'une adresse acrostique commençant par ces mots : "Insulsi frendant, grex, rabula rethor..."

---

[135] PALAU DULCET, *o. c.*, t. XVIII, p. 218 b ; BATAILLON, Marcel, *Introduction au Diálogo de Doctrina Cristina de Juan de Valdés*. Avant-propos de J. R. Armogathe avec une étude inédite de Robert Ricard "En Espagne : orthodoxie et inquisition", Paris, Librairie Philosophique Vrin 1981, p. 247.

[136] Cfr *British Museum. Catalogue of western manuscripts in the Old Royal and King's Collections*, vol. II, Oxford 1921, p. 228.

Papier, in-4°, 245 ff., 775 x 600 mm., écrit vers la fin du XVIème ou le début du XVIIème siècle. Il existe une deuxième copie de ce manuscrit[137].

d) Traduction hollandaise par L. Moereels[138].
"Viola anime, dat is Zieleviolltje, van Pieter Dorlant", Tielt 1954.

C - QUAESTIONES DISPUTATAE

Nous avons vu auparavant que Trithème n'hésitait pas à attribuer un volume de questions disputés à Ramon Sibiuda, mais il faut remarquer tout de suite qu'il ne dit pas l'avoir vu de ses yeux. Tous ceux qui dépendent de Trithème comme source pour Ramon Sibiuda ont répété cette donnée, mais jusqu'ici on n'a pas signalé, en manuscrit ou imprimé, cette oeuvre. Par un moment, nous avions cru l'avoir situé, grâce à une indication de P. Regoli, qui avait écrit dans la préface de sa traduction du Livre des Créatures :

> "Fra i suoi codici manoscritti due sono specialmente celebri. L'uno la nostra *Theologia Naturalis*, ossia libro delle creature in un latino semibarbaro, e l'altro parimente in latino col titolo de *Quaestiones disputatae* citato fra gli altri da Niccolo Antonio nel suo Dizzionario alla parola Sabunde, il quale però confessa in una nota a pie di pagina, che neppure nella libreria dell'Escuriale di Madrid l'a potuto rinvenire. Difatti, per quanto io sapia, questo è un manoscritto inedito di cui oltre modo rare sono le copie, ed io con tutte le mie diligenze non sono riuscito che a trovarne una nella libreria Vaticana in quella parte di manoscritti e libri che erano una volta di pertinenza di un Elettore Palatino. Quest'antico manoscritto *Cod. papir. in-8°* è molto ben custodito, e legato ancora con qualche pompa"[139].

Ainsi, nous avons été amenés à chercher dans le catalogue des manuscrits palatins latins de la Bibliothèque Vaticane. Ce ms. dont parlait le P. Regoli, y est bien signalé, sous le n° 379 :

> "Chart. in 8°, saec. XV, fol. 237. Raymundi (Sebondae iuxta "Inventarium" Pal. Vat.) quaestiones (theologicae et canonicae de sacramentis, de peccatis et de censuris). Fine mutilae. Praeit "Registrum super quaestiones Raymundi"[140].

Pendant l'été de 1974 nous avons demandé au chanoine Josep Perarnau, de Barcelone, qui se trouvait à Rome pour étudier des questions relatives aux mss. lulliens de la Bibliothèque Vaticane, de bien vouloir étudier ce ms. et de nous en transmettre une description, ainsi que son avis sur une éventuelle

---

[137] *Ib.*, p. 231.
[138] STEGMULLER, *Raimundus Sabundus...*, p. 20*.
[139] Cfr *Le Creature. Ampio libro dell'uomo...*, Modena 1823, Prefazione, p. 3 ss.
[140] Cfr STEVENSON (ior.) HENRICUS, *Codices Palatini Latini Bibliothecae Vaticanae*, Romae 1886, p. 107.

paternité sebondienne à son égard. Or, en correspondance privée, le chanoine Perarnau a bien voulu nous communiquer ce qui suit :

"Il s'agit de l'oeuvre d'un canoniste, lequel a eu à sa disposition un abrégé de la *Summa de Poenitentia* de saint Ramon de Penyafort, précisément celui d'Adam Teutonicus, qui s'amusa à mettre la *Summa* en vers (cet abrégé était la *Summa Raymundi versibus compilata*) ; probablement l'exemplaire dont disposait notre canoniste ne mentionnait pas le nom du versificateur allemand ; il pensa, donc, que l'oeuvre avait été écrite par ce Raymundus, duquel il dit : "quidam praedicator in iure peritus quandam edidit summulam metricam in qua aliqua de sacramentis, de vita eciam et honnestate clericorum et quedam alia utilia curam animarum gerenti necessaria tradidit et collegit" (fol. 11 r° b).

"Il me semble que ça suffit. Il faut supposer que Sibiuda n'a pas fait des commentaires canoniques et, au cas où il l'aurait fait, pour lui Ramon de Penyafort aurait été quelque chose de plus que *quidam praedicator in iure peritus*, et peut-être il n'aurait pas pris la versification d'Adam Teutonicus pour la *Summa de Poenitentia*".

Dans l'été 1974, le chanoine Perarnau et nous-même ne nous attendions pas à la surprise que réservait le ms. 595 de la Bibl. Pub. de Rouen, selon lequel Ramon Sibiuda était "in decretis eciam liccenciatus". Le jugement du chanoine barcelonnais doit être, donc, mis en cause, parce qu'il reposait sur la présomption qu'un maître-ès-arts, en médecine ou en théologie ne se mêle pas normalement de droit canon. Par conséquence, dès qu'il s'est avéré que Sibiuda était canoniste, les choses prennent une nouvelle allure.

D'après la courte description de Stevenson[141], l'attribution du manuscrit Vat. Pal. Lat. 379 à Ramon Sibiuda provient d'anciens catalogues. Il n'est pas tout de même précisé s'il s'agit simplement de catalogues anciens de la bibliothèque vaticane ou bien du ou des catalogues dressés au moment où la collection palatine a été transférée au Vatican ; dans ce dernier cas, l'attribution du ms. à Sibiuda pourrait être très ancienne. Ce sont des points qu'il faudra éclaircir ultérieurement, après une lecture du ms. ; l'on pourra à ce moment-là dégager des conclusions plus précises, pour ou contre son attribution à Sibiuda.

D'autre part, le problème de ce ms. n'est peut-être pas sans rapport avec des affirmations bien postérieures sur l'activité littéraire de Sibiuda. En effet, Val. André[142] affirme que les *Quodlibeta* de Ramon Sibiuda ont été imprimés, bien qu'il n'en donne pas ni l'éditeur, ni le lieu, ni l'année d'impression. De son côté, Rothe attribue à notre auteur un volume de *Quaestiones disputatae* qui

---

[141] *Ib.*, ib.
[142] Val. ANDRE, *Catalogus Clarorum Hispaniae Scriptorum*, Moguntiae 1607, p. 100. Son témoignage est formel : "Eiusdem Quodlibeta impressa exstant".

aurait été imprimé à Cologne en 1496[143]. Inutile de dire que pour le moment ces oeuvres, si elles ont jamais existé, se dérobent à notre curiosité. Il reste toujours la possibilité que ces affirmations dérivent sans plus de la notice de Trithème, plus ou moins bien comprise et transmise. Mais il y a aussi le fait, dont nous nous occuperons tout de suite, de la mise à l'Index du *Liber Creaturarum* par Paul IV en 1559. Cette circonstance a pu nuire à la transmission régulière de l'oeuvre sebondienne. Nous avons déjà constaté dans certains manuscrits que le prologue en avait été enlevé. Il n'est pas *a priori* impossible que la réaction inquisitoriale ait été plus efficace dans le cas des *Quaestiones disputatae* ou *Quodlibeta*, jusqu'à en avoir effacé le souvenir. Le ms. Vat. Pal. Lat. 379 pourra apporter une réponse définitive ? C'est le problème qui reste à résoudre.

Tout comme pour sa vie, il reste aussi des obscurités concernant l'oeuvre de Ramon Sibiuda. Nous ne désespérons pas d'arriver un jour au bout. Pour l'instant, nous nous bornerons à tenir compte seulement de ce qui est bien établi, et c'est pourquoi nous n'étudions dans ce travail que le *Liber Creaturarum*, en nous limitant d'autre part à présenter certains aspects de la pensée philosophique de son auteur, pour autant que celle-ci peut être distinguée à l'intérieur d'une élaboration théologique, abusivement appelé sans doute *naturalis*, mais qui est et reste une *theologia*.

D - RAMON SIBIUDA ET L'"INDEX LIBRORUM PROHIBITORUM"

Le Liber Creaturarum a été mis à l'Index en 1558[144], puis, dans l'Index de 1564, la condamnation fut restreinte au seul Prologue[145]. Le livre que, d'après Montaigne, Pierre Bunel recommanda à Pierre Eyquem "comme livre très utile et propre à la saison en laquelle il le lui donna : ce fut lors que les nouvelletés de Luther commençaient d'entrer en crédit et ébranler en beaucoup de lieux notre ancienne créance"[146], ne fut pas épargné par la commission de l'Index.

La rigueur de l'Index de Paul IV est connue[147]. L'oeuvre de Sibiuda fut classée parmi les oeuvres interdites parce que "vel ad haeresim vel... ad intolerabiles errores subinde allicere satis compertum est"[148]. En plus, l'Index de 1558 interdisait les livres et libelles dans quelque langue que ce soit, en

---

143 ROTHE, *Dissert. de R. de Sabunde*, 1846, p. 26.

144 Le décret parut "die XXX decembris M. D. LIX", mais l'Inquisition datant "a nativitate", il est plus exact de rapporter la date à 1558. En fait, un "Avviso" de Rome du 31 décembre 1558 s'y réfère déjà. Cfr SCADUTO, MARIO, *Laínez et l'Indice del 1559. Lullo, Sabunde, Savonarola, Erasmo*, dans *Archivium Historicum Societatis Iesu* XXIV (1955) 18.

145 REUSCH, *Der Index der verbotenen Bücher*, I, p. 284.

146 *Essais*, lib. II, cap. 12 au début ; nous citons d'après l'édition des *Oeuvres Complètes*, Paris, Seuil 1967, p. 182.

147 SCADUTO, *o. c.*, pp. 17-18.

148 ID., *ib.*, p. 17 ; cfr aussi REUSCH, *Der Index der verbotenen Bücher*, I, p. 284.

toutes matières autres que les religieuses, s'ils avaient été imprimés pendant les derniers quarante ans ou bien sans nom d'auteur ou sans inscription de typographie, de l'année et du lieu d'impression ; tous les livres aussi et les ouvrages de quelque genre que ce soit, avec ou sans nom d'auteur, mais imprimés sans la licence préalable de l'évêque ou de l'inquisiteur local ; tous les livres et traités de tous sujets provenant des typographies qui auraient imprimé auparavant des livres d'auteurs hérétiques ; toutes les publications concernant la magie et la divination[149]

Il est clair que la mise à l'Index du *Liber Creaturarum* ou *Theologia Naturalis* était en rapport avec le rationalisme de l'auteur, qui avait voulu prouver toutes les vérités chrétiennes sans avoir recours ni à la révélation ni à l'enseignement de l'Eglise. Mais ce que nous voulons, surtout, remarquer, ici, c'est que, si le *Liber Creaturarum* a eu ses défenseurs[150] et, après Trento, il a été en partie réhabilité[151], rien n'aurait pu empêcher, après la condamnation de 1558, que quelque autre oeuvre sebondienne, imprimée ou manuscrite, avec ou sans le nom de l'auteur, imprimée peut-être par des typographes frappés aussi par la condamnation, ou simplement imprimée sans lieu ni année d'impression, ait péri[152]. On sait, en effet, que la publication de l'Index a été source de beaucoup de doutes et de malaises parmi les libraires, les imprimeurs et les intellectuels chrétiens ; elle a eu aussi comme conséquence, dans certains endroits, la mise au feu des volumes condamnés[153]. Le *Liber Creaturarum* a été préservé surtout parce que les copies manuscrites et imprimées étaient abondantes. D'autres oeuvres moins célèbres, si elles ont jamais existé, ont peut-être couru un sort plus pénible et, bien que ne pas expressément frappés par une condamnation, les quelques exemplaires qui en restaient auront pu être laissés définitivement de côté, sinon détruits.

La mise à l'Index de Ramon Sibiuda a eu, plus tard, un autre effet : des protestants se sont intéressés à sa pensée. Des théologiens, des historiens de la pensée ont lu et étudié le *Liber Creaturarum* ; ils pensaient peut-être y découvrir un lointain prédécesseur de la Réforme, ils y ont trouvé un esprit travaillé par d'autres problèmes. Reste le fait qu'une partie non négligeable de la bibliographie sebondienne est protestante, ce qui vraisemblablement ne se serait pas produit si Ramon Sibiuda n'avait pas eu la chance d'être mis à l'Index.

---

[149] ID., *ib.* p. 17.
[150] ID., *ib.* p. 27.
[151] ID., *ib.* p. 32.
[152] A remarquer que l'oeuvre de Sibiuda a été imprimée dans des pays qui ont été partiellement conquis par le protestantisme : Pays Bas, Allemagne. Certains manuscrits du *Liber Creaturarum* proviennent aussi d'outre-Rhin.
[153] SCADUTO, *o. c.*, pp. 17-18.

CHAPITRE III

SON MILIEU HISTORIQUE ET CULTUREL

Ramon Sibiuda mourut en 1436 ; rien n'autorise à prendre le risque de fixer une date quelconque pour sa naissance ; toutefois, obligés de décrire sommairement le cadre dans lequel sa vie a pu se dérouler, nous allons fixer un terme *a quo* conventionnel. Nous prenons, donc, en considération les événements qui se sont produits de 1380 à 1436 ; il nous semble que cette période de cinquante-six ans suffit à encadrer notre personnage et à le situer dans le cours des événements de son temps.

A - CONSIDERATIONS GENERALES

L'époque de Sibiuda a été dominée par les faits suivants : le grand Schisme (1378-1417), les conciles de Pise (1409), Constance (1414-1418) et Bâle (1431-1449), dans le domaine ecclésiastique ; les questions et guerres hussites (1419-1436) dans le cadre de l'Empire ; en France, la guerre civile des armagnacs et cabochiens, avec la reprise de la guerre des Cent Ans dans sa dernière période (1415-1453 ; Jeanne d'Arc est brulée en 1431) ; en Aragon, s'extingue la maison de Barcelone avec Joan I (1387-1396) et Martí, dit l'Humain (1396-1410), et monte au trône la maison castillane des Trastámara à partir du Compromis de Casp (1412). C'est la période la plus brillante des lettres catalanes au moyen-âge.

Epoque dure, critique, amenant de grandes transformations et des troubles dans les esprits. Dans le cadre du Languedoc et du Royaume d'Aragon, cette époque a une caractéristique que nous ne pourrions pas passer sous silence ou minimiser : la recrudescence du prophétisme populaire[154]. Justement dans le prologue de sa *Scientia libri creaturarum*, s'adressant à son public pour lui recommander l'oeuvre, Sibiuda ne laisse pas de remarquer :

> "Et ideo *nunc in fine mundi* est summe necessaria omni christiano ista scientia infallibilis, ut quilibet sit munitus et solidatus et certus in fide catholica..."[155].

---

[154] Cfr POU I MARTI, J. M., *Visionarios, beguinos y fraticelos catalanes*, Vic 1930 ; BOHIGAS I BALAGUER, P. , *Profecies catalanes dels s. XIV i XV*, dans *Butlletí de la Bibl. de Cat.* VI (1920-22) 24-49.
[155] *Raimundus Sabundus...*, p. 29*.

La crise religieuse déclenchée par le Grand Schisme n'a pas eu d'autre effet chez Sibiuda que de renforcer sa conviction que le pouvoir temporel doit être subordonné au pouvoir spirituel :

> "Considerent moderni principes qualiter predecessores eorum, quorum ipsi sunt successores, fuerunt subiecti et oboedientes potestati spirituali, cogitent qualiter caput potestatis terrenae, scilicet Romanum Imperium fuerat subiectum spirituali potestati per mille annos et ultra..."[156].

A la fin du XIVe et au début du XVe siècle, la question juive a pris un caractère grave en Aragon. L'impuissance devant les vagues de la peste noire déboucha vers une recrudescence de la rage anti-juive, et des "pogroms" se sont produits[157]. Benoît XIII, pour consolider sa position de plus en plus compromise, a eu l'idée de promouvoir la conversion des Juifs par le moyen de disputes solennelles. C'est à ce but qu'il organisa la Dispute de Tortosa, dont l'échec fut total ; à la suite de ces faits, les conditions de vie des juifs parmi les chrétiens devinrent de plus en plus difficiles[158]. Sibiuda s'en fait écho, lorsqu'il tire les conclusions d'une comparaison entre les peuples chrétien, musulman et juif ; pour lui, les juifs sont totalement hors de question dans la vie politique et sociale :

> "Genus Iudaeorum est in derisum et opprobium et in vituperium omnium hominum totius mundi et in captivitate aliorum populorum et sine capite et sine terra, et tamen alias fuerunt in maxima dignitate et reputatione et per universum mundum et modo est totum per oppositum et in tali statu fuerunt per mille annos et ultra"[159].

En revanche, il n'en est pas ainsi pour les musulmans. Il y a dans le *Liber Creaturarum* une violente polémique anti-musulmane. Nous aurons l'occasion de voir que Sibiuda a des motifs très précis pour s'engager contre les musulmans. Car, s'ils ne constituaient plus un danger permanent sur le plan militaire, ils entraient en concurrence avec les chrétiens sur le plan idéologique et religieux. En Aragon, lieu classique de la polémique musulmano-chrétienne, se posait le problème des chrétiens convertis à la foi de Mahomet, soit pour échapper à la captivité, soit pour des motifs plus complexes. Le cas le plus célèbre d'un chrétien devenu musulman fut celui du frère franciscain Anselm Turmeda - 1355 ? -1424 ? -[160], converti entre 1386 et 1390, et

---

[156] *Ib.*, p. 595.

[157] Cfr LOPEZ DE MENESES, A., *Estudios de Edad Media de la Corona de Aragon*, t. VI, 1956, pp. 298-300 ; 402-404.

[158] Cfr PACIOS LOPEZ, A., *La Disputa de Tortosa*, Madrid-Barcelona 1957 ; RIERA I SANS, JAUME, *La crònica en hebreu de la disputa de Tortosa*, Barcelona 1974.

[159] Cfr *Raimundus Sabundus...*, tit. 268, p. 456 ; tit. 206, pp. 295-296.

[160] Sur Turmeda, on consultera l'étude de M. DE EPALZA, *La Tuhfa. Autobiografía y polémica islámica contra el cristianismo de Abdallah al-Taryuman*, dans *Atti della Accademia*

nommé par la suite à un poste élevé dans la douane de Tunis, par la grâce du souverain Abou el-Abbas Amed[161]. Là il se livra à une discrète activité littéraire : *Libre de bons amonestaments* (1398), *Cobles de la divisió del regne de Mallorques* (1398), *Disputa de l'Ase* (1417), des *Profecies* d'une date incertaine et, peut-être, le *Libre de Tres*, ouvrage à caractère burlesque[162]. Dans ces oeuvres, écrites en catalan et pour un publique chrétien, Turmeda étale une idéologie cynique et sceptique. Puis, en 1420, Turmeda, du nom arabe Abdallah al-Tarjouman, rédige en arabe sa *Tuhfat-al-adib* (ou *al-arib*) *fi al-radd ala ahl al-salib* (Présent de l'homme lettré pour réfuter les partisans de la croix), oeuvre de polémique anti-chrétienne qui n'a pas été connue dans la chrétienté avant le XIXe siècle[163]. L'affaire Turmeda a fait beaucoup de bruit en Catalogne et, par son activité littéraire et prophétique[164], il n'a pas cessé d'avoir une certaine influence à l'intérieur de son ancien milieu. Peut-être mort en 1424[165], son souvenir resta et le *Libre de bons amonestaments* est devenu le manuel dans lequel les enfants catalans s'initiaient à la lecture jusqu'au début du XIXe siècle[166]. Nous reviendrons sur ce personnage lorsque nous étudierons les sources de la polémique anti-musulmane développée dans le *Liber Creaturarum*.

Au temps de Ramon Sibiuda, au moment du passage du XIVe au XVe siècle, nous nous apercevons qu'en Aragon la crise intérieure des valeurs chrétiennes est apparue. Les esprits tendent vers le scepticisme[167] et l'on se penche avec une attitude nouvelle sur les écrivains anciens, qu'on est en train de redécouvrir partout. La position sceptique, pro-classique et italianisante est représentée pendant ces années par Bernat Metge (1340 ? -1413), prince des prosistes catalans du moyen-âge, humaniste élégant qui accumule dans ses écrits les apportations les plus diverses : Cicéron, Ovide, Valère Maxime, Macrobe, Saint Grégoire le Grand, Saint Thomas, Duns Scot, Ramon Llull, Pétrarque, Boccacce[168]. Au même moment, Francesc Eiximenis O. F. M. (1327-1409) représentera le maintien des idées reçues et l'esprit anti-

---

Nazionale dei Lincei, vol. XV, Roma 1971, 522 p. Epalza donne aussi des indications sur d'autres convertis contemporains de Turmeda et de Sibiuda à la p. 25, note 73, et dans les pp. 39-40, avec bibliographie.

[161] EPALZA, o. c., pp. 13-19.
[162] ID., *ib.*, pp. 19-22.
[163] Etude et édition critique dans EPALZA, *o. c.*
[164] ID., *ib.*, pp. 21-22.
[165] ID., *ib.*, p. 25.
[166] ID., *ib.*, p. 19.
[167] Cfr RIQUER, MARTI DE, *Història de la Literatura Catalana*, t. II, Barcelona, Ariel 1964, p. 433.
[168] ID., *ib.*, p. 418-427.

humaniste[169]. Voie moyenne entre Metge et Eiximenis, Antoni Canals (1352-1419), valencien et frère prêcheur comme saint Vincent Ferrer, mais aux tendances contraires en ce qui concerne l'attitude vers l'époque nouvelle qui s'amorçait, utilisera les auteurs classiques en vue de livrer bataille contre le scepticisme et le courant paganisant qui commençaient à faire rage parmi les esprits, spécialement entre les gens de cour[170]. Ainsi, il traduit au catalan le *Dictorum factorumque memorabilium* de Valère Maxime, le *De Providentia* de Sénèque, et, sur des textes de Tite Live et du poème *Africa* de Pétrarque, il rédigera son *Scipió e Anibal*. Mais pour s'opposer aux livres qui exaltaient l'amour profane, il traduit aussi le *Soliloquium de arrha animae* d'Hugues de Saint-Victor[171], dont l'influence sera remarquable dans son oeuvre originale *Scala de contemplacio*[172]. La position de frère Antoni Canals nous semble assez typique de cette époque, lorsqu'il avoue humblement : "Moltes vegades e diverses me abstinch de apparèixer devant persones de gran stament, tement-me que no. m entremesclen en alguna difficultat de la qual no. m puscha descabollir" (souvent je m'abstiens d'apparaître devant des gens de premier rang, de peur qu'ils ne m'embarrassent avec quelque difficulté à laquelle je ne sache pas échapper)[173]. Il entreprend la traduction de Sénèque parce que "lo trobarets tot philosof, qui funda tot son fet en juy e rahó natural" (vous le trouverez pleinement philosophe, fondant tout ce qu'il dit en jugement et raison naturelle)[174]. Canals, en effet, est conscient des tendances de son temps et il voit qu'elles se répandent surtout "entre homens de paratge, per ço com ligen molt e tots los libres seran adés vulgaritzats, e per ço com conversen ab molt apte hom, e per la rahó natural en què abunden e per la gran sperièntia de diverses coses en les quals son fets regidors" (parmi la noblesse, parce qu'ils lisent beaucoup et maintenant tous les livres seront rédigés en vulgaire, et parce qu'ils s'entretiennent avec des hommes d'esprit et par le raisonnement naturel dans lequel ils abondent et par la grande expérience de choses diverses qu'ils obtiennent en gouvernant)[175]. Homme de cour, esprit réaliste, Canals cherche chez les auteurs anciens le remède au scepticisme et à la nouvelle curiosité de son milieu. Nous savons qu'il s'est intéressé aux doctrines lulliennes[176], ce qui est très fort pour un dominicain contemporain de Nicolau

---

169 ID., *ib.*, p. 196 et 432.
170 Cfr RIQUER, MARTI DE, *Notícia preliminar*, dans ANTONI CANALS, *Scipió e Anibal. De Providència. De arra de ànima*, Barcelona, E. N. C. 1935, pp. 11-13.
171 ID., *ib.*, p. 25.
172 Biblioteca de Catalunya, ms. 473.
173 CANALS, A., *De Providència*, prol. ; *éd. c.*, p. 86.
174 ID., *ib.*, p. 87.
175 ID., *ib.*, p. 86.
176 Il écrivit une *Exposicio de l'"ars memoratiua" de Ramon Lull*, perdue ; cfr ANTONIO CANALS, *o. c.*, p. 11, note 2.

Eymerich, l'inquisiteur anti-lullien par excellence. Cherchait-il dans les doctrines du majorquin des méthodes spéculatives plus serrées et plus efficaces en vue d'endiguer le courant qui menaçait la foi ?

Un autre fait important qui a influencé l'époque de Ramon Sibiuda est la Sentence de Barcelone du 24 mars 1419, par laquelle la bulle contre les oeuvres de Ramon Llull, du pape Grégoire XI, est déclarée nulle, subreptice et sans effet par le légat du pape Martin V, le cardinal Alamanni[177].

Cette considération sommaire de l'époque de Sibiuda manifeste que les causes internes de la longue crise qu'a traversée la chrétienté à la fin du XIVe siècle débouche, d'une part, vers un courant de scepticisme qui se combine avec l'apparition des premiers signes de la Renaissance ; à la crise interne s'ajoute la préoccupation face aux apostates de la foi chrétienne qui rejoignent le champ musulman. Un aspect positif de la réponse à la crise interne est donné par le recours aux auteurs payens les plus christianisables, chez lesquels on pense trouver des appuis pour l'orthodoxie et des aliés en vue de combattre les égarements d'une attitude spirituelle nouvelle qui s'amorce et dont on ne sait pas jusqu'où elle peut conduire. Lulle, le champion du dialogue interconfessionel et le grand polémiste des *rationes necessariae*, dont la pensée reste vivante en Aragon, vient d'être rétabli dans l'honneur qui lui revient. C'est, indiscutablement, un contexte de polémique à des niveaux divers que s'ouvre sous nos yeux ; nous verrons que l'oeuvre de Sibiuda s'y ajuste d'une façon à la fois précise et originale.

B - L'UNIVERSITE DE TOULOUSE AU TEMPS DE R. SIBIUDA[178]

Fondée en 1229[179], l'Université de Toulouse ne comprenait au début que les facultés de droit, médecine et arts, l'enseignement de la théologie étant réservé aux religieux, notamment aux frères mineurs et prêcheurs[180]. En 1360, le chancelier de Toulouse confère pour la première fois la licence en théologie[181], ce qui atteste l'activité de maîtres théologiens en fonctions sur place. La même année, le pape Innocent VI crée la faculté de théologie, dont les premiers statuts seront rédigés en 1366 ; en 1380 ces premiers statuts seront remplacés et en 1389 des additions viennent compléter les nouveaux statuts, semblables à ceux de la faculté de théologie de Paris[182]. De 1394 à 1425, s'ouvre une période de réformation pontificale de l'ensemble de

---

[177] Cfr AVINYO, JOAN, *Història del Lul. lisme*, Barcelona 1925, pp. 198-204.
[178] Pour l'histoire de l'Université de Toulouse, cfr ci-dessous la bibliographie que nous en avons donnée.
[179] Cfr VIC-VAISSETE, *Histoire du Languedoc*, t. VII, p. 592.
[180] ID., *ib.*, p. 592 b.
[181] ID., *ib.*, p. 593 b.
[182] ID., *ib.*, p. 594 a.

l'université, dont le résultat immédiat sera l'abaissement du niveau des études et l'avilissement des grades[183].

La "collection de collèges" qui était l'Université de Toulouse au temps de Ramon Sibiuda[184] se présente à notre considération comme un corps traversé par toute sorte de tensions. Au niveau académique, l'époque du Schisme d'Occident se solde par "un relâchement de l'organisation du studium, de la discipline et des moeurs, un amoindrissement de conscience pédagogique chez les maîtres, d'émulation chez les écoliers"[185]. Pendant de longues années (1398-1409), l'Université de Toulouse s'opposa à l'Université et au Parlement de Paris dans la question de la soustraction d'obéissance à Benoît XIII, que l'Université de Toulouse soutenait[186]. La reprise de la guerre des Cent Ans en 1422 produit à Toulouse un long conflit entre l'Université et le Capitol en raison des activités de certains étudiants anglais "d'origine ou de parti", sur lesquels l'Université entendait faire reconnaître les privilèges universitaires. La lutte dura de 1422 à 1434, entraînant une succession touffue d'événements, avec une grève universitaire de cinq mois, des disputes interminables et des dossiers juridiques imposants[187]. C'est une époque qui nous apparaît très mouvementée, extérieurement, du moins, peu favorable à l'épanouissement des sciences, et périodiquement agravée par des vagues de peste qui dépeuplaient *l'étude*[188].

La faculté de théologie comprenait au début du XVème s. de sept à huit chaires, dont quelques-unes accessibles aux séculiers[189]. En fait, il semble bien que la théologie était plutôt l'affaire des religieux ; augustins, cordeliers, prêcheurs, mineurs, carmes. Mais dans les documents, à côté des maîtres en théologie religieux, apparaissent des maîtres "in scolis Universitatis", des maîtres "in scolis sancti Augustini Saturnini" (chanoines de Saint Augustin) et des maîtres "scolarum sancti Stephani", la cathédrale[190]. Le nombre des

---

[183] ID., *ib.*, p. 592 b.

[184] PUGET, J., *L'Université de Toulouse au XIVe et au XVe siècles*, dans *Annales du Midi* XLII (1930) 345-381.

[185] ID., *ib.*, p. 360 s.

[186] ID., *ib.*, p. 356-359.

[187] Cfr un exposé de cette affaire dans l'article de Du BOURG, A., *Episode des luttes de l'Université et du Capitole de Toulouse*, dans *Mémoires de l'Académie des Sciences, Inscriptions et belles lettres de Toulouse* 9ème s. I (1889) 358-374.

[188] Dans un document de 1411 on lit : "Item, quia contingit frequenter propter mortalitates que proh dolor in civitate et universitate tholosana a multis retro temporibus viguerunt et cotidie peccatis urgentibus vigere non cessant, quod nonulli bacchalaurii omittunt perficere cursus seu lecture ob deffectum et carenciam scholarium... " ; cfr M. FOURNIER, *Les Statuts et privilèges...*, vol. III, doc. n° 744, p. 735 ab.

[189] SALTET, L., *L'Ancienne Université de Toulouse*, dans *Bulletin de Littérature Ecclésiastique* XIV (1912) 25.

[190] M. FOURNIER, *Les Statuts et privilèges*, vol. III, doc. n° 772, p. 733 b, pour l'année 1410.

maîtres que nous voyons dans les documents jusqu'ici publiés varie d'année en année[191], mais la répartition des tâches théologiques universitaires entre les cinq ordres religieux mentionnés, la cathédrale et l'Université même reste constante[192].

Nous ne sommes pas renseignés sur le mode de recrutement des professeurs à Toulouse. Dans le cas des religieux, c'était l'affaire des chapîtres de chaque ordre. Mais, pour les séculiers, nous ne savons pas s'ils étaient nommés par le chancelier, ou s'ils étaient élus par des modes d'élection qui furent plus tard employés, du seizième au dix-huitième siècle, à savoir, la *postulatio* et la *disputatio*. D'autre part, il n'est pas exclu que la papauté ne soit intervenue dans cette question. Au quinzième siècle, d'ailleurs, n'était pas très rare l'usage de vendre les chaires vacantes[193].

Parmi tous les noms des maîtres en théologie qui ont enseigné à Toulouse au début du XVème siècle, il n'y a que deux auteurs dont les oeuvres aient atteint une certaine notoriété : Jean Capréole, le commentateur thomiste, et Ramon Sibiuda. Nous n'avons pas des renseignements sur l'activité littéraire des autres maîtres ou, en tout cas, leurs oeuvres n'ont pas été conservées. Il est tout de même possible de supposer que chaque couvent se montrait plus ou moins fidèle à la tradition doctrinale de l'ordre respectif.

A Toulouse il était expressément interdit aux séculiers d'enseigner la théologie s'ils n'étaient pas des maîtres-ès-arts[194]. Un maître déjà reçu dans une autre université et voulant enseigner à Toulouse devait payer la moitié des droits ordinaires que les nouveaux maîtres payaient au moment d'être incorporés à la corporation magistrale[195].

Quant à la faculté des arts, où, comme nous l'avons vu, Sibiuda a été *magister*, il semble qu'au début du XVe siècle elle était déjà indépendante de l'enseignement de la médecine[196]. Dans les documents, nous voyons apparaître pour chaque année un ou deux maîtres artistes "in logica facultate legentes", un ou deux maîtres "in grammatica legentes"[197]. Tous ces maîtres étaient séculiers.

---

[191] "Les maîtres régents seuls assistent aux assemblées plenières de l'Université, pour l'élection du recteur et du syndic. Mais dans les assemblées particulières de la faculté, sont compris les régents et les non-régents" ; cette remarque de Molinier (cfr VIC-VAISSETE, *Histoire du Languedoc*, t. VII, p. 596 b) peut expliquer la variation du nombre des maîtres dans les documents.

[192] Cfr FOURNIER, *Statuts...*, vol. I, n° 764, p. 726 a ; n° 766, p. 728 b ; n° 771, p. 732 b-733 a ; n° 772, p. 733 b ; n° 776, p. 737 a ; n° 796, p. 767 b.

[193] Cfr BARBOT, JULES, *Les chroniques de la Faculté de Médecine du XIIIème au XXème siècles*, Toulouse 1905, p. 15, dont nous résumons l'exposé.

[194] FOURNIER, *Statuts...*, vol. I, doc. n° 670, p. 611.

[195] MOLINIER, dans VIC-VAISSETE, *o. c.*, p. 596 b.

[196] BARBOT, *o. c.*, p. 35.

[197] Cfr les documents apportés par FOURNIER, *o. c.*, cités ci-dessus, note 192.

C - LES COURANTS THEOLOGIQUES EN ARAGON AU DEBUT DU XVème SIECLE

Il n'y a pas eu de faculté de théologie proprement dite à l'Université de Lleida jusqu'en 1430[198] ; toutefois, une activité théologique remarquable a précédé l'établissement de cette faculté. Il n'y a eu de la théologie que dans le couvent des frères mineurs et dans l'école de la cathédrale[199], mais les *rotuli* de l'Université de la fin du XIVème siècle ne mentionnent que des *étudiants en sacre page*, aucun *magister*, aucun licencié[200] ; il faut en conclure qu'on prenait la licence ailleurs, à Paris - c'est surtout le cas des religieux - et à Toulouse principalement.

Dans l'ensemble du royaume aragonnais, la théologie a suivi les grands courants de la pensée classiques au moyen-âge : il y a eu un thomisme, il y a eu des scotistes[201], mais le courant lullien, bien enraciné dans le pays, a été suivi et développé. A la fin du XIVème siècle et au début du XVème, le centre le plus important du lullisme catalan se trouvait à Valence[202], mais il y avait aussi des lullistes à Lleida, dans les milieux universitaires[203]. Il ne manquaient pas, en plus, des ermites qui gardaient la tradition lullienne de façon intégrale[204] ; cette tradition était considérée comme la tradition en quelque sorte nationale et les rois aragonnais, d'abord, puis les rois espagnols de la maison d'Autriche l'ont soutenue à fond[205].

Nous verrons dans la deuxième partie de cette étude comment tous ces éléments ont joué un rôle dans la formation et l'organisation de l'oeuvre de Ramon Sibiuda. Avançons ceci : le *Liber Creaturarum* est une oeuvre de temps de crise. Si, d'un côté, elle semble couper toutes les attaches avec l'époque immédiatement précédente, en fait elle ne cherche des solutions originales qu'en prolongeant la tradition augustinienne du moyen-âge, après avoir tenté de l'adapter aux temps et aux circonstances nouvelles.

---

[198] SANAHUJA, P., *La enseñanza de la teología en Lérida, (s. XIV-XV)*, dans *Archivo Ibero-Americano* XXXVIII (1935) 431.
[199] ID., *ib.*, pp. 419-430.
[200] Cfr RIUS, J. *L'Estudi general de Lleida en 1396*, dans *Critèrion* VIII (1932) 72-90. 295-304 ; *Documents per a la història de la filosofia catalana*, dans *Critèrion* X (1934) 96-105 ; *L'Estudi general de Lleida en 1378*, Barcelona, E. U. C. 1936, 61 p.
[201] CARRERAS I ARTAU, T. Y J., *Historia de la Filosofía Española...*, t. II, Madrid 1943, pp. 441-491.
[202] ID., *ib.*, pp. 59.
[203] Comme preuve, la campagne violente que mena contre eux l'inquisiteur Nicolau Eymerich ; cfr SANAHUJA, P., *El inquisidor fray Nicolas Eymerich y Antonio Riera*, dans *Ilerda* VII (1948) 31-35.
[204] ID., *ib.*, pp. 36-37.
[205] CARRERAS I ARTAU, *o. c.*, t. II, pp. 60 ss.

DEUXIÈME PARTIE

LES SOURCES DE LA PENSÉE PHILOSOPHIQUE DE RAMON SIBIUDA

CHAPITRE IV

DESCRIPTION DU "SCIENTIA LIBRI CREATURARUM"

Avant d'entrer dans l'étude des sources de la pensée philosophique du "Scientia libri creaturarum", nous allons jeter un coup d'oeil sur son contenu, sur la méthode de travail sebondienne et sur le caractère général le plus marqué sous lequel cette oeuvre se présente à notre considération. Ceci offrira l'opportunité de traiter quatre questions qui définissent assez vigoureusement le tempérament philosophique de Ramon Sibiuda ; ce travail préalable accompli, nous pourrons entreprendre avec plus d'aisance l'étude des sources proprement dite, qui constitue l'objet central de cette recherche.

A - DISTRIBUTION DE LA MATIERE
1 - DIVISION GENERALE

L'étude du contenu et de la distribution de la matière du "Scientia libri creaturarum" nous servira d'abord pour exposer les thèmes dont l'oeuvre s'occupe ; ensuite, nous signalerons quelles sont les parties philosophiques qui vont retenir principalement notre attention.

Le "Scientia libri creaturarum" est une oeuvre à structure linéaire ; les questions s'y enchaînent suivant une logique interne qui se veut rigoureuse ; cette rigueur étant portée jusqu'à ses conséquences extrêmes, nous avons affaire à un livre qui ne présente pas les divisions classiques en questions et en articles. Tout ce qu'on a pu faire avec le manuscrit tel qu'il est sorti de la main de son auteur a consisté à ajouter des numéros devant les rubriques que l'auteur lui-même mettait en tête de chaque paragraphe ou chapitre. Mais il ressort des manuscrits les plus anciens que même cette numération - vulgarisée ensuite par les éditions - n'avait pas été envisagée. Sibiuda a voulu écrire une oeuvre où chaque problème, où chaque thème est lié à celui qui le précède par une relation logique. Pas question de distinguer des parties, des questions, des articles ; pas question non plus de développer certains points de doctrine en en faisant l'objet de *conclusiones* déterminatives ou magistrales. Dans le "Scientia libri creaturarum" les thèmes sont structurés moyennant des liens logiques immédiats et successifs ; tour à tour, ils se présentent d'emblée et disparaissent pour laisser la place au suivant.

Par contre, dans ce livre à sens unique, les récapitulations du chemin parcouru ne manquent pas ; cela permet de suivre aisément la démarche de l'auteur. C'est pourquoi nous allons prendre ces récapitulations à rebours, car c'est vers la fin de l'oeuvre que nous y trouvons celles qui sont les plus générales ; en les suivant de près, nous arriverons à dégager le schéma détaillé de l'ouvrage[1]

Dans le titre 322, nous avons la récapitulation la plus générale de tout le livre, et nous pensons qu'elle révèle, avec une grande clarté, l'intention dernière, le but profond que poursuivait l'auteur :

> Quoniam autem liber iste seu ista scientia est de homine ut in principio dictum est, ideo opportet tractare in ipso libro omnia quae pertinent ad hominem, de principio usque ad finem, et totum processum hominis sive humanae naturae. Et quoniam data est iam in isto libro cognitio de homine sufficiens et ostensum est
> - quod homo factus est a Deo et quod propter ipsum facta sunt omnia,
> - et qualiter homo obligatur Deo et ad quae obligatur, et quod homo in quantum est talis naturae est praemiabilis et punibilis in suis operibus, et ostensum est totum debitum hominis,
> - et ostensum est etiam qualiter homo fuit lapsus a suo primo statu et qualiter facta est operatio, et ostensum est quomodo per Sacramenta surgit de lapsu et sanatur et reducitur ad statum primum, ut possit operari et facere opera quae debet facere, si vult.
>
> Si ergo duo opera quae Deus fecit circa hominem iam praecesserunt, scilicet opus conditionis et opus restaurationis seu reparationis, ideo non restat nisi opus glorificationis et praemiationis seu finalis retributionis, quia tria opera Dei sunt circa hominem, ut dictum est, et etiam includitur in istis opus gubernationis[2].

Une science totale de l'homme, avec toute son histoire : création, chute, rédemption, vie future. Les termes du théologien de métier sont mis à l'oeuvre consciemment : *opus conditionis, gubernationis, reparationis, glorificationis*, voilà ce que, selon l'auteur, contient le "Liber Creaturarum". Ceux qui ont parlé de "somme" à propos de l'oeuvre sebondienne ont raison[3]. Mais ce n'est pas une somme comme les autres ; elle a la particularité d'être axée sur l'étude de l'homme. Les titres 1 à 321 contiennent l'étude de la création et de la réparation de l'homme ; du titre 322 au 330, Sibiuda étudie les questions relatives à la vie future, à la glorification ou à la condamnation de l'homme.

---

[1] Les références du texte sebondien seront données selon cette norme pratique : lorsqu'il s'agit des points de doctrine, de l'interprétation exacte d'une phrase ou d'un mot importants, nous citerons toujours le texte du manuscrit Arsenal 747, un des plus anciens, d'après Stegmüller, et dont le texte est très proche des manuscrits toulousains. Dans tous les autres cas, nous citerons l'édition facsimile de Stegmüller, qui reproduit l'édition de Sulzbach 1852, sauf pour le prologue et pour une partie du titre premier, dont Stegmüller offre une édition critique en tête du volume. A remarquer, toutefois, que cette édition critique n'a tenu compte que de 17 des 36 manuscrits du "Scientia libri creaturarum".

[2] Ed. Stegmüller, pp. 608-609.

[3] Cfr J. SIMMLER, *Des sommes de Théologie*, Paris 1871, chap. VIII, pp. 158-162.

Remontons maintenant le cours d'une centaine de titres ; le titre 223 ouvre la considération de la chute de l'homme ; c'est le premier acte ou le prologue, si l'on veut, de *l'opus restaurationis*. Dans ce titre Sibiuda résume ce qu'il a entendu faire dans les titres antérieurs, lorsqu'il travaillait dans *l'opus creationis* ; il nous apprend un point de vue qui englobe tous les aspects de l'homme en tant que créature :

> ... omnia quae pertinent ad hominem concluduntur in istis duobus, scilicet in debito et in facto, quia ipsum debitum est ius et ipsa solutio factum : sed ipsum debitum est primum et praecedit, et factum debet sequi post debitum ; et ipsum est ultimum et complementum debiti... Et quia ista scientia est de homine in quantum homo est, et docet cognoscere hominem, et cognitio de homine consistit in duobus, scilicet, in cognitione ipsius debiti et in cognitione ipsius facti seu facere, et cognitio ipsius debiti praecedere debet cognitionem ipsius facti, quod non est nisi tamquam lumen ad cognoscendum ipsum factum... Ideo postquam habemus infallibilem cognitionem de debito hominis in quantum homo est, ad complendam totam cognitionem de homine necesse est nos habere cognitionem de ipso facto ipsius hominis et de suo facere : utrum ius et facere concordant in homine... Usque enim modo non tetigimus hominem nisi superficialiter et in generali, ostendendo suum proprium debitum, nunc autem tangemus ipsum in visceribus et in profundo et in particulari tangendo proprium factum[4].

C'est à dire, du titre 1 à 222 (*opus creationis*), il s'agissait d'une considération de l'homme *a priori, de iure*, tel qu'il doit être pour qu'il remplisse toutes les éxigences que son état de créature lui impose ; tandis que dans les titres suivants, 223 à 330, Sibiuda introduit une considération historique de l'homme, *de facto*. Remarquons l'opposition des deux points de vue : *superficialiter et in generali* se dit du premier mode de considération ; par contre, le second atteint l'homme *in visceribus et in profundo et in particulari*. Remarquons aussi la coloration morale, voire juridique de l'ensemble : *cognitio de homine consistit in duobus, scilicet, in cognitione ipsius debiti et in cognitione ipsius facti.*

Le "Liber Creaturarum" s'ouvre, donc, par un traité "de opere conditionis", équivalant à une considération théorique et morale de l'homme, tel qu'il doit être - titres 1 à 222 - ; il se poursuit par un traité "de opere redemptionis" - titres 223 à 321 -, équivalant à une considération historique de l'homme ; et il se termine par un traité sur l'eschatologie - titres 323 à 330 -. Des trois grandes divisions, les deux dernières sont strictement théologiques : c'est le thème du salut chrétien, des moyens de se l'approprier dans l'Eglise et de la consomation finale dans l'au-delà. Ces thèmes ne retiendront pas d'une façon

---

[4] Tit. 223, pp. 346-347.

particulière notre attention, qui est portée plutôt vers les thèmes de la première partie ; ceux-là, d'après la récapitulation qu'en donne Sibiuda dans le titre 222, sont les suivants :

> Ecce igitur qualiter per scalam naturae habentem quattuor gradus distinctos invenimus
> - primo divinam naturam esse et exsistere ab aeterno sine principio et sine fine,
> - deinde invenimus totam scalam et omnes creaturas contentas in scala a Deo processisse a nihilo per creationem ;
> - deinde invenimus obligationem hominis ad Deum.
> - Ulterius invenimus immortalitatem animae hominis, ita quod invenimus hominem habere animam immortalem, et per consequens quod erat compositus ex duabus naturis, scilicet corporali et spirituali. Et reduximus quattuor gradus scalae ad duas naturas in generali, scilicet, ad naturam corporalem tantum, quae nihil habet immortale, et ad naturam mixtam ex corporali et spirituali, quae habet aliquid immortale;
> - et ultimate per istas duas invenimus tertiam naturam, quae tantum est spiritualis, quae dicitur angelica natura.

Existence de Dieu, création, l'obligation de l'homme en tant que créature à l'égard de Dieu, existence des anges. C'est à partir des titres 1 à 222 où Sibiuda développe les problèmes qui ont un intérêt philosophique plus direct, puisqu'ils sont traités indépendamment d'un cadre théologique précis ; tandis que dans les titres où il étudie la condition historique de l'homme "pro statu isto", la pensée de maître Ramon dépend essentiellement de données théologiques, en regard desquelles une spéculation intellectuelle et humaine ne peut jamais prétendre à des démonstrations purement philosophiques. C'est, donc, à partir de l'étude des titres 1 à 222 que nous pouvons dégager les orientations fondamentales de la pensée sebondienne ; en étudiant maintenant les articulations internes de cette partie, nous ne nous bornerons qu'à les esquisser.

2 - ARTICULATIONS DE LA PREMIERE PARTIE : TITRES 1-222

Maintenant nous prenons comme point de départ le titre premier, qui annonce le plan général de la première partie ou *opus conditionis* avec très peu de mots :

> Primo opportet videre et considerare ordinem rerum inter se, et diversos gradus rerum ordinatarum in universo et considerare quamlibet rem in se, et quid habet in se ipsa. Secundo, hoc considerato, opportet comparare hominem, qui est supremus inter res mundi, ad omnes alias res. Et ista autem comparatio fiet duobus modis, scilicet, secundum convenientiam primo, et secundo secundum differentiam, ita quod necesse est considerare quam convenientiam habet homo cum aliis rebus et quam differentiam[5].

---

5   Tit. 1, pp. 48* - 49*.

Cette comparaison par convenance et par différence aura, respectivement, deux moments : elle sera, d'abord, conduite d'une façon générale, *generaliter*, ensuite d'une façon particulière, *specialiter*. La comparaison par ressemblance, qui va livrer toute la métaphysique de Sibiuda, comprend les titres 1 à 59 ; la comparaison par différence, qui donnera son éthique, comprend le reste jusqu'au titre 222, quoique à la rigueur le processus comparatif s'arrête au titre 128, les parties suivantes - un important traité sur l'amour, titres 129-173, et un traité sur les autres devoirs de l'homme, titres 174-222 - se rattachant à ce qui précède comme des développements complémentaires.

a) Comparatio per convenientiam et primo generaliter

Une fois établi que l'homme est le degré suprême de l'échelle de nature comprenant quatre degrés : ce qui est, ce qui vit, ce qui sent et ce qui comprend[6], Sibiuda déclenche son dispositif comparatif. Il cherche d'abord les ressemblances qui relient l'homme aux degrés inférieurs de la nature. Et il trouve :

> ... illa ergo quae sunt in aliis rebus trium graduum sunt in homine... Sed tamen debet homo considerare quod illa quae res inferiores habent divisim homo habet omnia illa coniunctim et simul[7].

A partir de cette constatation, la question se pose de savoir d'où vient et comment est maintenu l'ordre universel qui fait que chaque degré de la nature soit et reste stable dans ses structures, sans se mélanger avec les autres, puisque ce n'est pas, évidemment, l'homme celui qui a assigné son lot et son poste à chaque chose. Il va, donc, s'en suivre l'existence d'un ordinateur universel et unique :

> Omnia ascendunt ordinate de gradu in gradum, de minore ad majus, semper ad digniora ascendendo. Ergo unitas ordinis demonstrat unum solum ordinatorem, unum gubernatorem, unum artificem, qui tam diversa coniunxit in uno ordine[8].

Remarquons que Sibiuda ne fait que prolonger au delà de l'homme la poussée inscrite dans la gradation et l'ordre de l'univers :

> Si ergo plures et innumerabiles naturae rerum et diversae quae sunt in mundo tendunt ad unam solam naturam et non ad plures tamquam ad superiorem et digniorem eis, et uni soli serviunt et non pluribus, videlicet, humanae naturae : Ergo multo magis humana natura debet tendere ad unam solam naturam sibi superiorem et non ad plures ; et servire uni soli naturae et non pluribus naturis[9].

---

6   Tit. 1, pp. 3-6.
7   Tit. 2, p. 7.
8   Tit. 3, p. 10.
9   Tit. 4, p. 11.

Nous avons ici le genre de raisonnement qui assimile ce qui est premier dans un ordre donné à la cause efficiente de cet ordre de choses. Menant cette dialectique jusqu'au bout, Sibiuda reclamera pour la nature supérieure à l'homme, vers laquelle tend tout l'univers, une unité qualitativement plus grande que celle qui se manifeste dans l'homme :

> ... inferiores naturae quae serviunt humanae sunt plures et diversae in individuis : humana natura est una in natura et in specie, sed pluris et diversa in individuis. Ergo illa natura quae est supra hominem et quae dominatur homini debet esse una in natura et in specie et una in individuis[10].

Cette nature, comble de l'unité, séparée des autres degrés de l'être, mais les reliant et soutenant tous, c'est Dieu :

> Et hoc est divina natura omnia ordinans, omnia regens et etiam omnia conservans[11].

De l'unité de Dieu, Sibiuda passe directement à son infinité par ce raisonnement :

> Divina natura quae est supra omnes creaturas debet esse maior quam omnes aliae... Sed humana natura est infinita in possibilitate, quia est multiplicabilis, quantum est de se, in infinitum... sequitur quod divina natura sit infinita magis ; et hoc non potest esse nisi actu, quia inter actum et potentiam nihil est medium. Et quia nullo modo potest multiplicari in individuo, sequitur quod tota infinita actu est in uno individuo, et extra illud individuum non potest esse[12].

La découverte de l'existence de Dieu est le premier fruit du travail consistant à comparer l'homme et les choses qui l'entourent. Maintenant Sibiuda appliquera la même méthode comparative en vue de pousser plus loin la recherche sur Dieu :

> Postquam per ipsos gradus comparando unum ad alterum, homo ad tantam notitiam ascendit quod invenit suum factorem quem non videbat esse realiter et existere unum numero et actu infinitum, non debet desistere ab inquisitione : immo magis debet laborare si poterit ipsum magis cognoscere in speciali, scilicet, qualis sit, quales conditiones habeat. Et hoc comparando istos quattuor gradus ad ipsum[13].

Si nous avons, d'abord, trouvé les quatre degrés de nature unifiés dans l'homme, maintenant Sibiuda va les déceler en Dieu, mais d'une façon éminente : l'homme avait l'être, la vie, la sensibilité et l'intelligence comme

---

[10] Tit. 5, p. 12.
[11] Tit. 5, ib.
[12] Tit. 6, p. 12-13.
[13] Tit. 7, p. 14.

des choses reçues ; Dieu, au contraire, les possède *a se* et, ne les ayant reçu de personne, il les possède sans aucune limitation, infiniment et de toute éternité. La théologie sebondienne se fondera dans l'étude de la façon d'être en Dieu les quatre degrés de nature, à commencer par la qualité première d'être, sur laquelle il s'étendra longuement, pour étaler les thèses principales de sa métaphysique (titres 9-24).

Selon Sibiuda, de l'analyse de l'être de Dieu, conçu comme une plénitude totale :

> ... esse fortissimum, potentissimum et virtuosissimum, elongatum in infinitum ab omni fragilitate, debilitate et impotentia...[14],

et qui doit entretenir un rapport fondamental avec tout ce qui existe en dehors de lui, l'idée de création se dégage nécessairement :

> Postquam ergo sunt duo esse vera et indubitata et unum est primum, non acceptum ab aliquo neque sumptum, per se existens, aeternum et immutabilissimum et sustentatum, necesse est quod aliud esse, quia non est idem quod primum esse, oriatur et veniat a primo esse : alias esset aequali alteri esse, quia non esset acceptum, et hoc est impossibile, ut sint duo aequalia esse prima. Ergo esse quod sequitur aliud ab esse primo, quod a nullo est acceptum, oritur ab illo. Et quia primum esse non potest dividi, neque diminui, neque mutari : ideo impossibile est quod aliud esse possit recipi de illo esse : ergo necessario opportet quod ortum sit de non esse totaliter[15].

Les attributs de Dieu sont aussi étudiés en rapport étroit avec les quatre degrés de nature que Dieu, et lui seul, posséde en forme éminente :

> Quamvis autem omnia conveniunt Deo per suum esse, tamen magis appropiate aliqua conveniunt ei per vivere, aliqua per intelligere, aliqua per posse[16].

Ainsi, Sibiuda parvient à parler de Dieu avec un langage et avec des catégories toujours basées sur l'expérience des hommes ; même lorsque la portée des raisonnements dépasse ces catégories, on ne cesse pas par là de continuer à s'y référer.

Après avoir étudié la création du monde et les attributs divins, Sibiuda introduit le thème de la Trinité. D'abord, cette affirmation, qui a été dégagée dans des raisonnements antérieurs : Dieu a créé le monde à la façon d'un artisan :

---

[14] Tit. 13, p. 20.
[15] Tit. 15, p. 23.
[16] Tit. 45, p. 42.

> Deus, qui est ipsum esse aeternum, produxit totum esse mundi tamquam artifex, non de proprio esse nec de propria natura, sed de nihilo, quod in infinitum elongatur ab ipso[17].

Or, il y a dans le monde deux sortes de production : la production artificielle et la production naturelle. Celle-ci est plus noble, plus digne, plus radicale et plus convenable à l'homme, en tant que tel. Après qu'on a vu Dieu produisant le monde *ad extra*, ne devons-nous pas nous demander s'il n'y aura pas dans l'être divin de production intérieure et non plus artificielle, mais naturelle ? Comme l'être du monde nous a conduit vers l'Etre suprême, la production du monde renvoie à une autre sorte de production divine, plus noble et sans comparaison avec la production du monde :

> Hoc ergo nunc investigandum, an sicut Deus tamquam artifex produxit totum mundum de nihilo, ita in quantum Deus, producat de sua propria natura et de suo proprio esse alterum aliquem, et sic per unam productionem possumus arguere alteram esse de necessitate, sicut per unum esse arguitur aliud esse de necessitate[18].

Il faut remarquer que, tout comme auparavant Sibiuda a rencontré Dieu en haut de l'échelle de nature qui par les créatures mène à l'homme, maintenant il arrive à la Trinité, en partant de considérations intramondaines. En outre, il parle même de nécessité à l'égard des productions divines :

> Quod autem in Deo est productio de sua natura de necessitate, et non possit aliter esse, ostenditur multis rationibus[19].

Les arguments qu'il présentera en faveur de cette nécessité reposent sur ce postulat : Dieu, être parfait, ayant produit un monde où des êtres imparfaits se communiquent leur nature, on ne peut pas prendre le risque de supposer qu'à l'intérieur même de Dieu il n'y ait pas de communication de nature. Cette communication de la nature divine ne pouvant pas comporter multiplication de l'essence, Sibiuda avoue qu'il est impossible de savoir comment en Dieu la communication de nature ne nuit pas à son unité, mais il ne renonce pas pour autant à l'affirmer. Au demeurant, pour lui la création resterait une énigme, si l'on ne suppose pas les productions trinitaires :

> Sic ergo comparando productionem artificialem et naturalem invenimus quod est impossibile productionem artificialem de nihilo esse primam, immo necesse est productionem naturalem praecedere productum secundum artem. Et sic per productionem mundi de nihilo factam a Deo, manifestatur nobis alia productio in Deo, quae est de suo esse proprio[20].

---

[17] Tit. 46, pp. 53-54.
[18] Tit. 46, p. 54.
[19] Tit. 47, p. 54.
[20] Tit. 47, p. 56.

La première démarche de la méthode sebondienne nous a mené très loin. En étudiant les quatre degrés de l'échelle de nature et en les mettant en rapport les uns avec les autres, puis avec l'homme en particulier, nous avons été conduits vers l'affirmation qu'il existe une nature suprême et infinie, dans laquelle nous repérons en état éminent les degrés fondamentaux de l'être qui existent séparément dans la nature.

Ensuite, la considération de l'être divin jette un nouveau rayon de lumière sur le monde, qui apparaît désormais comme créé. En partant du monde comme créé, du monde comme quelque chose de produit *per artem*, Sibiuda nous élève à la considération des productions intérieures dans la divinité. Au delà de la Trinité il n'y a plus rien à chercher ; Sibiuda arrête sa démarche et cesse d'appliquer la comparaison par convenance générale. La moisson ayant été superbe, il tentera d'autres exploits dans des directions nouvelles.

b) Comparatio per convenientiam secundo specialiter

La comparaison par convenance *in speciali* apporte relativement peu. Dans quatre titres - 56 à 59 - Sibiuda rappelle les ressemblances de l'homme avec les degrés inférieurs de la nature. Le ton devient moral et la comparaison tourne vers le genre pondératif et oratoire :

> Ex quo tu, homo, potes concludere quod tu es opus magni Dei, qui de isto modico grano (*de illo modico semine patris tui*) tot diversa et mirabilia membra extraxit, et quod ille idem qui in arboribus ordinavit fieri tot diversitates mirabiles, sicut radices, truncum, frondes : illemet ordinavit quod de ita modico grano patris tui tot mirabilia membra et diversa, sicut in corpore tuo, exirent[21].

La conclusion qui se dégage de cette comparaison spéciale de l'homme avec les trois degrés inférieurs de la nature c'est une confirmation de ce qui a été précédemment établi : il n'y a qu'un seul et même ordinateur de toutes choses, Tout-puissant et Providentiel. Comme dernière vue métaphysique, un chant à l'unité de la matière et de la vie :

> Vide quot species arborum, herbarum, plantarum ac animalium, et tamen omnes de eadem materia... Noli ergo oblivisci quia es de numero creaturarum nec separari potes de consortio earum, quia magnam habes cum eis convenientiam, scilicet, eandem materiam et eumdem artificem[22].

c) Comparatio per differentiam et primo generaliter : per habere.

Dans le titre 62, Sibiuda aborde la comparaison par différence en annonçant que cette partie livrera des connaissances fondamentales :

---

[21] Tit. 57, p. 73.
[22] Tit. 59, p. 76.

> ... nunc videamus quomodo homo differt ab omnibus rebus inferioribus trium graduum, quia haec est clavis et secretum totius cognitionis et naturae humanae et totius boni.

D'une façon générale, l'homme se distingue des trois degrés inférieurs par le libre arbitre. Lorsque Sibiuda parle du libre arbitre, il entend parler, en fait, de la totalité de l'esprit humain :

> Differt homo ab aliis gradibus per suam dignitatem et nobilitatem, eo quod habet nobiliorem et digniorem naturam super alias res, et per istam differentiam dignitatis suae bene consideratam cognoscimus quod habet maximam dignitatem naturalem inter omnes res quas videmus : habet enim liberum arbitrium, ita quod habet rationem per quam iudicat, intelligit et discernit omnia et habet voluntatem liberam et naturalem libertatem, ita quod non potest cogi[23].

L'homme, donc, être intelligent et doué de volonté, règne sur toutes choses et a des pouvoirs qui le distinguent de tout ce qui est au dessous de lui. Bien que l'homme soit le "culmen" de l'univers créé, cependant il ne saurait pas s'élever au dessus de Dieu. Son intelligence, les pouvoirs de sa raison ne sont pas adéquats à l'univers divin. Etre qui pense, l'homme ne saurait se situer par sa pensée au delà de ce que Dieu est. Sa condition fondamentale de créature le lui empêche :

> Et quia creatura non potest ascendere supra suum creatorem, ideo impossibile est quod homo per suum intelligere et cogitare ascendat supra Deum, qui creavit esse, et etiam qui eum creavit et dedit ei omnia ista... Sequitur ergo quod homo non potest intelligere neque cogitare in corde suo, neque desiderare quod maius est et melius suo conditore. Aliter homo esset maior cogitando quam suus conditor existendo, et esset aliquid maius in creatura quam in creatore ; quia quod cogitatur est in corde ; et hoc est absurdum valde[24].

Les mots *quod cogitatur est in corde* se retrouvent aussi dans le *Proslogion* de saint Anselme (chap. IV), où Sibiuda a puisé tout ce qui va suivre. Nous voyons se développer une interprétation de l'argument de saint Anselme tout à fait nouvelle, comme nous aurons l'opportunité de voir plus loin, lorsque nous étudierons l'influence de saint Anselme sur la pensée de Ramon Sibiuda. Pour l'instant, remarquons qu'il transforme le point de départ de l'argument du *Proslogion* en une de ses *regulae* :

> Regula autem quae radicatur in homine est ista : quod Deus est quo nihil maius cogitari potest. Et ideo sequitur quod Deus est quod quidquid melius cogitari potest, et quidquid est melius esse quam non esse[25].

---

[23] Tit. 62, p. 80.
[24] Tit. 63, p. 81.
[25] Tit. 63, p. 83.

Cette règle a une place précise dans la pensée de Sibiuda :

> ... iste modus cognoscendi est propinquissimus homini, quia ex propria cogitatione et ex proprio intelligere potest probare omnia de Deo, nec opportet quod quaerat alia exempla extra se, nec aliquod testimonium quam semetipsum[26].

Il va l'appliquer ensuite, dans une sorte de mouvement rétrospectif, à la déduction de toutes les vérités sur Dieu qu'on avait déjà découvertes. Puisque Dieu est *id quo maius cogitari non potest*, Sibiuda met en oeuvre une dialectique qui permet de réaliser à l'infini des propositions sur Dieu, lesquelles apportent beaucoup de consolation et de joie :

> Et per istam regulam potest homo certitudinaliter attribuere Deo sine dubitatione infinitas proprietates et dignitates, per quas habebit magnam consolationem et gaudium, et hoc per istum modum dicendi : Deus est ita bonus quod non potest cogitari melior...[27].

Toutefois cette exploitation affective de l'argument du *Proslogion* débouchera sur une des pièces maîtresses du système sebondien. La règle que Sibiuda a dégagée de l'argument anselmien se rapporte selon lui à la première fonction qui différencie l'homme de toutes les autres créatures : la faculté de comprendre. L'homme comprend tout ce qui ne va pas au delà de Dieu, Dieu étant celui au delà duquel on ne peut rien penser. Mais l'homme est aussi un être qui juge, et cette deuxième fonction essentielle le place encore plus au dessus des autres êtres. C'est pourquoi, déduit Sibiuda, l'homme doit faire garde lorsqu'il émet des jugements intéressant son bonheur ou son malheur *in quantum homo est*. Terrain délicat celui de la destinée de l'homme ! Sibiuda s'apprête à donner une règle pour bien diriger le jugement de l'homme dans ce domaine :

> Ideo valde utile est et necessarium omni homini habere artem affirmandi vel negandi, ut homo sciat quid debeat affirmare vel negare, seu concedere vel refutare, et sit certus et non dubius : non quidem ut habeat artem affirmandi et negandi omnia, sed solum quae pertinent ad hominem in quantum homo est[28].

Ce ne sera qu'une règle, une orientation qui laisse intacte la liberté, mais qui n'en engage pas moins l'intelligence, parce que cette règle est fondée dans la nature même de l'homme. Cet engagement de l'intelligence, cependant, ne vise pas tellement le contenu de ce qu'on doit affirmer ou tenir pour faux que l'obligation spécifique de nier ou d'affirmer :

---

[26] Tit. 63, *ib.*
[27] Tit. 64, p. 85.
[28] Tit. 65, p. 87.

> Ideo dabitur haec ars affirmandi et negandi quae magis pertinent homini in quantum homo est... non quidem quod propter hoc homo de facto concedat et affirmet et recipiat et credat, sed quod cognoscat debitum et obligationem affirmandi et credendi : ita quod quilibet homo videbit se esse obligatum de iure naturae ad affirmandum et credendum, quamvis de facto non affirmet nec credat[29].

Règle, dont l'énoncé ne paraît pas évident, qui a pour but de montrer l'obligation de penser telle ou telle chose, abstraction faite du fait de la penser ou de ne pas la penser ! Sibiuda l'énoncera ainsi :

> Homo de iure naturae debet et tenetur affirmare, credere et recipere illam partem tamquam quae magis est ad eius utilitatem, ad eius bonum et meliorationem, perfectionem et dignitatem et exaltationem in quantum homo est, per quam generatur in homine gaudium et laetitia, consolatio, spes, confidentia, securitas, et fugatur tristitia, desperatio ab ipso homine, et per consequens sequitur quod debet affirmare illam partem tamquam veram quae magis est amabilis, desiderabilis de se et de sua natura, et quae magis habet de esse et de bono, et aliam partem oppositam tenetur negare tamquam falsam et a se fugare tamquam inimicam sibi. Si autem homo facit oppositum, tunc utitur intellectu suo contra seipsum et contra hominem et habet intellectum corruptum et deviatum. Et quamvis non intelligat quomodo fieri potest nec quomodo potest esse verum, non est excusatus quin teneatur affirmare vel credere[30].

Cette règle de nature n'est que l'envers, appliqué à l'homme, de l'usage que Sibiuda fait de l'argument ontologique. L'homme pense, et il est tenu de penser sur Dieu ce qu'il y a de plus haut, noble et positif ; l'homme juge, donc il est tenu d'affirmer tout ce qui le promoit, le dignifie et l'exalte. Si, en reprenant l'argument anselmien, Sibiuda partait de la considération de l'homme comme créature, il y revient encore sous un autre aspect à propos de sa règle de nature :

> Quaelibet res habet id quod habet ad sui conservationem et utilitatem, et non ad suum malum et damnum : et cuilibet rei data sunt omnia quae habet propter bonum suum, et non propter malum[31].

Cette règle de nature une fois établie, on va tout de suite prouver que, la foi chrétienne convenant au plus haut degré au bonheur humain, elle doit être affirmée et son contraire nié :

> Sequitur exinde quod quilibet homo tenetur de iure naturae credere fidem christianam et negare eius oppositum[32].

---

[29] Tit. 65, *ib.*
[30] Tit. 67, pp. 90-91.
[31] Tit. 66, p. 89.
[32] Tit. 80, p. 100.

Elle avait été recherchée en vue de cette fin, et Sibiuda lui donnera une souplesse extraordinaire : elle prouve le bien fondé de l'existence de Dieu[33], de la Trinité[34], des attributs divins[35], de la création [36], de l'incarnation [37], de la résurrection des morts[38], de l'ascension[39], du jugement dernier[40], et de l'immortalité de l'âme[41]. On devine l'usage qu'on pourrait faire de cette règle. Sibiuda se contente d'arriver à la conclusion que, du point de vue naturel, la religion chrétienne n'est nullement un dérèglement de l'esprit, mais au contraire, une donnée tout à fait positive pour l'homme :

> ... Ulterius sequitur quod fides christiana nullo modo est contra naturam, immo pro natura et pro bono naturae, ad complementum naturae et ad eius perfectionem, quia est ad exaltationem et dignificationem naturae humanae... Ulterius sequitur quod qui credit et affirmat fidem christianam nullo modo est increpabilis, neque a Deo neque ab aliqua creatura, quia credit quod melius est pro humana natura[42].

Jusqu'ici maître Ramon a étudié, d'entre tous les éléments qui distinguent l'homme du reste de la création, l'élément différentiel intelligence. Il aborde ensuite la liberté. Constatation préalable :

> Homo in quantum homo operatur ex libero arbitrio, sed aliae res operantur ex necessitate[43].

Conclusion : l'opération de l'homme relève d'une nature autre que celle des animaux. Pour Sibiuda, les animaux *potius aguntur quam agunt*[44]. Mais l'homme agit vraiment et son action est bien à lui, parce que c'est lui-même qui la détermine, et c'est pour cela qu'elle lui est imputable. L'action humaine porte l'homme au delà de lui-même, elle a des conséquences ultérieures :

> In homine remanet aliquid quod non est opus, sed sequitur ad opus, et hoc est meritum vel demeritum[45].

---

[33] Tit. 69, p. 94.
[34] Tit. 70, p. 95.
[35] Tit. 71-72, p. 96.
[36] Tit. 73, p. 97.
[37] Tit. 74-75, pp. 97-98.
[38] Tit. 76, p. 98.
[39] Tit. 77, p. 99.
[40] Tit. 78, p. 99.
[41] Tit. 79, p. 100.
[42] Tit. 80, p. 101.
[43] Tit. 83, p. 103.
[44] *Ib.*
[45] *Ib.*

L'univers moral se déploie : Si l'homme est responsable de son action et de ses oeuvres, si elles lui sont donc imputables parce qu'il en tire du mérite ou du démérite, il faut qu'il y ait une sanction. Mais l'homme en tant que tel ne peut pas s'appliquer la sanction que réclame son agir. Il faut, donc, qu'il existe au delà de l'homme un rémunérateur qui puisse couronner le mérite de l'action humaine ou en réprimer la perversion :

> Sic ergo opera hominis in quantum homo est necessario concludunt aliquem esse maiorem supra hominem, qui sit praemiator et punitor, remunerator et retributor[46].

Le rémunérateur, bien entendu, doit être en mesure de connaître parfaitement l'homme ; ainsi, sa science est immense. Devant assurer l'exécution de la sanction, il faut que son pouvoir y suffise ; il doit être, aussi, souverainement juste et, en fin, il ne peut y en avoir qu'un et un seul. La rémunération doit être proportionnée à la qualité de la liberté humaine, qui est spirituelle ; c'est pourquoi la sanction relève d'un ordre spirituel, transcendant l'espace et le temps. Par sa nature, la rémunération divise les hommes en deux champs, qui doivent un jour demeurer absolument écartés l'un de l'autre. C'est ce qui donne à penser qu'au delà de la terre il y a deux endroits distingués et séparés où la sanction est administrée.

d) *Comparatio per differentiam secundo specialiter : per cognoscere se habere.*

On a vu les éléments qui distinguent l'homme des autres créatures, ce que l'homme avait en plus. Maintenant Sibiuda attire notre attention sur la conscience de soi humaine. Non seulement l'homme est placé au plus haut degré de l'échelle de nature, mais lui, et lui seul, il le sait. Et il sait que les autres choses ne savent pas ce qu'elles ont et ce qu'elles sont. C'est pourquoi seul l'homme jouit de ce qu'il est et de ce qu'il a. Il s'ensuit que toutes les créatures ont été créées pour l'homme, qu'elles n'ont pas leur fin en elles mêmes, mais dans l'homme ; et il s'ensuit aussi que, si l'homme est conscient de ce qu'il est et de ce qu'il a reçu, c'est pour qu'il puisse remercier au nom du tout créé celui qui a fait le don. Ainsi l'homme est tenu de satisfaire un dû universel à son créateur :

> ... quia ex dare et recipere et ex dando et recipiendo oritur obligatio naturalis ex parte recipientis, et omnis qui dat aliquid bonum sive donum libere, voluntarie et non ex necessitate obligat illum qui recipit, et hoc maxime si illud qui recipit non potest esse sine illo dono. Quia ergo solus Deus dat et solus homo recipit et omnia sunt homini data libere et voluntarie et non ex necessitate naturae, ergo ex omnibus his concluditur infalliabiliter naturale debitum ac necessaria et naturalis obligatio hominis ad Deum creatorem omnium ; et quod solus homo

---

[46] Tit. 83, p. 106.

tenetur naturaliter et necessario in hoc mundo Deo, et quod aliae creaturae non teneantur Deo de his quae habent, sed solus homo obligatur Deo pro omnibus creaturis insimul, et pro qualibet in particulari. Et sic omnes creaturae clamant et testificantur naturaliter solum hominem in hoc mundo esse obligatum pro ipsis[47].

Tout sert à l'homme, dit Sibiuda, tout lui est occasion de joie ou d'enseignement ; son obligation vis-à-vis du Créateur n'en est que plus grande. Mais ce n'est seulement pas à cause des créatures qu'il doit remercier Dieu, mais surtout à cause de lui-même, car ce que Dieu a voulu lui communiquer est plus grand que le monde, vu que le monde est destiné à son service. Dans trois beaux titres[48], Sibiuda développe un court traité sur la valeur et la dignité de l'homme, où il se montre bien éloigné de la spiritualité du *contemptus mundi* et prélude clairement les accents de l'humanisme renaissant. Puis il considère l'obligation contractée par l'homme en tenant compte de la qualité du Dieu donateur. Enfin, il se demande comment l'homme rendra à Dieu son dû et cette question le mène à se demander qu'est-ce que l'homme, en tant que tel, peut donner en échange du bien qu'il a reçu. Ce sera l'amour :

> Quia Deus dedit libere, sponte, voluntarie et gratis, sine necessitate, sine coactione et ex sincero amore et ex tali libertate et spontanea voluntate et tali amore tamquam a radice tota est obligatio : ideo necesse est quod retributio et recompensatio conformis sit et correspondens, scilicet, quod sit libera, spontanea, voluntaria et non coacta... Sola autem voluntas potest dare et primum quod dare potest est amor. Ergo amor est primum donum voluntatis et maius et preciosius quia est donum liberalissimum, spontaneum et voluntarium et nullo modo potest cogi vel aufferri, nec tolli per violentiam ipsi homini invito[49].

Amour que Dieu accepte et par lequel l'homme est assimilé à Dieu, et qu'il offre aussi au nom des créatures. Ici Sibiuda voudra que l'homme s'instruise à partir des créatures pour savoir comment doit-il rendre à Dieu son amour :

> Est igitur regula et doctrina certa et infallibilis et generalis homini quod ita debet se habere erga Deum ad dandum sibi servitium, amorem, timorem et honorem et omne quod debet suo modo, sicut creaturae inferiores se habent erga ipsum hominem ad praestandum ei servitium et beneficium suo modo..., ut sicut creaturae serviunt ei, ipse serviat Deo suo modo nec cessare debet donec ita faciat[50].

---

[47] Tit. 96, p. 122.
[48] Titres 103-105.
[49] Tit. 109, pp. 147-148.
[50] Tit. 114, p. 155.

Ainsi l'homme se trouve placé en qualité d'intermédiaire entre Dieu et les créatures, et c'est dans ce rôle qu'il découvre une nouvelle dignité aux créatures, puisqu'il est porté à les aimer *in quantum Dei sunt*, cet amour s'inscrivant aussi dans l'obligation générale que l'homme a d'aimer son Créateur.

Sibiuda résumera très bien tout le chemin parcouru dans la récapitulation de cette partie qu'il situe au titre 128. Il y a eu un double procès : des créatures à Dieu, de Dieu vers les créatures :

> Creaturae nos duxerunt et elevaverunt quasi per quamdam scalam ordinatissimam ad Deum creatorem omnium ; ... et iterum ipsae creaturae duxerunt nos profundius et intimius ad ipsum Deum, quia duxerunt nos ad amandum Deum, et in amorem eius, et ostenderunt nos summe obligatos esse ipsi, et ad eum totaliter amandum. Deinde descendimus ab ipso summo creatore ad ipsas creaturas, ita quod per amorem creatoris descendimus ad amorem omnium creaturarum : quia amando Deum creatorem amamus omnes creaturas, et omnia quae sunt sui in quantum sunt sui. Et sic amamus omnes creaturas propter ipsum : et sic fit ascensus et descensus[51].

e) L'amour et les autres devoirs de l'homme

Ensuite Sibiuda développera dans 45 titres un traité sur l'amour, où on ne parlera pas moins de l'amour de Dieu que de l'amour humain. Sibiuda rappelle que l'amour est notre seul bien à nous et qu'il faut savoir en user convenablement :

> Nihil habemus in nobis quod vere nostrum sit et quod totaliter in nostra potestate consistat nisi solus amor ; et per consequens thesaurus noster, totum bonum nostrum est amor bonus, et totum malum nostrum est amor malus[52].

Cette doctrine de l'amour veut instruire l'homme pour qu'il rende son amour à Dieu, puisqu'il le mérite par sa qualité de donateur, et en même temps pour qu'il soit détourné de l'amour de soi-même. Il n'y a pas de grands desseins métaphysiques dans cette partie, mais elle a un intérêt particulier du point de vue psychologique et mystique, et elle illustre comment un théologien du début du XVe siècle réalise le souhait gersonien d'insister davantage en théologie sur la charité.

Sibiuda compare l'amour de Dieu et l'amour de soi-même - toujours la méthode comparative - et il montre comment notre bien se trouve dans l'amour de Dieu et notre malheur dans l'amour de nous-mêmes. Il analyse les conséquences qui découlent de l'engagement pour l'amour de Dieu : fraternité humaine, joie, épanouissement dans l'éternité du bonheur qu'on goûte en

---

[51] Tit. 128, p. 170.
[52] Tit. 129, p. 171.

germe dans ce monde ; en revanche, s'enfermer dans l'amour propre ne cause que des divisions entre les hommes, tristesse, prolongement dans l'éternité de toutes les frustrations humaines qui accompagnent l'égoïsme. Cette étude sur l'amour se rapporte souvent aux résultats des parties précédentes, surtout aux titres où l'on a étudié l'obligation de l'homme vis-à-vis du créateur, et débouche sur les modalités concrètes qu'aura dans l'au-delà la rétribution de la vie morale de l'homme sur terre. C'est un *excursus* délicieux, dans un style sapientiel et moral, où nous voyons palpiter un esprit à la fois fin et élancé.

Dans les 32 titres qui suivent le traité sur l'amour, premier dû de l'obligation naturelle, Sibiuda étudie les autres devoirs de l'homme à l'égard de son créateur : la crainte, l'honneur, la gloire. Il oppose toujours la crainte, l'honneur et la gloire qui s'originent de l'amour de Dieu et la crainte, l'honneur et la gloire éphémère qui découlent de l'amour de soi-même. On revient toujours au même refrain : comme l'homme est tenu de donner son amour à Dieu par loi de nature, il doit aussi lui accorder l'honneur, la gloire, la confiance, etc.

Ces deux traités résument la morale qu'on pourrait appeler spéciale de Sibiuda, ils constituent son traité "de virtutibus et vitiis", et ils renferment les aspects mystiques de sa spéculation. Il s'agit toujours d'une morale de la créature. La loi morale fondamentale n'est pas autre que l'obligation naturelle dont on a déjà parlé, la vertu consiste dans l'amour du Dieu créateur sur toutes choses, le vice n'est que l'amour de soi-même ; la rétribution du bien agir sera un bonheur éternel, celle du mauvais agir une tristesse également éternelle.

Les titres suivants, 206-216, constituent une transition. On y développe des thèmes tels que la divinité du Christ, le bien fondé de la doctrine chrétienne, on y polémique contre les musulmans et on démontre que la Bible contient la parole de Dieu. De l'éthique on passe à l'apologétique. Le rapport de ces chapitres avec ce qui précède résulte un peu forcé. En effet, Sibiuda introduit le thème de la divinité du Christ par le biais du précédant traité sur l'honneur de Dieu ; le lien logique entre les deux parties est si radical que simple : Jésus doit être considéré comme le Fils de Dieu, vu que depuis mille et quatre cents ans on l'adore comme tel et que Dieu, pour préserver son honneur bafoué au cas où Jésus ne serait pas son fils, n'a pas riposté d'une forme manifeste contre cette adoration. Donc, les chrétiens ont raison de maintenir leur foi, qui est bien supérieure à celle des musulmans, puisque les chrétiens croient à Jésus, qui est Dieu, tandis que les musulmans ne croient qu'à un homme purement homme, Mahomet, un simple prophète, tout au plus. Pour déceler dans la Bible la marque authentique de la parole de Dieu, Sibiuda s'en tient au critère suivant : la parole humaine, lorsqu'elle veut enseigner quelque chose, est faite de preuves, de raisonnements, d'efforts de l'intelligence. Dieu, au contraire, ne saurait être cru que sur parole, par sa propre autorité. Or, voilà que la Bible ne prouve rien de ce qu'elle affirme, mais assure, impose, commande, menace... On en conclut son origine transcendante.

Sibiuda élargira encore cette transition de son ouvrage avec six titres où il développe le thème de l'immortalité de l'âme, qui a déjà été étudié plus haut, et un court traité d'angélologie. Si l'établissement de l'immortalité de l'âme a un intérêt apologétique certain, et c'est pour ça que Sibiuda y travaille une fois de plus, on n'en peut pas dire autant de l'angélologie, que notre auteur introduit dans son oeuvre de la manière la plus artificieuse :

> Postquam est et existit realiter natura corporalis et natura spiritualis simul coniuncta in una persona, ut in homine ; et ultra hoc etiam natura corporalis est et existit per se separata : quare etiam non erit et existet natura spiritualis creata per se, sicut natura corporalis ? Unde fieret iniuria naturae spirituali seu intellectuali, quia natura corporalis haberet duos modos existendi, scilicet, divisim et coniunctim : quia reperitur coniuncta cum spirituali et reperitur per se existens sine illa ; et natura spiritualis non haberet nisi unum modum existendi, scilicet coniunctum. Cum enim nobilior sit natura spiritualis quam corporalis, si corporalis invenitur per se existens sine spirituali, quanto magis debet habere natura spiritualis per se existentiam sine corporali, ut sic habeat duos modos existendi, scilicet, coniunctim et divisim per se ? Unde natura corporalis esset totum et pars, et natura spiritualis creata esset tantum pars et non totum : et etiam natura corporalis esset per se existens, et natura spiritualis esset tantum cum alio existens, et etiam natura corporalis faceret per se unum et cum alio unum ; et sic duobus modis faceret unum ; sed natura spiritualis solum faceret unum cum alio et non faceret unum per se. Sed... hoc esset contra ordinem universi, et contra naturam rerum, et contra nobilitatem et dignitatem et excellentiam naturae spiritualis, et fieret maxima iniuria naturae spirituali, et hoc Deus facere non debet[53].

La cause de cette introduction un peu subreptice des anges dans le "Liber Creaturarum" est que Sibiuda fera un usage tellement important du "Cur Deus homo" de saint Anselme dans la deuxième partie - *opus restaurationis* - qu'il a besoin de justifier quelque part dans son oeuvre l'existence de ces êtres, cela fût d'une manière forcée. Et avec la doctrine angélique - et diabolique - l'auteur termine la première partie, l'étude de l'homme tel qu'il devrait être *de iure*, sa constitution en tant que créature de Dieu.

Telle nous semble être l'articulation de l'oeuvre de Sibiuda, envisagée du point de vue de l'organisation et de la distribution de la matière.

---

[53] Tit. 218, p. 335.

B - LA METHODE SEBONDIENNE
1 - "SCIENTIA DE HOMINE"

Cette construction ardie est pour son auteur une science. Déjà le titre de l'ouvrage nous en avertit : *Scientia libri creaturarum sive libri naturae et scientia de homine*[54]. C'est à cette dénomination originelle qu'à partir de l'édition de Deventer - circa 1480 - s'est substitué celle de *Theologia Naturalis* ; cependant le projet de Sibiuda n'était pas d'écrire une théologie naturelle au sens qu'aura le mot dans le XVIIe siècle, mais une science toute particulière, dont il dévoile les caractéristiques dans le prologue.

a) Objet

A cette science Sibiuda assigne un seul objet : l'homme. *Ista sciencia est de homine in quantum homo est*[55] ; *hec sciencia est de homine*[56] ; *quoniam autem liber seu ista sciencia est de homine ut in principio dictum est...*[57]. L'homme en tant qu'homme : tout ce qui est essentiel pour l'homme, tout ce que l'homme est tenu de savoir. La première partie du prologue présente la liste de ces questions : *se ipsum, conditorem suum, omne debitum ad quod homo tenetur, corruptio hominis, reparatio hominis*[58]. Tout cela n'est que le contenu de l'Ecriture et de l'enseignement des docteurs saints : *si quilibet vult intelligere breviter omnes doctores et totam sacram scripturam habeat istam scientiam*[59]. Il s'agit, donc, d'une théologie en raccourci axée sur l'homme.

b) Caractéristiques

Cette science a la vertu de mouvoir la volonté, de la faire adhérer à la doctrine *cum laetitia et sponte*[60] ; c'est le fondement de toutes les autres sciences dont l'homme a besoin pour son salut[61] ; c'est une science basée infailliblement sur des arguments qu'on ne peut pas contredire[62] ; elle n'allègue pas d'autorités, même pas l'Ecriture, au contraire : elle confirme l'Ecriture et mène l'homme à croire à la révélation[63] ; c'est une science qui n'est pas réservée aux seuls clercs[64] et elle n'est pas difficile : *potest haberi*

---

54 Prol., éd. Stegmüller, p. 26*.
55 Ms. Arsenal 747, fol. 34 v°, ligne 19.
56 *Ib.*, fol. 131 r°, ligne 18.
57 *Ib.*, fol. 255 r°, lignes 12-13.
58 Prol., éd. Stegmüller, pp. 26* - 32*.
59 *Ib.*, pp. 29* - 30*.
60 *Ib.*, p. 27*.
61 *Ib.*, p. 30*.
62 *Ib.*, p. 33*.
63 *Ib.*, p. 35*.
64 *Ib.*, p. 32*.

infra mensem et sine labore[65]. En plus, elle facilite l'intelligence des Pères et des théologiens[66], met en évidence les erreurs des anciens philosophes et des infidèles[67], et communique un savoir très noble et très élevé sur Dieu et l'homme[68].

c) Sources

La source de cette science est ce que Ramon Sibiuda appelle le livre des créatures. Dans le prologue, l'expression *liber creaturarum* recouvre des significations diverses. D'abord ce livre des créatures est en rapport essentiel avec un autre livre, celui des Ecritures :

> Unde duo sunt libri nobis dati a Deo, scilicet, liber universitatis creaturarum sive liber naturae et alius est liber Scripturae sacrae[69].

Il est, d'autre part, la création toute entière :

> Quaelibet creatura non est nisi quaedam littera digito Dei scripta, et ex pluribus creaturis sicut ex pluribus litteris est compositus liber unus qui vocatur liber creaturarum. In quo libro etiam continetur ipse homo et est principaliter littera ipsius libri[70].

Par lui, l'homme peut connaître tout ce qu'il lui faut savoir d'une façon nécessaire :

> ... cum homo sit naturaliter rationalis et susceptibilis disciplinae et doctrinae, et cum naturaliter a sua creatione nullam habeat actu doctrinam nec disciplinam, sit tamen aptus ad suscipiendam illam, et cum doctrina et disciplina sine libro in quo scripta sit non possit haberi, convenientissimum fuit, ne frustra homo esset capax doctrinae et scientiae, quod divina sapientia librum creaverit homini in quo per se sine magistro possit studere doctrinam et disciplinam sibi necessariam. Propter hoc, totum istum mundum visibilem creavit homini et dedit tamquam librum proprium, naturalem, infalsificabilem, Dei digito scriptum[71].

Ce livre des créatures n'admet pas plusieures lectures : c'est un livre à signification unique. Il dit toujours et partout la même chose, on ne peut pas le fausser, à différence des autres livres, y comprise l'Ecriture. L'homme est le lecteur né de ce livre, qui lui est connaturel, mais si l'homme ne peut pas se tromper dans sa lecture, il peut se trouver dans un état bien plus lamentable,

---

65 *Ib., ib.*
66 *Ib.,* p. 29*.
67 *Ib., Ib.*
68 *Ib.,* pp. 33* - 34*.
69 *Ib.,* p. 35*.
70 *Ib.,* pp. 35* - 36*.
71 *Ib.,* pp. 37* - 38*.

qui l'empêche de lire : il peut être aveugle. Et il l'est, dit Sibiuda. C'est pourquoi il a fallu qu'un second livre se substitue au premier :

> Secundus autem liber scripturae datus est homini secundo ; et hoc in defectu primi libri, eo quia homo nesciebat legere in primo, eo quia erat caecus[72].

Ce deuxième livre ne contredit aucunement le premier, d'autant plus que l'auteur des deux livres est le seul et même Dieu. Cependant ce deuxième livre se situe dans un autre niveau :

> ... uterque liber est ab eodem, quia idem dominus et creaturas condidit et sacram scripturam revelavit. Et ideo conveniunt ad invicem, et unus non contradicit alteri. Sed tamen primus est nobis connaturalis, secundus supernaturalis[73].

Ce n'est pas dans le prologue où Ramon Sibiuda exprime tout ce qu'il pense du rapport entre les deux livres, mais plus loin, dans les titres où il étudie la Parole de Dieu (209-211), et lorsque seront décrits les moyens de s'approprier le salut dans l'Eglise (titres 281 et suivants). D'abord, en étudiant la Parole de Dieu, Sibiuda affirme : *liber creaturarum est porta, ianua, introductorium et lumen quoddam ad librum sacrae Scripturae in quo sunt verba Dei*[74]. Preuve : personne ne peut croire à la Parole de Dieu, s'il n'est pas auparavant établi que Dieu existe et qu'il ne peut pas mentir. Ce point de vue nous place dans un contexte de *preambula fidei* : le livre des créatures précède le livre des Ecritures du moins en ce sens-là.

Mais, plus loin, lorsqu'il étudie la forme et le mode moyennant lesquels le Christ donne son salut à l'homme déchu, Sibiuda envisage le rapport du naturel au surnaturel d'une autre façon :

> Et ideo homo in quantum lapsus est debet primo ascendere per istam scalam nature quia homo lapsus est in profundissimo loco et infimo et distat in infinitum a deo et est inimicus dei // Et ideo primo debet exire de illo loco infimo et ascendere ad gratiam et ad donum dei et ad auxilium et ad adiutorium et ad bene esse quia aliter non poterit ascendere per scalam nature // Primo deus ordinauit homini perfecto habenti bene esse scalam nature per quam poterat faciliter ascendere et descendere // Secundo ordinauit homini lapso qui ceciderat de bene esse ad male esse et de gratia ad culpam et de amicicia ad inimiciciam scalam gratie per quam ascenderet ad bene esse et ad gratiam et ad amiciciam suam. Et ideo homo lapsus non potest inuenire deum quem perdidit nisi ascendat per secundam scalam // Et si per primam primo uult ascendere

---

[72] *Ib.*, p. 36*.
[73] *Ib.*, p. 37*.
[74] Tit. 211, p. 311.

et ire ad deum tunc frangit collum suum et habet obstaculum et non inuenit deum. sed magis inuenit errorem et diabolum et malum suum[75].

Quoique ici il n'est pas question du livre des créatures dans son rapport à l'Ecriture, il est indéniable que ces affirmations ont aussi une valeur lorsqu'il s'agit de déterminer le mode et la forme de la connaissance du salut. En fait, Sibiuda venait de remarquer un peu avant du texte transcrit : *scala nature est scala tantum cognoscendi*[76], la *scala gratiae* étant la *scala recipiendi*. Maintenant revenons au prologue.

Sibiuda disait que la science qu'on peut dégager de l'étude des créatures est la *scientia homini necessaria*[77], *sapientia et doctrina sibi necessaria ad salutem*[78]. Or, il ajoute :

> Quam quidem sapientiam nullus potest videre nec legere per se in dicto libro semper aperto, nisi sit a Deo illuminatus et a peccato originali mundatus[79].

Nous avons mis en relation tous ces textes, parce qu'autrement la pensée de Sibiuda sur ce point fondamental ne serait pas claire. Nous pensons que chez lui la relation du livre des créatures au livre de l'Ecriture, du naturel au surnaturel ou, si l'on veut bien, de la raison à la foi, est orthodoxe du point de vue chrétien. Dans l'état de justice originelle l'homme était capable de connaître toutes les vérités nécessaires à son salut avec ses seules facultés rationnelles ; cet homme avait la grâce de Dieu (*bene esse*), son oeil pouvait déceler les vestiges de Dieu dans la création, deviner son plan. Une fois déchu de cet état, l'homme est devenu aveugle et il faut la Parole percutante de Dieu, la révélation et la recréation pour que l'homme redevienne capable de lire dans le grand livre des créatures l'enseignement qu'il en aurait tiré aisément, s'il eût persévéré dans l'état de justice originelle.

Reste à résoudre le problème de savoir pourquoi Sibiuda, le chrétien Sibiuda qui sait que le livre des créatures ne peut être lu qu'à la lumière du baptême et de la grâce divine, se propose comme objet de sa recherche la lecture du grand livre de la création. Ne serait-il pas plus convenant de commencer par la révélation ? Ne serait-il pas plus prudent de garder l'ordre des choses, ne fut-ce que par crainte d'échouer - de "frangere collum suum" - dans l'entreprise ? La raison du choix sebondien nous la comprendrons mieux lorsque nous étudierons les sources externes et internes du *Scientia libri creaturarum*.

---

[75] Ms. Arsenal 747, fol. 201 v°, lignes 22-36.
[76] *Ib.*, lignes 15-16.
[77] Prol., éd. Stegmüller, p. 36*.
[78] *Ib.*, p. 38*.
[79] *Ib.*, ib.

Concluons : La science que Ramon Sibiuda entend exposer dans son oeuvre est la science qui se dégage de l'étude du livre des créatures, lu par un chrétien philosophe qui connaît, grâce à la révélation, la signification des créatures. Il ne s'agira, donc, pas d'une science physique au sens d'une philosophie naturelle, mais de la science nécessaire à l'homme pour son salut. Ce n'est pas non plus une théologie naturelle au sens habituel, classique, du mot ; la science de maître Ramon présente la *sapientia* totale, celle que seul un chrétien peut posséder, parce qu'en lui seul se donnent à présent les conditions qui permettent de l'avoir, et que tout homme aurait eu sans le péché et la perte de la grâce originelle :

> Ista autem scientia non est aliud nisi cognoscere et videre sapientiam scriptam in creaturis, et extrahere ipsam ab illis, et ponere in anima et videre significationem creaturarum. Et hoc fit comparando unam creaturam cum altera et coniungendo sicut dictionem dictioni. Et ex tali coniunctione resultat sententia et significatio vera, dum tamen sciat homo intelligere et cognoscere[80]

2 - CERTITUDO, EXPERIENTIA

Si le prologue du "Liber Creaturarum" présente surtout l'objet de la recherche sebondienne, la première partie du premier titre pose le problème de la certitude propre à cette science. Remarquons d'abord le terme *certitudo* : l'on part à la recherche de connaissances qui soient certaines, solides, établies.

Cette exigence de certitude traverse tout le "Liber Creaturarum". Dès le début nous voyons Sibiuda s'enquérir des conditions de la certitude :

> Quia homo naturaliter semper quaerit certitudinem et evidentiam claram, nec aliter quiescit nec quiescere potest, donec pervenit ad ultimum gradum certitudinis. Verum quia certitudo et probatio habet suos gradus, et est maior et minor certitudo et maior et minor probatio[81].

Les degrés de certitude dépendent de la force des témoins :

> Virtus tamen probationis et causa totius certitudinis oritur ex certitudine et virtute testimoniorum et testium ; ex quibus dependet et causatur tota certitudo. Unde quanto magis testes sunt certi, manifesti, indubitati et veri, tanto magis est certum illud quod ex eis probatur. Et si testes sint ita certi et manifesti, et testimonia eorum ita manifesta quod nullo modo possit de eis dubitari, nec nobis possint esse magis manifesta et certiora, tunc illud quod ex eis probatur sine dubio erit nobis manifestissimum, certissimum et evidentissimum[82].

---

[80] *Ib.*, p. 39*.
[81] Tit. 1, éd. Stegmüller, p. 40*.
[82] *Ib.*, pp. 40* - 41*.

Remarquons les couples *certitudo-probatio*, *certus-manifestus-indubitatus-verus*, *certissimum-evidentissimum-manifestissimum*. Le juriste qu'était Sibiuda se montre bien dans cette caractérisation de la certitude par la valeur des témoins et des témoignages. Ce qui est certain est ce qui est vu ou prouvé par un témoin. Plus proche sera le témoin du fait ou de la chose qu'il s'agit de prouver, plus grande sera la foi qu'on lui accordera :

> Et quia quanto testes sunt magis extranei, distantes, elongati a re de qua dubitatur, tunc minorem fidem generant et certitudinem. Quanto autem testes sunt magis vicini, proprii, intimi, intranei, tunc maiorem fidem et credulitatem generant[83].

Certitude-foi-crédulité. Nous sommes dans le tribunal de la vérité. S'il y a un tribunal, c'est parce qu'il y a litige. En effet, on dispute sur l'homme. Sibiuda en appelle au meilleur témoin :

> Et cum nulla res creata sit propinquior homini quam ipsemet sibi ; ideo quidquid probatur de homine per ipsummet hominem et per suam naturam propriam et per illa quae sunt sibi certa de ipso, est maxime certum, manifestum et evidentissimum ipsi homini. Et ista est ultima certitudo et maxima credulitas quae possit causari in homine per aliquam probationem[84].

Et c'est ici que se place l'affirmation la plus radicale du chrétien Sibiuda dans ce titre premier : Si l'homme veut se connaître, il faut qu'il soit lui-même le moyen, l'argument, le témoin de tout ce qu'il y a à prouver sur l'homme, concernant sa destinée :

> Et ideo ipsemet homo et sua natura propria debet esse medium, argumentum, testimonium ad probandum omnia de homine, scilicet, quae pertinent ad salutem hominis, vel damnationem vel felicitatem, vel ad bonum vel ad malum eius. Aliter unquam homo erit ultimate certus[85].

Après cette chaîne de raisonnements, Sibiuda pose une affirmation de caractère historique. Il dit que l'homme s'ignore, qu'il est assez loin de chez lui, bref, qu'il est aliéné :

> Et quia homo est extra seipsum et elongatus et distans a seipso per maximam distantiam, nec umquam habitavit in domo propria, scilicet, in se ipso, immo semper mansit extra domum suam et extra se, ex eo quia ignorat se ipsum, nescit se ipsum. Et de tanto est elongatus et distans a se ipso, et tantum est extra se ipsum, de quanto ignorat se ipsum. Et quia totaliter nescit se ipsum, ideo totaliter est extra se ipsum[86].

---

83 *Ib.*, p. 41*.
84 *Ib.*, p. 42*.
85 *Ib.*, p. 43*.
86 *Ib.*, p. 44*.

Remarquons cette nouvelle association : *ignorare se ipsum-esse extra se ipsum*. Son contraire, *cognoscere se ipsum-redire in se ipsum*, ne se fait pas attendre :

> Quia ergo homo est totaliter extra se, ideo si debet videre se, necesse est quod intret in se et intra se, et veniat ad se et habitet intra se. Aliter est impossibile quod cognoscat se nec videat se, nec suum valorem, suam naturam et suam pulchritudinem naturalem[87].

Pourquoi l'homme s'ignore-t-il, et pourquoi est-il loin de lui même ? Parce qu'il est placé dans un haut lieu, et parce que la connaissance - du moins la connaissance certaine - commence par les choses inférieures pour se terminer aux supérieures :

> Et quia modus cognoscendi hominis est ut per illa quae sunt sibi magis et primo cognita, cognoscat illa quae sunt sibi ignota, et per illa quae scit ascendat ad ea quae nescit, et cum semper res minus nobiles et inferiores sint homini primo cognitae, et res perfectae, digniores, meliores et nobiliores sint ei ultimo cognitae : et ideo quia homo est res dignior, superior et perfectior huius mundi, propter hoc ultimo cognoscit se ipsum, et primo cognoscit alia, quam se ipsum, et de cognitione aliorum venit ad cognoscendum se ipsum[88].

Pour monter vers la connaissance de soi-même, l'homme a à sa disposition une échelle immobile et naturelle qui ne peut pas le tromper ni l'égarer, l'échelle de nature :

> Quapropter ut homo, qui tantum per cognitionem est elongatus a se, ut totaliter ignoret se et sit extra se, possit reduci, itinerare et ascendere per cognitionem ad se, ideo ordinata est rerum et creaturarum universitas tamquam iter, via et scala immobilis et naturalis habens gradus firmos et immobiles, per quam homo veniat et ascendat ad se ipsum. In qua una res est inferior, et alia superior ; una perfectior, alia minus perfecta ; una nobilior et dignior quam alia ad modum cuiusdam scalae ascendendo[89].

Nous avons vu que le point de départ de Ramon Sibiuda est l'homme : *scientia de homine*. Sibiuda veut que cette science soit solide, qu'elle s'appuie sur des arguments certains - et nous verrons plus loin pourquoi Sibiuda cherche cette solidité -. Or, nul témoin peut mieux déposer sur l'homme que l'homme lui-même ; il faudra, donc, lui faire tout dire. Mais l'homme étant hors de soi, s'ignorant, vivant dans l'aliénation, il faut que ce soient les choses du monde qui l'amènent jusqu'à lui-même. Sibiuda ne partira pas de l'homme qui se connaît, de l'homme qui a pleine conscience de soi, mais de l'homme,

---

[87] *Ib.*, p. 45*.
[88] *Ib.*, pp. 46* - 47*.
[89] *Ib.*, pp. 47* - 48*.

créature parmi les autres créatures, qui s'ignore. A différence de Descartes, qui doute et s'attache à la certitude de cette donnée de sa conscience, Sibiuda s'attache à la solidité du monde extérieur, duquel il ne doute guère (*scala immobilis et naturalis, habens gradus firmos et immobiles*), pour en arriver à situer l'homme dans la place qui lui revient. Il n'y a pas la moindre trace de scepticisme ou d'idéalisme dans l'attitude sebondienne, comme certains se sont hasardés de supposer, en voulant faire de notre modeste ouvrier de la pensée une sorte de précédent de Descartes[90]. Nous aurons l'occasion de voir plus loin que l'attiutde de Ramon Sibiuda n'est que l'aboutissement d'une des directions classiques de la pensée chrétienne au moyen-âge.

C'est, donc, par l'étude et l'analyse de la nature humaine que Sibiuda tentera de dégager toutes les vérités que l'homme doit connaître pour son salut, et la raison en est qu'en employant sa méthode, *talis cognicio est nobis ualde propinqua*[91]. En fait, la connaissance qui se fonde sur la nature propre non seulement est plus certaine, mais aussi plus familière et plus plaisante : *cognicio que oritur ex propria natura est nobis cercior et magis familiaris et placens*[92].

Au fond, Sibiuda n'invente rien du tout. A travers ces formules peu usuelles, il n'y a que la parole de l'épître aux Romains : *invisibilia Dei per ea quae facta sunt a creatura mundi intellecta conspiciuntur*. C'est la vieille méthode chrétienne d'étudier dans la créature les vestiges du Créateur. L'accent mis par Sibiuda sur la connaissance de l'homme s'inscrit rigoureusement dans cette perspective :

> Et quia nullum opus dei est magis propinquum ipsi homini quam ipsemet homo sibi ipsi // Et quia homo est opus dei ideo noticia generata de deo in homine per cognicionem sui ipsius qui est opus dei est maior omnium[93].

Remarquons encore une fois que Sibiuda est hanté par l'éxigence de connaissances certaines, au moins dans ce sens qu'on ne puisse pas douter ; il cherche la connaissance qui soit *maior omnium*, voilà son problème.

Cette connaissance la plus certaine de toutes sera pour maître Ramon l'expérience :

> Nulla autem certior cognitio quam per experientiam et maxime per experientiam cuiuslibet intra se ipsum[94].

---

[90] BOVE, S., *Assaig critich sobre'l filosoph en Ramon Sibiude*, Barcelona 1896, pp. 122, 130, 142, 178 ; COMPAYRE, *De Raymundo Sabundo ac de Theologiae Naturalis libro*, Paris 1872, pp. 31, 34 ; GONZALEZ, Card. Z., *Histoire de la philosophie*, t. II, p. 425 ; CARRERAS I ARTAU, T. y J., *Historia de la filosofía española. Filosofía cristiana de los siglos XIII al XV*, t. II, Madrid 1943, p. 157.
[91] Ms. Arsenal 747, fol. 40 r°, ligne 27.
[92] *Ib.*, lignes 23-24.
[93] *Ib.*, fol. 110 v°, lignes 24-26.
[94] Tit. 1, éd. Stegmüller, p. 33*.

En fait, l'idée que Sibiuda se fait de ce qu'il nomme l'expérience n'a rien à voir avec le sens moderne du même concept. Pour lui, l'expérience représente d'abord le degré suprême de la certitude. L'expérience est définie comme la connaissance personelle d'une chose, et son opposé serait la connaissance par témoins :

> Haec scientia... arguit per illa quae sunt certissima cuilibet homini per veram experientiam, scilicet, per omnes creaturas et per naturam ipsius hominis. Et per ipsummet hominem omnia probat, et per illa quae certitudinaliter homo cognoscit de se ipso per experientiam... Et ideo ista scientia non quaerit alios testes quam ipsummet hominem[95].

En quelque sorte l'expérience, telle que Ramon Sibiuda la conçoit, n'est que le témoignage que l'homme apporte sur lui-même, sa conviction intérieure, son aveu :

> Et cercius et magis cognoscit homo deum per opera que uidet et percipit per experienciam quam per opera que cognoscit per testimonium aliorum. Item quia nichil magis cognoscit homo quam illud quod sentit et uidet per experienciam ideo noticia generata de deo per opera dei que homo uidet per experienciam tenet ultimum gradum cognicionis dei per opera sua[96].

Nous sommes toujours en quête d'une vérité qui est établie par témoignage. Cela est confirmé par les degrés que Sibiuda signale dans la valeur de l'expérience :

> Aliquando homo uidet per experienciam opera que deus operatur circa alium hominem vel circa aliam rem extra se // aliquando uidet et sentit per experienciam opera que deus operatur circa se ipsum singulariter. Et iste est ultimus gradus cognicionis per experienciam et iste est certissimus, solidissimus et firmissimus qui semper manet et ibi est complementum cognicionis[97].
> Noticia acquisita de deo per experienciam per opera que homo uidet per experienciam habet multos gradus // Primus gradus est per opera que homo uidet extra se in aliis. Secundus gradus est per opera que homo uidet et sentit in corpore fieri suo proprio. Tercius gradus est per opera que homo sentit et percipit fieri circa suam animam[98].

La gradation va du plus extérieur au plus intérieur, du plus éloigné au plus intime. Dans son degré suprême, l'expérience est un savoir intime, inébranlable, exclusivement personnel, mais objectif.

---

[95] *Ib.*, ib.
[96] Ms. Arsenal 747, fol. 111 r°, lignes 4-8.
[97] *Ib.*, ib., lignes 9-14.
[98] *Ib.*, fol. 111 v°, lignes 11-16.

La valeur testimoniale plutôt que noétique de la certitude et de l'expérience chez Ramon Sibiuda apparaît en toute clarté lorsqu'il en arrive à opposer expérience et raison :

> ... multa aliquando homo cognoscit per experienciam que tamen non potest comprehendere per racionem quomodo est... Debet autem homo hoc concedere licet non possit comprehendere quomodo potest esse, quia non sequitur quod si non possit comprehendere quod ita non sit[99].

Comme exemple de ce que l'homme peut connaître par expérience sans pouvoir le comprendre en raisonnant, Sibiuda donne la trinité de personnes en Dieu, en empruntant un texte du *De Trinitate* de Richard de Saint-Victor, comme nous aurons l'occasion de voir un peu plus loin, lorsque nous étudierons l'influence des Victorins sur maître Ramon. Comme exemple de ce qu'on peut connaître par raisonnement sans pouvoir l'expliquer par une expérience quelconque, il donne l'unité en Dieu des attributs et de la substance.

Il y a, donc, des vérités qui s'imposent à la conviction humaine par des voies autres que la seule raison, tout comme il y a des vérités rationnelles qui vont à l'encontre de nos schémas cognitifs et de nos expériences habituelles. Pour Sibiuda, il s'agit d'un état de fait. Si ces vérités qui s'imposent à nous par des voies autres que la pure raison sont incompréhensibles, comme c'est le cas de la Trinité, Sibiuda ne les gardera pas moins. Pour lui, l'essentiel n'est pas le contenu de ces vérités, mais la force de conviction par laquelle elles pourraient s'enraciner en nous. Si l'on démontre que nous devons les reconnaître, elles sont vraies, quoiqu'elles, du point de vue de la seule raison, soient incompréhensibles.

Ainsi, l'idée que Sibiuda se fait de l'expérience éclate à nos yeux : elle est une connaissance intime, que nous ne pouvons pas ne pas reconnaître, sur la valeur de laquelle on ne saurait plus douter, même dans le cas où cette connaissance apporterait des données dépassant l'ordre de notre raison. Connaissance sûre, la plus forte du point de vue de son bien fondé, elle peut néanmoins être le véhicule de l'impensable. C'est, donc, par le biais de son concept de certitude et d'expérience que Ramon Sibiuda réussit à faire glisser l'impensable dans le monde des convictions de l'homme. Il n'y aura pas, à proprement parler, une *science* de l'impensable, mais une *certitude* qui découle d'une expérience profonde, humaine, enracinée dans l'intimité de chacun. Dissolution de l'ordre rationnel ? Les Carreras Artau[100] n'ont pas hésité à parler d'une "nouvelle doctrine de la connaissance". Contentons-nous en disant que Sibiuda est dans un univers où, à côté du vrai et du faux, on reconnaît que des impensables démontrables existent, et qu'ils peuvent être rendus même

---

[99] *Ib.*, fol. 25 r°, lignes 31-34.
[100] Cfr CARRERAS I ARTAU, T. y J., *o. c.*, t. II, p. 152.

nécessairement croyables. Cette nouveauté apparaît grâce à l'étude et à l'analyse de la nature humaine ; et ces impensables démontrables sont d'autant plus croyables et nécessaires, donc vrais, qu'ils sont pleinement d'accord avec l'être et les tendances de la nature humaine ; mieux encore, sans certains d'entre eux, la nature humaine ne serait pas adéquatement comprise et expliquée.

Concluons : Comme il y a des vérités appréhendées par la raison, mais que l'expérience humaine habituelle n'arriverait jamais à s'expliquer, il y a aussi des connaissances qui dépassent l'ordre rationnel, mais qui nous sont imposées par une certaine expérience de l'ensemble total du phénomène humain. Pour développer sa science, Ramon Sibiuda se donne un instrument logique particulier, avec lequel on parvient à des vérités d'un ordre autre que l'ordre rationel, mais qu'il faut cependant recevoir, parce que l'expérience nous démontre qu'elles ont une convenance profonde avec notre nature.

3 - RATIONES PROBANTES

Nous venons de voir que d'après Sibiuda la certitude dépend de l'expérience et que, suivant les degrés de cette expérience, il y a plus ou moins de certitude. Mais son instrument logique ne se limite pas au couple certitude-expérience. Il y a aussi la *probatio* et les *rationes probantes*. Il faut maintenant en étudier l'articulation.

Selon Sibiuda, la connaissance la plus sûre de l'homme est son expérience. Mais il a aussi affirmé que l'homme revient à lui-même à travers les créatures, parce que le mode de connaissance de l'homme consiste à monter vers l'inconnu à travers ce qu'il lui est plus connu, et nous avons déjà vu que Sibiuda ne doute guère que l'homme est pour lui-même un inconnu. Donc, à côté du domaine de l'expérience, il y a un espace où les certitudes ne sont pas directement expérimentales, mais relèvent du raisonnement et de la preuve.

Appliquée aux choses, la preuve a deux moments : d'abord, il faut se pencher vers les choses :

> Si ergo vis quod fiat in te cognicio tui ipsius et tui conditoris fiat primo in te cognicio creaturarum quia quanto magis appropinquabis te ad creaturas cognoscendum tanto magis appropinquabis ad te ipsum et ad creatorem tuum[101].

Ensuite, il faut faire l'analyse de ce que les choses sont par un processus comparatif qui nous signale ce en quoi elles conviennent et ce en quoi elles diffèrent :

> Dum enim comparamus unam rem ad aliam duo manifestantur nobis, scilicet, conuenienciam et differenciam unius ad alteram et per istam

---

[101] Ms. Arsenal 747, fol. 29 v°, lignes 10-13.

duplicem comparacionem manifestatur nobis natura cuiuslibet rei naturaliter[102].

Il s'agit, comme on voit, d'une connaissance spécifique qui ordonne et classe les choses d'après ses notes essentielles. Est-ce qu'ici ne sommes-nous pas un peu loin du concept d'expérience que proposait Sibiuda ? Pas du tout, du moins à en croire les textes. Tout ce qui relève de la connaissance objective des choses par ses notes essentielles n'en vient pas moins s'insérer dans le domaine de l'expérience de l'homme :

> ... per illa que nota erant per experienciam de homine et de aliis rebus, ut quia notum erat hominem uiuere sentire et intelligere et alias res uel esse tantum uel uiuere tantum etc. probatum fuit deum esse et qualis debebat esse et quantus[103].

On ne peut, donc, pas séparer expérience et preuve. Ceci nous signale encore une fois quelle est la direction qu'a prise notre auteur. Pour lui, il s'agit moins de vouloir tout prouver que de montrer comment tout ce qui est vrai, même ce qui est un vrai impensable, s'articule avec l'homme. Lorsqu'il pourra montrer la vérité d'une chose à travers des preuves rationnelles, il s'en contentera. Lorsque la preuve n'est plus possible, au sens démonstratif du mot, il aura alors recours à la convenance avec la totalité de l'expérience humaine telle qu'il l'entend. Avouons que ce recours n'intervient que très peu et toujours en rapport avec des preuves, des *rationes probantes* ou *necessariae*, mais il reste significatif que, pour Sibiuda, compte moins la valeur et le contenu intrinsèque d'une vérité que la possibilité de la mettre en rapport immédiat avec l'homme, soit par la connaissance rationnelle, soit par d'autres voies.

Cela se manifeste aussi par le genre de *probationes* et de *rationes probantes* que Sibiuda met en mouvement dans son "Liber Creaturarum". Déjà dans le prologue, il avertissait que cette science n'est pas compliquée, qu'elle ne suppose pas la technicité des arts libéraux, grammaire et logique, pour un usage fécond de la raison :

> Ista scientia nulla alia indiget scientia nec aliqua arte. Non enim praesupponit grammaticam nec logicam nec aliquam de septem liberalibus artibus, nec physicam nec metaphysicam[104].

En fait, il y a dans le "Liber Creaturarum" beaucoup d'arguments d'une valeur médiocre, et une grande partie de liaisons logiques internes de l'oeuvre donnent à penser que Sibiuda concevait la logique plutôt comme un art de type rhétorique. On a l'impression qu'il aurait pu donner plus de caractère et de

---

[102] *Ib.*, ib., lignes 27-30.
[103] *Ib.*, ib., fol. 34 v°, lignes 26-29.
[104] Prol., éd. Stegmüller, pp. 30* - 31*.

vigueur à son texte. Parce que, bien qu'il affirme que, pour le comprendre, on n'a pas besoin de connaître les arts et la philosophie première, cela ne l'empêche pas de reproduire souvent la terminologie de l'artiste et du métaphysicien. S'il s'est contenté d'arguments simples et parfois de transitions et d'enchaînements qui nous semblent aujourd'hui naïfs, c'est qu'il n'accordait pas, nous semble-t-il, une importance décisive au poids des arguments. Pour lui, l'essentiel de l'affaire est que tout soit référé à l'homme. La valeur de ces *rationes probantes* est à chercher dans cette référence. Il ne faut, cependant, pas inférer de ce que nous venons de dire, que Ramon Sibiuda n'a pas cherché des bonnes raisons et arguments pour appuier ses vues, bien au contraire. Dans le contexte culturel de son temps, et étant donné qu'il vise le public le plus large possible - *ista scientia est communis clericis et laicis et omni conditioni hominum*[105] -, l'ouvrage de Sibiuda n'est pas dépourvu de valeur intellectuelle ; mais on a le sentiment, en le lisant, que, pour lui, la discussion et l'élucidation strictement rationnelle des problèmes cède la place au désir de donner une dimension humaine directe à toute sorte de vérités métaphysiques, morales et théologiques. Le *Liber Creaturarum* expose toujours les problèmes en raccourci, il n'est pas l'oeuvre d'un théologien de métier qui étale ses vues particulières, ses *sententiae* ou ses *positiones*. L'originalité de Sibiuda consiste en ceci, que toute la théologie est ramené sur l'homme, et qu'il n'y a pas de dogme ou de vérité théologique et morale pour laquelle Sibiuda ne tente de trouver un fondement, une référence ou un principe de convenance dans la nature humaine. Voici deux textes où cette préoccupation méthodologique apparaît d'une façon assez claire :

> Et sic patet quod quilibet in se ipso portat modum et formam et exemplar scriptum et depictum qualiter se debeat habere erga deum // Et hec est sciencia certissima indubitatissima quam nullus negare potest quia in se ipso et per experienciam uidet[106].
>
> Et ideo quia homo per cognicionem sui ipsius ascendit ad cognicionem dei et tantum quantum cognoscit de se ipso tantum cognoscit de deo, ideo qui ignorat se ipsum in quantum est homo ignorat deum, et qui ignorat se ipsum in quantum est lapsus ignorat deum hominem, scilicet, christum. Et ideo sicut superius quando uolebamus aliquid scire de deo arguebamus per naturam hominis in quantum homo est // ita modo si uolumus aliquid probare et scire de christo deo et homine debemus arguere per naturam hominis lapsi et perditi // Nunquam igitur homo debet recedere a se ipso nec a cogitacione sui ipsius, et ita homo potest considerare se ipsum in quantum homo est et in quantum est lapsus et in quantum est reparatus[107].

---

105 *Ib.*, p. 32*.
106 Ms. Arsenal 747, fol. 80 r°, lignes 4-7.
107 *Ib.*, fol. 199 r°, ligne 34-v°, ligne 3.

4 - REGULAE

Ce souci de tout ramener à l'homme apparaît encore avec plus d'éclat dans les *regulae*. D'abord, qu'est-ce que sont ces *regulae* ? Ce sont des principes qu'on obtient par raisonnement et qui servent à fonder des raisonnements ultérieurs. Nous avons déjà dit que le "Liber Creaturarum" est un ouvrage où l'exposition linéaire de la matière élimine les divisions classiques en questions, articles, conclusions. Les *regulae* tiennent un rôle semblable aux *conclusiones* classiques des théologiens seulement en tant qu'elles signifient le point de départ ou d'arrivée d'une spéculation ; leur importance chez Sibiuda vient du fait que ces *regulae*, normalement, rendent évident le rapport d'une méthode spéculative ou d'un point concret de doctrine à la nature humaine, en sorte qu'il devient possible de jalonner progressivement le projet de *omnia fundare in homine*[108]. Ces règles, Sibiuda les appelle parfois *regula et doctrina*, parfois *regula et modus ad probandum, regula generalis, regula quae est fundamentum firmissimum, regula et ars*, etc. L'apparition des *regulae* au cours du "Liber Creaturarum" signifie qu'on développe des points essentiels, et Sibiuda les sortira chaque fois qu'il voudra attirer l'attention sur quelque point important.

Les *regulae* sont, donc, des principes, des axiomes qui ont été découverts par le raisonnement et qu'on applique ensuite à démontrer d'autres vérités :

> Ut autem habeamus regulam et modum ad probandum omnia de ipso esse et ordinato modo procedamus : opportet facere unum fundamentum et unam radicem in quo omnia fundantur. Primum autem fundamentum et prima radix est quod ipsum esse dei non est acceptum ab aliquo nec a se ipso. Et exinde sequuntur omnia que dicuntur de ipso. Et ad istud fundamentum sequitur unum aliud, scilicet quod esse dei infinitum elongatur a non esse et ab ipso nichil et fugat totaliter ipsum non esse. per ista duo omnia radicaliter probantur, unde quia ipsum esse dei non est acceptum ab aliquo, sequitur quod est totaliter primum. Et ulterius sequitur quod est simplicissimum et sine partibus. Et exinde sequitur, etc.[109].

> Rursus ponenda est hic quedam generalis regula ad omnia predicta et subsequencia : et est ista. Quia sicut in deo idem est esse quod uiuere et idem est esse quod sentire idem est esse quod intelligere, idem est esse quod bonum esse, idem quod necessarium esse, et sic de omnibus, ita per oppositum in deo idem est non esse quod non uiuere, quod non sentire, quod non intelligere, quod non bonum esse, quod non uerum esse, et sic de omnibus...[110].

---

[108] *Ib.*, fol. 32 v°, ligne 2.
[109] *Ib.*, fol. 8 v°, ligne 35-fol. 9 r°, ligne 4.
[110] *Ib.*, fol. 17 v°, lignes 19-24.

Une des *regulae* principales qui apparaissent dans le "Liber Creaturarum" est l'argument du *Proslogion* de saint Anselme, que Sibiuda introduit avec habileté, comme nous avons vu plus haut, en étudiant les articulations des chapitres qui se réfèrent à *l'opus conditionis*, et comme nous verrons encore avec plus de détail dans un prochain chapitre. Sibiuda apprécie cet argument en raison de son immédiateté et de sa clarté, pour lui évidente ; il constitue, à ses yeux, le type de raisonnement proche à l'homme, enraciné dans sa nature, que Sibiuda souhaite et cherche en vue d'établir des certitudes indiscutables :

> ... una regula infallibilis de deo que est fundamentum et radix ad probandum et cognoscendum certissime sine labore omnia de deo. Et iste modus cognoscendi est *propinquissimus homini*, quia ex propria cogitacione et ex proprio intelligere potest probare omnia de deo // Nec opportet quod querat alia exempla *extra se* nec *aliud testimonium quam se ipsum*. Regula autem que in homine radicatur est ista : quod deus est quod nichil maius cogitari potest. Et inde sequitur, etc.[111].
>
> Et quia ista regula se extendit ad omnia que de deo dicuntur et oritur *ex nobis* et *ex natura hominis* ideo utile et desiderabile est uidere practicam eiusdem et *fundare omnia in homine*...[112].

Si cette interprétation de l'argument de saint Anselme est significative et éclaire le souci fondamental de Sibiuda, qui est tout fonder sur l'homme, il y a dans le "Liber Creaturarum" un moment où ce souci apparaît avec une grande vigueur. Au fond, lorsqu'il emploie l'argument anselmien, Sibiuda se borne à souligner le caractère d'immédiateté à l'homme du discours rationnel de l'argument. Mais dans une autre *regula* il va plus loin. Il s'agit de la *regula et ars affirmandi et negandi*, qu'il donne pour le cas où une vérité et son opposée semblent être toutes les deux soutenables du point de vue strictement rationnel. Sibiuda tente de définir, dans cette *regula*, pour quelle de ces deux vérités l'homme doit se décider :

> Omnis res debet et tenetur uti hiis que habet ad suam utilitatem et ad suum bonum ad suum melius et augmentum sui boni et sue melioracionis quantum potest. Et nulla res debet uti hiis que habet contra se ipsam ad destruccionem sui boni et sue utilitatis et dignitatis. quinymo debet suam naturam dignificare exaltare et destruere omnia ista et expellere a se que ipsam minorare et adnichilare *(sic)*[113].

De cette règle, il s'en suit l'*ars affirmandi et negandi*, un des moments forts du "Liber Creaturarum", que Sibiuda présente ainsi :

> Quoniam ergo ad intellectum pertinet affirmare et negare et est actus secundus qui sequitur post cogitare qui eciam est diuisus in duas partes oppositas, quia affirmare et negare sunt opposita et hoc est propter hoc,

---

[111] *Ib.*, fol. 32 r°, lignes 25-30.
[112] *Ib.*, fol. 32 v°, ligne 39-v°, ligne 2.
[113] *Ib.*, fol. 35 r°, lignes 8-14.

> qui *(sic)* omne quod cogitatur et dicitur habet suum oppositum sibi repugnans et contradictorium, que simul non possunt esse. sed necessario illud quod cogitatur et dicitur est uerum uel suum oppositum. Ideo debet unum affirmare homo et aliud negare et unam partem recipere et affirmare tamquam ueram et aliam repellere et negare tamquam falsam // Et concluditur quod homo de iure nature debet et tenetur et obligatur credere affirmare et recipere istam partem tamquam ueram que erit magis ad utilitatem et hominis perfeccionem et melioracionem et dignitatem et exaltacionem hominis inquantum homo est, et postquam in homine generaliter *(sic)* gaudium et leticia consolacio spes confidencia securitas / et fugabitur tristicia desperacio ab ipso homine, et per consequens sequitur quod debet affirmare istam partem tamquam ueram que erit magis amabilis et desiderabilis de se et de natura sua, et que magis habet de esse et de bono et aliam partem oppositam tenetur et debet negare tamquam falsam et a se ipso fugare tamquam inimicam sibi. Si autem homo faciat oppositum tunc utitur intellectu suo contra se ipsum et contra hominem et contra suum bonum ad suum damnum ad suam deprauacionem et tunc facit contra totum ordinem rerum quia quelibet res inferior homine utitur hiis que habet ad suum bonum et homo ad suum malum, et ideo facit contra cursum nature et omnium rerum et contra hominem // Ideo tunc non debet dici homo qui facit contra hominem et habet intellectum deuiatum corruptum et despectum // Et quamuis non intelligat quomodo fieri potest nec quomodo potest esse uerum, non est excusatus homo quin non teneatur affirmare et credere[114].

Les derniers mots donnent bien la mesure du souci de maître Ramon de tout fonder sur l'homme. Il ne s'agit pas seulement de trouver des arguments accessibles à l'expérience humaine ; Sibiuda met en place une dialectique qui argumente *ad hominem* au sens le plus exact du mot. Il oblige l'homme à s'engager, dans tous les cas où un doute pourrait apparaître, pour ce qui lui est plus utile et positif. Choisir entre possibilités distinctes n'est possible que s'il y a un lien originel entre celui qui choisit et la chose qui doit être choisie. Ce qui conditionne le choix est précisément la non-indifférence, c'est-à-dire, *l'expérience* d'un lien, l'expérience que le choix de l'utile et du positif exalte et dignifie la nature de l'homme. Sibiuda réalise ici le souhait exprimé dans le titre premier :

> ... ipsemet homo et sua natura propria debet esse medium argumentum testimonium ad probandum omnia de homine[115].

L'homme lui-même, sa nature même, devient l'argument décisif. On ne pouvait pas aller plus loin dans le souci d'insérer l'homme à l'intérieur d'un processus de connaissance. Dans le tribunal de la vérité, l'homme sera, d'après Sibiuda, non seulement le témoin numéro un, mais aussi le code qui fournit les lois.

---

[114] *Ib.*, fol. 35 v°, lignes 9-34.
[115] *Ib.*, Tit. 1, éd. Stegmüller, p. 43*.

CHAPITRE V

SOURCES EXTERNES DU "LIBER CREATURARUM"

Nous venons de voir que l'intention de Ramon Sibiuda est de bâtir une science dont l'objet est tout ce qui est essentiel pour le salut de l'homme. Telle qu'il la conçoit, cette science doit intéresser tous les hommes, sans discrimination par formation intellectuelle, appartenance à telle classe sociale ou à telle religion concrète. En plus, elle doit être exposée de façon à ne laisser pas de place pour le doute, l'hésitation et l'incroyance : les arguments de cette science doivent être convaincants, *infallibilia*. Nous étudierons maintenant les causes de cette prise de position, en partant toujours des textes du "Liber Creaturarum".

A - CRISE DES VALEURS CHRETIENNES

Nous avons fait allusion dans la première partie de ce travail à la crise spirituelle qui travaillait l'époque de Ramon Sibiuda et dont les causes sont très complexes : les vagues de la peste, qui commencèrent à sévir vers la moitié du XIVe s., le grand Schisme d'Occident et le mouvement conciliariste ; en philosophie, le nominalisme favorise l'apparition de courants sceptiques au sein même des écoles chrétiennes. Peu à peu s'esquisse partout une attitude intellectuelle nouvelle, qui donne naissance à une curiosité de type nouveau. Les esprits se tournent vers les auteurs anciens, on cherche, on dispute[116].

Le "Liber Creaturarum" confirme cette situation, parce que l'oeuvre réagit contre elle.

Nous avons déjà remarqué plus haut que l'épreuve à laquelle ont été soumises les institutions ecclésiastiques pendant le schisme n'a pas ébranlé en Ramon Sibiuda la conviction que tous les pouvoirs doivent être subordonnés à celui du pape. C'est pourquoi il se soumet aussi lui-même, en tant que docteur ecclésiastique, au jugement supérieur de l'Eglise :

---

[116] Bernat METGE, par exemple, répond à son roi, lorsque celui-ci commence à citer des autorités pour démontrer que l'âme est immortelle : "... disputant e raonant bé les coses, pervé hom mills a vera coneixença d'aquelles" (en disputant et en raisonnant à fond des choses, on parvient mieux à leur vraie connaissance). Cfr *Lo Somni*, l. I, éd. Barcelona, Selecta 1950, p. 177.

> Et quia sacrosancta romana ecclesia est mater omnium fidelium christianorum et magistra, et regula fidei et veritatis, idcirco suae correctioni totaliter submittitur quidquid hic dicitur et continetur[117].

Ce geste est d'autant plus significatif que le "Liber Creaturarum" doit contenir, d'après son auteur, la preuve de la vérité de la foi catholique :

> Et per istam scientiam tota fides catholica infallibiliter cognoscitur et probatur esse vera[118].

Par conséquent, ceux qui combattent la foi chrétienne seront dénoncés et démasqués :

> Et omnis secta quae est contra fidem catholicam cognoscitur et probatur infallibiliter esse falsa et erronea[119].

Sibiuda n'attaque pas seulement les ennemis de l'Eglise, mais aussi tous ceux, payens de l'antiquité ou adeptes d'autres religions, qui ont pensé et vécu hors d'elle :

> Et cognoscuntur infallibiliter omnes errores antiquorum philosophorum paganorum et infidelium[120].

Sibiuda, qui s'adresse à tous - "ad utilitatem omnium christianorum et omnium hominum"[121] -, a une volonté explicite de rassurer les chrétiens et d'attirer par la force de ses arguments ceux qui ne le sont pas :

> Ista scientia... removet hominem ab omni errore et ab omni dubitatione et certificat infallibiliter ut nullus possit dubitare[122].

Un des signes les plus curieux pour nous de la profondeur de la crise au temps de notre auteur a été la recrudescence du prophétisme [123]. Sibiuda ne manque de s'y référer, comme nous avons vu, dans le prologue, mais la référence en question demande un éclaircissement. D'abord, il faut dire qu'elle n'apparaît que dans le prologue ; jamais plus dans le "Liber Creaturarum" il n'est question de l'approche de la fin du monde, pas plus dans les titres où Sibiuda étudie les problèmes eschatologiques (322-330). Nous pensons que l'allusion apocalyptique du prologue ne sert qu'à dramatiser. Sibiuda dramatise

---

117 Prol., éd. Stegmüller, p. 39*.
118 *Ib.*, p. 28*.
119 *Ib.*, pp. 28-29*.
120 *Ib.*, p. 28*.
121 Ms. Toulouse 747, fol. 279 r°.
122 Prol., éd. Stegmüller, p. 28*.
123 Cfr POU I MARTI ; J. M., *Visionarios, beguinos y fraticelos catalanes*, Vic 1930 ; BOHIGAS I BALAGUER, P. , *Profecies catalanes dels segles XIV i XV*, dans *Butlletí de la Biblioteca de Catalunya* VI (1920-1922) 24-49.

consciemment, en regard du lecteur, qu'il veut mettre en pied de guerre contre les ennemis de la foi et qu'il veut, d'autre part, rassurer et conforter :

> Et ideo nunc in fine mundi est summe necessaria omni christiano ista scientia infallibilis, ut quilibet sit munitus et certus et solidatus in fide catholica contra impugnatores fidei, ut nullus decipiatur et sit paratus mori pro ea[124].

Ces textes nous éclairent très bien sur la volonté de Sibiuda de rester à l'intérieur de l'orthodoxie chrétienne et de mener une campagne pour sa défense. Il faudrait maintenant savoir qui sont ceux qui attaquent la foi chrétienne. Or, dans le "Liber Creaturarum" il n'y a qu'une référence concrète aux musulmans, que nous allons étudier tout de suite. Pour le reste, il faut faire des hypothèses. Mais les textes sebondiens non seulement nous y autorisent, mais encore ils nous y aident.

L'effort que réalise Sibiuda pour donner une base rationnelle à la foi chrétienne et, notamment, pour démontrer qu'elle correspond aux besoins de l'homme, même dans ce qu'elle comporte d'éléments supra-rationnels, est dirigé contre ceux qui ne croient plus, ceux de ses contemporains qui étalent un scepticisme élégant et qui, comme Bernat Metge, ne croient qu'à ce qu'ils voient[125]. Par contre, Sibiuda veut les ramener à la foi, en gagnant leur intelligence :

> Ecce modum et practicam trahendi homines non credentes ad credendum et affirmandum illa que non intelligunt per racionem : et per istum modum intellectus humanus roboratur et conformatur (sic) et firmatur ut firmiter credat[126].

C'est pour ceux-là qu'il a mis en place sa *regula et ars affirmandi et negandi*, avec laquelle il tente d'établir que seule la religion chrétienne dignifie et exalte la nature de l'homme. Enraciner toutes les vérités religieuses fondamentales dans l'homme, donner ainsi un statut en quelque sorte rationnel à la foi chrétienne, voilà l'ambition avouée, et combien dangereuse, de Sibiuda :

> Sequitur et concluditur quod quilibet homo in quantum homo est debet et tenetur et obligatur de iure nature et secundum ordinem nature affirmare et credere fidem christianam et eius oppositum refutare et negare, quia cum opporteat, postquam fuerit audita et intellecta, eam affirmare et credere uel negare et eius oppositum credere uel de ea dubitare. postquam melius est homini inquantum homo est eam affirmare et credere quam eius oppositum, et cum homo teneatur uti hiis

---

[124] Prol., éd. Stegmüller, p. 29*.
[125] "Ço que veig crec e del pus no cur" (je crois à ce que je vois, le reste ne m'intéresse point) ; *Lo Somni*, éd. c., p. 166.
[126] Ms. Arsenal 747, fol. 37 r°, lignes 20-23

que habet ad suum bonum sicut alie creature, sequitur quod debet uti intellectu suo ad suum bonum eam affirmando et credendo et oppositum negando[127].

Nous croyons que le souci apologétique de Sibiuda est à l'origine de son idée d'entreprendre une lecture à fond du livre des créatures, pour en dégager les vérités de la foi. En choisissant la nature, il se place dans un terrain qu'il partage avec l'adversaire, *l'impugnator fidei*. Et il tentera de réduire la résistance de celui-ci par la solidité de ses preuves, les témoins supérieurs qu'il appellera à comparaître, l'expérience et les *rationes probantes*. Nous sommes en plein climat de discussion et notre auteur s'y engage sans réserves. On ne saurait pas passer sous le silence la contradiction qui se glisse dans l'attitude de Sibiuda, pour qui son oeuvre doit livrer tout naturellement cette *sapientia scripta in creaturis*, celle même toutefois que :

> nullus potest videre nec legere per se in dicto libro semper aperto nisi sit a deo illuminatus et a peccato originali mundatus[128].

Dans son oeuvre, Sibiuda n'explique pas comment s'articulent la lecture naturelle du livre des créatures et l'illumination surnaturelle. Il rapproche tant qu'il peut l'ordre naturel de l'ordre surnaturel. Sa méthode tend à donner l'impression qu'en montant par les degrés de l'échelle de nature, on s'élève sans solution de continuité jusqu'à la transcendance et la foi. Plus que d'une confusion entre le naturel et le surnaturel, il s'agit dans le "Liber Creaturarum" d'une interaction mutuelle constante des deux ordres, suppôt apologétique de base, que, pour des raisons d'efficacité, n'est pas toujours franchement mis en lumière. Cet "oubli" n'est peut-être pas sans rapport avec l'empressement tout pratique et expéditif de maître Ramon. En tout cas, c'est un "oubli" qui fixe aussi les limites de son effort ambitieux.

B - POLEMIQUE ANTI-MUSULMANE : L'AFFAIRE TURMEDA

Il y a dans le "Liber Creaturarum" une longue polémique anti-musulmane, qui traîne à travers beaucoup de titres d'une façon un peu larvée et qui éclate finalement dans les titres 206-208. Ceci nous amène à poser la question des causes historiques qui ont pu alimenter cette discussion. Remarquons d'abord que l'intention polémique à l'égard des musulmans apparaît déjà au point de départ de l'ouvrage, dans le prologue :

> Et cognoscuntur infallibiliter omnes errores antiquorum philosophorum paganorum et infidelium... Et omnis secta quae est contra fidem catholicam cognoscitur et probatur infallibiliter esse falsa et erronea[129].

---

[127] *Ib.*, fol. 39 r°, ligne 39-v°, ligne 6.
[128] Prol., éd. Stegmüller, p. 38*.
[129] *Ib.*, pp. 28* - 29*.

Nous croyons que ces infidèles, cette *secta*, sont les musulmans. En effet, dans le contexte historique de Sibiuda, il ne peut pas s'agir que des musulmans ou des juifs. Mais nous avons déjà vu dans la première partie de ce travail que Ramon Sibiuda ne considère pas les juifs comme des adversaires dangereux. Il n'en est pas ainsi avec les musulmans. Ils sont dangereux. C'est pourquoi une allusion au martyre pour la défense de la foi ne manque pas au prologue :

> ... est summe necessaria omni christiano ista scientia infallibilis, ut quilibet sit munitus et certus et solidatus in fide catholica contra impugnatores fidei, ut nullus decipiatur et sit paratus mori pro ea[130].

Plus loin, dans le titre 89, Sibiuda vise ouvertement les musulmans, en employant le même terme qu'au prologue, *secta* :

> ... omnis lex seu secta que ponit principale bonum hominis et principalem eius remuneracionem in rebus corporalibus, uisibilibus et sensibilibus per aliquem sensum, quod talis lex et secta est mendosa, falsa et deceptuosa et est contra hominem in quantum homo est[131].

Dans ce même texte, il y a encore une petite phrase qui nous oriente dans un sens très précis :

> ... et tales homines tenentes talem sectam seu legem sunt decepti et querunt uanitatem et mendacium et omnes sunt perditi. Et ideo quicumque talem legem seu sectam inchoauit ipse fuit deceptus in se ipso et fit deceptor aliorum mendax, dolosus, fraudulentus[132].

Ce texte vise clairement ceux qui se convertissent à la foi musulmane ; on ne peut pas lui donner une interprétation rhétorique, parce que du temps de Ramon Sibiuda ces conversions n'étaient pas tellement rares. On sait que des cas se produisaient surtout parmi ceux qui étaient faits prisonniers par les musulmans et, ensuite, étaient voués à l'esclavage[133] ; mais entre 1386 et 1390 a eu lieu la scandaleuse conversion publique à la foi mahométane du frère franciscain majorquin Anselm Turmeda, laquelle a beaucoup troublé les contemporains, à commencer par les plus hautes autorités de la chrétienté, d'autant plus qu'il semble que cette conversion a été l'aboutissement d'une longue crise intellectuelle et de conscience[134].

Mais il n'y a pas eu que le fait brut de la conversion. Placé à la tête de la douane par le sultan de Tunis, Turmeda n'interrompit jamais les rapports avec

---

130 *Ib.*, p. 29*.
131 Ms. Arsenal 747, fol. 49 r°, lignes 35-39. Pour l'emploi du terme *secta* à propos des musulmans, cfr aussi *Summa contra gentes*, lib. I, cap. 6, éd. Madrid, BAC 1953, p. 108.
132 Ms. Arsenal 747, fol. 49 r°, ligne 39-v° ligne 2.
133 Cfr. EPALZA, *o. c.*, p. 25, note 73 ; pp. 39-40 ; FERRER I MALLOL, Mª Teresa, *Els Sarraïns de la Corona Catalano-Aragonesa en el segle XIV. Segregació i Discriminació*, Barcelona, CSIC 1987, pp. 77-82.
134 Pour Turmeda, cfr EPALZA, *o. c.* ; bibliogr., pp. 181-3.

ses connationaux, et, d'une façon plus générale, avec les ressortissants du monde latin qui se rendaient à Tunis pour commercer. C'est aux marchands catalans qu'il confia ses oeuvres en vue de leur diffusion en chrétienté : en 1398, le *Libre de bons amonestaments*, adaptation catalane de la *Dottrina dello schiavo di Bari* (s. XIII), recueil de bons conseils selon l'esprit de la morale chrétienne, mêlés à des traits immoraux et d'intention anti-monastique, et qui est resté jusqu'au début du XIXe s. le livre de lecture des enfants dans les écoles catalanes[135]. En cette même année, il écrit le poème *Cobles de la divisió del regne de Mallorques*, rédigé à la demande de quelques marchands majorquins, dans lequel il ne se montre pas moins chrétien et catholique que dans l'ouvrage précédent [136]. Peut-être les *Cobles* ont fait naître l'idée que Turmeda voulait retourner au sein de l'Eglise, parce que quatre années plus tard Roger de Montcada, vice-roi de Mallorca, livre un sauf-conduit à l'intention de *frère Anselme Turmeda renégat*, en l'assurant de sa protection, pour qu'il puisse se rendre en pays chrétien[137]. Cependant, Turmeda resta à Tunis. En 1407, il écrit des *Profecies*, genre qu'il aimait, ainsi que l'astrologie, en se montrant toujours chrétien et obsédé par le Schisme[138]. En 1412, à Peníscola, Benoît XIII signe l'absolution d'apostasie à l'intention de frère Anselm Turmeda, dans un document par lequel il excommunie tous ceux qui voudront emprisonner Turmeda, le molester ou empêcher qu'il ait des rapports normaux avec les chrétiens[139]. Turmeda s'est-il adressé au pape, ou bien la démarche venait de Benoît XIII lui-même, entêté à faire des choses extraordinaires pour consolider sa position, de jour en jour plus chancelante ? On n'en sait rien. En tout cas, la première hypothèse n'est pas à exclure, parce que, deux ans plus tard, en 1414, nous voyons le roi d'Aragon Ferdinand I en train de vouloir répondre à une lettre de "frère Anselm renégat, qui est à Tunis"[140], ce qui prouve que Turmeda n'avait pas de difficulté à communiquer avec les autorités chrétiennes. En 1417, il rédige la *Disputa de l'ase contra Encelm Turmeda sobre la natura e noblesa dels animals*, qui nous a été transmise seulement par une traduction française parue à Lyon en 1544, trois fois réimprimée. Sa thèse est que l'homme est inférieur aux animaux, et que seule l'Incarnation du Verbe a pu renverser ce rapport. Dans le cadre d'une assemblée de toutes les bêtes, frère Anselme dispute avec un âne (alter ego ironisant ?). L'âne pulvérise tous les arguments en faveur de la suprématie de l'homme

---

[135] Cfr. RIQUER, M. DE, *Història de la literatura catalana*, t. II, Barcelona, Ariel 1964, pp. 274-280, dont nous résumons l'exposé.
[136] ID., *ib.*, pp. 280-285.
[137] ID., *ib.*, p. 270.
[138] ID., *ib.*, pp. 296-298.
[139] ID., *ib.*, pp. 270-271.
[140] ID., *ib.*, p. 272.

étalée per Turmeda. Le résultat de la dispute est favorable au franciscain lorsqu'il en appelle finalement à l'Incarnation ; il n'est pas impossible que l'introduction de ce recours extrême obéisse à la volonté de renforcer encore les réponses sarcastiques de l'âne. Quoiqu'il en soit, cette *Disputa* n'en est pas moins un calque, parfois littéral, d'un apologue contenu dans l'encyclopédie rédigée par les Frères de la Pureté, secte philosophique musulmane qui a eu un certain éclat à Bassorah vers le milieu du Xe siècle. Cependant Turmeda a soin de christianiser l'oeuvre arabe, dans le sens au moins que son auteur s'y présente comme un religieux et théologien fameux et par le recours à l'Incarnation[141]. Deux années plus tard, Turmeda écrira en arabe l'opuscule *Tuhfat al-arib fi-l-radd ala ahl al-salib* (Présent de l'homme lettré pour réfuter les partisans de la croix), dans lequel il développe une réfutation de la doctrine catholique à l'intention des musulmans[142]. Cet opuscule n'a pas été connu en chrétienté avant le XIXe siècle. Il est probable que Turmeda ait joué un double jeu, en faisant croire aux chrétiens qu'il aimerait revenir, d'une part, et en rassurant les musulmans sur la fermeté de sa conversion par son opuscule, d'autre part. Connu en chrétienté par les oeuvres qu'il rédigea en catalan, personne n'a su, à ce qu'il semble, du vivant de frère Anselme, qu'il avait combattu le christianisme. Honoré du côté musulman par sa *Tuhfa*, on ignorait jusqu'à nos jours son activité littéraire vis-à-vis des chrétiens. C'est ce double jeu savamment mené ce qui explique qu'encore en 1423 le roi Alphonse V d'Aragon s'adresse à "son aimé frère Anselme Turmeda, appelé aussi alcaïd Abd Allah", pour lui élargir un sauf-conduit pour qu'il puisse se rendre en pays chrétien avec sa femme, ses fils, ses filles, ses serviteurs et toute sorte de biens et de marchandises. C'est la dernière donnée que nous avons sur la vie d'Anselme Turmeda, qui est mort à Tunis vers 1424[143].

Revenons à Sibiuda ; Au delà de la polémique générale contre les musulmans, il nous semble qu'entre le "Liber Creaturarum" et la *Disputa* il y a certains rapports à relever. D'abord, c'est le thème essentiel de l'oeuvre de Turmeda qui se trouve contredit par Sibiuda. La thèse que Turmeda combat est exprimée ainsi dans la *Disputa* par l'intermédiaire du roi des animaux :

> Le roy apres auoir ouy le connil, luy dict : Dis moy, Connil, est ce cestuy frere Anselme qui se faict tant sçauant ? et est tant oultrecuyden, qu'il dict et presche, et tient par opinion que les filz d'Adam sont plus nobles et exellents, et de plus grande dignité, que nous aultres animaulx ne sommes ? et bien dauantage ainsi qu'ay ouy dire : il dict et affirme, que nous aultres n'auons esté creéz, sinon pour leurs seruices, et qu'ilz sont nos Seigneurs, et nous aultres leurs vassaulx, et dict plusieurs

---

[141] ID., *ib.*, pp. 286-294.
[142] Edition critique, avec trad. espagnole, dans EPALZA, *o. c.*, pp. 191-497.
[143] RIQUER, *o. c.*, p. 274.

aultres fantasies, et mocqueries, et presche contre nous sans donner aulcunes preuues, ou raisons iustes. Et les aultres filz d'Adam luy donnent foy, et croyent fermenent ce qu'il dict contre nous estre verité[144].

Bien que le "Liber Creaturarum" ne se borne pas à établir la supériorité de l'homme sur les animaux, ce thème revient souvent tout au long de l'ouvrage. Maître Ramon lui accorde une importance spéciale, puisqu'il aime le reprendre. Il le développe d'abord dans le titre 63, puis on le trouve subjacent dans les titres 93-96, ensuite il émerge à nouveau dans le titre 203. Si, dans Turmeda, la comparaison systématique de l'homme et des animaux tourne toujours au désavantage de l'homme, dans Sibiuda ce même recours comparatif est un des moments essentiels qui permettent à l'homme de se connaître tel qu'il est et de s'élever vers la connaissance de Dieu :

> Quoniam autem homo habet super animalia et alias res inferiores intellectum et uoluntatem, considerandum est quid et quantum potest homo plus per suum intellectum et suam uoluntatem, quam animalia nec alie res possunt, ut clarius differencia cognoscatur : unde homo potest intelligere uerba et sermones et sentencias et percipit significata diccionum et hoc non faciunt animalia... Ymo si homo uult clare uidere quod illa que habet sunt magna et magne dignitatis, comparet se ipsum ad inferiora et ad animalia que non acceperunt nec habent hoc. Et hic est totum secretum et clauis tocius cognicionis hominis de se ipso, et nisi homo faciat hoc, numquam cognoscet se ipsum nec contemptabitur de deo / et si hoc faciat et continue faciat magis cognoscet se ipsum et cognoscet per experienciam quam magna sunt ista que accepit ultra animalia et gaudebit et relinquet omnia alia extra se et erit semper contentus de creatore suo[145].

Face au scepticisme sournois et au plat rationalisme de Turmeda, Sibiuda souligne la dignité transcendante de l'homme :

> Deus non fecit creaturas inferiores propter se ipsas nec propter bonum earum sed omnes fecit et ordinauit propter hominem et propter bonum hominis, et propter utilitatem hominis, scilicet, propter seruicium, uel propter necessitatem, uel propter solacium et gaudium hominis uel propter doctrinam. et quidquid deus dedit creaturis dedit eis propter hominem, et quidquid habent et acceperunt creature inferiores a creatore totum habent et acceperunt propter hominem et non propter se ipsas[146].

Il insiste sur l'intériorité propre à l'homme, qui n'a pas de parallèle dans le monde animal :

---

[144] *Disputation de l'asne contre frere Anselme Turmeda*, Lyon 1544, réimpr. par R. FOUCHE-DELBOSCH, *Revue Hispanique* 24 (1911) 370-371.
[145] Ms. Arsenal 747, fol. 31 v°, lignes 5-28.
[146] *Ib.*, fol. 48 r°, lignes 31-37.

> Uidemus autem per experienciam quod animalia bruta que sunt infra hominem non possunt cognoscere honorem nec laudem nec gloriam nec opposita istorum... Et inde possumus concludere manifestissimam differenciam et separacionem et distincionem ad oculum inter homines et omnia animalia per honorem laudem et gloriam et per contraria istorum. Et ideo sequitur quod omnia ista ascendunt animalia. Et per consequens sunt res insensibiles et intellectuales et apprehensibiles per intellectum. Et ideo sequitur quod honor laus gloria solum pertinent ad res intellectuales et spirituales. Et exinde eciam possumus concludere quod homo habet aliquid in se occultum et inuisibile et alios oculos occultos et alias aures et alium uisum supra animalia, quia cognoscit honorem et confusionem etc. et animalia non possunt[147].

Ces derniers mots pourraient viser une longue réquisition de l'âne de la *Disputa* en faveur de la perfection et de la souplesse des sens des animaux, qui sont censés être supérieurs à ceux de l'homme[148]. Enfin, contre les attitudes critiques, dissolvantes et égocentriques de Turmeda, Sibiuda ébauche les lignes maîtresses d'un humanisme chrétien.

Nous pensons, donc, que la conversion de Turmeda à la foi musulmane et son activité littéraire postérieure éclaire les motifs, la portée et le sens de la polémique anti-musulmane du "Liber Creaturarum". C'est une polémique intellectuelle, engagée à partir d'une position commune : si Turmeda aime les *preuues ou raisons iustes*, Sibiuda lui répond par ses *rationes probantes*. Si Turmeda ironise, Sibiuda apostrophe Mahomet et, en le comparant avec Jésus-Christ, il essaye de le placer dans ses justes limites :

> Unde machometus... dixit se esse prophetam. Nulla autem comparacio inter nomen prophete et nomen filli dei... Quare nullus alius qui sit contra Jesum Christum est recipiendus, nec ei est aliquomodo credendum nec oboediendum[149].

---

[147] *Ib.*, fol. 116 r°, ligne 22-v°, ligne 6.
[148] Cfr *Revue Hispanique* 24 (1911) 380-385.
[149] Ms. Arsenal 747, fol. 118 r°, lignes 18-21 ; 36-37.

CHAPITRE VI

SOURCES INTERNES DU "LIBER CREATURARUM"

Nous allons d'abord essayer d'étudier le rapport du *Liber Creaturarum* avec les efforts apologétiques les plus connus, antérieurs à Ramon Sibiuda. Ensuite nous étudierons les auteurs qui sont des sources directes pour sa pensée. Cela fait, il ne restera que la tâche de proposer une hypothèse sur la genèse de cette pensée, ce que nous pourrons entreprendre correctement après avoir décelé ses sources.

A - LA TRADITION APOLOGETIQUE DU MOYEN AGE ET LE "LIBER CREATURARUM"

Oeuvre apologétique, le *Liber Creaturarum* vient s'inscrire dans le courant d'une série ininterrompue d'efforts pour vindiquer le christianisme, face aux ennemis extérieurs ainsi qu'aux germes intérieurs de dissolution. Nous n'allons pas dresser un inventaire de tous ces efforts, car l'ampleur de cette tâche nous déborderait. Mais, en vue de situer Sibiuda dans le courant apologétique médiéval, il nous a semblé utile de mentionner ici les systèmes apologétiques les plus connus du moyen-âge et de les mettre en rapport avec celui de maître Ramon. Dans ce travail, nous ne pourrons tenir compte que des orientations primordiales propres à chaque système, les questions de détail ne pouvant pas être retenues dans notre étude ; cependant, nous croyons qu'il est possible d'obtenir, avec cette méthode, des éclaircissements suffisants pour relever la position de Sibiuda au sein du courant apologétique médiéval.

1 - ALAIN DE LILLE

Mort en 1203, Alain de Lille est un des premiers penseurs du Moyen-Age latin qui a entrepris la tâche d'attaquer sur le plan doctrinal les ennemis intérieurs - les cathares - et extérieurs - musulmans et juifs - de la chrétienté. Dans ses oeuvres, il plaide pour que la théologie s'inspire de la méthode mathématique :

> ... ut igitur in mathematica fieri solet caeterisque etiam disciplinis, proposui terminos regulasque quibus cuncta quae sequuntur efficiam[150].

---

[150] Cité par GILSON, E., *La philosophie au Moyen Age* ; tr. espagnole, Madrid, Gredos 1972", p. 291.

Il voulait donner à la théologie une rigueur scientifique à partir de ses principes, la réduisant à des formules abstraites, *maximae theologiae*, qui se développent par des propositions rigoureusement déductives[151].

Si ce n'est pas la méthode d'Alain que Sibiuda adoptera, et dans ce sens nous ne pouvons pas la regarder comme une source directe pour le *Liber Creaturarum*, il y a cependant dans le *De fide catholica contra haereticos* d'Alain quelques arguments qui seront développés par Sibiuda. D'abord nous pensons que le chapitre XXXI de l'oeuvre d'Alain - *quibus rationibus probatur quod anima humana sit immortalis* - contient en germe la *regula et ars affirmandi et negandi* de maître Ramon.

> Item, ad idem probandum, possumus uti ea insinuatione qua usus est quidam religiosus contra philosophum qui negabat animam esse immortalem. Ait enim : aut anima est mortalis, aut est immortalis. Si mortalis est anima et credis eam esse immortalem, nullum tibi inde provenit incommodum. Si autem est immortalis et credis eam esse mortalem, aliquod potest tibi inde provenire incommodum. Ergo melius est ut credatur immortalis quam mortalis. Quia, ut ait Aristoteles in libro "De eligendis duobus propositis", si istius est consecutivum malum et illius est consecutivum bonum, magis est illud eligendum cuius est consecutivum bonum, quam aliud cuius est consecutivum malum[152].

Cet argument, rapporté par Alain comme un enseignement traditionnel et qui remonte du moins à Arnobe[153], est repris, comme nous avons vu, par Sibiuda ; mais, allant un peu au delà de l'utilité immédiate, notre auteur lui confère un sens plus élevé : *exaltare et dignificare naturam* :

> ... et concluditur quod homo de iure nature debet et tenetur et obligatur credere, affirmare et recipere istam partem tamquam veram que erit magis ad utilitatem et bonum et perfectionem et meliorationem et dignitatem et exaltationem hominis in quantum homo est[154].

---

[151] GILSON, *ib.*, pp. 291, 294.

[152] *De fide catholica contra haereticos*, cap. XXXI ; PL 210, 334 A - B.

[153] ARNOBE, *Adversus nationes libri VII* : "Verum haec omnia inlustrius commemorabuntur et planius cum ulterius prorsus fuerimus evecti. Monstrabimus enim Christum non impietatem docuisse nationes, sed ab latronibus pessimis miserorum hominum imprudentiam vindicasse. Non credimus, inquitis, vera esse quae dicit. Quid enim ? Quae vos negatis vera esse apud vos liquet, cum imminentia et nondum passa nullis possint rationibus refutari ? Sed et ipse quae pollicetur non probat. Ita est : nulla enim ut dixi futurorum potest existere comprobatio. Cum ergo haec sit conditio futurorum, ut teneri et comprehendi nullius possint anticipationis attractu, nonne purior ratio est (et) ex duobus incertis et in ambigua expectatione pendentibus id potius credere quod aliquas spes ferat quam omnimo quod nullas ? In illo enim periculi nihil est, quod dicitur imminere cassum (si) fiat et vacuum ; in hoc damnum est maximum, id est salutis amissio, si cum tempus advenerit aperiatur non fuisse mendacium". Cfr *Corpus Script. Lat. Paravianum* LXII, Augustae-Taurinorum - Paraviae 1934, lib. II, n° 4.

[154] Ms Arsenal 747, fol. 35 v°, lignes 17-20.

Un autre argument d'Alain de Lille que Sibiuda développera c'est l'exemple qu'Alain apporte pour montrer *quod vere unitas est in essentia et pluralitas in personis* :

> ... cum dicitur unus vel unius naturae Deus est, nulla trium personarum excluditur, quia ipsae sunt unus Deus, et unius naturae, velut dici potest de his vocibus adiectivis, albus alba album ; qui profert enim unam, nullam aliarum vocum excludit, quia sunt unum nomen ; nam licet istae voces plures sunt, non tamen sunt plura nomina, sed unum et unius institutionis nomen. Similiter tres personae sunt unus et unius essentiae Deus[155].

Partant de ce texte et du chapitre XXIV du livre VI du *De Trinitate* de Richard de Saint-Victor, Sibiuda construira son long titre 54, dans lequel il manifeste par voie d'exemple l'articulation en Dieu de l'Unité et de la Trinité :

> Unde idem significatur dum dicitur *legit lectionem, lectio legitur* et *legitur* impersonaliter sumptum, sed tamen non eodem modo, et sic est idem significatum et tres modi ; et ideo sunt tria verba distincta, et sic applica per te ipsum[156].

On pourrait relever d'autres coïncidences, ce qui n'est pas surprenant, puisque Alain et Sibiuda ont repris le même genre de travail sur la même matière. Il suffira de remarquer qu'Alain, dans son *De fide catholica contra haereticos* a recours à des autorités, car il en a besoin lorsqu'il attaque frontalement les doctrines de certains hérétiques chrétiens. Sa méthode n'est, donc, pas celle de notre Sibiuda. Mais, au delà des différences de temps, de méthode et même de thèmes en discussion, nous constatons un courant de préoccupations et de pensées qui se transmet d'âge en âge et d'auteur en auteur.

2 - NICOLAS D'AMIENS

Les exigences méthodologiques de Nicolas d'Amiens[157] vont plus loin que celles d'Alain de Lille. Conscient que l'argument d'autorité ne peut rien contre les infidèles et dépourvu du don de faire des miracles[158], Nicolas prend parti pour les *rationes probabiles* :

> Probabiles igitur fidei nostrae rationes quibus perspicax ingenium vix possit resistere studiosius ordinavi, ut qui prophetiae et evangelio acquiescere contemnent, humanis saltem rationibus inducantur[159].

---

[155] *De fide catholica contra haereticos*, lib. III, cap. II ; PL 210, 401 D - 402 A.
[156] Ms Arsenal 747, fol. 27 r°, lignes 14-16.
[157] Nous suivons l'exposé de GILSON, *o. c.*, éd. c., pp. 295-297.
[158] NICOLAS D'AMIENS, *De arte seu articulis catholicae fidei*, prol. : "Sed nec miraculorum gratia mihi collata, nec ad vincendas haereses sufficit auctoritates inducere, cum illas moderni haeretici aut prorsus respuant, aut pervertant" ; PL 210, 595 A.
[159] ID., *ib.*

Ces *rationes* il va les ordonner d'une façon rigoureuse, en les organisant en définitions, dictinctions et propositions enchaînées selon un ordre intentionnel, appuiées sur des postulats et des axiomes. C'est le contenu de son *Ars catholicae fidei*, une sorte de théologie *more geometrico demonstrata*, mais avec conscience claire de ses limites :

> Hae vero rationes, si homines ad credendum inducant, non tamen ad fidem capessendam plene sufficiunt usquequaque. Fides etenim non habet meritum cui ratio humana ad plenum praebet experimentum. Haec etenim erit gloria nostra, perfecta scientia comprehendere in patria quod nunc quasi in aenigmate per speculum contemplamur[160].

Ces *rationes probabiles* de Nicolas d'Amiens constituent le précédent presque immédiat des *rationes probantes* de Lulle et de Sibiuda. De Nicolas à eux, survivra la préoccupation de formuler un *ars* pour convaincre ou réduire l'adversaire de la foi catholique, sans devoir faire appel aux autorités, en partant de la seule raison et de ses principes. Il fallait peut-être essayer d'abord les rigoureuses déductions géométriques de Nicolas d'Amiens, avant d'en arriver à la colossale entreprise de Lulle ou au vaste système inductif axé sur l'homme et sur son expérience que tentera Ramon Sibiuda. C'est pourquoi nous n'avons pas voulu passer sous silence la tentative de Nicolas ; bien qu'il n'est pas une source directe pour notre auteur, il en est indiscutablement un précédent illustre.

3 - SAINT THOMAS

Le *Liber Creaturarum* est à mettre en rapport avec la *Summa contra Gentes* de saint Thomas ? On rencontre parfois des idées communes aux deux ouvrages et, dans quelques endroits, le texte sebondien paraît suivre de près la *Summa contra Gentes*. Par exemple, lorsqu'il cherche à établir l'existence des anges, Sibiuda donne une raison que nous retrouvons dans l'ouvrage de saint Thomas :

Summa contra Gentes :

> Adhuc. Si ex aliquibus duobus invenitur aliquid compositum ; et alterum eorum invenitur per se quod est minus perfectum : et alterum, quod est magis perfectum et minus reliquo indigens, per se invenitur. Invenitur autem aliqua substantia composita ex substantia intellectuali et corpore, ut ex praemissis patet. Corpus autem invenitur per se : sicut patet in omnibus corporibus inanimatis. Multo igitur fortius inveniuntur substantiae intellectuales corporibus non unitae[161].

---

160 ID., *ib.*
161 SCG II, cap. 91 ; éd. B. A. C., vol. I, Madrid 1967, p. 718.

Sibiuda :

> Unde postquam est et existit realiter natura corporalis et natura spiritualis simul coniuncta in una persona, ut in homine ; et ultra hoc etiam natura corporalis est et existit per se separata : quare etiam non erit et existet natura spiritualis creata per se, sicut natura corporalis ?[162].

L'analogie que saint Thomas établit entre les phases de la vie corporelle et celles de la vie spirituelle qui est conférée par les sacrements, a été aussi reprise par Sibiuda. Une lecture parallèle des chapitres 58, 59, 60, 61, 70, 73 et 74 du livre IV de la *Summa contra Gentes* et des titres 282, 284, 285, 294 et 302 du *Liber Creaturarum* le manifeste. Cependant, nous ne saurions pas tirer aucune conclusion sur cette identité de vues en ce qui concerne un point de la doctrine des sacrements, d'autant plus que nous n'avons pas pu relever aucun emprunt direct, de quelque importance, fait par Sibiuda à saint Thomas. Le rapport entre les deux auteurs doit être regardé sous un autre jour.

Car il y a une différence radicale entre la méthode des ouvrages de saint Thomas et celle de maître Ramon. Tandis que saint Thomas distingue soigneusement le domaine des vérités religieuses accessibles à la connaissance humaine par l'effort de la philosophie, d'une part, des vérités religieuses connues seulement par révélation, d'autre part, Sibiuda traite toute la matière révélée comme un sujet de démonstration rationnelle. Ceci révèle la confiance un peu naïve, tout de même, dans le pouvoir de la raison que Sibiuda avait, si diverse de la position beaucoup plus nuancée de saint Thomas[163].

Cette confiance sebondienne dans le pouvoir de la raison ne se montre pas seulement dans la forme d'aborder le problème de la Trinité ou de l'Incarnation ; on la retrouve aussi dans des questions plus "neutres" et notamment dans le problème de la création éternelle ou non éternelle du monde, que saint Thomas a traité dans la *Summa contra Gentes* avec une prudence particulière, montrant la faiblesse de certaines raisons alléguées en faveur de la non-éternité du monde[164], et en remarquant toujours la distance entre ce que la foi enseigne et ce que la raison peut élucider avec ses propres ressources. Ce n'est pas l'avis de Sibiuda, pour qui, si le monde n'était pas créé, on le *noterait* :

> Et ideo si mundus esset productus ab eterno et non de nouo, sed esset ei (*Deo*) equale in duracione et ipse non precederet mundum duracione :

---

[162] Tit. 218, p. 335.
[163] *Summa contra Gentes* I, cap. II : "... quidam eorum, ut Mahumetistae et pagani, non conveniunt nobiscum in auctoritate alicuius Scripturae, per quam possint convinci, sicut contra Iudaeos disputare possumus per Vetus Testamentum, contra haereticos per Novum. Hi vero neutrum recipiunt. Unde necesse est ad naturalem rationem recurrere cui omnes assentire coguntur. Quae tamen in rebus divinis defficiens est" ; *éd. c.*, I, pp. 98-99.
[164] *Summa contra Gentes*, II, cap. 38.

> Jam notaretur aliqua equalitas in eternitate, iam notaretur quod ipse deus indigeret mundo et quod non potuit esse sine mundo et eciam quod naturaliter et ex necessitate produxit mundum et non ex mera liberalitate et omnia ista sunt absurdissima et nefandissima ipsi esse dei excellentissimo[165].

Ce *notaretur* est révélateur : Sibiuda n'est pas disposé à faire la moindre concession, il n'accepte pas les nuances qui peuvent donner de la force aux arguments de l'ennemi. Ou bien le monde est éternel, et alors il faut accepter toutes les conséquences de cette position, ou bien il n'est pas éternel, c'est à dire : on prouve bel et bien qu'il ne l'est pas.

Il y a encore une autre différence remarquable entre la pensée de Thomas et celle de Sibiuda, en ce qui concerne les rapports de la foi et de la raison. La position classique de saint Thomas n'est pas du goût de Sibiuda, qui insiste sur l'égalité de contenu du *Liber Creaturarum* et du *Liber Scripturae*, tous les deux ne différant que quant au mode de transmettre le même enseignement :

> ... primus est nobis connaturalis, secundus supernaturalis...[166].

Fidèle à cette idée, le vocabulaire de Sibiuda ne s'abstient pas de renchérir et de mêler ce qui dans une perspective thomiste serait rigoureusement distingué. Il dit, par exemple, dans deux récapitulations :

> Et sic modo cognoscimus mundum de non esse et de nihilo uenisse et productum fuisse, quod primo nesciebamus. Et ita fuit ibi ascensus et descensus et unum esse manifestauit aliud esse, et adinuicem se manifestant et *reuelant*[167].
> Recolligentes ergo in generali omnia que manifestata sunt et reuelata sunt nobis per scalam quattuor graduum nature, possumus uidere qualiter per comparacionem hominis...[168].

Nous ne sommes pas sûrs que l'emploi de ce mot *revelare, revelari*, appliqué aux connaissances qu'on dégage de la considération du monde, soit délibéré, comme affirme Webb [169], mais il est indéniable qu'il signale des intentions qui se trouvent très loin des positions thomistes.

En conclusion, il faut reconnaître que Sibiuda n'a presque rien emprunté à saint Thomas ; il s'est contenté, tout au plus, de lui prendre quelque idée de théologie sacramentaire - très peu, à vrai dire -, tout en se dérobant de la pensée du docteur dominicain dans les questions fondamentales. C'est que la source la plus proche de l'apologétique sebondienne se trouve ailleurs, et cette

---

[165] Ms Arsenal 747, fol. 12 v°, lignes 7-12.
[166] Prol., éd. Stegmüller, p. 37*.
[167] Ms Arsenal 747, fol. 11 r°, lignes 24-27.
[168] *Ib.*, fol. 27 r°, lignes 18-20.
[169] Cfr C. C. J. WEBB, *Studies in the History of Natural Theology*, Oxford, Clarendon Press 1915, p. 303.

même source était, si non complètement indépendante, du moins très originale. Nous allons aborder le problème des relations Lulle - Sibiuda.

4 - RAMON LULLE ET LE LULLISME DE RAMON SIBIUDA

a) La question

Le problème du lullisme de Ramon Sibiuda est ancien et il n'y a pas là-dessus d'opinion unanime[170]. Même parmi ceux qui connaissent assez bien l'oeuvre de Lulle et celle de Sibiuda, il y a désaccord en ce qui concerne le lullisme sebondien.

En 1896, Salvador Bové présentait Sibiuda comme un adepte *originel* du lullisme. Le rapport entre les deux auteurs était donné, selon Bové, par le fait que Sibiuda emprunte à Lulle les preuves des dogmes[171]. Cependant, quelques années plus tard, un disciple de Bové, Joan Avinyó, rapporte un témoignage beaucoup plus nuancé de son maître sur cette question : "Sur le problème de savoir si Ramon Sibiuda est ou n'est pas lullien, je dirai que j'appelle philosophe lullien celui qui, connaissant la philosophie du Bienheureux ou, si l'on veut, son système scientifique, l'applique dans ses oeuvres. Ce n'est pas le cas de Sibiuda. Il étudie les mystères de la religion catholique à la lumière de la raison naturelle, sans nier cependant la valeur des raisons qui prennent appui dans le surnaturel, et, par coïncidence, on peut souvent noter que beaucoup d'arguments de Sibiuda correspondent à l'application des définitions, conditions et règles de la descente de l'entendement selon le système scientifique lullien. C'est là tout le lullisme de Sibiuda, si quelqu'un veut toujours en parler. Pour moi, et raisonnant en propriété, ce lullisme est égal à zéro"[172].

En 1912, c'était J. Probst qui étudiait la question et en concluait non seulement des coïncidences générales de doctrine, mais aussi des ressemblances de forme et de détail. D'après Probst, il faut accepter l'hypothèse "d'une

---

[170] Déjà H. C. AGRIPPA DE NETTESHEIM (1486-1535) remarquait : "atque Raymundus Sabundus, qui librum creaturarum sive Theologiam naturalem edidit, eo ipso praeter reliqua sua scripta, satis ostendit quantum hac arte (l'Ars de Lulle) valuerit" ; cfr. *In Artem brevem Raymundi Lulli Commentaria. Epist. Dedic. I Laurentiano Lugdun.*, dans *Operum pars posterior*, Lugduni 1600, pp. 332-333. Et le card. J. BONA : "... Raimundi de Sabunde theologia Naturalis valde ingeniosa, praxim continens Artis magnae Raimundi Lulli... " ; cfr *Opera Omnia*, Antwerpiae 1677, p. 966. NAUDE aussi, quoique en passant, met ensemble Lulle et Sibiuda ; cfr *Relectiones hyemales de ratione et methodo legendi utrasque historias*, dans *Bibliographia politica*, Cantabrigiae 1684, p. 257. Par contre, COMPAYRE distingue soigneusement l'oeuvre des deux auteurs : "... renovabat opus a multis, a Lullio inter alios, instauratum. Sed a Lullio sicut a ceteris ipso disserendi ac docendi more dissidebat. Errant enim qui putant similem fuisse Sabundo ac Lullio philosophandi rationem" ; cfr *De Raymundo Sabundo ac de theologiae naturalis libro*, Paris 1872, p. 29.
[171] BOVE, S., *Assaig crítich sobre'l filosoph en Ramon Sibiude*, Barcelona 1896, p. 142.
[172] AVINYO, J., *Història del Lul. lisme*, B. 1925, pp. 255-256.

filiation entre les deux théologiens espagnols"[173]. Cette filiation se montrerait dans la méthode, la métaphysique, la psychologie, dans l'expression même des doctrines. En somme, pour Probst, Sibiuda serait un Lulle modernisé[174].

Réagissant contre cette façon de traiter la question, les Carreras i Artau rappellent qu'il n'est pas indispensable, pour faire partie du courant lullien, de suivre littéralement le maître, ou de reproduire servilement tout ou des parties de l'opus lullien. Selon eux, Sibiuda se situe à l'intérieur d'une des trois directions dans lesquelles se développera l'oeuvre de Lulle, à partir de sa mort. Ces trois directions sont : la direction polémico-rationnaliste, la direction logico-encyclopédique et la direction mystique. Sibiuda appartiendrait à la première [175]. Cela dit, les Carreras ne renoncent pas pour autant à signaler des correspondances précises entre Lulle et Sibiuda. D'abord, ils signalent que le but sebondien de bâtir une science nouvelle équivaut en quelque sorte aux efforts entrepris par Lulle pour mettre au jour son *Ars* [176]. Ensuite, ils rappellent des coïncidences de terminologie [177] ; enfin, ils mettent en rapport le *Liber Creaturarum* avec le *Liber de articulis fidei sacrosanctae et salutiferae legis christianae seu Liber Apostrophe* de Lulle[178].

A leur tour, les Carreras i Artau ont été critiqués par le P. Mario Martins, pour qui les arguments des deux historiens sont faibles[179]. En fait, nous sommes d'accord avec lui. Si Tomas Carreras a très bien connu Lulle, sa lecture du *Liber Creaturarum* a été trop rapide, et il n'arrive pas à systématiser les diverses couches doctrinales dont Sibiuda a tiré parti. En revanche, il a raison lorsqu'il affirme qu'il faut rattacher Sibiuda à la tradition lullienne ; ce qu'on ne peut pas faire c'est le lui rattacher par des critères fondés sur des détails discutables. Nous reviendrons sur cette critique.

Récemment, J. N. Hillgarth a revendiqué, dans une étude remarquable, un rapport du lullisme sebondien avec le lullisme parisien du XIVe s. Ses conclusions demeurent toutefois prudentes, car il ne prétend pas faire une liaison directe. Mais il n'en signale pas moins des coïncidences qui frappent entre Sibiuda et *l'Introductio in artem Remundi* de Thomas le Myésier. Par ce biais, Hillgarth a ouvert une nouvelle voie d'accès à la compréhension du lullisme de notre auteur[180]. Nous allons traiter ces questions par son ordre.

---

[173] PROBST, J., *Le Lullisme de Raymond de Sebonde*, Toulouse 1912, p. 52.
[174] ID., *ib.*, p. 53.
[175] CARRERAS I ARTAU, T. y J., *Historia de la filosofía española. Filosofía cristiana de los s. XIII al XV*, t. II, p. 143
[176] ID., *ib.*, pp. 146-147.
[177] ID., *ib.*, pp. 148-150.
[178] ID., *ib.*, pp. 151-152.
[179] MARTINS, MARIO, *Estudos de Literatura Medieval*, Braga 1956, pp. 395-415.
[180] Cfr HILLGARTH, J. N., *Ramon Lull and Lullism in fourteenth-century France*, Oxford 1917, pp. 272-275, 318.

b) Le lullisme sebondien d'après les Carreras i Artau

Selon les Carreras i Artau, "Sibiuda se vante d'avoir découvert une nouvelle science, une science générale par rapport aux autres sciences et arts, qui équivaut à l'art générale lullienne"[181]. Pour prouver cette assertion, ils mettent en rapport le prologue du *Liber Creaturarum* avec le *Proemium* de *l'Ars generalis et ultima* de Lulle. Dans ce *proemium* Lulle dit :

> Idcirco requirit et appetit intellectus quod sit una scientia generalis ad omnes scientias et hoc cum suis principiis generalibus, in quibus principia aliarum scientiarum particularium sint implicita et contenta sicut particulare in universale... Per hanc quidem scientiam possunt aliae scientiae perfacile adquiri"[182].

Ces mots lulliens sont mis à côté de ces phrases du prologue sebondien, par les Carreras i Artau :

> Ista scientia nulla alia indiget scientia nec aliqua arte... ista est radix, origo, fundamentum omnium scientiarum quae sunt homini necessariae ad salutem. Et ideo qui habet eam in se, habet radicem et fundamentum omnis veritatis... ista est prima, et est homini necessaria[183].

L'interprétation des Carreras i Artau nous semble abusive. Lulle parle, en effet, d'une science des principes généraux qui doit contenir les principes des sciences particulières ; et nous savons bien que *l'Ars* est une tentative de systématisation logico-métaphysique. En revanche, la *scientia* que propose Sibiuda n'a rien à voir avec une nouvelle science générale qui contiendrait les principes des autres sciences ou arts particuliers. La science sebondienne a des objets très précis :

- se ipsum et suum conditorem ;
- omne debitum ad quod homo tenetur in quantum homo est ;
- omnem veritatem necessariam homini cognoscere tam de homine quam de deo... et omnia quae sunt necessaria homini ut perveniat ad vitam aeternam ;
- quidquid continetur in Sacra Scriptura ;
- omnis quaestio quae debet sciri ab homine tam de deo quam de homine ;
- tota fides catholica probatur et cognoscitur esse vera.

Sibiuda remarque que sa science "ordinat omnes alias ad bonum finem et ad veram utilitatem", il se borne au domaine éthique :

> ... ista scientia docet hominem cognoscere se ipsum ; propter quid factus sit et a quo factus sit ; quid est bonum suum ; quid est malum

---

[181] CARRERAS I ARTAU, T. y J., *o. c.*, p. 146.
[182] Texte cité par les CARRERAS I ARTAU, o. c., p. 147, note 119.
[183] Prol., éd. Stegmüller, pp. 30* - 31*.

suum ; quid debet facere, ad quid obligatur et cui obligatur. Et nisi homo primo cognoscat omnia ista, quid proficiunt aliae scientiae ? Omnes sunt vanitas homini et omnibus utitur male et ad suum damnum, quia nescit quo vadit nec unde venit nec ubi est[184].

Le titre même de l'oeuvre qu'ils analysent aurait pu détourner les Carreras i Artau de mettre en rapport *l'Ars* lullienne avec la *Scientia libri creaturarum seu nature seu liber de homine* de maître Sibiuda.

Les Carreras prétendent, en suite, que Sibiuda emprunte à Lulle sa notion des *scalae*, avec les degrés, et les deux moments de *l'ascensus* et du *descensus*. Il faut dire d'abord que tous ces concepts se trouvent dans d'autres auteurs, que Sibiuda a utilisé, comme nous verrons plus loin. Et la façon dont Sibiuda se sert de ces termes incline à penser qu'il ne les a pas pris de Lulle. Sous la plume de Sibiuda, *scala* signifie toujours la gradation d'une connaissance, en partant de ses niveaux les plus inférieurs : il y a ainsi une *scala trinitatis* (tit. 55), une *scala amoris* (tit. 178), une *scala angelica* (tit. 218), une *scala gratiae* (tit. 281), une *scala sacramentalis* (ib.). Le *Liber Creaturarum* est appelé aussi *scala naturae*. Donc, *scala* signifie un domaine, un secteur ou un niveau de recherche. Richard de Saint-Victor parle aussi dans ce sens d'une *exterioris scientiae scala*[185] ; ou bien il invite à monter par l'échelle des choses visibles[186].

Bonaventure, de son côté, parle des *scalares gradus* par lesquels l'intellect humain s'élève vers Dieu, son principe[187]. Finalement, la *scala* est un concept que nous retrouvons dans l'oeuvre de frère Antoni Canals, précisément appelée *Scala de contemplacio*.

Mais il est bien plus grave de mettre en rapport les "modi, conditiones et regulae" de Lulle avec les mêmes termes employés par Sibiuda[188]. Dans la langue philosophique de Lulle, les *modi* sont inséparables des figures S et T de *l'Ars*, lorsqu'il s'agit des *modi universales*, et ils sont au nombre de trente, lorsqu'il s'agit des *modi speciales*. De même, les *regulae* lulliennes sont d'abord les *regulae artis* qui apprennent l'usage des figures de *l'Ars*. Sibiuda est l'homme le plus éloigné du monde lullien classique des figures, des chambres, des questions, des tables, des dignités. Son langage n'est pas celui de Lulle, même s'il emploie des mots usuels chez le majorquin, ou des mots qui dans le système lullien ont une signification très précise ; la présence de ces termes sous la plume de Sibiuda doit stimuler notre curiosité, mais on ne peut pas conclure, sans forcer la situation, à une identité de contenu sémantique.

---

[184] *Ib.*, ib., pp. 31* - 32*.
[185] Cfr *Beniamin Minor*, cap. 62 ; PL 196, 44 D - 45 A.
[186] Cfr *De Trinitate*, lib. V, c. VI ; éd. RIBAILLER, p. 201, ligne 9.
[187] Cfr *Breviloquium* II, 12, 4.
[188] CARRERAS I ARTAU, T. y J., *o. c.*, pp. 149-150.

Les Carreras i Artau ont raison, il faut le dire, lorsqu'ils signalent que le lullien *Liber Apostrophe* a pu fournir des arguments, des *rationes necessariae* à Ramon Sibiuda[189]. Et s'il y a une source lullienne directe pour Sibiuda, c'est sans doute dans cet ouvrage qu'il faut la chercher. En effet, nous y trouvons plusieurs endroits qui nous conduisent à des passages parallèles du *Liber Creaturarum*, ce qui ne veut pas dire que Sibiuda, comme philosophe, doive être adscrit au courant lullien. Car c'est curieusement un ouvrage de Lulle qui se sert peu de la dialectique des dignités divines pour fonder les raisons nécessaires que Sibiuda a consulté et dont il s'est inspiré. Au demeurant, les passages du *Liber Creaturarum* qui dépendent du *Liber Apostrophe* sont très peu nombreux par rapport à d'autres dépendances doctrinales, comme nous aurons l'occasion de voir. Nous nous bornons à signaler que cette relation de dépendance peut être seulement accordée dans quelques cas.

1) Les arguments par lesquels Lulle prouve l'existence de Dieu dans le prologue du *Liber Apostrophe* ont pour fondement l'exposition de cinq dignités : le Bien suprême, la Grandeur infinie, l'Eternité, la Puissance infinie, la Vertu infinie. Le technicisme démonstratif consiste à mettre en jeu le principe de contradiction et les tensions ontologiques qui s'en suivent, c'est à dire, la convergence vers l'Etre du Bien, de la Grandeur, de l'Eternité, de la Puissance et de la Vertu, et la convergence vers le néant de leurs contraires :

> ... cum solum summum Bonum et summum Esse conveniant[190] ; omnis res quanto magis accedit ad esse et participat plus entitatis tanto maior et melior est[191] ; omne ens quanto plus virtutis habet tanto magis appropinquat ad Infinitatem et Summitatem virtutis[192].

Dans sa démonstration de l'existence de Dieu, Sibiuda laisse de côté les dignités lulliennes ; pour lui, c'est à partir des quatre degrés de l'échelle de nature qu'on peut inductivement parvenir à Dieu. Mais le principe qui permet de réaliser cette montée est la même dialectique logico-ontologique de Lulle, la convergence vers l'Etre de ce qui est positif et la convergence du négatif vers le néant :

> Tendere ad unitatem et ad unum est tendere ad esse, ad bonum, ad fortitudinem et ad conservationem. Sed ire et tendere ad diversitatem et pluralitatem est ire ad non esse, ad malum et ad divisionem, ad debilitatem et ad destructionem[193].

---

[189] ID., *ib.*, p. 129.
[190] *Liber Apostrophe*, éd. Moguntina, vol. IV, prol., n. 1 p. 534.
[191] *Ib.*, n. 2, p. 534.
[192] *Ib.*, n. 5, p. 535.
[193] Tit. 4, p. 11.

2) La pluralité de personnes en Dieu est exprimée d'une façon qui se veut inductive par Sibiuda, mais son argument dépend d'un texte du *Liber Apostrophe* :

> Non minoris actualitatis, potestatis et nobilitatis est infinita Bonitas quam finita ; sed finita bonitas est ratio finito bono, quod *producat naturaliter* et de se finitum bonum ; ergo infinita Bonitas erit ratio infinito bono, quod *producat naturaliter* et ex se infinitum bonum[194].

Sibiuda :

> ... nobilior, altior et magis radicalis et conveniens homini in quantum homo est productio qua *producitur* homo... de *propria natura*[195]. Productio quae convenit Deo in quantum Deus est, magis est conveniens Deo quam productio quae convenit Deo in quantum artifex est. Sed productio qua producitur Deus de Deo et de *proprio esse* Dei convenit Deo naturaliter in quantum Deus est... Sequitur quod productio qua *producitur* Deus de Deo et de *propria natura* Dei est magis conveniens Deo quam productio qua producitur mundus de nihilo[196].

D'autres textes manifestent aussi cette dépendance :

> Item, omne id quod est Actus purus, aeternus et infinitus agit aeternaliter et infinite Aeternum et Infinitum, alias non esset purus actus aeternus et infinitus ; sed Deus est purus actus aeternus et infinitus ; ergo agit aeternaliter et infinite Aeternum et Infinitum ; sed omne tale est Deus ; ergo Deus producit Deum[197].
>
> Sicut enim magis proprium et naturalius est creaturae, cum sit finita, magis operari parva quam magna... sic et multo magis est magis proprium et naturale Deo, cum sit infinitus, operari ea quae sunt magna simpliciter quam ea quae sunt parva : *alias non operaretur secundum modum et virtutem suae naturae* : nihil autem est simpliciter magnum nisi solus Deus ; ergo Deus producit Deum[198].

Sibiuda, plus concis :

> Item Deus est realissime infinitus, infinitae virtutis et infiniti vigoris, et summa natura et summe activa et summe in actu ; ergo necessario sequitur quod sit in ipso productio infiniti, *aliter esset otiosus secundum suam naturam*[199].

Lulle :

> Omne illud quod *producitur* de essentia alicuius *secundum operationem naturae* et secundum principalem modum et ordinem

---

194 *Liber Apostrophe*, art. II, n. 1, p. 536.
195 Tit. 46, p. 53.
196 Tit. 47, p. 54.
197 *Liber Apostrophe*, art. II, n. 2, p. 537.
198 ID., *ib.*
199 Tit. 47, p. 56.

procedendi et est in eadem essentia et natura cum producente, *dicitur* et est *filius producentis et producens dicitur pater*, cum sint relativa[200].

Sibiuda :

> Et quia *productio est per modum naturae*, ideo vocatur generatio, et quia productus est aeque nobilis et per se subsistens sicut productus, et est perfecta imago producentis, ideo *vocatur filius eius*, et *producens vocatur pater*[201].

3) Pour ce qui en est de la procession de l'Esprit Saint, nous retrouvons des coïncidences de vocabulaire dans les deux auteurs :

Lulle :

> ... sicut spiritus vitalis est *nexus* et unio corporis et animae, sic immo nobiliori modo Sanctus Spiritus est *nexus Patris* et Filii ; et non dicitur Filius quia est alius modus in divinis quo unus procedit ab uno per modum generationis et alius quo unus procedit ab illis duobus per modum *amoris*[202].

Sibiuda :

> ... productus per modum voluntatis vocatur donum, amor, charitas vel *nexus*, vinculum et Spiritus Sanctus *Patris et Filii*, quia ista sunt voluntaria. Donum nominat ipsum, ut voluntarium donum seu datum : *amor, nexus*, charitas et vinculum nominat[203].

4) Les titres du *Liber Creaturarum* consacrés à la description de la chute de l'homme et à la corruption de la nature humaine révèlent aussi l'influence des textes de l'ouvrage lullien :

Lulle :

> Deus, qui creavit mundum, creavit seu fecit hominem, qui est pars mundi, quem cum sit rationalis naturae, fecit talem ut discerneret inter bonum et malum, et diligeret bonum et odiret malum ; alias frustra fecisset eum rationalis naturae et ut maius bonum magis diligeret et Summum Bonum summe et libere diligeret.
> Omnis natura a Deo in rectitudine instituta et ad Summum Bonum et ad Beatitudinem ordinata, si secundum ordinem a Deo sibi inditum operetur, bene et bona et magna operatur et non parva operatur ; si autem operatur mala et parva opera semper, vel magis quam bona et magna, non sequitur ordinem sibi a Deo inditum, sed mutat illum et per consequens peccat, quia non manet in oboedientia Dei et non tendit ad finem ad quem erat facta... unde cum (natura humana) non operetur bona et magna opera ut plurimum, quia videmus quod in omnibus hominibus

---

200 *Liber Apostrophe*, art. III, n. 6, p. 537-538.
201 Tit. 51, p. 62.
202 *Liber Apostrophe*, art. IV, n. 11, p. 539.
203 Tit. 52, p. 63.

sit multum de malo et parum de bono, quantum deberet esse, sequitur ergo quod conditio hominum sit *in contrarium mutata*[204].

Sibiuda :

Debitum autem hominis ad quod homo obligatur ex testimonio omnium creaturarum et suiipsius et Dei est istud, quod homo debet dare Deo primo amorem et totaliter et debet ipsum amare et incessanter ; et per consequens debet totaliter sequi et amare voluntatem Dei[205].

Et quoniam omne factum et facere hominis procedit a voluntate sua... ideo sequitur quod omne factum et omne facere hominis est contra debitum totum hominis, contra ius naturae, contra legem naturae et contra totum ordinem creaturarum et contra hominem in quantum homo est, et contra Deum totaliter... et per consequens ipsa voluntas hominis est deviata et lapsa a proprio suo statu, perdita, corrupta et perversa et *mutata* et alienata *in oppositum* propriae naturae[206].

Lulle :

... Et cum ista mutatio inveniatur in omnibus hominibus, convenit quod inceperit in primis parentibus, a quibus omnes homines processerunt[207].

... Igitur cum ista contrarietas et mutatio inveniatur in omnibus hominibus, convenit quod inceperit esse in primis parentibus, *alias non esset generalis omnibus hominibus*[208].

... homo componitur ex anima et corpore et anima est nobilior quam corpus, ergo homo magis inclinabitur ad perfectiones animae quam corporis ; sed videmus *contrarium* in omnibus hominibus[209].

Sibiuda :

Quia poena quae est in natura humana est universalis et communis omnibus hominibus, quia omnes patiuntur poenam mortis et alias miserias... ideo sequitur quod culpa et iniuria est communis omnibus hominibus et universalis... ergo... ille qui fecit primum malum voluntarium et primam culpam ... fuit primus homo... quia nisi fuiset in primo homine, *non se extendisset ad omnes homines*[210].

... Ergo secundum rectum ordinem... postquam corpus est unitum scilicet cum tali anima ita digna, deberet ei obtemperare... et nullo modo dominari nec impedire, et anima deberet imperare, mandare et regere... et tamen totum est per *oppositum*[211].

---

[204] *Liber Apostrophe*, art. VI(1), n. 1, pp. 541-542.
[205] Tit. 224, p. 349.
[206] Tit. 225, pp. 350-351.
[207] *Liber Apostrophe*, art. VI(1), n. 1, p. 542.
[208] *Ib.*, art. VI(1), n° 2, p. 542.
[209] *Ib.*, art. VI(1), n° 3, p. 542.
[210] Tit. 232, p. 371.
[211] Tit. 232, p. 371.

5) Certains arguments de convenance de l'Incarnation, de souche anselmienne commune, manifestent aussi la parenté entre le *Liber Apostrophe* et le *Liber Creaturarum* :

Lulle :
>Persona Filii est *melius appropiata* et congruentius ordinata secundum proprietatem personalem *ad participandum cum natura humana* (et e converso) in opere Incarnationis, quam Persona Patris et Sancti Spiritus... ; *humana natura est filia Dei per creationem*, ergo... magis participat cum persona filii Dei.
>Etiam cum persona quae debeat incarnari humanam naturam debeat nasci... et *Nativitas melius ac magis proprie conveniat Filio* quam Patri vel Sancto Spiritui...[212].

Sibiuda :
>... Apparet quod persona Filii sit magis conveniens ut sit una persona in duabus naturis, quoniam persona Filii habet multas convenientias cum homine, quod non habent aliae personae. Unde quia Filius est productus... ita homo est productus et accepit esse a Deo[213].
>... quia rationabile est quod qui patrem habet in coelis, matrem habeat in terris...[214].

Lulle :
>Conceptio Filii Dei non debuit fieri per virum, quia actus qui fuisset medium inter virum et matrem concipientem Deum non fuisset *mundus*, et sic ineptus et indecens ad uniendum divinam et humanan naturam[215].

Sibiuda :
>Ulterius convenit quod talis homo, qui satisfaciet pro humano genere, concipiatur et generetur *mundissime*, scilicet sine libidine et sine corruptione, et ideo sine coitu[216].

Lulle :
>Omnis vera nativitas hominis est foeminae ; feminae enim est *concipere*, et conceptum fovere et *nutrire*, et nutritum parturire ; hoc autem non est de natura viri...[217].

Sibiuda :
>... et cum mulier est ordinata ad *concipiendum* et ad *nutriendum* et ad lactandum, convenientius fuit ut a foemina generaretur quam a viro[218].

---

212   *Liber Apostrophe*, art. VIII (2), n. 1, p. 549.
213   Tit. 253, p. 425. Le même argument dans le *Cur Deus Homo*, lib. II, cap. IX.
214   Tit. 253, p. 425. Le même argument est rapporté par HUGUES DE SAINT-VICTOR, *Summa Sententiarum* I, cap. XV ; PL 170, 70 C.
215   *Liber Apostrophe*, art. VIII(2), n. 4, p. 550.
216   Tit. 253, p. 423. Le même argument dans le *Cur Deus Homo*, lib. II, cap. VIII.
217   *Liber Apostrophe*, art. IX, n. 3, p. 551.
218   Tit. 253, pp. 423-424.

6) Finalement, pour ce qui en est de la résurrection des corps, nous sommes amenés à établir encore un parallèle entre l'ouvrage de Lulle et celui de Sibiuda :

Lulle :

> Si homines non resurgerent cum suis corporibus, nulla anima haberet perfectam beatitudinem, nec completam gloriam ; nam cum anima *naturaliter inclinetur* ad suum corpus... si non *rehaberet suum corpus*, privaretur suo naturali *desiderio*, et ita non haberet perfectam gloriam[219].

Sibiuda :

> Quoniam ergo anima amat suum corpus naturali amore et habet *naturalem inclinationem* ad illud... exinde sequitur quod anima *vult recuperare corpus suum* et vult bonum corporis sui[220].

Cependant, cette dépendance, qui s'exprime par des coïncidences de vocabulaire ainsi que de concept, nous semble plutôt occasionnelle. Car, du point de vue methodologique, là où Lulle toujours déduit, Sibiuda s'efforce de faire induction, de sorte que les mêmes arguments apparaissent dans des contextes assez divers. Remarquons, enfin, que les apports lulliens au *Liber Creaturarum*, quant au poids doctrinal spécifique, ne le rendent pas un ouvrage de pur lullisme. Outre le fait que Sibiuda subit d'autres influences doctrinales plus décisives, il ne faut pas oublier son point de vue propre : *fundare omnia in homine*, ce qui fait déjà du *Liber Creaturarum* un ouvrage d'un tout autre univers.

c) Thomas le Myésier et Ramon Sibiuda

C'est Hillgarth qui a mis en rapport Ramon Sibiuda avec le lullisme français du XIVe s., en signalant une coïncidence possible entre Thomas le Myésier et le professeur toulousain[221]. Thomas le Myésier, chanoine d'Arras, à l'intention duquel Lulle a écrit ses *Quaestiones Attrebatenses*, a été le vulgarisateur des doctrines lulliennes, au XIVe s., en France, surtout grâce à son *Electorium*, vaste compilation d'écrits lulliens en entier, en extracte ou en abréviation. Le Myésier solda ces matériaux avec des introductions, des prologues, des additions et des références, en empruntant aussi des textes à d'autres auteurs. Rédigée en 1325, cette oeuvre renferme, en neuf parties, un dessein très poussé, dont le moment culminant consiste dans l'exposition de *l'Ars Magna* de Lulle, présentée comme une méthode inventive de toutes les vérités dans leurs causes. D'après Hillgarth, ce recueil a beaucoup influencé le

---

[219] *Liber Apostrophe*, art. XIV, (2) n. 5, p. 559.
[220] Tit. 155, pp. 207-208. Le même argument dans le *Breviloquium* VII, 7, 4, de saint BONAVENTURE.
[221] HILLGARTH, *o. c.*, pp. 274-275, 318.

lullisme aragonnais du XIVe s.[222], mais, en ce qui concerne Sibiuda, son opinion est très nuancée. Si, d'un côté, il affirme que le lullisme sebondien peut être déduit de sources parisiennes - sans qu'il spécifie desquelles s'agit-il-[223], de l'autre côté, il n'est pas sûr qu'il y ait une relation de dépendance entre Sibiuda et Thomas le Myésier[224]. Hillgarth signale que *l'introductio in Artem Remundi* expose une considération de la hiérarchie de l'être divisée en quatre degrés, substantiellement identique à celle que Sibiuda expose dans le titre premier de son oeuvre. Sibiuda et Thomas le Myésier coïncident, en outre, lorsqu'ils présentent l'homme comme un microcosmos, dans lequel sont contenues toutes les hiérarchies des êtres créés, permettant ainsi à la création matérielle d'atteindre sa fin dernière[225]. Hillgarth, cependant, demeure réservé : non seulement il admet que ces coïncidences peuvent avoir une source commune directe dans l'enseignement de Lulle, mais il rétrécit encore l'importance du lullisme sebondien. Tandis que Thomas le Myésier s'en tient à la totalité du système lullien, Hillgarth remarque que dans Sibiuda ce qui reste de proprement lullien n'est que le propos d'incorporer des idées du Docteur illuminé à la construction d'un système apologétique originel[226]. Dans ce sens, des différences apparaissent entre les textes sebondiens et ceux de Thomas le Myésier. Celui-ci demeure très fidèle aux deux grands mouvements d'issue et de retour des choses à Dieu, tandis que chez Sibiuda c'est toujours le mouvement ascendant-inductif qui prime ; de même, l'anthropocentrisme de Sibiuda est plus radical et a un sens divers des exultations des lullistes autour de l'homme en tant que créature de Dieu. Et, enfin, Thomas le Myésier reprend *l'Ars*, avec ses figures et le jeu dialectique des dignités divines et ses corrélatifs, tandis que chez Sibiuda tous ces éléments essentiels de l'arsenal philosophique lullien ont disparu.

L'apportation d'Hillgarth qui nous semble définitive est la mise en rapport de la théorie des quatre degrés de l'être chez Thomas le Myésier et Sibiuda. Quoique cette théorie soit bien plus fondamentale chez notre auteur que dans le chanoine d'Arras, (elle offre chez Sibiuda le fondement d'un système inductif très développé, tandis que pour Thomas le Myésier elle ne représente qu'un moment latéral de l'analyse de la réalité), elle n'en est pas moins un élément qui doit être regardé comme ayant un statut acquis dans les spéculations des lullistes du XIVe siècle. Il reste encore beaucoup à fouiller dans la masse des écrits de l'école lullienne, et le travail d'Hillgarth est une première approche de

---

222 ID., *ib.*, p. 275.
223 ID., *ib.*, p. 318.
224 ID., *ib.*, p. 275.
225 ID., *ib.*, pp. 274-275.
226 ID., *ib.*, p. 275.

ce moment encore mal connu du lullisme du XIVe siècle. Il ne faut pas oublier que ce siècle a été très critique à l'égard de Lulle, et les attaques contre le majorquin ont pu déclencher des mouvements révisionistes de sa doctrine dont nous connaissons encore très mal l'ampleur. C'est pourquoi le rattachement de Sibiuda au courant lullien se heurte à des difficultés que seule une étude exhaustive de la pensée lullienne pendant tout le XIVe siècle pourrait éclaircir définitivement.

d) Sibiuda et Janer

En vue de compléter notre enquête sur le lullisme sebondien et pour qu'il soit plus clair de quelle façon particulière, dans l'état de nos connaissances, Sibiuda peut être rattaché au courant de pensée lullien, nous allons maintenant évoquer des textes d'un lulliste postérieur à Ramon Sibiuda, Jaume Janer, qui vécut dans le dernier tiers du XVe siècle, et dont certaines idées ne sont pas très éloignées de celles de Sibiuda. Il s'agit d'un professeur de l'école lulliste de Barcelone, lui-même lulliste conséquent et intégral. En 1506 parut son *Ars metaphysicalis*, c'est-à-dire,

> collectio explicitorum principiorum et regularum collata Raymundo Militi Doctori illuminato in Randae podio supra modum humanum per Spiritum Sanctum, ut esset ei et aliis fidelibus christianis generale medium cognoscendi veritates omnium entium et instrumentum expellendi errores et opiniones sophistarum et haereses infidelium per verum intelligere et scire[227].

C'est une encyclopédie, un grand cours philosophique et théologique qui part de *l'Ars Magna* et en utilise les principes pour diriger l'entendement dans la considération de la nature[228]. Nous y constatons quelques ressemblances avec des idées sebondiennes. D'abord, le statut de cette spéculation :

> Natura quidem rationalis per talem modernum modum recuperat modum naturalem intelligendi Primorum Parentum, quem ante lapsum naturaliter possidebant a principiis naturalibus, et ipsam supra naturam gratis habuere, etsi non simpliciter, quia immersa est per naturam materiae infectae ; tamen artificiose aliqualiter per Artem, quia ubi natura deficit, ars incipit[229].

Le *modernus modus* par lequel on peut récupérer le statut intellectuel naturel, propre à l'état de justice originelle, est *l'Ars* lullienne, accordé à Lulle dans l'illumination surnaturelle de puy de Randa, comme nous prevenait le texte antérieur. C'est un *modus* propre aux chrétiens *pro statu isto*, qui ne leur permet pas d'atteindre *simpliciter* le statut naturel des premiers parents avant la

---

[227] JANER, J., *Ars metaphysicalis*, Valentiae 1506, titre.
[228] CARRERAS I ARTAU, T. y J., *o. c.*, t. II, p. 77.
[229] *Ars metaphysicalis*, cap. I, fol. 6.

chute, parce que, à la suite du péché originel, l'homme est lié à une matière foncièrement souillée, le corps, *materia infecta*. Cette référence à l'état de justice originelle nous l'avons trouvé également dans Sibiuda, lorsque nous avons étudié le statut qu'il entendait donner à sa *scientia*.

Ces deux théologiens s'efforceront pour dégager la science propre à l'homme avant la chute. Ils se mettent sur ce plan, qui est un plan dialectique, pour défendre la doctrine chrétienne contre ses ennemis anciens et modernes. Comme dans Sibiuda, l'aspect apologétique ne manque pas dans Janer :

> Raymundus divino lumine illuminatus, sicut Deus voluit et ordinavit, permissione divina suam Artem Generalem et Universalem constituit et ordinavit ut esset humano intellectui modus ad intelligendum et sciendum omnes Artes particulares et Scientias quae sub Arte generali integridentice comprehenduntur ; et ad corrigendos *errores infidelium, sophistarum nominalium* et *Philosophorum tantum naturalium* ; et ad interpretandum Sacram Scripturam secundum quattuor sensus, expellendo haereses christianorum haereticorum, et ad agendum veram scientiam de his de quibus numquam notitiam habuerunt antiqui Doctores ; quia ad hoc elargita est haec Ars *in fine saeculorum* per triangulum rubeum, ut nemo mortalium in finali iudicio habeat excusationem de cognitione veritatis Legis Gratiae et Doctrinae Jesu Christi Filii Dei et Hominis[230].

Il n'est pas difficile de retrouver dans le prologue du *Liber Creaturarum* ces mêmes idées, exprimées presque de la même façon, sauf la référence historique à Lulle, son illumination et les caractéristiques de *l'Ars*, conçue comme un instrument qui complète et perfectionne l'enseignement des Docteurs anciens. En effet, Sibiuda mentionne expressément les erreurs des payens et des anciens philosophes, contre lesquels il entend mener son combat :

> Et cognoscuntur infallibiliter omnes errores antiquorum philosophorum paganorum et infidelium[231].

Il parle aussi de la relation de sa science à l'Ecriture Sainte :

> Et per istam scientiam homo cognoscet sine difficultate infallibiliter quidquid continetur in Sacra Scriptura. Et quidquid in Sacra Scriptura dicitur et praecipitur, per hanc scientiam cognoscitur infallibiliter cum magna certitudine, ita quod intellectus humanus adhaeret et credit absque omni dubitatione toti Sacrae Scripturae, quoniam removet hominem ab omni errore et ab omni dubitatione et certificat infallibiliter ut nullus possit dubitare[232].

Il ne manque pas dans Sibiuda la référence à la fin des temps :

---

[230] *Ib.*, lib. II, cap. IV, fol. 82.
[231] Prol., éd. Stegmüller, p. 28*.
[232] *Ib.*, pp. 27* - 28*.

Et ideo nunc in fine mundi est summe necessaria omni christiano ista scientia infallibilis, ut quilibet sit munitus et certus et solidatus in fide catholica contra impugnatores fidei, ut nullus decipiatur et sit paratus mori pro ea[233].

Les textes que nous venons de rapporter suffisent pour établir cette constatation : même s'il ne se réfère pas d'une façon explicite à l'enseignement de Ramon Lulle, même s'il récuse l'imposante machinerie de *l'Ars* et le jeu dialectique des Dignités lulliennes, Ramon Sibiuda n'est pas trop loin de certaines idées de l'école lulliste. Il y a, au moins, certaines coïncidences à relever entre Sibiuda et Thomas le Myésier, antérieur à lui, d'une part, et Jaume Janer, qui lui est postérieur, d'autre part. Cela nous amène à poser la question du lullisme sebondien sous une autre lumière.

e) Conclusion

Nous avons déjà signalé l'existence d'un courant de pensée lullien en Aragon. Il semble acquis que l'enseignement des doctrines lullistes était généralisé[234]. Il est aussi certain que vers la fin du XIVe siècle le lullisme aragonnais était en relation étroite avec le mouvement des spirituels[235]. Si Ramon Sibiuda a reçu une formation théologique quelque part en Aragon, rien de plus naturel qu'il ait été en contact avec le courant de pensée lullien. En fait, il connaît, à notre avis, un ouvrage de Lulle, et il est incontestable que dans le *Liber Creaturarum* se prolonge la direction polémico-rationaliste de la vaste synthèse de l'illuminé majorquin. Mais il est aussi indéniable que Sibiuda ne se présente pas en disciple de Lulle. Nous allons voir combien sont nombreux les apports doctrinaux qui entrent dans son oeuvre. Mais nous pourrions ne pas tenir compte de ce fait, si du moins l'essentiel de Lulle était en quelque sorte passé dans l'ouvrage sebondien. Or, nous constatons que Sibiuda prend ses distances par rapport à Lulle. Il en continue l'effort apologétique, mais en lui donnant une tournure inédite, qui n'était pas soulignée dans *l'opus* lullien. Lulle est le constructeur génial d'une synthèse universelle ; Sibiuda est un modeste ouvrier de la pensée qui entend travailler à partir de l'homme. L'anthropocentrisme de Sibiuda attire notre attention sur le premier humanisme catalan, auquel nous avons déjà fait référence et sur lequel nous reviendrons encore, mais par ses préoccupations essentiellement

---

233   *Ib.*, p. 29*.
234   "In Cathalonia sunt plures clerici et etiam religiosi qui in dicto opere (*l'Ars Magna*) libenter student, cum plurima in eo addiscant utilia valde" (Lettre du roi Pere III en 1377, citée dans BOVE, S., *Assaig crítich sobre'l filosoph en Ramon Sibiude*, pp. 32-33).
235   Cela ressort des termes de la campagne anti-lullienne de Nicolau Eymerich. Plus tard, Janer n'hésitera pas à citer Jean de Roquetaillade à côté de Lulle : "Doctor enim illuminatus et Johannes Rupescisae in suis quintis essentiis asserunt quod coelum est quinta essentia respectu quattuor inferiorum essentiarum" ; cfr *Ars metaphysicalis*, lib. II, cap. V, fol. 124.

apologétiques, par sa recherche de *rationes probantes*, cet anthropocentrisme peut être regardé comme un fruit de l'arbre lullien. Pour en arriver à ce fruit, il a fallu que Sibiuda se débarrasse de la pesanteur de *l'Ars* et de la systématisation encyclopédique de Lulle. Pourquoi Sibiuda aurait pris cette décision ? Il nous semble que les raisons qui ont pu le déterminer à se passer de ce qui constitue le noeud du système lullien, sont deux : d'abord le mauvais usage qu'on en a fait au XIVe siècle, en mélangeant Lulle avec des doctrines eschatologiques ; en suite, les attaques qui ont déferlé de directions diverses contre Lulle et contre sa doctrine. Nous allons analyser plus loin une de ces attaques, celle de Gerson. A côté de ces deux raisons, on pourrait signaler aussi que Sibiuda poursuivait une synthèse personnelle qui ne coïncidait pas avec l'ampleur que Lulle a donné à la sienne. Pour la mettre au jour, il a utilisé d'autres sources, aussi et encore plus illustres que Lulle, comme nous le montrerons dans les pages qui vont suivre.

B - LA TRADITION AUGUSTINIENNE DANS LE "LIBER CREATURARUM"

En employant l'expression "tradition augustinienne", nous entendons viser le courant de pensée qui, à partir d'Augustin et pendant tout le moyen-âge, n'a cessé d'être présent à la spéculation doctrinale des théologiens et philosophes chrétiens. En la référant au *Liber Creaturarum*, nous entendons dire qu'il faut situer Sibiuda dans la ligne de ce courant, à l'intérieur duquel nous trouvons la plus grande partie de ses sources et, bien entendu, les sources décisives.

1 - AUGUSTIN

Quoique nous n'avons pas encore trouvé dans le *Liber Creaturarum* des emprunts directs à l'oeuvre d'Augustin, il est indiscutable que toute une série de pensées chères à Sibiuda appartiennent et dépendent de la pensée augustinienne qui, dans le moyen-âge, n'a pas cessé d'être approfondie et enrichie. Plus que des références très précises, nous rencontrons chez Sibiuda, comme en écho, des thèmes qui confirment l'influence directe d'Augustin ou de son école sur notre auteur. Nous allons, donc, compulser certaines idées augustiniennes avec les textes de maître Ramon. Au delà des différences d'âge et de préoccupation théorique et psychologique de l'un et de l'autre, on trouve des vues communes aux deux auteurs, que nous allons systématiser en quatre groupes : rapports foi-raison, la place de la connaissance de soi-même, métaphysique, morale.

a) Point de départ : la foi et la raison

Augustin est parti à la recherche de la vérité en vue d'une fin pratique : le bonheur. Sa sagesse se confond avec la beatitude[236]. Il cherche à se connaître

---

[236] Cfr GILSON, E., *Introduction à l'étude de Saint Augustin*, Paris, Vrin 1969⁴, p. 3.

pour bien agir et, par là, arriver à sa destinée. Ce caractère pratique de la spéculation augustinienne est très marqué dans le prologue de l'oeuvre de Sibiuda :

> Ista scientia docet omnem hominem cognoscere realiter infallibiliter sine difficultate et labore omnem veritatem necessariam homini cognoscere tam de homine quam de Deo et omnia quae sunt necessaria homini ad salutem et ad suam perfectionem et ut perveniat ad vitam aeternam[237].

Comme dans Augustin, la science que propose Sibiuda n'est pas simplement contemplative, elle intéresse aussi les facultés affectives de l'âme:

> ... per istam scientiam voluntas movebitur et excitabitur cum laetitia et sponte[238].

Fait pour la vérité et trouvant en elle la source de sa béatitude, l'homme atteint la joie. C'est cette joie dans la possession du bien et de la vérité que Sibiuda entend faire gagner par sa science :

> ... et facit hominem laetum humilem benignum oboedientem et habere odio omnia vitia et peccata et diligere virtutes[239].

Latente dans la pensée de Sibiuda, la distinction augustinienne *scientia-sapientia* est exprimée non "in verbis" mais "in re" dans le *Liber Creaturarum*. En suivant Augustin, pour qui les sciences peuvent engendrer la vaine curiosité et dont les résultats peuvent dégénérer en des mauvais usages, mais qui peuvent aussi être un moyen d'acquérir la sagesse[240], Sibiuda précise la valeur de l'effort scientifique avec des termes qui rappellent certains textes d'Augustin :

> Et (ista scientia) ordinat omnes alias ad bonum finem et ad veram hominis utilitatem ; quia ista scientia docet hominem cognoscere seipsum propter quid factus sit et a quo factus sit ; quid est bonum suum, quid est malum suum ; quid debet facere, ad quid obligatur et cui obligatur. Et nisi primo cognoscat omnia ista, quid proficiunt aliae scientiae ? Omnes sunt vanitas homini et omnibus utitur male et ad suum damnum, quia nescit quo vadit, nec unde venit, nec ubi est[241].
> Et (ista scientia) facit hominem... diligere virtutes ; et non inflat[242].

---

237   Prol., éd. Stegmüller, p. 27*.
238   *Ib.*, p. 27*. Comparer avec les expressions augustiniennes dans *De libero arbitrio* II, 13, 35 ; PL 32, 1260.
239   Prol., éd. Stegmüller, p. 33*. Cfr, dans Augustin, *De Trinitate* XII, 14, 21 ; PL 42, 1009.
240   GILSON, *o. c.*, pp. 155-156.
241   Prol., éd. Stegmüller, pp. 31* - 32*.
242   *Ib.*, p. 33*. Cfr, dans Augustin, *De Trinitate* XII, 14, 21 ; PL 42, 1009 : "Habet enim et scientia modum suum bonum ; si quod in ea inflat vel inflare assolet, aeternorum charitate

Trait particulier de Sibiuda : pour lui, toutes les sciences "ortae sunt a creaturis"[243], aussi bien la science nécessaire - la sagesse -, que toutes les autres sciences.

Ce sont, cependant, des coïncidences de détail. Les ressemblances deviennent plus serrées, si nous comparons dans les deux auteurs leurs vues sur les rapports foi-raison.

C'est Gilson qui a affirmé catégoriquement qu'"aucune partie de la philosophie augustinienne n'échappe au *credo ut intelligam*, pas même la preuve de l'existence de Dieu"[244], et il illustre cette affirmation avec des textes concluants. Dans ce sens, Sibiuda porte l'augustinisme à un point aigu. Nous l'avons remarqué plus haut, pour lui la foi est nécessaire à la découverte de toutes les vérités qui intéressent l'homme en tant que tel. Sans foi, il n'y a pas de sagesse. La sagesse que Sibiuda cherche dans le livre de la nature et qu'il est sûr de pouvoir dégager, est précisénment cette sagesse que les anciens philosophes payens n'ont pas été capables de lire dans le grand livre de la création, *quamvis esset in eo scripta*. Et ici Sibiuda rejoint Augustin, lorsque celui-ci refuse de séparer l'illumination de la pensée et la purification du coeur :

> Quam quidem sapientiam nullus potest videre nec legere per se in dicto libro semper aperto, nisi sit a Deo illuminatus et a peccato originali mundatus[245].

En conséquence, comme dans Augustin, la spéculation sebondienne sera une exploration rationnelle du contenu de la foi. Rationnelle, parce que dans cette exploration la pensée agit proprement en raison, mais aussi parce que la foi n'y participe pas à titre de preuve, mais à titre d'objet. L'oeuvre de Sibiuda est une lecture dans le livre des créatures des thèmes fondamentaux de la foi chrétienne - y compris les mystères stricts - que l'Ecriture, de son côté, annonce impérativement. Et c'est pourquoi nous parlons d'augustinisme aigu - il serait peut-être mieux de parler, avec les Carreras i Artau, d'épuisement de l'augustinisme[246] - dans l'oeuvre de Sibiuda. L'effort qu'a mené Augustin dans le sens de l'intelligence de la foi, en entendant par là le "résultat d'une activité rationnelle dont la foi ouvre l'accès"[247], Sibiuda entend le mener en partant de

---

vincatur, quae non inflat, sed, ut scimus, aedificat. Sine scientia quippe neque virtutes ipsae, quibus recte vivitur, possunt haberi per quas haec vita misera sic gubernetur ut ad illam quae vere beata est perveniatur aeternam".

243 Ms. Arsenal 747, fol. 51 r°, ligne 2.
244 GILSON, *o. c.*, p. 13.
245 Prol., éd. Stegmüller, p. 38*.
246 CARRERAS I ARTAU, T. y J., *o. c.*, t. II, p. 153.
247 GILSON, *o. c.*, p. 46.

la considération de la seule nature, et c'est là que se situe l'enjeu de sa tentative.

Ainsi comprise, l'oeuvre de maître Ramon s'inscrit pleinement dans le courant augustinien. Sa philosophie est une philosophie chrétienne, au sens d'une contemplation rationnelle de la révélation apportée par l'Ecriture. Ce qu'il ajoute en propre c'est le souci de contempler la sagesse éternelle directement dans les créatures, en étalant une lecture engagée - chrétienne - du grand livre de la nature. A la lumière de l'intelligence que la grâce confère, des connaissances que la seule raison n'aurait jamais acquises lui deviennent accessibles ; par là naît et se constitue un ordre de certitudes que la raison reconnaît pour siennes, puisque c'est elle qui les produit, et dont elle a pourtant pleine conscience de ne pas être la cause suffisante. Si "tel est l'ordre que l'on a justement nommé celui de la contemplation augustinienne"[248], tel est aussi le mouvement de la pensée de Ramon Sibiuda, qu'il a d'ailleurs très clairement explicité :

> Debet autem homo hoc concedere, licet non possit comprehendere quomodo potest esse, quia non sequitur quod si non possit comprehendere quod ita non sit[249].
> Et quamuis non intelligat quomodo fieri potest, nec quomodo potest esse uerum, non est excusatus homo quin non teneatur affirmare et credere[250].

Il est peut-être surprenant de constater qu'un auteur du XVe siècle soutienne une telle position, après tant d'années d'effort critique de la part des théologiens du XIVe s. Il faut que nous rappelions ici l'intention apologétique qui traverse toute la spéculation sebondienne. Face aux multiples adversaires de la foi, Sibiuda a choisi de montrer que la foi est raisonnable. En allant jusqu'au bout de la tendance, il radicalise la position augustinienne, qui ne pose pas le problème de la démarcation entre le domaine de la foi et celui de la raison, et ne se soucie pas d'établir dans quelles conditions une vérité peut être seulement sue et seulement crue. Ce que Sibiuda cherche à tout prix, c'est que ses conclusions soient vinculantes pour tous, *omni homini*. Il est peut-être dans la nature des choses qu'il y ait de l'ambiguïté dans toute apologétique, et, en tout cas, certaines outrecuidances sebondiennes ne devraient pas être mises au compte de la pensée d'Augustin ; mais cela ne doit pas nous empêcher de signaler les cadres communs de pensée des deux auteurs, lorsqu'ils sont évidents. Ce point demeure, donc, acquis : nous sommes dans un contexte où la raison travaille à partir de la foi, en plein augustinisme.

---

[248] GILSON, *o. c.*, p. 243.
[249] Ms. Arsenal 747, fol. 25 r°, lignes 31-33.
[250] *Ib.*, fol. 35 v°, lignes 33-35.

b) La place de la connaissance de soi-même

Le point de départ des grandes spéculations augustiniennes sur Dieu, la connaissance de l'homme, a une place centrale dans la pensée de Sibiuda. Pour lui, comme pour Augustin, cette connaissance sert à fonder des certitudes. Mais si dans la pensée d'Augustin l'immédiateté de la connaissance de l'homme est le remède contre le doute universel, dans Sibiuda elle se teint d'une coloration apologétique, puisque les certitudes par lui recherchées sont des certitudes qui se tiennent au dessus de toute attaque possible de la part d'un adversaire quelconque :

> Et cum nulla res creata sit propinquior homini quam ipsemet sibi, ideo quidquid probatur de homine propter ipsummet hominem et per suam naturam propriam et per illa quae sunt sibi certa de ipso est maxime certum, manifestum et evidentissimum ipsi homini. Et ista est ultima certitudo et maxima credulitas quae possit causari in homine per aliquam probationem[251].

Il y a bien des textes d'Augustin, d'ailleurs très connus et souvent commentés pendant le moyen-âge, que Sibiuda a, lui aussi, repris pour son compte. Tels les textes sur le retour de l'homme vers son intériorité :

> Noli foras ire, in te ipsum redi ; in interiori homine habitat veritas ; et si tuam naturam mutabilem inveneris, transcende et te ipsum[252].

Pour Sibiuda, c'est le même itinéraire que l'homme doit refaire, du dehors au dedans :

> Quia ergo homo est totaliter extra se, ideo si debet videre se, necesse est quod intret in se et veniat ad se et habitet intra se. Aliter est impossibile quod cognoscat se, nec videat se, nec suum valorem, nec suam naturam et suam pulchritudinem naturalem[253].

Et aussi, comme dans Augustin, de l'inférieur au supérieur :

> Et quia homo est in alto loco secundum naturam, ideo si debet ascendere ad se necesse est eum habere scalam per quam ascendat ad se. Tunc autem homo itinerat et ascendit ad se ipsum dum incipit cognoscere se ipsum[254].

Remarquons toutefois deux choses. Dans Sibiuda disparaît toute opposition corps-âme. Augustin cherche Dieu et son âme : *Deum et animam*

---

[251] Tit. I, éd. Stegmüller, pp. 42* - 43*.
[252] *De vera religione* 39, 72 ; PL 34, 154.
[253] Tit. I, *ib.*, p. 45.*
[254] Tit. I, pp. 44* - 46*. Cfr, dans Augustin, *De Trinitate* XII, 15, 25 ; PL 42, 1012 : "Relinquentibus itaque nobis ea quae sunt exterioris hominis et ab eis quae communia cum pecoribus habemus introrsum ascendere cupientibus... " ; *Enarratio in Psalmum 145*, 5 ; PL 37, 1887 : "... revocat (anima) se ab exterioribus ad interiora, ab inferioribus ad superiora".

quaero. Sibiuda cherche l'homme, son thème est une anthropologie : *homo in quantum homo*. Ceci ne signifie pas qu'il ne s'occupe point de l'âme humaine, bien au contraire, mais il rétrécit au maximum la distinction platonique âme-corps. Deuxième remarque : dans Sibiuda la connaissance de l'homme est un thème radical et central. Il entend partir toujours de l'homme, qui constitue pour lui la clef de la compréhension de l'univers, l'objet et le moyen de toute certitude :

> Et ideo ipsemet homo et sua natura propria debet esse medium argumentum testimonium ad probandum omnia de homine, scilicet quae pertinent ad salutem hominis, vel damnationem vel felicitatem, vel ad bonum vel ad malum eius[255].

c) Idées métaphysiques

L'univers sebondien est un univers de vision augustinienne dans un double sens : il s'agit d'abord d'un univers symbolique, où les choses sont des signes. Le thème des choses comme signes, *nutus*[256], est sousjacent à toute la spéculation sebondienne, qui regarde le monde comme un livre ouvert dans lequel chaque créature est une lettre porteuse de sens, et où l'homme est la lettre principale, celle qui est chargée d'une signification spéciale :

> Primus liber fuit datus homini a principio, dum universitas creaturarum fuit condita, quoniam quaelibet creatura non est nisi quaedam littera digito Dei scripta ; et ex pluribus creaturis sicut ex pluribus litteris, est compositus liber unus qui vocatur liber creaturarum. In quo liber etiam continetur ipse homo et est principaliter littera ipsius libri. Et sicut litterae et dictiones, factae ex litteris, important et includunt scientiam et diversas significationes et sententias mirabiles, ita conformiter ipsae creaturae simul coniunctae et ad invicem comparatae important et significant diversas significationes et sententias, et continent scientiam homini necessariam[257].
>
> Et singulae creaturae quasi quaedam litterae sunt, non humano arbitrio sed divino inventae, ad demonstrandum homini sapientiam et doctrinam sibi necessariam ad salutem[258].

D'autre part, il s'agit d'un univers essentialiste. Quoique Sibiuda parle rarement *d'essentia*, et emploie presque toujours le terme *esse* à sa place, sa métaphysique n'en est pas moins une spéculation essentialiste, au sens de la distinction gilsonienne. Il ne s'intéresse pas à l'acte d'être des essences, mais à

---

255 Tit, I, p. 43*.
256 Cfr *De libero arbitrio* II, 16, 43 ; PL 32, 1264 : "Vae qui derelinquunt te ducem et oberrant in vestigiis tuis, qui nutus tuos pro te amant, et obliviscuntur quid innuas, o suavissima lux purgatae mentis sapientia! Non enim cessas innuere nobis quae et quanta sis, et nutus tui sunt omne creaturarum decus". Cité par GILSON, *o. c.*, p. 25, note 1.
257 Prol., éd. Stegmüller, pp. 35* - 36*.
258 *Ib.*, p. 38*.

son entité ; pour lui, l'être des choses se réduit à ce que les choses ont en propre : *id quod res habet, id quod res habent*[259]. Ceci explique pourquoi il suit si fidèlement le mouvement des preuves augustiniennes de l'existence de Dieu, qui "se développent toutes sur le plan de l'essence, beaucoup plutôt que sur celui de l'existence proprement dite. Elles partent, en effet, non pas de la constatation d'existences dont on chercherait la cause efficiente ultime dans un être dont, si l'on peut s'exprimer ainsi, le statut ontologique est seul capable d'en rendre raison"[260]. Sibiuda parvient aussi à Dieu par une ascension à travers le monde des essences qui n'ont pas en elles la raison d'être propre. Ni l'être inanimé, ni le vivant, ni le sensible, ni l'homme ne seraient capables de donner raison de son existence, parce que ce ne sont pas eux qui se sont donnés leur statut ontologique, auquel ils n'ont accédé, d'ailleurs, que dans le temps ; c'est pourquoi ils le tiennent d'un autre, ils l'ont reçu :

> Ergo aliquis maior quam tu et qui est supra te dedit tibi hoc quod habes ; quia ab alio habes, postquam a te ipso non habes, nec ab aeterno habuisti[261].

Nous sommes, donc, dans une conception du monde très influencée par le courant néoplatonicien. L'idée de *l'ascensus* vers l'être suprême est fondamentale dans Sibiuda, et elle s'exprime à travers le terme de *scala* et *scalares gradus*. C'est pourquoi l'univers sebondien est un univers fortement hiérarchisé, où tous les êtres sont nécessairement supérieurs ou inférieurs par le seul fait qu'ils sont différents et que les uns sont ordonnés aux autres :

> Quare tu pertines ad ordinem aliarum rerum et facis unum ordinem cum eis, unam ierarchiam[262].
> Quia ergo unum tendit ad alterum ut uidemus per experienciam, unum sustinet alterum, omnia se iuuant et inferiora seruiunt maioribus et superioribus ordinate[263].

Et c'est pourquoi, dans cet univers où l'être se réduit à essence, il y a une coïncidence frappante à relever entre Augustin et Sibiuda. La création, chez Augustin, "tend naturellement à se réduire au rapport de ce qui 'est vraiment' à ce qui ne mérite pas le nom d'être, c'est-à-dire, de l'immuable au changeant, de l'éternel au temporel, du même à l'autre, de l'un au multiple"[264]. Chez Sibiuda nous trouvons la même dialectique. Dans les titres 14 à 24, se déploye une métaphysique de l'être et du non-être (il faut lire : de l'essence qui est vraiment

---

[259] Tit. 3 et 4, pp. 8-11 de l'éd. Stegmüller.
[260] GILSON, *o. c.*, p. 26.
[261] Ms. Arsenal 747, fol. 5 v°, lignes 28-29.
[262] *Ib.*, fol. 5 v°, lignes 18-20.
[263] *Ib.*, fol. 6 r°, lignes 10-12.
[264] GILSON, *o. c.*, p. 263.

et de l'essence qui n'est pas vraiment) qui se situe dans la perspective augustinienne des rapports du créé au Créateur. Dieu seul est vraiment ; le reste, à proprement parler, n'est que par participation :

> Deus, quia a nullo recipit esse et ideo de se habet suum esse et est ipsummet esse et totum esse ; et nulla alia res est suum esse... et per consequens de se habent non esse, quia omne quod de se non habet esse, de se habet non esse[265].

Il y aurait beaucoup plus à dire sur les rapports de la pensée métaphysique de Sibiuda à celle d'Augustin. Un doute pourtant se dresse devant nous : Sibiuda s'est inspiré directement des oeuvres de l'évêque d'Hippone, ou son augustinisme lui arrive par le moyen de sources interposées ? Dans une certaine mesure, les pages qui vont suivre apporteront une réponse à cette question, mais le doute est toujours possible dans chaque cas précis. Est-ce que quand Sibiuda parle d'ordre, de mesure et de limite[266] faut-il immédiatement rappeler la triade augustinienne (et scripturaire) *numerus, ordo, mensura* ? Ou quand il dit, en passant, qu'il y a dans l'âme mémoire, intelligence et volonté[267], est-ce qu'il s'aligne en toute conséquence derrière la psychologie d'Augustin ? Nous pensons plutôt, à défaut de textes concluants, que, même vue l'orientation générale de maître Ramon dans des questions fondamentales, pour ce qui en est de ces problèmes de détail, il est plus prudent de se contenter d'une simple référence au monde d'idées augustiniennes reçues qui peuplaient le Moyen Age et lui servaient de références classiques. Dans ce sens, on trouve beaucoup de lieux communs dans le *Liber Creaturarum*, notamment dans les parties plus strictement théologiques, qu'il est possible de rattacher à des sources diverses. Mais les références de ce genre, dont il serait aussi ennuyeux qu'inutile de dresser la liste, ne dénotent pas toujours des dépendances doctrinales décisives et, pour cette raison, échappent à la nature de ce travail. Maintenant revenons à Augustin pour expliquer les sources d'une partie remarquable de la morable sebondienne : ses idées sur l'amour.

d) Morale

Nous avons signalé la portée pratique de la science qu'expose Sibiuda. Cela veut dire qu'il y a une fin de la recherche, un but fixe, une méthode qui s'y ordonne. Si dans Augustin "la sagesse est une connaissance qui permet et prépare la fruition de Dieu"[268], nous constatons que toute la spéculation

---

[265] Ms. Arsenal 747, fol. 8 r°, lignes 29-34.
[266] "Ergo aliquis alius existens superior omnibus omnia ordinauit, mensurauit et dedit eis quod habent" ; *Ib.*, fol. 5 r°, lignes 38-39.
[267] "... tota anima in qua est uoluntas et intellectus et memoria" ; *Ib.*, fol. 132 v°, lignes 12-13.
[268] GILSON, *o. c.*, p. 9.

rationnelle de maître Ramon est une préparation pour l'union de l'homme avec Dieu par l'amour. C'est ce qui explique l'importance que prend dans le *Liber Creaturarum* la partie consacrée à la *sciencia de amore* (titres 129 à 173). Bien que le point de départ de la doctrine sebondienne sur l'amour n'est pas proprement augustinienne, dans ce sens au moins qu'elle ne thématise pas l'expérience fondamentale chez Augustin du vide connaturel à la créature que seul l'amour de Dieu saurait combler, beaucoup d'idées du saint évêque berbère se retrouvent néanmoins sous la plume de Sibiuda. D'abord, nous rencontrons l'idée que l'amour spécifie la volonté et que "telle est la volonté, tel est l'amour"[269] :

> ... talis est quisque qualis eius dilectio est. Terram diligis ? terram eris. Deum diligis ? quid dicam, Deus eris[270].

En voilà l'écho fidèle dans le *Liber Creaturarum* :

> Ideo si uoluntas amat terram tunc dicitur terra et terrena... Et si Deum amat tunc dicitur Deus seu diuina uoluntas[271].

C'est que Sibiuda reprend pour son compte l'idée augustinienne de l'amour comme poids de l'esprit : *pondus meum amor meus ; eo feror quocumque feror*[272] :

> Et cum amor trahat et ducat secum totam uoluntatem que habet totum imperium in homine, ideo quocumque uadat ducit et trahit et portat secum totum hominem[273].

Nous retrouvons également, dès le seuil de ses spéculations sur l'amour, l'idée augustinienne que la vertu n'est pas autre chose que le bon amour[274] :

> Quia eciam totum bonum nostrum est amor bonus et totum malum nostrum est amor malus, sequitur quod uirtus non est aliud nisi amor bonus et uitium non est aliud nisi amor malus[275].

L'idée de la force unitive de l'amour, qui de deux choses n'en fait qu'une et qu'Augustin a su si bellement exprimer dans les *Confessiones*[276], passe telle quelle dans le *Liber Creaturarum* :

---

[269] *Ib.*, p. 171.
[270] *In Epistola Johannis ad Parth.*, 2, 2, 14 ; PL 30, 1997.
[271] Ms. Arsenal 747, fol. 70 v°, lignes 12-17.
[272] *Confess.*, XIII, 9, 10 ; éd. B. A. C., Madrid 1974, p. 561.
[273] Ms. Arsenal 747, fol. 70 r°, lignes 24-27.
[274] "Quod si virtus ad beatam vitam nos ducit, nihil omnino esse virtutem affirmaverim nisi summum amorem" ; cité par GILSON, *o. c.*, p. 176.
[275] Ms. Arsenal 747, fol. 69 v°, lignes 38-41.
[276] En parlant d'un ami à lui qui venait de mourir : "Bene quidam dixit de amico suo : 'dimidium animae suae' ; nam ego sensi animam meam et animam illius unam fuisse animam in duobus corporibus, et ideo mihi horrori erat vita, quia nolebam dimidius vivere et ideo forte

> Et ideo amor mutat amantem in rem amatam, unit et facit unum de duobus quia amans fit unum cum re amata uirtute amoris. Ecce ergo uires amoris, ecce hec est fortitudo et proprietas amoris, quia habet uim unitiuam conuersiuam et transformatiuam unius in alterum[277].

Cette force de l'amour fonde, chez Sibiuda comme chez Augustin, une société dont il est le lien. Les titres 144 et 169 du *Liber Creaturarum* reprennent le thème des deux sociétés et des deux cités, la cité des amis de Dieu et la cité de ceux qui n'ont aimé que eux-mêmes :

> ... Quare sequitur quod duo amores arguunt duas ciuitates de necessitate, quarum una est in profundissimo loco et alia in altissimo, quarum una est exilium et alia patria[278].

Finalement nous rappellerons que les couples amour-joie, crainte-tristesse, qui constituent le canevas de toutes les spéculations sebondiennes sur l'amour, ont une filiation augustinienne indéniable, ne fut-ce que par le témoignage de ce seul texte :

> Amor ergo inhians habere quod amatur cupiditas est ; id autem habens eoque fruens, laetitia est ; fugens quod ei adversatur, timor est ; idque si acciderit sentiens, tristitia est[279].

A son moment, nous verrons que le traité sur l'amour de Sibiuda dépend aussi de saint Bernard et de saint Bonaventure ; mais la coloration augustinienne n'en reste pas moins dominante ; on regrette, certes, dans le *Liber Creaturarum* la profondeur des vues d'Augustin, ainsi que la force descriptive de son inimitable style antithétique. Il va sans dire que Sibiuda intègre tous ces matériaux dans le cadre de ses préoccupations propres, en partant toujours de l'homme et de son expérience, dans un effort soutenu jusqu'au bout pour lui montrer que son salut se trouve dans la doctrine chrétienne et en elle seulement.

e) Conclusion

Nous sommes bien conscients de ne pas avoir tout dit sur les rapports doctrinaux Augustin-Sibiuda. Dans le *Liber Creaturarum* l'on trouvera toujours des références et des parallèles possibles avec toute sorte de prédécesseurs de son auteur. Le problème consiste à déterminer dans chaque cas

---

mori metuebam, ne totus ille moreretur, quem multum amabam" ; IV, 6, 11 ; éd. B. A. C., Madrid 1974, p. 169.

[277] Ms. Arsenal 747, fol. 70 r°, lignes 29-33.

[278] *Ib.*, fol. 95 r°, lignes 33-35. Ce texte rappelle avec force certains endroits d'Augustin : "Duas istas civitates faciunt duo amores ; Jerusalem facit amor Dei, Babyloniam facit amor saeculi" ; *Enarratio in Psalmum 64*, 2 ; PL 36, 773. "Fecerunt itaque civitates duas amores duo : terrenam scilicet amor sui usque ad contemptum Dei, coelestem vero amor Dei usque ad contemptum sui" ; *De Civitate Dei* XIV, 28 ; PL 41, 436.

[279] *De Civitate Dei* XIV, 7, 2 ; PL 41, 410 ; cité par GILSON, *o. c.*, p. 175.

précis dans quelle mesure les emprunts de textes ou d'idées sont vraiment marquants pour l'ensemble de l'oeuvre. Pour ce qui en est d'Augustin, nous pensons que son influence sur la pensée de Sibiuda est décisive, ne fut-ce que parce que le point de départ sebondien s'inscrit dans la tradition augustinienne, vivante au moyen-âge, qui ne considérait pas nécessaire d'établir une distinction spécifique entre la spéculation philosophique et le travail du théologien. A la limite de cette position, maître Sibiuda entreprend d'exposer, presque *more philosophico*, tout le contenu de la foi chrétienne dans ses lignes essentielles. Cela dit, remarquons que nous n'avons pas pris en considération dans notre travail les parties plus strictement théologiques - dogmatiques - du *Liber Creaturarum*, et ainsi il resterait à écrire un long chapitre sur les rapports Augustin-Sibiuda en matière de théologie.

2 - SAINT ANSELME

Les apports d'Anselme au *Liber Creaturarum* ont été déjà présentés lorsque nous étudions l'organisation interne de la partie de cet ouvrage qui retient principalement notre attention. Nous avons vu que Sibiuda reprend l'argument du *Proslogion*, dit ontologique, mais cette reprise n'est pas le seul emprunt que Sibiuda a fait à l'évêque de Cantorbéry. Nous analyserons de près ce que Sibiuda a repris des divers ouvrages de saint Anselme.

a) Monologion

D'abord, il faut signaler certaines ressemblances de fond entre le *Monologion* et le *Liber Creaturarum*. Dans le *Monologion* les thèmes suivent cet ordre : l'existence d'un être suprême, "summa natura" ; la création ; les attributs divins ; la Trinité ; le devoir d'amour envers l'essence divine. C'est le même ordre observé dans le *Liber Creaturarum*.

D'ailleurs, Anselme expose lui-même, dans le prologue du *Monologion*, la méthode de son travail, telle que lui a été commandée par ses moines :

> ... quatenus auctoritate Scripturae penitus nihil in ea persuaderetur, sed quidquid per singulas investigationes finis assereret, id ita esse plano stylo et vulgaribus argumentis simplicique disputatione et *rationis necessitas* breviter cogeret et veritatis claritas patenter ostenderetur[280].

Abandon de l'argument d'Ecriture, recherche des *rationes necessariae*. Sibiuda, donc, a un illustre précédent. En plus, le *Monologion* expose un principe dont Sibiuda se servira largement dans son oeuvre : c'est par l'étude de l'homme qu'on peut arriver à la connaissance de l'être suprême :

---

[280] *Mon.*, prol. ; éd. B. A. C., Madrid 1952, p. 190.

> Patet itaque quia, sicut sola est mens rationalis inter omnes creaturas, quae ad eius investigationem assurgere valeat, ita nihilhominus eadem sola est per quam maxime ipsamet ad eiusdem inventionem proficere queat. Nam iam cognitum est quia haec illi maxime per naturalis essentiae propinquat similitudinem[281].

Dans cette question, Sibiuda n'est pas un initiateur. Le thème de l'homme image de Dieu, depuis les Pères, est un lieu classique de la spéculation médiévale. Plus significative nous semble, du point de vue de l'influence d'Anselme sur Sibiuda, l'inclusion du thème trinitaire dans un contexte spéculatif rationnel. Nous verrons plus loin dans quelle mesure le *De Trinitate* de Richard de Saint-Victor est aussi une source pour Sibiuda ; remarquons pour l'instant que maître Ramon ne s'attache pas aux spéculations typiques de Lulle lorsqu'il "prouve" la Trinité ; il préfère suivre le schéma classique de l'explication psychologique des deux processions intradivines, en renouant ainsi avec la tradition augustinienne. Et s'il ne suit pas de trop près aucun des représentants en particulier de cette tradition, il en résume fort bien les résultats dans les titres 46 à 55.

Une autre idée importante dans Sibiuda, et qui se trouve dans le *Monologion*, est la question des idées vraies, mais impensables, c'est-à-dire, incompréhensibles par la seule raison ; après avoir étudié la trinité des personnes en Dieu, saint Anselme revient sur ses conclusions pour en fixer la portée et les limites :

> Videtur mihi huius tam sublimis rei secretum transcendere omnem intellectus aciem humani, et idcirco conatum explicandi qualiter hoc sit continendum puto. Sufficere namque debere existimo rem incomprehensibilem indaganti, si ad hoc ratiocinando pervenerit, ut eam certissime esse cognoscat, etiamsi penetrare nequeat intellectu quomodo ita sit ; nec idcirco minus iis adhibendam fidei certitudinem, quae probationibus necessariis nulla alia repugnante ratione asseruntur, si suae naturalis altitudinis incomprehensibilitate, explicari non patiantur. Quid autem tam incomprehensibile, tam ineffabile, quam id quod super omnia est ? Quapropter si ea quae de summa essentia hactenus disputata sunt, necessariis sunt rationibus asserta : quamvis sic intellectu penetrari non possint, ut et verbis valeant explicari, nullatenus tamen certitudinis eorum nutat soliditas[282].

Cette idée nous la retrouverons aussi dans Richard de Saint-Victor, et il nous semble que c'est du *De Trinitate* que Sibiuda l'a prise textuellement, comme nous verrons tout à l'heure. Reste cependant ce fait : ce n'est pas une nouveauté que Sibiuda introduit lorsqu'il parle de *verum incomprehensibile* à propos de la Trinité et de sa règle de nature. Nous sommes toujours dans un

---
[281] *Ib.*, c. 66, p. 328.
[282] *Ib.*, c. 64, p. 324.

contexte de spéculation augustinienne, où les influences directes commencent à se préciser. Est-il nécessaire de dire que Sibiuda s'est efforcé de leur donner une tournure nouvelle, en ce sens du moins qu'il a su les organiser autour d'une vaste spéculation axée sur l'homme *in quantum homo est* ? La description donnée plus haut des articulations de la première partie du *Liber Creaturarum* nous dispense d'insister davantage sur ce point.

b) Proslogion

L'argument du Proslogion a été directement repris par Sibiuda. Remarque fondamentale : l'argument n'intervient pas dans un contexte de preuve de l'existence de Dieu. Il est plutôt dégagé comme une conclusion, comme une de ces *regulae* qui jalonnnent les moments saillants de la démarche sebondienne. L'existence de Dieu ayant été prouvée dans les premiers titres du *Liber Creaturarum*, l'argument dit ontologique intéresse maître Ramon d'un point de vue particulier. Mais voyons d'abord comment il insère l'argument anselmien dans son ouvrage.

L'argument apparaît dans le cours de la *comparatio per differentiam et primo generaliter : per habere*, la partie dans laquelle est étudiée la spécificité du phénomène humain, sa rationalité. Après avoir mis en relief la supériorité de l'homme en tant qu'être pensant vis-à-vis des autres créatures, Sibiuda pose trois principes tirés du *Proslogion*, en leur donnant une liaison logique nouvelle. D'abord, et reliant avec ce qui a été dit sur la puissance rationnelle de l'homme, il pose le principe selon lequel l'homme ne saurait s'élever, par cette puissance, au dessus de Dieu :

> Et quia creatura non potest ascendere supra suum creatorem, ideo impossibile est quod homo per suum intelligere siue cogitare siue desiderare ascendat supra illum qui dedit ei omnia ista[283].

C'est mots correspondent à ce que dit saint Anselme dans le chapitre 3 du *Proslogion*, "Quod non possit cogitari non esse" :

> ... Si enim aliqua mens possit cogitare aliquid melius te, ascenderet creatura super creatorem, et iudicaret de creatore, quod valde est absurdum[284].

Ce raisonnement est justifié par Sibiuda moyennant un deuxième principe : si l'homme pouvait penser quelque chose de plus grand que Dieu, il serait plus grand en pensant, que son Créateur ne l'est en existant, et il y aurait dans la créature quelque chose de plus grand que dans le Créateur, parce que ce qu'on pense a une existence dans le cœur :

---

[283] Ms. Arsenal 747, fol. 32 r°, lignes 5-7.
[284] *Proslogion*, éd. B. A. C., Madrid 1952, p. 368.

> Ergo sequitur quod homo non potest intelligere nec cogitare in corde suo nec desiderare aliquid maius et melius suo conditore. Aliter homo esset maior cogitando quam creator suus existendo, *et esset aliquid maius in creatura quam in creatore*, scilicet cogitatio sua, et sic in corde creaturae esset aliquid maius suo creatore, *quia quod cogitatur in corde est*, et hoc est absurdissimum[285].

L'identification *cogitare = esse in corde* a été reprise elle aussi du *Proslogion* :

> Verum quomodo dixit in corde quod cogitare non potuit ; aut quomodo cogitare non potuit quod dixit in corde, cum idem sit dicere in corde et cogitare ?[286].

Finalement, Sibiuda pose son troisième principe, une *regula* :

> Regula autem est ista... quod Deus est *quod nichil maius cogitari potest et inde sequitur quod Deus est maius quod cogitari possit*. Et ultra sequitur quod Deus *quidquid melius est esse quam non esse*. Quidquid ergo potest homo cogitare perfectissimum, optimum, nobilissimum, dignissimum et altissimum hoc est Deus[287].

Cette règle a été reprise du *Proslogion* :

> Quid igitur es, Domine Deus, *quo nihil maius valet cogitari* ? ... Tu es itaque iustus, verax, beatus et quidquid melius est esse quam non esse[288].
>
> Ergo, Domine, non solum es *quo maius cogitari nequit*, sed es quiddam *maius quam cogitari possit*. Quoniam namque valet cogitari esse aliquid huiusmodi : si tu non es hoc ipsum, potest cogitari aliquid maius te ; quod fieri nequit[289].

Remarquons que jusqu'ici Sibiuda n'a pas encore abordé l'argument dit ontologique. Il s'est borné à poser la règle que lui fournit Anselme : "Deus est quo nihil maius cogitari potest, Deus est maius quod cogitari potest". C'est à partir de cette règle que Sibiuda, dans un mouvement rétrospectif, corrobore tout ce qui a été prouvé de Dieu, ses attributs, même la Trinité. La *regula* fournit un mécanisme dialectique qui sera rigoureusement appliqué :

> Quoniam autem melius est esse quam non esse, ideo esse necessario dicitur de Deo et actribuitur ei, et ideo Deus non potest cogitari non esse. Et quia maius est esse non acceptum nec productum de non esse quam esse acceptum et productum de non esse, et hoc potest cogitari, ideo esse Dei non est acceptum nec productum de non esse. Et quia maius

---

[285] Ms. Arsenal 747, fol. 32 r°, lignes 9-15.
[286] *Proslogion*, c. 4, p. 368.
[287] Ms. Arsenal 747, fol. 32 r°, lignes 29-33.
[288] *Proslogion*, c. 5, p. 370
[289] *Ib.*, c. 15, p. 386.

> est quod Deus sit suum esse quam si non esset, ideo necessario Deus est suum esse, postquam homo potest cogitare quod hoc est maius[290].
> ... per istam regulam certissimam in natura fundatam potest homo certitudinaliter actribuere Deo conditori suo sine dubitatione infinitas proprietates et dignitates per quas habebit magnam consolationem et gaudium, per istum modum dicendo : Deus est ita bonus quod non potest cogitari melior, ita potens quod non potest cogitari potentior... et conformiter dicamus de fortitudine, de sapiencia, de liberalitate, largitate, perfeccione... et sic de multis aliis. Si autem cuilibet istorum addas illa duo adiectiva 'eternum et infinitum', multum consolaberis... Item per illam regulam potest eciam ostendi summa Trinitas in Deo, quia opportet quod in Deo sit tanta productio et talis quod non possit cogitari maior[291].

C'est à la fin de ce long exposé que Sibiuda, pour confirmer les développements fondés sur les trois principes qu'il a pris directement du *Proslogion*, reprend l'argument dit ontologique, en le reproduisant presque mot à mot :

> Unde si conditor hominis ascendit per unum gradum supra hominem, non est mirum ut homo qui est creatus ascendit usque ad infinitum cogitando et eciam desiderando per uirtutem sibi datam a Deo quod conditor suus ulterius habeat unum gradum, scilicet, quod ascendat ad infinitum existendo et istum gradum debet dare et actribuere homo suo conditori, ut ponat ipsum omnibus modis supra se, quia maius est esse infinitum in existencia reali quam esse in sola cogitacione intellectus, et ideo illud quo maius cogitari non potest, non potest esse in solo intellectu et cogitacione, quia maius ut si sit in intellectu et in re quam si sit in solo intellectu et non re ; tunc illud quo maius cogitari non potest est illud quo maius cogitari potest, quod est impossibile. Ergo necesse habet homo affirmare et concedere quod istud quo maius cogitari non potest est eciam in intellectu et in re realiter existens[292].

Reste à voir quelle est la portée précise que Sibiuda accorde à l'argument du *Proslogion*. Notons d'abord qu'il manipule le texte anselmien en plaçant trois affirmations qui suivent l'argument devant celui-ci. Notons aussi que cette preuve n'est pas présentée dans un contexte de discussion, comme le fait saint Anselme aux prises avec *l'insipiens*. Dans le *Liber Creaturarum*, l'argument apparaît comme un "scholion" plutôt que comme un point de départ. Sibiuda insiste davantage sur la règle de pensée que lui fournit Anselme : impossible de rien penser au delà de Dieu. Cette règle suppose prouvée l'existence d'un Dieu créateur, ce que Sibiuda a fait dans des titres antérieurs. Maintenant Sibiuda ne réfute point un adversaire, ne défait pas une objection ; il

---

[290] Ms. Arsenal 747, fol. 32 v°, lignes 1-7.
[291] *Ib.*, fol. 33 r°, lignes 8-39.
[292] *Ib.*, fol. 33 v°, ligne 30-fol. 34 r°, ligne 3.

s'intéresse à l'argument du *Proslogion*, parce qu'il décèle en lui un mode de connaître proche de l'homme :

> ... iste modus cognoscendi est propinquissimus homini, quia ex propria cogitacione et ex proprio intelligere potest probare omnia de Deo. Nec opportet quod querat alia extra se, nec aliud testimonium quam se ipsum[293].
>
> Ecce ergo qualiter homo ex uirtute et magnitudine sue cogitacionis proprie et sui intellectus et ex propria et intrinseca operacione sibi certissima potest certitudinaliter cognoscere qualis et quantus sit suus conditor, qui ipsum creauit de nichilo ; quoniam necessario habet dicere, et non potest negare, quod conditor suus est id quod nichil maius cogitari potest et per consequens quod est maius quod cogitari potest, et ideo est quidquid melius est esse quam non esse[294].

Remarquons les précisions : *qualis et quantus sit suus conditor, ex propria cogitacione et ex proprio intelligere*. Une notion de Dieu formée à partir de l'expérience intellectuelle de l'homme, lequel ne peut rien penser au delà de Dieu. Telle nous semble être la cause de l'inclusion de l'argument du *Proslogion* dans le *Liber Creaturarum* : Sibiuda prend la règle de pensée anselmienne au sens d'un mode, immédiat aux données de l'intelligence : nous ne pouvons rien penser au delà de Dieu. Et nous ne le pouvons, parce que, si nous en étions capables, la créature serait plus grande par sa pensée que Dieu ne l'est par son être. Donc, nous ne pouvons rien penser au delà de Dieu. L'usage que Sibiuda fait des spéculations anselmiennes suggère qu'il accordait une valeur probante à l'argument dit ontologique.

c) Cur Deus homo

Dans la deuxième partie de son ouvrage (*opus restaurationis*), Sibiuda emprunte beaucoup de textes au *Cur Deus homo*, notamment au lib. II. Cela ne devrait pas nous étonner, car cet ouvrage se propose, *remoto Christo*, de prouver *necessariis rationibus* qu'aucun homme ne peut atteindre son salut sans Lui, et que le salut du genre humain ne peut être opéré que par un homme-Dieu[295]. Cette double finalité et la méthode mise en oeuvre pour l'atteindre explique bien pourquoi Sibiuda y a beaucoup puisé. Il était même inévitable que le *Cur Deus homo* attirât maître Ramon. La nature de ce travail, qui tente d'établir les sources de la pensée philosophique de Sibiuda,

---

[293] *Ib.*, fol. 32 r°, lignes 26-29.

[294] *Ib.*, fol. 33 v°, lignes 8-14.

[295] *Cur Deus homo*, praef. : "Ac tandem remoto Christo, quasi numquam aliquid fuerit de illo, probat rationibus necessariis, esse impossibile ullum hominem salvari sine illo. In secundo autem libro similiter quasi nihil sciatur de Christo, monstratur non minus aperta ratione et veritate naturam humanam ad hoc institutam esse ut aliquando immortalitate beata totus homo, id est, in corpore et anima frueretur ; ac necesse esse hoc fiat de homine propter quod factus est, sed nonnisi per Hominem Deum, atque ex necessitate omnia quae de Christo credimus fieri opportere" ; éd. B. A. C., Madrid 1952, p. 742.

nous dispense d'entrer dans le détail de cette matière, qui relève plutôt de l'apologétique et de l'histoire des dogmes. Nous nous bornerons à signaler par quel biais Sibiuda incorpore la doctrine du *Cur Deus homo* dans son *Liber Creaturarum* et à signaler jusqu'à quel point il dépend de saint Anselme dans l'exposition de *l'opus restaurationis*.

Le thème de la divinité du Christ est introduit dans les titres 206 à 216, après les titres sur l'amour de Dieu, et ceux relatifs à l'honneur de Dieu. Dans cette partie, Sibiuda parle en apologète chrétien et prouve la divinité du Christ à l'encontre surtout des musulmans. Pour reprendre le thème du Christ dans sa sotériologie, Sibiuda avait deux solutions : se référer à ce qu'il avait déjà établi sur la divinité du Christ et procéder alors à une exposition du dogme du salut telle qu'on la rencontre dans la *Summa contra Gentes*, ou bien poursuivre son but, qui est de tout référer à l'homme. Il va de soi que la deuxième démarche a été préférée, et nous sommes persuadés que le *Cur Deus homo* a été déterminant pour encourager cette décision. En fait, l'ouvrage anselmien passe en entier dans le *Liber Creaturarum*, et c'est de lui que Sibiuda a tiré le plus d'idées et de textes.

D'abord, il en a pris l'idée générale de poser a priori les conditions du salut humain, pour se référer ensuite à l'oeuvre accomplie par le Christ ; il en a tiré aussi l'idée que la nature humaine ne peut accomplir sa destinée propre, si elle n'est pas sauvée ; enfin, la notion de satisfaction et ses conditions.

En ce qui concerne les conditions du salut, nous avons déjà signalé que Sibiuda les introduisait à partir de la constatation de fait que l'homme, sur le plan moral, ne remplit pas les devoirs découlants de sa condition de créature qui a des obligations très précises à l'égard de Dieu[296]. Il constate, dans un jugement historique, la chute du genre humain[297]. Puis il étudie le statut originel de l'homme doué de la capacité de rendre à Dieu ce qu'il lui doit[298]. Ceci l'amène à étudier l'origine de la corruption de la nature humaine dans ses sources, les premiers parents[299], qui ont agi instigués par le diable auparavant corrompu à son tour[300]. La notion de satisfaction et ses conditions est exposée dans les titres 252 à 262 ; la nécessité pour la nature humaine d'être réparée occupe les titres 249 à 251.

Sibiuda a adapté les textes du *Cur Deus homo* à son dessein. La plus grande partie des textes qu'il emprunte appartiennent au livre II et ils fournissent toute la matière aux titres 250 à 265. Ainsi, au titre 252, il y a

---

[296] Titres 223 à 248.
[297] Titres 223 à 231.
[298] Titres 232 à 235.
[299] Titres 236 à 239.
[300] Titres 242 à 248.

des emprunts directs des chapitres 6 et 7 du livre II du *Cur Deus homo* ; au titre 253, des chapitres 8 et 9 ; au titre 254, des chapitres 10, 11 et 13 ; au titre 257, du chapitre 14 ; au titre 258, du chapitre 15 ; au titre 260, du chapitre 19. Dans ces chapitres, Anselme développe les doctrines suivantes : que la satisfaction nécessaire pour le salut de l'homme ne peut être réalisée que par un homme-Dieu (chap. 6), parfaitement homme et parfaitement Dieu (chap. 7) ; que cet homme-Dieu doit être assumé du genre adamique (chap. 8) ; que l'homme-Dieu doit être une seule personne (chap. 9) ; que l'homme ne serait pas mortel si Adam n'avait pas péché (chap. 10) ; que l'homme-Dieu meurt volontairement (chap. 11) ; qu'il assume toute la nature humaine, sauf les qualités négatives dues au péché (chap. 13) ; que sa mort est plus forte que tous les péchés (chap. 14) ; que sa mort détruit le péché de ceux qui la lui administrent (chap. 15) ; que sa mort est la satisfaction dûe à Dieu par la nature humaine (chap. 19).

Après cette exposition, qu'il enrichit encore avec des textes du *Breviloquium* bonaventurien, Sibiuda retourne au Christ et signale en lui l'homme-Dieu qui a déjà réalisé historiquement la satisfaction pour l'homme :

... quoniam ipse est ille quem querebamus et inuestigaui et ideo loquebamur de ipso ac si non esset[301].

Nous avons là l'écho fidèle du *remoto Christo* et du *quasi nihil sciatur de Christo* qui caractérisaient le point de départ du *Cur Deus homo*.

d) Conclusion

Sibiuda a très bien connu et utilisé l'oeuvre de saint Anselme, dans le sillage de laquelle il faut placer désormais le *Liber Creaturarum*. Recherche dialectique de raisons nécessaires, inclusion du thème trinitaire dans une spéculation qui se veut rationnelle, prétention à l'universalité du vrai, la foi posée au point de départ de la recherche intellectuelle, ce sont autant de caractéristiques qui relient Sibiuda à Anselme. La réduction anthropologique sebondienne nous apparaît de moins en moins comme une innovation et de plus en plus comme l'aboutissement d'une tendance traditionnelle, le courant de pensée augustinien du Moyen Age, repris tour à tour par diverses générations de penseurs.

3 - SAINT BERNARD

Bien que saint Bernard n'ait pas fourni beaucoup de textes à Sibiuda, le *Liber Creaturarum* n'en est pas moins marqué par son influence. D'abord, il faut rallier Sibiuda au courant de pensée que Gilson appelle du nom du "socratisme chrétien", et dont saint Bernard reste un représentant remarquable.

---

[301] Ms. Arsenal, fol. 199 r°, lignes 33-34.

Cette position socratique, la reprise du *nosce te ipsum*, est essentielle dans notre auteur. Si elle n'a pas les mêmes accents que chez saint Bernard, la cause en est surtout que Sibiuda la radicalise. *Homo in quantum homo est*, voilà ce à quoi le professeur de Toulouse s'intéresse. Chez saint Bernard, Socrate est complété par saint Paul[302]. Sibiuda entend rejoindre saint Paul à partir de l'homme. Le chemin est inversé, moins par différence des contenus que par ruse de méthode.

Là où Sibiuda a suivi saint Bernard de plus près c'est dans la notion de la liberté comme lieu ou expression de l'image divine dans l'homme. La doctrine de saint Bernard est connue : il distingue la liberté de contrainte (*libertas a necessitate*), la liberté du péché (*libertas a peccato*), la liberté de la misère (*libertas a miseria*). La liberté de contrainte ne peut se perdre, puisqu'elle reste une note essentielle de l'homme, et c'est l'expression de l'image divine dans sa nature ; en revanche, l'homme peut perdre les deux autres genres de liberté, qui relèvent de la ressemblance :

> Puto autem in his tribus libertatibus ipsam, ad quam conditi sumus, conditoris imaginem atque similitudinem contineri ; et imaginem quidem in libertate arbitrii, in reliquis autem duabus bipertitam quamdam consignari similitudinem[303].

Sibiuda ne gardera pas cette distinction des trois libertés dans les mots, mais pour lui le libre arbitre reste aussi l'image de Dieu dans l'homme :

> Ecce igitur qualiter Deus eleuauit hominem per quamdam scalam de gradu in gradum donec uenit et traxit usque ad se ipsum nec potuit homo magis eleuari per naturam nec maiorem recipere dignitatem naturalem quia eleuatus est et tractus usque ad Dei similitudinem et imaginem uiuam. Nam liberum arbitrium est ymago et Dei similitudo uiua, et quid alcius quid dignius quid sublimius quid nobilius et melius quam esse ymaginem et similitudinem Dei uiuam ? Multum autem dedit Deus homini quando fecit eum esse cum non esset, sed maius quia fecit eum sentire, sed maximum dedit quando liberum arbitrium dedit immortale et perpetuum, suam ymaginem, suam similitudinem, quia tunc fecit eum similem sibi in natura et quasi de suo genere et nullam aliam creaturam mundi ad hanc dignitatem eleuauit. Unde sine dubio in homine est completa ymago et similitudo creata, nec ultra est ascensus[304].

Bien que pour saint Bernard le libre arbitre soit seulement image et point du tout ressemblance de Dieu dans l'homme, l'origine bernardienne de l'idée que nous retrouvons dans Sibiuda nous semble acquise. Sibiuda ne fait pas jouer la distinction image-ressemblance, chère à saint Bernard, pour distinguer

---

[302] VIGNAUX, P., *Philosophie au Moyen Age*, Paris, Colin 1958, p. 58.
[303] *De gratia et libero arbitrio* IX, 28 ; PL 182, 1016.
[304] Ms. Arsenal 747, fol. 56 r°, lignes 29-41.

les dons naturels des surnaturels ; pour exprimer cette dictinction, Sibiuda préfère s'en tenir à la terminologie bonaventurienne *d'esse* et *bene esse*. Mais l'idée de localiser l'image de Dieu dans la liberté humaine ne se trouve pas chez saint Bonaventure. En outre, il est indéniable que Sibiuda a connu directement les textes de saint Bernard ; cela ressort surtout de sa terminologie sur la volonté. Nous trouvons dans le *Liber Creaturarum* la *voluntas communis* et la *voluntas propria* bernardiennes, ainsi que leur opposition irréductible :

> Unus est amor Dei qui dicitur amor communis et uniuersalis, seu uoluntas communis et uniuersalis, et alius amor sui ipsius, qui dicitur amor proprius et priuatus, seu uoluntas propria et priuata[305].

La description que donne Sibiuda dans les titres 139 et 140 de ce qu'est la volonté propre, doit être rapprochée d'un sermon de saint Bernard, où les expressions ne peuvent être que plus semblables. Nous donnons d'abord le texte de saint Bernard, puis l'essentiel du calque sebondien :

> In corde dupplex est lepra : propria voluntas et proprium consilium. Lepra utraque nimis pessima, eoque perniciosior, quo magis interior. Voluntatem dico propriam, quae non est communis cum Deo et hominibus, sed nostra tantum : quando quod volumus, non ad honorem Dei, non ad utilitatem fratrum, sed propter nosmetipsos facimus, non intendentes placere Deo et prodesse fratribus, sed satisfacere propriis motibus animorum. Huic contraria est recta fronte charitas, quae Deus est. Haec enim adversus Deum inimicitias exercens est et guerram crudelissimam. Quid enim odit aut munit Deus praeter propriam voluntatem ? Cesset voluntas propria et infernus non erit. In quem enim ignis ille desaeviet, nisi in propriam voluntatem ? Etiam nunc cum frigus aut famem aut aliquid tale patimur, quid laeditur nisi propria voluntas ? Quod si voluntarie sustinemus, ipsa iam voluntas communis est ; sed infirmitas quaedam et velut pruritus voluntatis adhuc de proprio est, et in illo omnes poenas sustinemus, donec penitus consummatur. Nam voluntas illa proprie dicitur, cui assentimur, et cui se liberum inclinat arbitrium. Haec autem desideria et concupiscentiae, quae invitos tenent, non voluntas, sed corruptio voluntatis est. Porro voluntas propria quo furore Dominum maiestatis impugnet, audiant et timeant servi propriae voluntatis. Primo namque seipsam et subrahit et subducit eius dominatui, cui tamquam auctori servire iure debuerat, dum efficitur sua. Sed numquid contenta erit hac iniuria ? Nequaquam ; addit adhuc et quod in se est, omnia quoque quae Dei sunt tollit et diripit. Quem enim modum sibi ponit humana cupiditas ? None qui per usuram acquirit peccuniam modicam, similiter mundum lucrari conaretur universum, si non deesset possibilitas, si suppeteret voluntati facultas ? Dico fiducialiter : nemini, qui sit in propria voluntate, possit universus mundus sufficere. Sed utinam rebus istis esset

---

[305] *Ib.*, fol. 74 v°, lignes 2-5.

contenta, nec in ipsum, horribile dictu, desaeviret auctorem ! Nunc autem et ipsum, *quantum in ipsa est, Deum perimit* voluntas propria. Omnino enim vellet Deum peccata sua aut vindicare non posse, aut nolle, aut ea nescire. *Vult ergo eum non esse Deum*, quae, quantum in ipsa est, vult eum aut impotentem aut iniustum esse, aut insipientem. Crudelis plane et omnino exsecranda malitia, quae Dei potentiam, iustitiam, sapientiam perire desiderat. Haec est crudelis bestia, fera pessima, rapacissima lupa et leaena saevissima. Haec est immundissima lepra animi, propter quam in Jordane mergi opporteat, et imitari eum qui non venit facere voluntatem suam ; unde in passione : Non mea, inquit, voluntas, sed tua fiat[306].

Sibiuda :

Et quia prerrogatiua primitatis soli Deo debetur et nulli alteri et sibi soli primo debetur amor, ideo qui primo dat amorem et prerrogatiuam primitatis alteri quam Deo, dat alteri quod soli Deo debetur et per consequens facit, reputat et constituit illam rem tamquam Deum. Si ergo homo primo dat amorem alteri rei quam sibi ipsi, tunc constituit et facit illam rem tamquam Deum. Si autem primo amat se ipsum et ipse est res primo amata, tunc facit se ipsum tamquam Deum, et tunc non solum est contra Deum, quia aufferet Deo quod ei debetur, sed est contra Deum magis et maxime, quia facit se ipsum tamquam Deum, quia recipit dignitatem et prerrogatiuam primitatis. Et tunc homo de directo, *quantum in eo est, destruit et adnichilat Deum* et facit Deum non Deum, et hec est summa inimicicia, summa contrarietas qua non potest esse maior, sicut qui fecit se regem contra regem summe inimicatur regi, et sic homo efficitur summus inimicus et aduersarius Dei capitalis, et de directo pugnat contra eum ; et quia amor conuertit mutat et transformat uoluntatem seu amantem in rem amatam. ideo tunc ipsa uoluntas seu homo mutatur conuertitur et transformatur in se ipsum, seu ipsa uoluntas totaliter mutatur et conuertitur in se ipsam et facit in se ipsa suum fundamentum primum extra Deum et contra Deum, et sequitur solum se ipsam et amat solum se ipsam. Et quia primo amat se, ideo omnia alia que amat, amat propter se, et in omnibus non diligit nisi se. Et quia ipsa uoluntas est res primo amata, ideo habet totum dominium, totum imperium sui ipsius et solum dominatur sibi ipsi et nullam aliam sequitur uoluntatem. Sed ipsa est prima, est prima in se ipsa et facit se ipsam primam. Et tunc ideo maxime est contra Deum, quia aufferet Deo quod soli ei proprium est, quia soli Deo proprium est habere propriam uoluntatem et sequi suam uoluntatem et nullam habere uoluntatem supra se quam sequatur et esse primam uoluntatem et uelle quidquid uult propria uoluntate. Sed quando homo primo amat se ipsum et suam uoluntatem, tunc uult illud quod uult propria uoluntate et nullam aliam sequitur uoluntatem, tunc uult illud quod uult propria uoluntate, et ideo tunc aufferet Deo quasi coronam suam, quia sicut corona soli regi competit, sic propria uoluntas Deo soli, et sicut regem aliquem inhonoraret et iniuriaret in summo qui aufferet ei suam coronam, ita homo inhonorat et iniuriat Deum qui aufferet ei

---

[306] *In tempore Resurrectionis sermo III*, 3 ; PL 183, 289-290.

priuilegium proprie uoluntatis, habendo quod ille solus deberet habere, et sic, quia ex amore sui ipsius sequitur propria uoluntas, ideo sequitur maxima inimicicia contra Deum de directo... Sic ergo solus amor sui ipsius ex quo sequitur propria uoluntas constituit ipsum hominem inimicum Dei capitalem[307].

Si cette influence de saint Bernard sur Sibiuda nous semble évidente, nous ne saurions pas au contraire prétendre que la doctrine de l'amour du *Liber Creaturarum* soit seulement redevable de saint Bernard. Les textes ne nous permettent pas de pousser trop loin les parallèles, et d'ailleurs Sibiuda ne se situe pas sur le plan mystique de saint Bernard. Mais gardons, au moins, une possibilité. La doctrine des *affectus* (l'amour, la crainte, la joie, la tristesse), sur laquelle tourne toute la *scientia de amore* sebondienne a pu être puisée dans les oeuvres et les sermons de l'abbé de Clairvaux. Certes, il est impossible de l'affirmer absolument. Dans les titres sur l'amour, Sibiuda ne dépasse jamais le perspective créaturale et naturelle qui est la sienne. Chez lui la morale de l'obligation prime sur la mystique de l'extase. Compte tenu de la façon de travailler de maître Ramon, qui ne cite jamais un auteur et qui s'approprie les idées d'auteurs divers sans jamais entrer en discussion avec eux, comme dans une sorte de réminiscence accumulative, lorsqu'on n'a pas l'évidence textuelle des emprunts ou des influences, comme c'est le cas pour la doctrine des *affectus*, il serait extrêmement dangereux de prétendre un éclaircissement définitif.

4 - HUGUES DE SAINT VICTOR

C'est le P. Mario Martins qui a attiré l'attention sur l'influence des Victorins dans le *Liber Creaturarum*[308]. Cependant, il se borne à poser la question de cette influence et à signaler quelques échos précis du *De Sacramentis* d'Hugues dans l'oeuvre de Sibiuda : l'idée des deux livres, celui de la création et celui de la révélation ; le symbolisme de la création ; le rapport de la foi à la raison ; l'inclusion du thème trinitaire dans une spéculation rationnelle[309]. Une lecture de l'oeuvre d'Hugues a confirmé le thèse du P. Martins et nous a révélé que dans le *Liber Creaturarum* Sibiuda s'est servi de beaucoup d'idées et a fait plusieurs emprunts directs à la *Summa Sententiarum*, au *De Sacramentis christianae fidei*, au *De Archa Noe morali*, à l'*Eruditio Didascalica*, au *Soliloquium de arra animae* et au *De Vanitate mundi*. Quoique brièvement, nous allons donner le détail de ces emprunts tels

---

[307] Ms. Arsenal 747, fol. 73 v°, lignes 17- fol. 76 r°, ligne 21.
[308] Cfr MARTINS, MARIO, *As origens da Filosofia de Raimundo Sibiúda*, dans "Revista Portuguesa de Filosofia" IV (1948) 5-24 ; *Estudos de Literatura Medieval*, Braga 1956, cap. XXX : "Sibiuda, a 'Corte Imperial' e o Racionalismo naturalista", pp. 395-415.
[309] ID., *ib.*, pp. 408-414.

qu'ils se présentent dans la progression du *Liber Creaturarum* ; il s'agit d'influences d'une portée relative, ne touchant pas aux questions essentielles. Nous verrons ainsi que, tel celui qui travaille avec un riche fichier, Sibiuda s'est plu à émailler son ouvrage avec des beaux textes d'Hugues, mais sans se rallier à ses points de vue particuliers.

a) L'idée du monde comme un livre

Les frères Carreras i Artau interprètent l'idée sebondienne de confronter le livre des créatures ou de la nature avec le livre de l'Ecriture comme une suggestion de la théorie de la double vérité de l'averroïsme latin, que Sibiuda voudrait démolir, en montrant l'identité foncière de leur contenu[310]. Les textes démontrent qu'il n'y a pas, à proprement parler, cette confrontation dans l'ouvrage de Sibiuda, et l'interprétation des deux illustres historiens reste trop vague. En effet, c'est en empruntant un texte de *l'Eruditio Didascalia* que Sibiuda expose son idée du monde comme un livre :

> Primus liber fuit datus homini a principio dum universitas creaturarum fuit condita, quoniam quaelibet creatura non est nisi quaedam littera *digito Dei scripta*[311]... Propter hoc totum istum mundum visibilem creavit homini et dedit tamquam librum proprium, naturalem, infalsificabilem, *Dei digito scriptum. Et singulae creaturae quasi quaedam litterae sunt non humano arbitrio sed divino inventae ad demonstrandum homini sapientiam* et doctrinam sibi necessariam ad salutem[312].

Presque avec les mêmes mots, Hugues avait formulé ce que Sibiuda enseigne :

> ... Universus enim mundus iste sensibilis quasi quidam *liber* est *scriptus digito Dei*, hoc est virtute divina creatus, *et singulae creaturae quasi* figurae *quaedam sunt* non *humano placito inventae sed divino arbitrio* institutae *ad manifestandam* invisibilium *Dei sapientiam*[313].

Il faut, donc, référer l'idée du monde comme un livre à l'idée du monde comme un symbole et des créatures envisagées comme des signes, idée chère à l'augustinisme. La position de Sibiuda est bien traditionnelle et, bien qu'elle soit profondément anti-averroïste, on n'en peut pas conclure qu'elle ait été expressément adoptée en vue de démolir la théorie de la double vérité. Ici la recherche des sources rend un service positif, car, s'il serait aisé de voir dans la théorie des deux livres une réplique à la théorie averroïste - mais sans que les Carreras i Artau précisent davantage de quel averroïsme s'agit-il -, l'évidence de

---

[310] CARRERAS I ARTAU, T. y J., *Historia de la filosofía española. Filosofía cristiana de los s. XIII al XV*, II, pp. 109, 114.
[311] Prol., éd. Stegmüller, p. 35*.
[312] *Ib.*, p. 38*.
[313] *Eruditio Didascalica*, lib. VII, c. IV ; PL 176, 814 B.

l'emprunt impose une explication plus simple. Il serait tout de même très difficile de vouloir référer la pensée de notre auteur à un combat contre l'averroïsme latin. Le *Liber Creaturarum* nomme et ses adversaires et ses destinataires, mais il ne dit rien sur les averroïstes.

b) La connaissance de soi-même

Les textes dans lesquels Sibiuda insiste sur la connaissance de soi-même ont une ressemblance toute particulière avec certains textes d'Hugues. Ainsi, nous avons l'idée sebondienne de ce que doit être une science de l'homme en tant qu'homme :

> ... ista scientia docet hominem *cognoscere se ipsum*, propter quid *factus sit*, et a quo factus sit ; quid est bonum suum, quid est malum suum ; quid *debet facere*, ad quid obligatur et cui obligatur[314].

Le même concept est exprimé, en substance, par Hugues :

> Porro *cognitionem sui* eumdem hominem a prima conditione sua talem accepisse credimus, ut et *debitum* oboedientiae suae erga superiorem agnosceret et *debitum* providentiae suae erga inferiorem non ignoraret. Hoc siquidem erat *semetipsum agnoscere*, conditionem et ordinem et *debitum* suum sive supra se, sive in se, sive sub se non ignorare ; intelligere qualis *factus esset* et qualiter incedere deberet, quid *agere*, quid cavere similiter. Hoc totum erat *seipsum agnoscere* [315].

Dans le *Soliloquium de arrha animae* Hugues parle de la connaissance de l'homme en des termes que Sibiuda, s'il s'est abstenu d'emprunter littéralement, n'a pas moins bien assimilé :

> ... (homo) nescit quantum valet ; et ideo dat se pro nihilo. Quia ergo homo est totaliter extra se, ideo si debet videre se, necesse est quod intret in se et intra se, et veniat ad se et habitet intra se. Aliter est impossibile quod cognoscat se, nec videat se, nec suum valorem, suam naturam et suam pulchritudinem naturalem[316].

Hugues :

> Primum igitur necesse est, ut quisque semetipsum consideret et cum cognoverit dignitatem suam, ne iniuriam faciat amori suo, abjectiora se non amet. Nam et ea quae per se considerata pluchra sunt, pulchrioribus comparata vilescunt[317].

Des textes du *De Vanitate mundi* exposent la même idée que Sibiuda se fait de la connaissance de l'homme en tant que démarche essentielle pour s'élever à la connaissance de Dieu :

---

[314] Prol., éd. Stegmüller, p. 31*.
[315] *De Sacramentis christianae fidei*, lib. I, VI, cap. XV ; PL 176, 272 A - B.
[316] Tit. I, éd. Stegmüller, pp. 44* - 45*.
[317] *Soliloquium de arrha animae*, PL 176, 954 B.

> Et ideo quia homo per cognitionem suiipsius ascendit ad cognitionem Dei, et tantum quantum de seipso cognoscit tantum cognoscit de Deo ; ideo qui ignorat seipsum in quantum homo est ignorat Deum[318].

Hugues :

> Ascendere ergo ad Deum hoc est intrare ad semetipsum, et non solum ad se intrare, sed ineffabili quodammodo in intimis etiam se ipsum transire. Qui ergo se ipsum, ut ita dicam interius intrans et intrinsecus penetrans transcendit, ille veraciter ad Deum ascendit[319].

Nous ne prétendons pas que ces textes soient déterminants pour la constitution de la pensée sebondienne, mais il nous semble qu'ils manifestent une influence possible d'Hugues sur notre auteur. Cette hypothèse est d'autant plus vraisemblable que, comme nous avons déjà vu et comme nous allons encore voir, Sibiuda n'hésite pas à faire des emprunts directs aux ouvrages d'Hugues, qu'il a bien connus et dont il s'est servi à plusieurs reprises.

c) Spéculation trinitaire dans un contexte rationnel

Quoique Sibiuda n'ait pas suivi Hugues dans ses expositions du dogme de la Trinité, et qu'il ait préféré s'attacher en cette matière à Richard de Saint Victor, il a pu trouver bien des textes chez le premier qui le rassuraient dans son propos d'engager une spéculation toute rationnelle sur la Trinité. Nous venons de voir que *l'Eruditio Didascalica* lui a fourni un texte pour exprimer sa conception du monde comme un livre, le livre des créatures. Ce texte se trouve dans le livre VII de *l'Eruditio*. Un peu plus loin, dans le chapitre 21, Hugues pose le problème d'une spéculation trinitaire à partir de l'homme, qui n'a peut-être pas échappé à Sibiuda, son lecteur :

> Ex quo quidem de visibilibus ad invisibilia oculo contemplationis ingressi sumus, ad hoc usque via investigationis penetravimus, ut iam Creatorem rerum omnium sine principio, sine fine, sine mutabilitate esse non dubitemus, et hoc quidem non extra nos, sed in nobismetipsis invenimus. Consideremus ergo si adhuc aliquid amplius eadem ipsa natura nostra de Creatore nos doceat, quia fortassis non solum unum sed et trinum ostendat[320].

Sans exagération, nous pouvons dire que ces quelques lignes résument fort bien la méthode sebondienne. Nous ne citerons qu'un seul texte à l'appui :

> Quoniam autem cognitio nostra de Deo que oritur ex propria nostra natura est nobis certior et magis familiaris et placens, ideo quantum possumus laborare debemus ut naturam hominis cognoscamus, ut per

---

[318] Titre 279, p. 483.
[319] *De Vanitate mundi*, PL 176, 715 B.
[320] *Eruditio Didascalia*, lib. VII, cap. XXI ; PL 176, 831 A.

nostram naturam quam intra nos habemus, cognoscamus Deum et omnia de Deo, quia talis cognicio est nobis ualde propinqua[321].

Cependant le texte d'Hugues rappelle, de plus près, ce que Sibiuda dit lorsqu'il démontre la Trinité :

> Postquam per esse mundi per quattuor gradus diuisum et ordinatum per experienciam nobis manifestissimum ascendimus ad uidendum et cognoscendum ineffabiliter quod totum esse mundi est productum de nichilo de nouo ab illo esse supremo et quod est quasi punctus et nichil respectu infinitatis et immensitatis illius esse eterni, et sic per consequens manifestata est nobis una produccio mundi que erat nobis occulta, scilicet produccio mundi de nichillo facta ab illo esse eterno et immutabili quod est Deus. Postquam ergo ista produccio est cognita nunc ulterius laborandum est forcius si per ipsam produccionem nobis iam Dei gracia manifestatam poterimus ascendere ad uidendum et cognoscendum aliam produccionem excelsiorem et nobiliorem et alciorem quam sit ista[322].

Il y a comme un air de famille entre tous ces textes. A coup sûr, nous ne prétendons pas à une parfaite identité de vues, puisque nous ne trouvons pas chez Hugues les développements sebondiens. Cependant Hugues parle ici et là d'une façon qui ne pouvait pas non plus échapper à Sibiuda, connaisseur et lecteur aussi de Lulle. Si, d'une part, Hugues est bien conscient que notre connaissance de la Trinité relève de la foi[323], il remet à l'affirmation d'autres (*quidam*), selon lesquels l'homme en état de justice originelle, bien qu'il connaissait la Trinité par don, possédait une certaine aptitude naturelle pour cette connaissance d'un ordre de vérités supérieures à la raison :

> Item si ratio naturalis tantum valet ut ad hunc gradum cognitionis sufficiat (*la connaissance de Dieu par les créatures*), quaeritur in quo fuit efficacior ante peccatum quam modo ; vel quomodo nunc infirmior quam tunc ? sicut enim tunc cognovit quod Deus est et unus est et trinus ; ita et nunc. Et sicut modo incarnationis mysterium non potest comprehendere sine adjutorio gratiae, ita nec tunc quod mysterium absconditum est in Deo, qui fecit omnia, ut dicit Apostolus, quasi nil

---

[321] Ms. Arsenal 747, fol. 40 r°, lignes 23-27.
[322] *Ib.*, fol. 20 v°, lignes 27-38.
[323] "... videtur quod philosophi summae Trinitatis per ea quae facta sunt habuerunt notitiam. Sed Augustinus super Exodum dicit quod philosophi ad notitiam tertiae personae non pervenerunt, sed tantum peri tou agathou, id est Patrem, et peri nóon, id est de Filio philosophati sunt. Ad hoc dicunt quidam quod illam distinctionem quam fides catholica confitetur summae Trinitatis, non habuerunt, nec habere poterant, nisi per revelationem. Quattuor enim modis cognoscitur Deus, duobus modis interius, scilicet, per naturalem rationem quam notat Apostolus secundum quosdam dicens : *Quod notum est Dei manifestum est in illis* (Rom. 1), et per divinam inspirationem, quam ibi notat Apostolus : *Deus enim illis manifestavit* (ib.). Duobus modis exterius, per facturam quemadmodum insinuat Apostolus dicens : *Invisibilia Dei* (ib.), et per Scripturam, qui modus satis patet. Voluit itaque Deus in quibusdam latere, ut fides haberet meritum, et in quibusdam apparere, ut infidelitas non haberet excusationem" (*Quaestiones in epistolas Pauli. In ep. ad Romanos*, q. XXXIV ; PL 175, 439 B - 440 A).

> serviret creaturis, ex quo hoc cognosci posset. Solutio. Ratio ante peccatum facilius et perfectius comprehendit quam modo cum magna difficultate, et minus perfecta, et a longe speculatur ; multa etiam novisset tunc quae modo non cognoscit. Objicitur iis qui dicunt quod ratio naturalis aliquid posset per se : Nonne oculus exterior nil videre potest sine illustratione lucis supervenientis sibi, vel radii solis, vel alterius ? Oculus interior nil potest per se sine illustratione lucis quae illuminat omnem hominem venientem in hunc mundum. Ratio ergo naturalis sine gratia quid potest cum talis lux sit ex gratia ? Ad quod respondent *quidam* sic : In prima creatione est exposita et proposita interiori oculo illustratio summae lucis quo ad usque et ad quem finem per se ex tali expositione sine aliqua gratia superveniente pervenire valeret ; quae illustratio non fuit de substantia rationis, nec de eius natura, sed de dono eius gratuito. *Tamen potest dici quod naturaliter videt ; quia cum natura data est aptitudo et idoneitas videndi exposita illa luce* : de qua sermo praecessit. Itaque sine omnimoda gratia nil potest videre oculus mentis : potest tamen bene sine gratia superveniente alia ab illa quae collata est cum natura, quae superveniens gratia maxima solet dici gratia[324].

D'autre part, il y a chez Hugues une thématisation de la Trinité qui annonce de loin l'audacieuse théorie lullienne des dignités divines dans leurs rapports de *mélange* :

> Ita ergo ab initio proditus est Deus conscientiae humanae et adjuta fides iudiciis veritatis confessa est deum esse et ipsum unum. Deinde etiam trinum esse. Et in unitate quidem confessa est aeternitatem et immensitatem, in aeternitate autem incommutabilitatem ; in immensitate autem simplicitatem, hoc est, aeternitatem sine tempore et immensitatem sine quantitate. In Trinitate vero confessa est *communionem unitatis, aequalitatem immensitatis,* coaevitatem aeternitatis. Et communionem quidem unitatis sine divisione ; aequalitatem immensitatis sine diminutione ; coaevitatem aeternitatis sine ordine vel successione. Hoc est singulis in unitate totum, in immensitate plenum, in aeternitate perfectum[325].

Qu'on ne nous fasse pas dire que nous voyons dans ce texte une annonce de *l'Ars* lullienne ; nous disons simplement qu'un esprit plus ou moins familiarisé avec le lullisme pouvait y déceler un mode de pensée qui ne lui était pas étranger.

d) Les dons de Dieu à l'homme

Un des ouvrages d'Hugues que Sibiuda a utilisé plus consciemment est le *Soliloquium de arrha animae.* Cet ouvrage a connu une certaine vogue dans les milieux cultivés d'Aragon, car entre 1416 et 1419 elle a été traduite au catalan

---

[324] *Quaest. in ep. Pauli. In ep. ad Rom.*, q. 42 ; PL 175, 441 D - 442 A.
[325] *De Sacramentis*, lib. I, III, c. IV ; PL 176, 218 B - C.

par le dominicain Antoni Canals[326]. Canals s'en était servi lui-même dans son oeuvre *Scala de contemplació*, qui en contient plus d'un extrait. Ce détail n'est peut-être qu'une coïncidence hasardeuse, mais il garde son intérêt pour l'étude des rapports entre Sibiuda et le premier humanisme catalan, étude qui dépasse le cadre de ce travail. Nous allons voir maintenant que maître Ramon s'est inspiré à plusieurs reprises du *Soliloquium* d'Hugues, en lui empruntant des idées et des textes qu'il a combiné, en les mélangeant, avec des textes d'autres ouvrages d'Hugues. C'est pourquoi nous avons suggéré que la méthode de travail sebondienne, en ce qui concerne ses sources, nous donne le sentiment qu'il avait constitué une sorte de "fichier", du moins d'ordre mental. Nous pensons que la suite va confirmer notre hypothèse.

Il y a dans le *Soliloquium de arrha animae* une division des dons faits par Dieu à l'homme que Sibiuda a repris. Hugues, en effet, distingue les dons communs, les dons spéciaux, les dons singuliers :

> Discerne quae dona a sponso tuo accepisti : alia enim communiter, alia specialiter, alia singulariter data sunt. Communia data sunt quae omnibus propter te tecum serviunt. Specialiter data sunt quae multis nec tamen omnibus propter tecum sunt concessa. Singulariter data sunt quae tibi soli data sunt[327].

Cette idée n'est pas du tout étrangère à Sibiuda, quoique il l'ait transformé, en gardant toutefois la terminologie. En effet, nous trouvons ces trois sortes de dons faits par Dieu à l'homme dans deux titres du *Liber Creaturarum*. D'abord, dans le titre 92, Sibiuda fait état de ce que l'homme a en commun avec les créatures et de ce qui l'en distingue :

> Prima est differencia et primus modus differendi fuit generalis et communis et fuit per habere, et ille modus conuenit omnibus rebus et omnibus gradibus, quia quilibet gradus differt ab alio quia habet aliquam dignitatem supra alium et infra eumdem gradum ; similiter una res differt ab alia quia habet aliquam naturam, aliam perfeccionem quam non habet alia, et talis modus differendi conuenit non solum homini ymo omnibus. sicut enim homo habet dignitatem super alias res, dicimus quod una res habet maiorem dignitatem in natura quam alia et ideo differt ab illa, ut animalia quam arbores et arbores quam lapides et aurum quam argentum et ignis quam aqua et sol quam luna et rosa quam urtica. Sed est unus alius modus differendi *specialis*, qui solum conuenit homini et per quem modum specialiter et singulariter differt homo ab omnibus, et ille modus non est per habere sed per cognoscere se habere. Omnes enim res inferiores homini habent suas dignitates, suas naturas, suas perfecciones et suas proprietates et suos decores et acceperunt a suo conditore, et una res habet plus quam alia et est nobilior quam alia. Sed tamen quamuis habeant non cognoscunt se habere nec possunt

---

[326] RIQUER, MARTI DE, *Història de la Literatura Catalana*, vol. II, p. 457.
[327] *Soliloquium de arrha animae*, PL 176, 956 D - 957 A.

cognoscere se habere, nec habent cum quo hoc possint facere, nec acceperunt hoc a conditore... Accepit ergo homo non solum plus quam alie res, non solum maiorem dignitatem quam alie res, non solum maiorem dignitatem, sed eciam quo cognosceret se habere et accepisse plus et maiorem dignitatem quam alie creature et in quo gradu sunt et quantum valet illud quod acceperunt. Et cognoscit homo quod alie creature non habent nec acceperunt hanc excellenciam, quod possint cognoscere se accepisse et habere hoc quod habent. Et cognoscit quod ipse solus habet et accepit hoc[328].

Deuxièmement, dans le titre 194, Sibiuda parle de ce que Dieu opère dans chaque individu en particulier :

... aliquando uidet et sentit (homo) per experienciam opera que Deus operatur circa se ipsum *singulariter*[329].

En fait, ce n'est pas la même chose que visent Hugues et Sibiuda. Celui-là explique, dans le *Soliloquium*, ce qu'il entend par dons communs, dons spéciaux et dons singuliers :

Communia quidem sunt ea quae in usum universorum veniunt, sicut est lux solis, spiramen aeris. Specialia vero, ut ea quae non omnibus, sed quasi cuidam societati sunt concessa, sicut est fides, sapientia, disciplina. Singularia autem, ut ea quae unicuique propria impertita sunt, sicut Petro principatus in apostolis, Paulo apostolatus in gentibus, Joanni privilegium amoris. Considera ergo, anima mea, quae communia cum omnibus, quae specialia cum aliquibus, quae singularia acceperis sola[330].

La division de Sibiuda n'est pas identique, puisqu'il parle des *différences* communes et spéciales entre l'homme et le reste des créatures. La terminologie est cependant la même, ainsi que la troisième division, les dons accordés aux individus particuliers. Ne prétendant pas une filiation rigoureuse, nous croyons qu'il est juste de remarquer ce parallélisme entre les deux auteurs, comme nous l'avons fait pour d'autres textes d'une parenté plus évidente.

d') Toutes choses sont au service de l'homme

Le titre 97, dans lequel Sibiuda développe l'idée que toutes choses ont été créées pour le service de l'homme, a été bâti sur deux textes d'Hugues : l'un, provenant du *Soliloquium de arrha animae*, l'autre, appartenant au *De Archa Noe morali*.

---

[328] Ms. Arsenal, fol. 46 v°, ligne 30-fol. 47 v°, ligne 26.
[329] *Ib.*, fol. 111 r°, lignes 10-11.
[330] *Soliloquium*, PL 176, 959 C - D.

Sibiuda :

> Uide igitur homo uniuersum mundum et considera si sit in eo aliquid quod tibi non seruiat ; omnis enim creatura ad hoc laborat ut obsequiis tuis famuletur et tue utilitati desseruiat, tuis quoque necessitatibus et delectamentis secundum affluenciam indefficientem succurrit. Hoc celum hoc terra hoc aer hoc mare cum omnibus que in eis sunt complere non cessant, hoc eciam terremotus temporum per quattuor tempora anni innouando et renouando omnia quolibet anno continue ministrat. Cogita ergo homo quis hoc instituit, quis illud precepit nature ut sic unanimiter tibi desseruiat ; beneficium sentis et negare non potes. Quere ergo datorem tanti beneficii, quoniam hoc non est tuum debitum sed beneficium alienum... multum ergo tibi dedit qui hoc totum et tantum tibi dedit, multum ergo illi obligaris et teneris, multum illi debes qui tantum dare uoluit. Unde omnis creatura clamat tibi : Accipe, redde. Accipe seruicium, accipe beneficium, redde debitum. Celum dicit : ministro tibi lucem in die ut uigiles, tenebras in nocte ut penses. Ego ad tuam delectacionem facio gratas renouaciones et mutaciones temporum, scilicet temperamentum ueris, feruorem estatis, plenitudinem autompni et frigus yemis. Ego uario dies et noctes nunc breues nunc longas, ut uarietas tollat fastidium et ordo faciat delectamentum. Aer dicit : prebeo tibi flatum uitalem et micto ad tuum obsequium omne genus auium. Aqua dicit : potum tibi prebeo, sordes tuas purgo ; rigo sicca et arencia et ad tuum cibum ministro genera diuersorum piscium. Terra dicit : ego te porto, ego te nutrio, pane conforto, uino letifico, omnium generum fructibus oblector, diuersis animalibus mensas tuas repleo. Mundus totus dicit : Uide homo quomodo amauit te qui propter te fecit me, quia factus sum propter te, ut et tu seruias illi qui fecit me et te ; me propter te et te propter se. Si sentis beneficium, redde debitum[331].

Hugues :

> Respice universum mundum istum et considera si aliquid in eo sit quod tibi non serviat. Omnis natura ad hunc finem cursum suum dirigit ut obsequiis tuis famuletur et utilitati desserviat tuisque oblectamentis pariter et necessitatibus secundum affluentiam indefficientem occurat. Hoc coelum, hoc terra, hoc aer, hoc maria cum iis quae in eis sunt universis explere non cessant ; in hoc circuitus temporum annuis innovationibus et redivivis partubus antiqua innovans, dilapsa reformans, consumpta restaurans, pastu perpetuo subministrat. Quis ergo putas hoc instituit ? Quid istud naturae praecepit ut sic uno consensu tibi serviat ? Beneficium accipis et auctorem eius non agnoscis. Donum in manifesto est, largitor occultus. Et tamen ipsa te ratio dubitare non sinit hoc tuum non esse debitum, sed beneficium alienum... Quicumque ergo ille est, multum tibi contulit qui hoc totum et tantum tibi dedit, multum diligendus est qui tantum dare potuit et qui tantum dare voluit, multum dilexit[332].

---

[331] Ms. Arsenal 747, fol. 49 r°, ligne 39-fol. 49 v°, ligne 32.
[332] *Soliloquium*, PL 176, 955 A - C.

> Prima vox dicit : accipe, secunda dicit : redde, tertia dicit : fuge. Accipe beneficium, redde debitum, fuge supplicium. Prima vox est famulantis, secunda admonentis, tertia comminantis. Vox famulantis est. Coelum dicit : Ministro tibi lucem in die ut vigiles, tenebras in nocte ut pauses. Ego ad oblectationem tuam gratas temporum vicissitudines pario, tempore veris et aestatis fervorem, autumni plenitudinem et algorem hiemis. Ego alternantibus incrementis dierum et noctium spatia simili ratione dissimiliter extendo, ut et varietas tollat fastidium et ratio pariat oblectamentum. Aer dicit : Vitalem tibi praebeo flatum et omne genus avium ad tuum mitto obsequium. Aqua dicit : potum tibi praebeo, sordes purgo, arentia vegeto, et diversorum genera piscium ad tuum esum ministro. Terra dicit : ego te porto, te nutrio, pane conforto, vino laetifico, omnigenis fructibus oblecto, diversis animalibus mensas tuas repleo. Vox admonentis est. Mundus dicit : Vide homo quomodo amavit te qui propter te fecit me. Servio tibi, quia factus sum propter te, ut et tu servias illi qui fecit et me et te. Si sentis beneficium, redde debitum. Accipis benignitatem, redde charitatem...[333].

C'est cette façon de combiner des textes appartenant à des oeuvres distinctes qui nous fait penser que Sibiuda, en préparant le *Liber Creaturarum*, s'est muni des références qui devaient passer dans le corps de l'ouvrage.

e) Evaluation de l'homme. Le libre arbitre

Un autre exemple de cette forme de travail nous est donné sous la forme de texte abrégé. Le titre 103, consacré à évaluer l'homme, n'est qu'un abrégé d'un texte plus long du *Soliloquium de arrha animae* :

> Primum *cogita, anima mea, quod aliquando non fueris* et ut esse inciperes, hoc eius dono acceperis. Donum ergo eius erat ut *fieres*. Sed numquid tu ei aliquid dederas priusquam fieres, sed gratis *accepisti ab eo ut fieres* ? Cui ergo praelata es in eo quod facta es ? Et tamen nisi hoc esset aliquid accipere, non poterat qui non erat incipere et nisi esse quam non esse melius esset, nihil ille qui est eo qui non est amplius accepisset... Nunc autem *amplius* dedit, quia dedit *non solum esse*, sed *pulchrum* esse, *formosum esse*, quod quantum superat nihil per existentiam, tantum antecedit aliquid per formam in quo multum placet id quod est, et amplius id quod tale est. In quo, anima mea, omnibus te praelatam aspice, quos tale et tam excellens modum existendi bonum vides non accepisse. Sed nec hic terminari poterit munificentia largitoris optimi. Adhuc aliquid plus dedit et magis nos ad similitudinem suam traxit ; voluit ad se trahere per similitudinem quos ad se trahebat per dilectionem. *Dedit ergo nobis esse et pulchrum esse, dedit et vivere*, ut praecellamus et iis quae non sunt per essentiam, et iis quae inordinata aut incomposita sunt per formam, et quae inanimata per vitam. Magno debito obligata es, anima mea, *multum accepisti et nihil a te habuisti*. Et pro hiis omnibus non habes quid retribuas nisi tantum

---

[333] *De Archa Noe morali*, lib. II, c. IV ; PL 176, 638 A-B.

ut diligas. Nam quod per dilectionem datum est, nec melius, nec decentius quam per dilectionem rependi potest. Accepisti autem hoc totum per dilectionem. Poterat enim Deus etiam aliis creaturis suis dedisse vitam, sed amplius in hoc dono dilexit te. Nec ideo plus dilexit te, quoniam plus diligendum invenit in te, sed quia gratuito plus dilexit te, talem te fecit ut iam nunc merito plus diligat te... ... ... *Post esse* et post pulchrum esse, *post vivere, datum est et sentire*, datum est et discernere et per eamdem dilectionem datum est quae nisi praecessisset, nihil a largiente datum, nihil ab indigente acceptum fuisset. Quam sublimis et quam decora facta es, anima mea ! Quid sibi *iste ornatus* tantus ac talis voluit, nisi quia idem ipse, qui te induit, sponsam suo thalamo praeparavit...[334].

Sibiuda :

... ponderet ergo se ipsum homo primo secundum suum esse, que est prima pars. Unde debet *cogitare* homo quod *aliquando nichil erat et non fuerat* ; accepit ergo primo esse hoc ut *esse inciperet* cum non esset, et aliquid fieret cum nichil ante foret ; *magnum* ergo *bonum accepit qui nichil erat et nichil habebat*. Et quamuis alie creature acceperunt scilicet esse cum non essent, et facte sunt cum nichil fuerint ante, et eis deus dederit esse post nichil, attamen datum est eis esse cum non essent propter esse hominis. Et ideo preciosius est esse hominis quam esse omnium aliarum creaturarum ; unde esse omnium rerum respicit ad esse hominis et ad ipsum tendit tamquam ad principalius et maius et preciosius esse propter quod est omne esse creaturarum. Ecce igitur quantum ponderat esse ipsius hominis quod accepit, quantum ualet et quanti precii est. Multum ergo obligatur homo Deo pro esse quod accepit et quamuis nichil plus accepisset ; plus enim ualet esse hominis quam esse omnium creaturarum. Item *non solum* accepit *esse* ymo *amplius* accepit *pulchrum* et *formosum* esse et artificiosum ; hoc enim est maius quam esse tantum et aliquid tantum ; plura enim sunt que habent esse, sed non habent pulchrum esse nec formosum sicut homo habet, et si aliquibus sit datum pulchrum esse, nec formosum esse, attamen esse hominis est pulchrius quam esse omnium aliarum creaturarum, et eciam si habent pulchrum esse, habent propter hominem ; quare multum tenetur homo deo, propterea quia dedit ei tam pulchrum esse et formosum, tanta artificiositate fabricatum. Item secundo homo debet cogitare et ponderare se ipsum per suum uiuere. *Unde non solum datum est homini et pulchrum esse*, sed plus uoluit deus dare et eleuare hominem et in alciori gradum ipsum exaltare ; unde *datum est* ei *uiuere* et uita. Unde maius bonum sine comparacione est uiuere quam esse tantum et maius est accipere uiuere et uitam de non uiuere quam esse de non esse... Ulterius et tercio *post esse et post uiuere datum est homini et sentire*, ut homo alcius eleuaretur ad gaudium nobiliorem, et licet aliis creaturis datum sit sentire, attamen propter hominem datum est eis ; omnia enim senciunt et sensum habent propter hominem. Item eciam nobilius est sentire hominis quam

---

[334] *Soliloquium*, PL 176, 960 B - 961 B.

omnium aliorum ; et non solum datum est homini sentire uno modo, ymo multis modis, quia datum est homini audire, uidere, odorare, saporare et tangere. O quanta eleuatio est ista, o quantus *ornatus* est *iste*. O quantum accepit homo, et ante nichil habuit. O quanti ponderis est in natura istud sentire et quante nobilitatis. Unde quantum eleuatur homo per suum sentire supra terram, supra aquam, supra lapides, supra arbores, in quibus non est sentire. Ecce ergo quantum obligatur homo pro tanto dono[335].

Dans ce même titre, Sibiuda a encore incorporé une idée que Hugues avait exprimée dans le *De Vanitate mundi*, sur la liberté humaine comme place propre de Dieu dans l'homme :

... Deinde in supremo et tertio loco Deum constituis, ut arcam cordis humani deorsum huic fluctuanti salo *insidentem* et quasi *gubernator* dirigat et quasi anchora teneat et quasi portus excipiat. Video itaque haec tria, imo quasi diluvium quoddam, mundum istum ; in medio quasi arcam quamdam, cor humanum ; in supremo, quasi gubernatorem, Deum. Porro arca haec non solum novitate, sed magnitudine quoque ad stuporem excitat, quam tantae immensitatis esse conspicio, ut et deorsum fundus eius aquis huius diluvii insideat, et cacumen eius sursum usque ad Deum *pertingat*[336].

Sibiuda :

... ecce liberum arbitrium est *sedes* Dei, portat Deum et est equus Dei in quo Deus portatur et equitat. Uide igitur qualiter liberum arbitrium immediate et sine medio coniungitur cum creatore summo, *tangit* ipsum sine medio et portat et non potest magis appropinquari ei[337].

Ainsi, il ressort clairement de ces textes que l'humanisme sebondien plonge ses racines dans la tradition augustinienne du Moyen Age, non sans lui donner une nouvelle forme d'expression par la voie de la réduction anthropologique : tout doit être établi et prouvé à travers l'étude de l'homme, *homo in quantum homo est*.

f) Immortalité de l'âme

Le titre 217 est consacré à prouver l'immortalité de l'âme, et résume toutes les preuves que Sibiuda en avait donné dans d'autres endroits du *Liber Creaturarum*. La dernière de ces preuves, *ultimum fundamentum*, est référée à la création de l'âme, et argumente par le fait que celle-ci ne se souvient pas d'avoir toujours été. Cet argument est présenté en des termes qui rappellent certains textes d'Hugues, où celui-ci expose la même idée[338]. Sibiuda abrège, mais l'identité des points de vue et d'expression n'en est que plus frappante :

---

[335] Ms. Arsenal 747, fol. 53 v°, ligne 29-fol. 54 r°, ligne 35.
[336] *De Vanitate mundi*, PL 176, 714 A - C.
[337] Ms. Arsenal 747, fol. 55 r°, lignes 12-16.
[338] Cfr *Eruditio Didascalica*, lib. VII, cap. XVII ; PL 176, 825 B : "Initium tamen se habere (anima) in hoc cognoscit quod cum se intelligit esse, *semper se non fuisse meminerit*,

> Et sic comparando hominem ad Deum et comparando creaturas alias ad hominem et comparando operaciones hominis inter se, probatur immortalitas anime racionalis. Et sic anima hominis non habet finem post se. Sed quod anima sit creata et habeat principium ante se, ipsament *experitur* in seipsa ; quia anima *non meminit se semper fuisse* et tamen si semper fuisset recordaretur. Quare sequitur quod non fuit semper et sic habet principium ante se, sed non habet finem. Et per consequens creata est de nichilo a Deo[339].

g) La chute des anges et le péché de l'homme

Un autre groupe de textes où l'influence d'Hugues sur Sibiuda semble très claire se rapporte aux questions de la chute des anges, l'envie du diable à l'égard d'Adam et le péché originel de l'homme. D'abord, la description que font les deux auteurs de la situation dans laquelle se trouvent les anges après leur chute manifeste encore une fois la dépendance de Sibiuda par rapport à Hugues. Celui-ci, parlant de la chute de Lucifer, dit :

> Et quia in creatorem suum in tantum superbivit, deiectus est *in istud caliginosum aerem* cum omnibus illis qui ei consenserunt ; et hoc ad nostri probationem, ut sint nobis adminiculum excitationis. Non est eis concessum habitare in coelo, quae est clara patria, nec in terra, ne homines nimis infestarent ; sed *in aere caliginoso qui est carcer* eis usque in diem iudicii ; tunc enim detrudentur in barathrum inferni[340].

Sibiuda, à son tour, garde la même image :

> Et quia locus in quo sunt carceres et locus in quo fit execucio iusticie et punicionis non sunt idem, ideo nunc ipse primus angelus cum suis angelis habitant in *isto aere caliginoso* tamquam *in carceribus*, in quo nunc puniuntur nec penam paciuntur per iusticiam eis inflictam, nisi quia sunt in carceribus. Sed alius locus est sibi preparatus in quo fiat execucio iusticie diffinitiue[341].

Le thème de l'ange déchu à l'égard de l'homme créé dans l'état de justice originelle porte aussi la marque des expressions d'Hugues de Saint-Victor :

---

cum tamen nescius intellectus esse non possit. Si ergo intellectus esse non potest nisi intelligens, restat ut quem non semper intellexisse agnoscimus, non semper fuisse, ac per hoc aliquando coepisse credamus" ; *Summa Sententiarum* I, cap. III ; PL 176, 45 D 46 A : "Humana etiam ratione (antiqui) poterant Deum scire ; quia cum humana mens se non possit ignorare, scit se aliquando coepisse, nec hoc ignorare potest ; quoniam cum non semper fuit sibi, ut esset subsistentiam dare non potuit, ut ergo esset, hoc ab alio se coepisse cognoscit. Quem idcirco non coepisse constat : quia si ab alio coepisset, primus omnibus existendi auctor esse non potest" ; *De Sacramentis* I, cap. VIII ; PL 176, 219 B : "Cum ergo de se dubitare non possit quoniam est, quia se ignorare non potest, cogitur ex se et hoc credere quod aliquando se coepisse meminit ; quoniam non semper est, quia se nescire non potest cum est. Cum ergo per se et in se coepisse et initium habuisse videat, nec hoc ignorare potest. Quoniam cum non fuit, sibi ipsi ut esset initium et subsistentiam dare omnino non potuit".

[339] Ms. Arsenal 747, fol. 133 v°, lignes 18-25.
[340] *Summa Sententiarum*, II, cap. I ; PL 176, 84 B.
[341] Ms. Arsenal 747, fol. 162 r°, lignes 10-16.

> ... vidit diabolus et invidit quod illuc per oboedientiam *ascenderet unde ipse* per superbiam *corruisset*[342].

Sibiuda :

> ... ideo quia uidit hominem esse creatum propter regnum Dei ut ascenderet ad locum quem ipse perdiderat, statim *habuit inuidiam* contra hominem et uoluit turbare toto cognamine ne homo *ascenderet* ad locum *unde ipse descenderat*[343].

Un autre sujet dans lequel les textes de Ramon se rapprochent des textes d'Hugues est l'idée que la rébellion de la puissance sexuelle chez l'homme déchu est le signe que le péché originel a été une désobéissance :

> Ut igitur inoboedientia manifesta fieret, *unum* in corpore humano *membrum* potestati animae subtraxit, per quod posteritas in carne seminanda fuit, ut omnes qui per illud generentur se filios inoboedientiae esse intelligant et ex sua origine quales et ex qualibus generentur agnoscant. Quia ergo in hoc membro per quod humana propagatio transire debuit signum inoboedientiae positum est, cunctis per illud transeuntibus manifeste ostenditur quod *cum culpa inoboedientiae generantur*. Quasi enim in ipso titulo qui *portae* inscriptus est et per quam transeunt agnoscunt unde veniunt et quo vadunt. Propter hoc ergo caetera membra corporis quae imperium rationis sequuntur sine culpa operari possunt ; hoc vero membrum in quo concupiscentia praecipue regnat, quia nutum voluntatis non sequitur, sine culpa non operatur. In tantum enim hoc membrum corporis animae imperium non sequitur, ut sicut aliquando non movetur quando vult, sic saepe etiam quando non vult movetur[344].

Sibiuda reproduit l'idée et même certaines expressions d'Hugues :

> Unde iam probatum est superius quod in primo statu omnia membra corporis erant obediencia uoluntati et racioni sine aliqua rebellione, omnia mouebant ad imperium racionis. Sed modo uidemus per experienciam quod *unum membrum* tam in uiro quam in muliere est totaliter rebelle et inobediens imperio et dominio liberi arbitrii, scilicet membrum per quod fit generacio, quoniam nullo modo obedit racioni, ymo semper contra racionem mouetur et contra uoluntatem. Cetera autem membra obediunt voluntati. Quid ergo significat hoc quod alia obediunt nisi quod sicut omnes generantur et eximus per membrum inobediencie, ita enim omnes *sumus filii inobediencie*. Unde postquam moueutur in homine aliquod membrum contra imperium racionis, signum est quod homo fecit aliquid contra imperium sui creatoris. Et quia solum membrum generacionis mouet contra imperium racionis et nullum aliud, signum est quod omnes sumus filii parentum inobediencium ; ita quod omnia mala euenerunt nobis propter inobedienciam, quia in *porta*

---

342 *De Sacramentis*, I, VII, cap. I ; PL 176, 287 B.
343 Ms. Arsenal 747, fol. 162 v°, lignes 29-33.
344 *De Sacramentis*, I, VIII, cap. 13 ; PL 176, 316 D - 318 A.

generacionis est uera inobediencia et rebellio ; ergo prima culpa fuit inobediencia. Sed inobediencia non potuit esse sine aliquo mandato, ergo aliquando fuit mandatum a Deo, cui fuerunt inobedientes[345].

h) Clercs et laïcs

Dans sa théologie des sacrements, Sibiuda a emprunté un texte d'Hugues pour appuyer son opinion, d'ailleurs typique au Moyen Age, selon laquelle la hiérarchie ecclésiastique a une suprématie sur le monde des laïcs. Quoique ce travail se borne aux sources de la pensée philosophique de maître Ramon, nous rappelons cet emprunt pour illustrer, encore une fois, l'attachement de notre auteur aux ouvrages d'Hugues. Celui-ci pose la question, dans le *De Sacramentis*, en ces termes :

> *Duae* quippe *vitae sunt* : una terrena, altera *coelestis* : altera *corporea*, altera *spiritualis*. Una *qua corpus vivit ex anima*, altera *qua anima vivit ex Deo*. *Utraque habet suum bonum, quo nutritur et vegetatur, ut possit subsistere*. *Vita terrena bonis terrenis alitur : vita spiritualis bonis spiritualibus nutritur*. *Ad vitam terrenam pertinent omnia quae terrena sunt*. *Ad vitam spiritualem quae spiritualia sunt bona omnia*. Ut autem in utraque vita iusticia servetur et utilitas proveniat, primum utrinque distributi sunt, qui utriusque bona secundum necessitatem vel rationem studio ac labore acquirant.
> Deinde alii qui ea potestate officiali commissi secundum aequitatem dispensent, ut nemo fratrem suum in negotio supergrediatur, sed iustitia inviolata conservetur. Propterea in utroque populo secundum utramque vitam distributo, potestates sunt constitutae. In laicis quippe ad quorum studium et providentiam ea quae terrenae vitae necessaria sunt pertinent, potestas est terrena. In clericis autem ad quorum officium spectant ea quae spiritualis vitae sunt bona, potestas est divina. Illa igitur potestas secularis dicitur, ista spiritualis nominatur. In utraque potestate *diversi sunt gradus et ordines potestatum ; sub uno tamen utrimque capite* distributi, et quasi ab uno principio deducti et ad unum relati. Terrena potestas *caput habet* regem. Spiritualis potestas habet summum pontificem. Ad potestatem regis pertinent ea quae terrena sunt et ad terrenam vitam facta omnia. Ad potestatem summi pontificis pertinent quae spiritualia sunt et vitae spirituali attributa universa. *Quanto autem vita spiritualis dignior est quam terrena et spiritualis quam corpus, tanto spiritualis potestas terrenam sive saecularem potestatem honore ac dignitate praecedit*[346].

Sibiuda, abrégeant :

> *Due* igitur *sunt uite* : *una terrena, altera celestis*, una *corporea*, alia *spiritualis, una qua corpus uiuit ex anima*. Et alia *qua anima uiuit ex Deo*, et *utraque habet suum bonum quo nuctritur et uegetatur ut possit subsistere* et permanere. *Uita* enim *terrena* seu corporalis *nuctritur bonis*

---

[345] Ms. Arsenal 747, fol. 154 v°, ligne 34-fol. 155 r°, ligne 16.
[346] *De Sacramentis*, lib. II, II, cap. IV ; PL 176, 417 D - 418 C.

terrenis, et *uita spiritualis nuctritur bonis spiritualibus. Ad uitam terrenam pertinent omnia que sunt terrena et ad uitam spiritualem* pertinent *omnia bona spiritualia.* Et ideo sicut fuit necessaria potestas spiritualis ad administrandum bona spiritualia, scilicet, ipsa sacramenta in quibus consistit uita spiritualis, ita est necessaria potestas terrena et secularis ad administrandum bona terrena. Et sicut fuit necessaria iuridicio seu potestas iuridicionis spiritualis, ita est necessaria potestas iuridicionis temporalis seu terrena. Et sicut spiritualis potestas habet *multos gradus et multos ordines potestatum et cum omnes sunt sub uno capite*, ita potestas terrena habet suos gradus et omnes *habent* unum *caput*, scilicet potestatem *regiam* et imperialem. *Quantum autem uita spiritualis est dignior quam terrena et quanto anima est dignior quam corpus, tantum potestas spiritualis precedit et excellit terrenam seu secularem potestatem in honore et in dignitate*[347].

i) Mariage chrétien

La présentation du mariage chrétien comme signe de l'union entre l'homme et Dieu, de l'union hypostatique et de l'union entre le corps et l'âme, Sibiuda a pu aussi la reprendre d'Hugues, dans le *De Sacramentis* :

> Coniugii sacramentum fuit cuiusdam societatis spiritualis quae per dilectionem erat inter Deum et animam, in qua societate anima sponsa erat et sponsus Deus. Officium coniugii sacramentum fuit cuiusdam societatis quae futura erat per carnem assumptam inter Christum et Ecclesiam, in qua societate Christus sponsus futurus erat et sponsa Ecclesia[348].

Sibiuda, en commentant :

> Sicut ergo in prima coniunccione et societate que est anime seu spiritus cum carne ipsa caro uiuificatur, exaltatur, nobilitatur et dignificatur per societatem cum anima racionali, ita quod ex se ipsa non habet uitam ymo est nichil, et sicut eciam in ista societate ipsa mulier uiuificatur, fortifficatur, exaltatur et nobilitatur per societatem cum uiro, ita eciam significatur quod tam uir quam mulier et tota societas seu congregacio hominum uiuificatur, exaltatur, nobilitatur per societatem et coniuncionem cum Deo. Et sicut tota caro est coniuncta cum anima et tota mulier cum uiro, ita tam uir quam mulier, que faciunt unam societatem et unam congregacionem debent coniungi Deo per amorem, et per consequens tota congregacio uirorum et mulierum. Sicut autem in humana natura fuerunt due societates seu coniuncciones, prima anime cum carne que faciunt unam personam, et secunda mulieris cum uiro, que faciunt unum per amorem et societatem inseparabilem, significabatur quod due erant societates et coniuncciones possibiles humane nature cum Deo, una ad modum anime cum carne per unionem personalem, ita quod Deus et homo concurrerent in una persona, et alia per amorem erat in uoluntate. Nec aliter potest humana natura coniungi cum Deo nisi

---

[347] Ms. Arsenal 747, fol. 248 r°, ligne 28-fol. 248 v°, ligne 10.
[348] *De Sacramentis*, lib. I, VIII, cap. XIII ; PL 176, 314 D.

istis duobus modis. Et quoniam filius Dei est unitus personaliter cum humana natura. Et ideo completa est societas que se habet ad modum anime cum carne. Et quia Christus Deus et homo in una persona ulterius coniunxit et uniuit sibi christianitem que est una societas et una congregacio omnium christianorum que uocatur ecclesia... ideo tota Ecclesia habet modum mulieris seu uxoris, et Christus habet modum uiri, quia tota Ecclesia est quasi una persona et Christus est alia persona, et est ibi matrimonium sicut inter primum uirum et primam mulierem[349].

Pour conclure ces remarques, nous dirons que l'usage que Sibiuda a fait dans le *Liber Creaturarum* de l'oeuvre d'Hugues de Saint-Victor nous révèle d'une part que cette oeuvre lui était bien familière, du moins autant que celle d'Anselme. Nous verrons tout à l'heure qu'il a su tirer également parti de l'oeuvre de Richard de Saint-Victor. Par là se confirme l'attachement de Sibiuda au courant de pensée augustinienne du Moyen Age. D'autre part, sa méthode de travail nous révèle encore qu'il savait utiliser les grands maîtres augustiniens du XII siècle en vue de ses propres objectifs, c'est-à-dire, en vue de présenter une synthèse de la doctrine catholique axée sur l'homme. Sibiuda n'est pas le moine contemplateur que fut Hugues, mais le vindicateur d'une certaine idée de l'homme en tant qu'homme face aux sceptiques de son temps, aux non croyants, aux musulmans. Il n'est pas, comme Hugues, l'auteur mystique toujours penché sur l'Ecriture et l'enseignement des Pères, mais un esprit positif, bien plus simple, qui cherche des raisons convaincantes. Si son oeuvre ne tourne pas, cependant, vers un rationalisme qui serait excessif chez un chrétien orthodoxe qui soumet sa spéculation à l'autorité de l'Eglise, la cause en est qu'il sait équilibrer l'audace de son projet par le recours aux auteurs traditionnels. Cet équilibre est une des caractéristiques la plus marquée du professeur toulousain, et l'influence que son oeuvre a eu dans l'Europe de la renaissance confirme, une fois de plus, quelles profondes racines a dans le Moyen Age une partie de l'humanisme occidental.

5 - RICHARD DE SAINT-VICTOR

La relation entre Richard de Saint-Victor et Sibiuda passe surtout par les emprunts de celui-ci au *De Trinitate* de Richard. Sibiuda n'a pas beaucoup utilisé les autres oeuvres de Richard, quoiqu'il soit possible d'établir des points de convergence entre le *Liber Creaturarum* et les deux *Beniamin*. C'est pourquoi nous allons étudier d'abord les apports du *De Trinitate* à l'oeuvre sebondienne et ensuite nous examinerons les points de vue communs aux deux auteurs qui se trouvent dans les autres ouvrages de Richard.

---

[349] Ms. Arsenal 747, fol. 250 v°, ligne 24-fol. 251 r°, ligne 14.

a) Le "De Trinitate" et le "Liber Creaturarum"

Remarquons d'abord qu'il n'y a aucune similitude entre le plan du *De Trinitate* de Richard et les chapitres du *Liber Creaturarum* consacrés à l'étude de Dieu Un et Trine. Loin de suivre Richard, Sibiuda en profite, comme il l'avait fait ou allait le faire pour Anselme et pour Hugues. Ceci explique le désordre dans lequel se présentent les textes du *De Trinitate* dans le *Liber Creaturarum*. Nous en donnons un exemple. Dans le chapitre VI du livre I de son traité, Richard divise en trois catégories tous les êtres : l'être *a semetipso et ab aeterno*, l'être qui n'est ni *a semetipso* ni *ab aeterno*, et l'être qui est *ab aeterno* sans pourtant être *a semetipso*. Cette division, qui se trouve au commencement de toute la spéculation richardienne, est reprise par Sibiuda juste à la fin du titre 55, qui termine son traité sur la Trinité.

Richard :

> ... omne quod est vel esse potest, *aut ab aeterno habet esse, aut esse cepit ex tempore* ; item omne quod est vel esse potest, *aut habet esse a semetipso, aut habet esse ab alio* quam a semetipso. Universaliter itaque omne esse triplici distinguitur ratione. Erit enim esse cuique existenti, *aut ab eterno et a semetipso, aut e contrario nec ab eterno nec a semetipso*, aut mediate inter hec duo ab eterno quidem nec tamen a semetipso[350].

Sibiuda

> ... Et ex ipsis omnibus possumus concludere talem diuisionem in qua clauduntur omnia. *Omne quod est vel est ab eterno et a se ipso, vel non est ab eterno nec a semetipso sed ab alio*. In prima parte diuisionis est Pater, in secunda mundus, in tercia filius et spiritus sanctus. Et sic per istud processum inuenimus deum trinum et unum, unum in essencia et trinum in personis, a quo omnia, in quo omnia et per quem omnia, qui uiuit et regnat in secula seculorum benedictus. Amen[351].

Un autre exemple de ce désordre nous le rencontrons dans le chapitre VIII du même livre premier du *De Trinitate*, dont le contenu a été incorporé par Sibiuda dans son titre 3, au seuil de son ouvrage. C'est que dans son chapitre VIII du livre, Richard démontre qu'à partir de l'être qui n'est pas *a semetipso et eo ipso ab eterno* la raison humaine peut s'élever jusqu'à Dieu, l'être *a se* et éternel :

> Sed ex illo esse quod non est ab eterno nec a semetipso, ratiocinando colligitur et illud esse quod est a semetipso, et eo ipso quidem etiam ab eterno. Nam si nichil a semetipso fuisset, non esset omnino unde ea existere potuissent que suum esse a semetipsis non habent nec habere valent. Convincitur itaque aliquid esse a semetipso et

---

[350] RICHARD DE SAINT-VICTOR, *De Trinitate*, éd. RIBAILLIER, Paris, Vrin 1958, lib. I, cap. VI, pp. 91-92
[351] Ms. Arsenal 747, fol. 28 v°, lignes 5-12.

eo ipso, uti iam dictum est, etiam ab eterno ; alioquin fuit quando nichil fuit et tunc quidem futurorum nichil futurum fuit, quia qui sibi vel aliis *existendi initium daret vel dare potuisset,* tunc omnino non fuit ; quod quam falsum sit, ipsa evidentia ostendit, et ipsa existentium rerum experientia convincit. Sic sane ex eis que ratiocinando colligimus et ea esse que non videmus, ex transitoriis eterna, ex mundanis supermundana, ex humanis divina. Invisibilia enim Dei, a creatura mundi, per ea que facta sunt, intellecta conspiciuntur[352].

Le raisonnement de Sibiuda dans le titre 3 est identique à celui de Richard, et, à la fin, la terminologie du *Liber Creaturarum* se rapproche de celle du *De Trinitate* :

... ergo sicut alie res non sunt sui ipsius sed illius qui fecit eas ; ergo similiter tu homo non es tui ipsius sed illius cuius sunt alie res ; ergo tu homo es illius cuius est terra, cuius est aqua et cuius sunt elementa in quibus habitas. Alcius conclude et argue, *tu homo non dedisti tibi hoc quod habes nec res te inferiores dederunt tibi hoc quod habes,* nec talem te fecerunt ; ergo aliquis alius maior quam tu et qui est supra te dedit tibi hoc quod habes quia ab alio habes postquam a te ipso non habes[353].

Nous donnons encore un troisième exemple de cette façon d'utiliser le *De Trinitate* par Sibiuda. Dans le titre 281, qui sert d'introduction à la théologie sacrementaire du *Liber Creaturarum* ; nous trouvons un écho du chapitre X du livre I du *De Trinitate* :

... et ideo sicut per scalam nature que consistit in rebus uisibilibus homo ascendit ad cognoscendum res spirituales et inuisibiles, ita similiter Deus ordinauit homini lapso quamdam scalam in restauracione sua ut per corporales et uisibiles homo cognosceret res spirituales et inuisibiles, et non solum hoc, ymo suscitando tales res corporales et uisibiles uisibiliter reciperet ipsas res spirituales et inuisibiles inuisibiliter ; et ideo ista scala ultima est scala cognoscendi et recipiendi ipsas res inuisibiles in homine, et non tantum cognoscendi[354].

Richard :

Quotiens igitur per visibilium speculationem ad invisibilium contemplationem assurgimus, quid aliud quam quamdam velut scalam erigimus, per quam ad ea quae supra nos sunt, mente ascendamus ? Inde est quod in hoc tractatu omnis ratiocinationis nostre processus initium sumit ex his que per experientiam novimus. Quod igitur in hoc opere de eternis dicitur, est ex intentione ; quod vero de temporalibus, ex occasione[355].

---

352 RICHARD DE SAINT-VICTOR, *o. c.*, p. 93.
353 Ms. Arsenal 747, fol. 5 v°, lignes 22-29.
354 *Ib.*, fol. 201 v°, lignes 7-15.
355 RICHARD, *o. c.*, p. 95.

Il faut remarquer ensuite que Sibiuda a accumulé beaucoup d'idées richardiennes dans ses titres 40 et 55, parfois en empruntant des formules, parfois en abrégeant, parfois en copiant littéralement. Les titres 40 à 44 ne sont qu'une refonte des chapitres 12-13, 14, 18, 21, 22 et 25 du livre I du *De Trinitate*. Ces chapitres exposent la toute-puissance divine et surtout son rapport avec la divine sagesse. Or, il nous semble que Sibiuda en a repris le contenu directement, car chez lui, la catégorie de la puissance n'a pas de place dans sa hiérarchisation de l'univers, composé des quatre degrés : être, vivre, sentir et pensée ou libre arbitre. C'est, en effet, par une sorte de rectification qu'il introduit son court traité *de posse* :

> Quamuis autem ipsum posse non fuit positum in scala quattuor graduum expresse, tamen includitur necessario in quolibet gradu scale et quilibet presupponit ipsum posse et includit ; unde omne quod est potest esse, sed non omne quod potest esse est...[356].

Ce retour en arrière s'explique par l'importance que Sibiuda accordera à la triade toute-puissance - sagesse - amour dans son exposition de la Trinité. Cette rectification étant calquée sur des textes du *De Trinitate* de Richard, nous en pouvons conclure la place déterminante que prend dans le *Liber Creaturarum* l'influence du victorin.

Précisons davantage. Sibiuda ne suit pas aveuglement Richard ; notre auteur ne fondera pas l'explication de la Trinité sur la charité ; ce thème ne manque pas du tout dans le *Liber Creaturarum*, mais Sibiuda insiste plutôt sur la dialectique production artificielle (création) - production naturelle (vie intradivine). Cependant, si Sibiuda se rattache à Richard, c'est surtout, en plus de quelques emprunts plus ou moins importants, par l'ambition de parler de la Trinité d'un point de vue rationnel. Au début du *De Trinitate*, Richard dit que son intention est :

> ... ad ea que credimus, in quantum Dominus dederit, non modo probabiles verum etiam necessarias rationes adducere, et fidei nostre documenta veritatis enodatione et explanatione condire[357].

C'est, à quelque différence près, le point de vue de Sibiuda :

> Hic ponuntur raciones que probant produccionem in Deo de sua propria natura[358].

C'est dans cet esprit que Sibiuda puise dans Richard pour fonder la pluralité de personnes en Dieu, d'autant plus que dans le *De Trinitate* Richard n'emploie pas la distinction qu'on trouve dans le *Beniamin Maior* entre les

---

[356] Ms. Arsenal 747, fol. 19 v°, lignes 1-4.
[357] RICHARD, *o. c.*, lib. I, cap. IV, p. 89.
[358] Ms. Arsenal 747, fol. 21 r°, lignes 24-25.

vérités *supra rationem* et *preter rationem*[359]. Ce point de vue, qui relève d'une optique strictement théologique, n'a pas attiré l'attention de Sibiuda ; il s'en tient au *De Trinitate*.

Les arguments que maître Ramon emprunte à Richard se rattachent surtout au livre III du *De Trinitate*. Le titre 49 du *Liber Creaturarum* s'inspire manifestement du chapitre III du troisième livre richardien, et dans le titre 50 nous retrouvons les idées et la terminologie du chapitre IV.

Richard :

> Conscientiam suam unusquisque interroget, et procul dubio et absque contradictione inveniet *quia sicut nichil caritate melius*, sic nichil caritate jocundius. Hoc nos docet ipsa natura, idem ipsum multiplex experientia. Sicut igitur in plenitudine vere bonitatis non potest deesse *quo nichil est melius, sic in plenitudine summe felicitatis deesse non potest quo nichil est jocundius*. Necesse est itaque in summa felicitate caritatem non deesse. Ut autem caritas in summo bono sit, inpossibile est deesse et qui et cui exhibere vel exhiberi possit. Proprium autem amoris est, et sine quo omnino non possit esse, ab eo quem multum diligis multum diligi velle. Non potest ergo esse amor jocundus si non sit et mutuus. In illa igitur vera et summa felicitate sicut nec amor jocundus, sic nec amor mutuus potest deesse. In amore autem mutuo opportet omnino ut sit et qui amorem impendat et qui amorem rependat. Alter itaque erit amorem impendens, et alter amorem rependens. Ubi autem unus et alter esse convincitur, vera pluralitas deprehenditur. In illa itaque vere felicitatis plenitudine pluralitas personarum non potest deesse. *Constat autem quia nichil est summa felicitas quam ipsa divinitas*. Gratuiti ergo amoris exhibitio et debiti amoris recompensatio indubitanter convincit quod in vera divinitate personarum pluralitas deesse non possit[360].

Sibiuda reproduit la même idée, tout en conservant le mouvement propre de son argumentation par la dialectique de la *productio* :

> Quia autem nichil melius, nichil dulcius, nichil amabilius summa jocunditate, ergo necesse est in Deo summam jocunditatem qua non possit intelligi maior. Sed summa jocunditas non potest esse sine societate alterius summe consimilis et conformis in qua sit verus amor et vera dilectio et tantus amor qui non possit esse maior ; que enim jocunditas summe solitario ? Si autem Deus producat alterum aliquem de sua substantia, qui sit Deus perfectus sicut ipse est, erit ibi summa societas et summa dileccio, quia diliget alterum a se productum de sua natura infinita, et productus diliget ipsum producentem in infinitum et sic erit ibi mutua et plena jocunditas. Si autem Deus careat societate sue

---

[359] Cfr PL 196, cols. 70, 75, 135-137, 158. RIBAILLIER, dans l'introduction à son édition critique, remarque le fait : "Il semble bien qu'ici les unes et les autres (les vérités *supra* et *preter rationem*) sont démontrables à partir de la foi par des arguments nécessaires pour tout esprit sain" ; cfr *o. c.*, p. 16.

[360] *De Trinitate*, lib. III, cap. III, p. 138.

> nature, tunc carebit summa jocunditate que non potest habere cum creatura de nichilo producta ; ergo ut in Deo sit plena jocunditas necesse est quod producat alterum aliquem de suo esse proprio quem diligat sicut se ipsum et a quo diligatur in summum. Quod si non potest, per suam impotenciam priuatur infinita jocunditate quam non potest habere, quia non potest producere de sua natura aliquem sibi conformem et tunc est deffectuosissimus in sua natura, quia non potest illud quod est sibi melius, dulcius et amabilius, et omnia ista absurdissima sunt, quia iam totum contrarium probatum est, scilicet quod Deo nichil potest defficere, quia ipse habet ab eterno omne complementum in se ipso, et per consequens suam jocunditatem[361].

Le chapitre IV du livre du *De Trinitate* et le titre 50 du *Liber Creaturarum* se correspondent encore davantage, puisque Sibiuda n'hésite pas à emprunter directement des formules richardiennes :

> Certe, ut dictum est, nil caritate dulcius, nil caritate jocundius. Caritatis deliciis rationalis vita nil dulcius experitur ; nulla umquam delectatione delectabilius fruitur. His deliciis in eternum carebit, si consortio carens in maiestatis solio solitaria permanserit. Ex his itaque animadvertere possumus qualis quantusve esset iste benevolentie deffectus, si plenitudinis sue abundantiam mallet *sibi soli avare retinere*, quam posset, si vellet, cum tanto gaudiorum cumulo, cum tanto deliciarum incremento, alteri communicare. Si sic esset, merito angelorum, merito omnium aspecto subterfugeret ; merito se videri, merito se agnosci erubesceret, si ipse tantus benivolentie deffectus inesset. Sed absit ! absit ut supreme maiestati illi aliquid insit unde gloriari nequeat, unde glorificari non debeat ! Alioquin, ubi erit plenitudo glorie ? Nam ibi, uti superius probatum est, nulla poterit plenitudo deesse. *Quid autem gloriosius, quid vero magni quam nichil habere quod nolit communicare ?* Constat itaque quod in illo indefficienti bono summeque sapienti consilio, tam non potest esse avara reservatio quam non potest esse inordinata effusio. Ecce palam habes, sicut videre potes, quod in illa summa et suprema celsitudine ipsa plenitudo glorie compellit glorie consortem non deesse[362].

Sibiuda :

> ... Et quia maior est dacio actualis quam potencialis, et intrinseca quam extrinseca, et substantialis quam accidentalis, et de propria natura quam de nichillo, et ideo necesse est quod in Deo sit ab eterno talis dacio et per consequens produccio substantialis actualis, actualis et alterius eque nobilis sicut est producens. Nam dare quod fit ex parte nature, dum dat esse creaturis de nichillo, est quasi punctus et nichil respectu infinite bonitatis sue et immensitatis. Unde maius est dare quando dans communicat alteri totam substanciam et naturam. Nisi ergo det totum suum esse ut alter habeat sicut ipse, nichil dat de suo proprio,

---

361 Ms. Arsenal 747, fol. 22 v°, lignes 12-32.
362 *De Trinitate*, lib. III, cap. IV, p. 139.

nec dat quod melius est, ymo retinet sibi totum et ideo summe *auarus est et summe retinens* et non dans, quia esse ipsum creature est de nichillo et uertibile in nichil, ergo non potest esse summum datum. Sic ergo uel Deus non est Deus, uel, necesse est quod det totam suam naturam alteri ab ipso producto de se ipso, ut nichil habeat quod non sit communicatum et datum et hoc est summe *magnificencie et summe gloriosum, nichil habere nec uelle habere quin sit alteri communicatum*, et sic probata est eterna produccio Dei de suo esse proprio[363].

Ces idées se retrouvent aussi dans les titres 51 et 52, où nous avons décelé des formules richardiennes qui apparaissent dans les livres V et VI du *De Trinitate*. Ainsi la formule *dare et recipere*[364] et l'expression *similitudo expressa* référée à la personne du Verbe[365].

Le titre 53 renferme d'autres références richardiennes plus précises. Il s'agit dans ce titre d'expliquer comment une vérité incompréhensible telle que la pluralité des personnes en Dieu, un par essence, peut être rendue croyable par la raison : "Quod homo potest induci ad concedendum quod una eademque substancia infinita, indiuisa possit esse in tribus personis realiter distinctis, quamuis sit incomprehensibile ab homine"[366]. Sibiuda insiste sur une idée qu'il avait déjà amorcée au début de son ouvrage : en Dieu, l'unité a un statut qualitativement différent par rapport à l'unité humaine :

> ... Ergo sicut natura diuina increata et infinita ascendit supra naturam creatam et finitam sine mensura, unitas nature infinite et increate ascendit supra unitatem nature infinite et create et hoc sine mensura. Ergo postquam natura creata eadem specie inuenitur realiter in pluribus et eis non repugnat, ergo ipsa natura increata infinita eadem numero realiter inuenitur in tribus et sibi non repugnat[367].

Mais à la fin du titre 53 il accumule des idées prises du *De Trinitate* :

> Unde multa aliquando homo cognoscit per experienciam que tamen non potest comprehendere per racionem quomodo est. Ut uidet homo per experienciam quod anima et corpus, que sunt diverse ita nature, faciunt unam personam et tamen quomodo potest fieri racio humana non potest comprehendere[368].

Ce texte a son parallèle dans le *De Trinitate* :

> Miraris quomodo in natura divina sit plus quam una persona, ubi non est plus quam una substantia, nec tamen eque miraris quomodo in natura

---

[363] Ms. Arsenal 747, fol. 23 r°, lignes 21-36.
[364] *De Trinitate*, lib. V, cap. XIV ; *éd. c.*, p. 212 ; *Liber Creaturarum*, titre 51, p. 61.
[365] *De Trinitate*, lib. VI, cap. XI ; *éd. c.*, p. 240 ; *Liber Creaturarum*, titre 52, p. 63.
[366] Ms. Arsenal 747, fol. 25 r°, lignes 3-5.
[367] *Ib.*, ib., lignes 13-22.
[368] *Ib.*, ib., lignes 33-36.

humana sit plus quam una persona. Constat namque homo ex corpore et anima, et hec duo simul nonnisi una persona[369].

> Explica michi, si potes, quod negare non audes, quomodo in te ipso corpus et anima, tam diverse utique nature, sint una eademque persona ; et tunc a me queras quomodo in summe simplici et communi natura personarum Trinitas sit una eademque substantia[370].

Sibiuda ne laisse pas tomber un tel fait d'expérience à l'appui de son raisonnement :

> Si ergo illud est incomprehensibile quomodo fit quod tamen homo per experienciam cognoscit esse, quanto magis illud quod per nullam experienciam humanam potest uideri. Et eciam multa potest habere per racionem cognoscens que tamen per experienciam nullo modo potest uidere, ut racio probat quod idem est posse, intelligere et uelle, et sunt idem quod esse in Deo et tria sunt unum, et tamen quomodo potest esse nullus potest hoc comprehendere, attamen est incomprehensibile quod esse Dei sit hec tercia tria, scilicet posse, intelligere et uelle, et quod tres persone sunt una substancia et unum esse, et tamen primum omnes concedunt[371].

Le même argument apparaît dans le *De Trinitate* à plusieurs reprises :

> Quam multa sunt que humana intelligentia comprehendit que tamen quam vera sint mentem humanam multiplex experientia latere non sinit ?[372].
> ... quod non capit intelligentia, persuadet michi tamen ipsa experientia... si experientia te docet aliquid esse supra intelligentiam in natura humana, nonne eo ipso te docuisse deberet aliquid esse supra intelligentiam tuam in natura divina ?[373].

Il reste à résoudre un problème dont l'intérêt historique est très marqué pour nous. Les Carreras i Artau ont vu dans le titre 54 du *Liber Creaturarum* une application de la doctrine lullienne des corrélatifs à la preuve de la Trinité[374]. Les corrélatifs lulliens ne sont, comme il est connu, que les déterminations essentielles intégrant un concept général donné. L'expression de ces déterminations se fait, selon Lulle, en ajoutant à une racine commune les suffixes correspondants. Ainsi, les déterminations du concept *Substantia* seraient *substantiare*, *substantiale* et *substantiatum*. La doctrine des corrélatifs est essentielle et centrale dans la démonstration lullienne de la Trinité, et

---

[369] *De Trinitate*, lib. III, cap. IX ; *éd. c.*, p. 144.
[370] *Ib.*, pp. 163-164.
[371] Ms. Arsenal 747, fol. 25 r°, ligne 36-fol. 25 v°, ligne 4.
[372] *De Trinitate*, lib. IV, cap. II ; *éd. c.*, p. 163.
[373] *Ib.*, lib. III, cap. X ; *éd. c.*, p. 145.
[374] CARRERAS I ARTAU, T. y J., *Historia de la filosofía española. Filosofía cristiana de los siglos XIII al XV*, t. II, Madrid 1943, p. 150.

constitue une des plus saillantes originalités de la pensée de l'ermite majorquin.

Dans le titre 54 du *Liber Creaturarum*, Sibiuda annonce : "quia omnia que probata sunt de pluralitate personarum et unitate in divinis possunt manifestari per uerbum actiuum et passiuum". Et il exemplifique l'unité et la pluralité dans Dieu par l'unité de signification et la pluralité des modes du verbe, selon qu'il soit pris dans sa forme active, passive ou impersonnelle :

> ... Ut idem significatur cum dicitur, legit leccionem, leccio legitur, et legitur impersonaliter sumptum ; sed tamen non eodem modo et sic est idem significatum et tres modi, et ideo sunt tria uerba distincta, et sic applica per te ipsum[375].

Si, dans un premier moment, cette dialectique rappelle bien Lulle, une lecture plus attentive du titre 54 détourne rapidement de cette toute première impression. Car, pour Lulle, les corrélatifs sont bien plus qu'un exemple ou qu'un exercice pour aider l'imagination. Chez lui, cette doctrine rappelle sans cesse, et dans tous les domaines du réel, que chaque créature porte un vestige de la Trinité, et elle est, dans son expression générale, l'échelle (*scala*) qui permet à l'homme de s'élever jusqu'à Dieu et de descendre des hauteurs divines vers une nouvelle vision des choses, c'est-à-dire, elle constitue le canevas de *l'ascensus* et du *descensus* lullien. Le fait que Sibiuda ne mentionne nulle part dans le *Liber Creaturarum* ce schéma des corrélatifs nous donne à penser que même ici, en spéculation trinitaire, son recours au *verbum activum et impersonale* ne dépend pas de Lulle. Or, la lecture du *De Trinitate* nous a donné, croyons-nous, la clé de ce recours. Nous lisons, en effet, dans le chapitre XXIV du livre VI :

> Superius docuimus quod una eademque essentia possit esse in duobus si artis alicuius notitiam quam unus apprehendit alterum ad plenum docuerit. Si itaque nomen doctrine tam *passive* quam *active* accipiatur, ut doctrina dicatur tam eius qui docet, quam eius qui docetur, profecto si hoc gemino modo doctrinam accipimus, alia erit doctrina unius, et alia absque dubio doctrina alterius. Sicut scientia dicitur ab eo quod est scire, sic sane doctrina ab eo quod est docere. Utrobique est idem scire, utrobique autem non est idem docere : nam unus docet, alter docetur ; unus erudit, alter eruditur. In uno itaque est doctrina docens, in altero doctrina discens. Alia ergo est doctrina unius, et alia alterius. Juxta hunc itaque modum alia potest esse doctrina tua et alia mea, quamvis utrobique tam in discendo quam in docendo sit una eademque scientia. Et si idem esset utrique nostrum substantia sua quod scientia sua, posset utrique substantia una sicut et scientia una. Et si utrique nostrum idem esset persona sua quod doctrina sua, esset utique persona sicut doctrina unius una, et alterius altera. Si scientia mea originem trahit ex tua,

---

[375] Ms. Arsenal 747, fol. 27 r°, lignes 14-16.

> nonne suo quodam modo una gignitur ex alia ? Si in humana natura scientia ex scientia gignitur, cur in divina natura non multo rectius sapientia sapientiam gignere dicatur, ubi sapientia idem quod substantia omnino esse convincitur ? Sicut in humana natura scientia docens et scientia edocta est una eademque scientia, verumtamen alia et alia doctrina, sic in divina natura sapientia gignens et sapientia genita est una eademque sapientia, et quod consequens est, una eademque substantia, verumtamen alia et alia persona. Sicut itaque in humana natura, ex eo quod unius scientia est accepta, alterius inaccepta, nec accepta sit inaccepta, nullatenus sequitur quod sit in eis alia et alia scientia, sed alia et alia doctrina, sic in natura divina ex eo quod unius substantia est genita et alterius ingenita, nec genita sit ingenita, nullo modo sequitur quod ibi sit alia et alia substantia, sed alia et alia persona[376].

Dans son titre 54, Sibiuda fait jouer le *verbum activum* et le *verbum passivum* pour expliquer l'unité substantiale et la distinction des personnes du Père et du Fils. Il introduit le mode impersonnel pour faire une place à l'Esprit Saint et pouvoir ainsi relier l'ensemble de l'exposition trinitaire. Nous remarquerons que Sibiuda, en suivant de près Richard, oppose constamment l'ensemble signification-mode de signification :

> Item sicut uerbum actiuum communicat suo uerbo passiuo dum ipsum producit quidquid habet, scilicet totum suum significatum, et quidquid se tenet ex parte rei significate, et omnia sibi communicat, dempto suo proprio modo et sua proprietate, per quem est actiuum, quia suum proprium modum non potest communicare, et ideo similiter uerbum passiuum habet suum proprium modum et suam proprietatem quam non habet actiuum, quia actiuum non est passiuum nec passiuum actiuum ; sed tamen omnia alia sunt communia, demptis propriis modis qui non possunt stare simul in eodem. Et ideo necesse est quod sint duo uerba et non possint esse unum uerbum, et tamen habent unum et idem significatum et eamdem rem significant et nichil est in actiuo quin sit uerbo passiuo, sed sub alio modo et sic uerbum actiuum et passiuum sunt duo uerba et distincta propter duas proprietates distinctas que non possunt esse simul in eodem. Ita similiter in diuino esse Pater qui est totus actiuus communicat suo Filio passiuo, dum ipsum producit, quidquid habet, scilicet totam suam essenciam et totum suum esse et quidquid se tenet ex parte ipsius esse et essencie diuine, et ita communicat dempto suo proprio modo et sua proprietate actiua per quam est Pater et actiuus, qui non potest communicare suam propriam proprietatem...
>
> Item sicut uerbum passiuum per omnia est equale suo uerbo actiuo, nec unus est maius altero, quia in uerbo actiuo reperitur significacio et modus proprius significandi et in uerbo passiuo similiter reperitur idem significatum et proprius modus, ita quod unum et idem significatum reperitur sub duobus modis equalibus. Ita conformiter filius per omnia

---

[376] *De Trinitate*, lib. VI, cap. XXIV ; *éd. c.*, pp. 263-264.

> est equalis patri, nec unus est maior altero, quia in patre non est nisi esse diuinum et suus proprius modus, ita quod idem esse est sub duobus modis equalibus, utrobique idem esse et utrobique proprietas, sed non eadem, sed correspondens et sic tantum est in uno sicut in altero. Item sicut nos uidemus quod uerbum actiuum in quantum actiuum habet unum proprium casum, scilicet accusatiuum, et hoc est sibi proprium in quantum actiuum, et ideo numquam communicat accusatiuum proprium suo uerbo passiuo, et similiter passiuum quantum passiuum habet suum proprium casum scilicet ablatiuum, quem non habet actiuum, ymo isti casus sunt incommunicabiles inter ipsa, quia conueniunt eis per suas discretas proprietates...
> Sed tamen largo modo possumus comparare uerbum impersonale passiue vocis ipsi spiritui sancto, quia uerbum actiuum et passiuum producunt ipsum impersonale et ab eis prodidit et sumit omnia que habent et est tantum uerbum productum ab eis. Unde capit vocem passiuam a passiuo et significacionem actiuam ab actiuo et habet suum proprium modum et suam proprietatem et non est actiuum nec passiuum. Unde distinguitur ab actiuo et passiuo quia significat indeterminato modo sine tercia persona et sine numero et tantum habet idem significatum et eamdem rem significat quam significant actiuum et passiuum, ut idem significatur cum dicitur, legit leccionem, leccio legitur et legitur impersonaliter sumptum, sed tamen non eodem modo et sic est idem significatum et tres modi significandi et ideo sunt tria uerba distincta, et sic applica per te ipsum[377].

Nous pensons que Sibiuda s'est inspiré dans cette longue disquisition du *De Trinitate* de Richard. Car Sibiuda parle par mode d'exemple, comme Richard lui-même :

> Sed ut plenius elucescat quod de geminatione persone sine geminatione substantie jam diximus, superius *posito exemplo* adhuc diligentius insistamus[378].

A la rigueur, nous pourrions signaler aussi un autre devancier de Sibiuda dans cette façon de rendre un peu compréhensible le mystère de la Trinité ; c'est Alain de Lille, qui avait amorcé un exemple pareil, dans un texte cité plus haut et que nous replaçons ici pour compléter cette exposition :

> ... cum dicitur unus vel unius naturae Deus, nulla trium personarum excluditur, quia ipsae sunt unus Deus, et unius naturae, velut dici potest de his vocibus adiectivis : albus, alba, album ; qui profert enim unam, nullam aliarum vocum excludit, quia sunt unum nomen ; nam licet istae voces plures sunt, non tamen sunt plura nomina, sed unum et unius institutionis nomen. Similiter tres personae sunt unus et unius essentiae Deus[379].

---

[377] Ms. Arsenal 747, fol. 25 v°, ligne 38-fol. 26 r°, ligne 35 ; fol. 27 r°, lignes 6-16.
[378] *De Trinitate*, lib. VI, cap. XXIV ; *éd. c.*, p. 263.
[379] *De fide cath. contra Haeret.*, III, c. II ; PL 210, 401-402.

En tout cas, le jeu du *similiter* nous renseigne clairement sur la portée de ce genre de raisonnements sebondiens. Comme Richard avait placé son exemple de la *doctrina* à la fin de son ouvrage, c'est aussi pour conclure son exposé sur la Trinité que Sibiuda explane l'exemple du *verbum activum, passivum et impersonale*. Inutile de chercher ici des traces de la doctrine des corrélatifs lulliens.

b) Les deux "Beniamin" et le "Liber Creaturarum"

Dans le *Beniamin Minor*, il y a beaucoup de textes qui rappellent d'autres textes sebondiens. Nous visons principalement l'insistance de Richard dans cet ouvrage sur l'importance de la connaissance de l'homme, non seulement pour lui-même, mais surtout en vue de connaître Dieu. Richard affirme d'abord la nécessité de connaître l'homme avant de connaître Dieu :

> Frustra cordis oculum erigit ad videndum Deum qui nondum idoneus est ad videndum se ipsum. Primo discat homo cognoscere invisibilia sua, quam praesumat posse apprehendere invisibilia divina. Prius est ut cognoscas invisibilia spiritus tui, quam possis esse idoneus ad cognoscendum invisibilia Dei. Alioquin si non potes cognoscere te, qua fronte praesumis apprehendere ea quae sunt supra te[380].
>
> Praecipuum et principale speculum ad videndum Deum animus rationalis absque dubio invenit seipsum[381].

Sibiuda :

> Et quia nullum opus Dei est magis propinquum ipsi homini quam ipsemet homo sibi ipsi et quia homo est opus Dei, ideo notitia generata de Deo in homine per cognicionem sui ipsius qui est opus Dei, est maior omnium[382].
>
> Et ideo quia homo per cognicionem sui ascendit ad cognicionem Dei et tantum quantum cognoscit de se ipso tantum cognoscit de Deo ; ideo qui ignorat se ipsum in quantum est homo ignorat Deum, et qui ignorat se ipsum in quantum est lapsus, ignorat deum hominem, uidelicet Christum[383].

Un thème richardien que nous retrouvons dans notre auteur est le socratisme chrétien, la reprise du "nosce te ipsum" :

> Animus qui ad scientiae altitudinem nititur ascendere, primum et principale sit ei studium seipsum cognoscere. Magna altitudo scientiae seipsum perfecte novisse. Mons magnus et altus plena cognitio rationalis spiritus[384].

---

[380] *Beniamin Minor*, cap. LXXI ; PL 196, 51 C.
[381] *Ib.*, cap. LXXII ; PL 196, 51 C.
[382] Ms. Arsenal 747, fol. 110 v°, lignes 24-26.
[383] *Ib.*, fol. 199 r°, lignes 34-37.
[384] *Beniamin Minor*, cap. LXXV ; PL 196, 54 A.

> Disce homo cogitare, disce cogitare teipsum et ascendisti ad cor altum. Quantum quotidie in cognitionem tui proficis, tantum ad altiora super tendis. Qui ad perfectam sui cognitionem pervenit iam montis verticem apprehendit[385].
> Ascendat per semetipsum supra semetipsum. Per cognitionem sui ad cognitionem Dei. Discat prius homo in Dei imagine, discat in eius similitudine quid debeat de Deo cogitare. Montis ascensio, ut dictum est, pertinet ad cognitionem sui, ea quae supra montem geruntur provehunt ad cognitionem Dei[386].

Pour Sibiuda, l'appel à la connaissance de soi-même est d'autant plus urgent que l'homme, dans son état actuel, s'ignore :

> Et quia homo est extra se ipsum et elongatus et distans a se ipso per maximam distantiam, nec umquam habitavit in domo propria, scilicet, in se ipso, immo semper mansit extra domum suam et extra se, ex eo quod ignorat se ipsum, nescit se ipsum. Et de tanto est elongatus et distans a se ipso et tantum est extra se ipsum, de quanto ignorat se ipsum[387].

Il met en rapport étroit la connaissance des créatures et la connaissance que l'homme peut avoir de soi-même :

> Et quia totaliter nescit se ipsum, ideo totaliter est extra se ipsum. Et per consequens quia numquam habitavit in se ipso, nec intravit in se, nec vidit se, sed ignorat se, nescit quantum valet ; et ideo dat se pro nihilo. Quia ergo homo est totaliter extra se, ideo si debet videre se, necesse est quod intret in se, et veniat ad se, et habitet intra se. Aliter est impossibile quod cognoscat se, nec videat se nec suum valorem, suam naturam et suam pulchritudinem naturalem. Et quia homo ignorat se ipsum a nativitate et nescit domum suam, in qua debet habitare, ideo necesse est quod aliae res ducant eum ad se ipsum et ad domum suam, et doceant iter et viam per quam itineret in se ipsum[388].

Ce sont les choses qui mèneront l'homme chez lui, lorsque celui-ci arrive à les connaître :

> Verum quia homo est in alto loco secundum naturam, ideo si debet ascendere ad se necesse est eum habere scalam per quam ascendat ad se. Tunc autem homo itinerat et ascendit ad se ipsum dum incipit cognoscere se ipsum. Et tot passus facit et tot gradus ascendit quot cognitiones de se ipso acquirit. Et tunc intravit in se ipsum, dum cognoscit se ipsum[389].

---

385 *Ib.*, ib., 54 B-C ; cfr aussi cap. LXXVIII, col. 56 A.
386 *Ib.*, cap. LXXXIII ; col. 54 C.
387 Tit. 1, éd. Stegmüller, p. 44*.
388 *Ib.*, pp. 44* - 45*.
389 *Ib.*, pp. 45* - 46*.

Le *Beniamin Maior* a fourni aussi des idées et des expressions toutes prêtes au *Liber Creaturarum*, telles que *ascendere* et *descendere*, *scala*, *ars* :

> Ad hoc itaque genus pertinet quoties per rerum visibilium similitudinem rerum invisibilium qualitatem deprehendimus, quoties per visibilia mundi invisibilia Dei cognoscimus... Recte autem haec contemplatio qui ut ad invisibilia ascendat baculo se corporeae similitudinis sustentat, et quadam, ut ita dicam, corporalium proprietatum *scala* se ad alta sublevat[390].
>
> Primum ergo est in hac consideratione ut redeas ad te ipsum, intres ad cor tuum, discas aestimare spiritum tuum. Discute quid sis, quid fueris, quid esse debueris, quid esse poteris. Quid fueris per naturam, quid modo sis per culpam, quid esse debueris per industriam, quid adhuc esse possis per gratiam. Disce ergo ex tuo spiritu cognoscere quid debeas de aliis spiritibus aestimare. Haec porta, haec *scala*, hic introitus, iste *ascensus*... haec *ars* absque dubio per quam cordis munditiam recuperatur, recuperata servetur[391].
>
> *Artem* nobis ad aliquid veraciter comparamus, quando quomodo aliquid agendum sit veraci traditione seu etiam sagaci investigatione addiscimus. Exercitatio est quando id quidem quod arte percipimus in usum deducimus[392].

Sibiuda :

> Et sic modo cognoscimus mundum de non esse et de nichillo uenisse et productum fuisse, quod primo nesciebamus. Et ita fuit ibi *ascensus* et descensus, et unum esse manifestauit aliud esse et ad inuicem se manifestant et reuelant[393].
>
> Modus cognoscendi huiusmodi hominis est ut per corporalia et sensibilia recognoscat spiritualia et inuisibilia, ut iam declaratum fuit in *scala* nature[394].

Quant à la définition *d'ars* que propose Richard, nous n'avons qu'à nous resouvenir de ce qu'est pour Sibiuda son *Ars affirmandi et negandi*, et les applications immédiates qu'il en fait à l'ensemble des vérités chrétiennes.

Un autre thème du *Beniamin Maior* qui a pu influencer Sibiuda est l'affirmation de la correspondance que le contemplateur peut repérer entre la raison et la révélation :

> Vides, obsecro, quomodo natura interrogata vel scriptura consulta unum eumdemque sensum pari loquuntur concordia ?[395].

---

[390] *Beniamin Maior*, lib. II, cap. XII ; PL 196, 89 D-90 A.
[391] *Ib.*, lib. III, cap. III ; PL 196, 113 A-B.
[392] *Ib.*, lib. V, cap. II ; PL 196, 171 D.
[393] Ms. Arsenal 747, fol. 11 r°, lignes 24-27.
[394] *Ib.*, fol. 201 v°, lignes 5-7.
[395] *Beniamin Maior*, lib. V, cap. VII ; PL 196, 176 C.

Ce n'est pas exactement la vision que Sibiuda aura du problème, car dans le *Beniamin Maior* Richard établit une division très nuancée entre les vérités *supra rationem* et *praeter rationem*, parmi lesquelles il énumère la Trinité, l'Incarnation et l'Eucharistie. Nous avons déjà vu ce point. Reste cependant que le monde spéculatif richardien est profondément unitaire, et c'est en ce sens qu'il a dû avoir de l'emprise sur notre auteur.

Pour conclure, nous dirons que la pensée de Richard a eu une influence indéniable sur le *Liber Creaturarum*, dans le sens au moins que Sibiuda s'identifie complètement avec le socratisme chrétien. Les emprunts, les références plus ou moins explicites aux oeuvres de Richard, certains parallélismes de vocabulaires montrent que Sibiuda connaissait assez bien le maître contemplateur. L'étude de saint Bernard, d'Hugues et de Richard de Saint-Victor obligent à conclure que Sibiuda, au seuil du XVe siècle, à l'aube de l'humanisme, relance l'idée chère à ces moines de prendre l'homme chrétiennement au sérieux. L'idée est au premier rang de ses préoccupations, les textes des maîtres anciens viennent ensuite, abondants, travaillés, soignés. Riche de la tradition théologique du XIIe siècle, Sibiuda en élabore une refonte. Certes, il ne s'est pas limité à puiser dans ces auteurs de la première heure scolastique, il a su profiter aussi d'autres apports. Mais il faudra désormais regarder l'humanisme du *Liber Creaturarum* comme un humanisme de source médiévale classique, en ce sens qu'il n'invente mais renouvelle une tradition dont les résultats et l'acquis gardaient à ses yeux la fraicheur et la force d'atraction qu'ils ont pu avoir dès le premier jour.

6 - SAINT BONAVENTURE

La relation de Sibiuda avec saint Bonaventure passe, surtout, à travers le *Breviloquium*, dont on trouve de larges extraits dans le *Liber Creaturarum*. Nous nous tromperions, cependant, de vouloir faire de Sibiuda un disciple de Bonaventure.

En effet, le point de vue dans lequel se place Sibiuda dans le *Liber Creaturarum* ne correspond pas aux vues bonaventuriennes sur les rapports foi-raison. Si pour Bonaventure la philosophie est "une doctrine essentiellement médiatrice, une voie vers autre chose, un lieu de passage"[396], bref, si elle doit être englobée par la théologie, le *Liber Creaturarum* propose une conception assez diverse : c'est justement à partir du naturel et de la raison qu'on tente de dégager une théologie, qui ne sera pas pour autant une *theologia naturalis*, mais une spéculation sapientielle. Paradoxalement, pourtant, le résultat auquel aboutira l'effort sebondien n'en est pas moins fondé sur le presupposé fondamental de la pensée de Bonaventure, selon lequel "la seule démarche

---

[396] GILSON, E., *La Philosophie de Saint Bonaventure*, Paris, Vrin 1924, p. 115.

légitime et sûre de la connaissance, à moins qu'elle ne fonctionne formellement et comme à vide, consiste à partir de la foi pour traverser la lumière de la raison et parvenir à la maturité de la contemplation"[397]. Car, bien que le *Liber Creaturarum* ne le dise jamais, l'oeuvre de Sibiuda n'est qu'une lecture, déjà chrétienne au départ, du livre de la nature, une lecture engagée, où c'est la foi qui commande la démarche, établit les limites dans lesquels la raison questionne et en contrôle les résultats.

Une autre caractéristique qui distingue les deux auteurs est la place qui revient au Christ dans l'oeuvre de l'un et de l'autre. Car on chercherait en vain dans Sibiuda une christologie positive. Détail significatif : c'est au *Cur Deus homo* de saint Anselme que Sibiuda emprunte l'essentiel de son exposé christologique ; cet exposé, comme nous avons eu l'occasion de voir, est une enquête sur les conditions de possibilité du salut par le Christ, dans laquelle la spéculation avance "remoto Christo, quasi numquam aliquid fuerit de illo". Nous sommes loin de la place centrale qui revient au Christ, "medium omnium scientiarum", dans la pensée bonaventurienne.

Cela dit, nous allons voir comment Sibiuda a intégré, dans son oeuvre, beaucoup d'idées et de pages du *Breviloquium*. Les parallèles commencent avec le prologue même de l'ouvrage bonaventurien, qui a fourni à Sibiuda l'essentiel de sa caractérisation de l'Ecriture, développée dans les titres 214-217. Nous lisons dans le beau livre de Bonaventure :

> In tanta igitur multiformitate sapientiae, quae continetur in ipsius Sacrae Scripturae latitudine, longitudine, altitudine et profundo, unus est communis modus procedenti authenticus, vicelicet, intra quem continetur *modus narrativus, praeceptorius, prohibitivus, exhortativus, praedicativus, comminatorius, promissivus, deprecatorius et laudativus.* Et omnes hi modi sub uno modo authentico reponuntur, et hoc quidem satis recte. Quia haec quidem doctrina est, ut boni fiamus et salvemur ; et hoc non fit per nudam considerationem, sed potius per *inclinationem voluntatis* : ideo Scriptura divina eo modo debuit tradi, quo modo magis possemus inclinari[398].

En s'appuyant sur ce texte, Sibiuda montrera que les paroles de l'Ecriture, tout comme l'enseignement des créatures, s'adaptent, se correspondent et sont adéquates à la nature humaine :

> Et quoniam in ipsa anima uoluntas habet totum dominium et imperium et in ipsa consistit principaliter uita anime, quia quando illa uiuit, tota anima uiuit, quando illa est saciata tota anima est saciata, quando illa crescit tota anima crescit, quando illa nutritur tota anima nutritur, quando illa deffict tota anima defficit, quia ipsa est cor anime.

---

[397] ID., *ib.*
[398] *Breviloquium*, prol., 5, 1 2 ; éd. B. A. C., *Obras de San Buenaventura*, vol. I, Madrid 1968, pp. 172-173.

> Et ideo quia uerba Dei respiciunt animam et diriguntur principaliter ad uoluntatem et respiciunt principaliter ipsam tamquam cor ipsius anime et tamquam habentem totum imperium in anima. Et ideo uerba Dei et liber Dei habent et habere debent modum secundum quod conuenit uoluntati que est libera et in libertate posita. Et ideo uerba que sunt in libro dei habent aliquando *preceptiuum modum, aliquando habent prohibitiuum, aliquando exhortatiuum et aliquando promissiuum ; aliquando comminatiuum, aliquando narratiuum exemplorum, aliquando deprecatorium, aliquando laudatorium*, quia omnes isti modi conuenienter *uoluntati* et affectui et *inclinant* et mouent, excitant et nutriunt ipsam uoluntatem ad timorem, ad amorem, ad spem, ad gaudium, ad consolacionem[399].

Le paragraphe suivant du *Breviloquium* a été aussi incorporé dans le *Liber Creaturarum*. Saint Bonaventure insiste sur l'infaillibilité divine de l'Ecriture, qui lui donne son authenticité :

> Quoniam igitur hi modi narratiui non possunt fieri per uiam certitudinis rationis, quia particularia gesta probari non possunt ; ideo ne Scriptura ista tamquam dubia uacillaret, ac per hoc minus moueret, loco certitudinis rationis prouidit Deus huic Scripturae certitudinem auctoritatis, quae adeo magna est, quod omnem perspicacitatem humani ingenii superexcellit. Et quia non est certa auctoritas eius qui potest fallere uel falli ; nullus autem est qui falli non possit et fallere nesciat, nisi Deus et Spiritus Sanctus : hic est quod ad hoc quod Scriptura sacra modo sibi debito esset perfecte authentica, non per humanam investigationem est tradita, sed per revelationem divinam[400].

Cette authenticité fondée sur l'infaillibilité divine est considérée par Sibiuda comme le trait propre de l'Ecriture. A remarquer, toutefois, que maître Ramon intègre le texte de saint Bonaventure dans un contexte qui rappelle ses considérations du titre I sur les conditions de la certitude que l'homme ne peut pas non plus rechercher. C'est ainsi qu'il s'écarte de Bonaventure, tout en lui empruntant un texte, pour rejoindre ses propres problèmes :

> Sed quia anima semper querit certitudinem et non recipit aliqua uerba nisi sint sibi certa et non dubia, quia intellectus qui est in anima semper appetit certitudinem et in hoc saciatur et uiuit et aliter non quiescit donec sit certus. Et ideo necesse est quod uerba Dei et libri sui sint certissima et nullo modo dubia. Et ideo est in uerbis Dei et in libro suo certitudo diuine auctoritatis, que est tam magna que excedit omnes raciones, omnes probaciones hominum et omne ingenium humanum, ut iam dictum est[401].

---

[399] Ms. Arsenal 747, fol. 131 v°, lignes 19-33.
[400] *Breviloquium*, prol., 5, 3 ; *ib.*, pp. 173-174.
[401] Ms. Arsenal 747, fol. 131 v°, lignes 33-40.

Le même genre de dépendance est manifeste à l'égard du prologue du *Breviloquium*, 5, 4 :

> Ideo nihil in ipsa (scriptura) *contemnendum* tamquam *inutile*, nihil *respuendum* tamquam *falsum*, nihil repudiandum tamquam *iniquum*, pro eo quod Spiritus Sanctus, eius auctor perfectissimus, nihil poterit dicere falsum, nihil *superfluum*, nihil *diminutum*[402].

Nous lisons dans Sibiuda :

> Ulterius concluditur de libro Dei, eo quia Dei est et Deus dixit, quod nichil potest esse *inutile* in eo, nichil *falsum* nichil *superfluum*, nichil *diminutum*, et ideo nichil est ibi *contempnandum* (sic), nichil *respuendum*, nichil quoque *iniquum*[403].

Ces textes démontrent que Sibiuda attache une importance certaine au *Breviloquium*. Nous allons franchir une nouvelle étape, en suggérant que c'est cette oeuvre qui a pu inspirer à Sibiuda l'idée d'exposer un abrégé de la doctrine chrétienne. Nous nous fondons, en disant cela, sur l'identité d'objet que poursuivent les deux auteurs, en faisant abstraction, pour le moment, des principes qui les ont guidés dans l'exécution de leurs travaux, ainsi que d'autres circonstances historiques que nous analyserons plus loin. En effet, nous lisons dans le *Breviloquium* :

> Et quia haec doctrina tam in Scriptis sanctorum quam etiam doctorum sic diffuse tradita est, ut ab accedentibus ad Scripturam sacram audiendam non possit per longa tempora videri nec audiri - propter quod etiam novi theologi frequenter ipsam Scripturam sacram exhorrent tamquam incertam et inordinatam et tamquam silvam quamdam opacam - rogatus a sociis, ut de paupercula scientiola nostra aliquid breve in summa dicerem de veritate theologiae, eorumque precibus devictus, assensi breviloquium quoddam facere, in quo summatim non omnia, sed aliqua magis opportuna ad tenendum breviter tangerentur, addens simul cum hoc rationem aliquam ad intelligendum, secundum quod occurrebat pro tempore[404].

Sibiuda, de son côté, donne une définition de sa *scientia* en des termes qui ne sont pas éloignés de ceux de Bonaventure que nous venons de transcrire :

> Per istam scientiam intelliget quilibet faciliter omnes doctores sanctos. Immo ista est incorporata in libris eorum, sed non apparet ; sicut alphabetum est incorporatum in omnibus libris. Ideo ista scientia est sicut alphabetum omnium doctorum ; et ideo tamquam alphabetum debet primo sciri. Quare si quilibet vult intelligere breviter omnes doctores et totam sacram Scripturam habeat istam scientiam, quia est lumen omnium scientiarum[405].

---

402 *Breviloquium*, prol., 5, 4 ; *ib.*, p. 174.
403 Ms. Arsenal 747, fol. 128 r°, lignes 14-17.
404 *Breviloquium*, prol., 6, 5 ; *ib.*, p. 178.
405 Prol., éd. Stegmüller, pp. 29* - 30*.

L'exécution de ce projet, c'est-à-dire, l'exposition en abrégé de la doctrine chrétienne ne se fait pas selon les mêmes principes dans les deux auteurs. Les différences de méthode apparaissent dans deux textes qui nous semblent décisifs. Tandis que Bonaventure se situe dans un plan théologique, Sibiuda insiste sur la possiblité de dégager une théologie à partir des créatures. Ainsi, il n'y a pas de correspondance profonde entre l'idée que l'un et l'autre ont sur la place de l'Ecriture et, au fond, sur celle du Christ dans la connaissance humaine :

> Cum primum principium reddat se nobis cognoscibilem et per Scripturam et per creaturam, per librum creature se manifestat ut principium effectivum, per librum Scripturae ut principium reparativum... quod est Christus salvator noster[406].

Sibiuda ne souligne pas les différences entre la grâce chrétienne et la nature, au contraire, il tente d'établir que ces deux sources de notre connaissance expriment la même chose, tout en employant des *modi* distincts. Il ne faut jamais oublier que Sibiuda spécule toujours à partir du statut propre au chrétien *pro statu isto* : Illuminé par la foi, purifié par le baptême, le chrétien *tend* vers la vision, est *in via*. Il ne voit pas encore, mais il espère voir un jour. Dans cet état, quel est le rôle, s'il en est un, que peut jouer encore la raison ? Saint Anselme avait amorcé un programme : chercher la *ratio fidei, quantum potest quaerere rationem quomodo sit*[407], travail rendu nécessaire par l'objection toujours possible de celui qui ne croit pas, ou croit mal, ce qui revient au même, et aussi par le besoin de développer la doctrine à partir de l'enseignement des Pères[408]. Dans l'école lulliste, la raison se voit proposer encore un autre but : récupérer le *modum naturalem intelligendi Primorum Parentum quem ante lapsum naturaliter possidebant a principiis naturalibus... etsi non simpliciter... tamen artificiose aliqualiter per Artem*[409]. Placé dans la perspective humaine d'avant la chute, pour Sibiuda l'enseignement de l'Ecriture expose les mêmes contenus fondamentaux que la raison pouvait atteindre alors par elle même, et que maintenant le chrétien, illuminé et dirigé par la foi - *fide stabilitus*, dit saint Anselme[410] -, peut reconstruire en s'y exerçant (*ars*) par le travail de la raison. C'est pourquoi l'Ecriture diffère du livre des créatures quant au *mode* : elle est une Parole qui

---

[406] *Breviloquium*, prol., 5, 2 ; *ib.*, p. 225.
[407] *Epistola de Incarnatione Verbi*, I ; éd. B. A. C., vol. I, Madrid 1952, p. 690.
[408] "... non quasi docendo quod doctores nostri nescierunt, aut corrigendo quod non bene dixerunt, sed dicendo forsitan quod tacuerunt, quod tamen ab illorum dictis non discordet sed illis cohaereat" ; *ib.*, VI, p. 710.
[409] JANER, J., *Ars metaphysicalis*, cap. I, fol. 6.
[410] *Ep. de Incarn. Verbi*, comm. ; *ib.*, p. 684.

vient d'en haut, autorité surnaturelle, tandis que le livre de la création est depuis toujours à la mesure de l'homme :

> Quamuis autem omnia illa que probata sunt per librum creaturarum sint scripta in libro biblie sacre et ibi continentur et eciam illa que continentur in libro biblie sunt in libro creaturarum, tamen aliter et aliter, quia in scientia libri creaturarum sunt omnia per modum probacionis quia ibi probatur per ipsas creaturas quod ita debet facere homo, et probatur obligacio et debitum hominis erga Deum. Sed in libro biblie omnia illa eadem continentur per alium modum, scilicet per modum precepti, per modum mandati, per modum monicionis et exortacionis promictendo et comminendo (*sic*)[411].

Il nous semble essentiel de souligner cette différence de point de vue, car elle est en mesure de nous illustrer, une fois de plus, sur la méthode de travail que Ramon Sibiuda utilise. Sans jamais citer personne, notre auteur incorpore des autorités de choix dans le *Liber Creaturarum*, mais ces emprunts ne correspondent pas à des engagements précis, de la part de Sibiuda, du point de vue doctrinal. Nous devrons tenir compte de ce fait plus tard, lorsque nous tenterons de dégager le sens de ces emprunts et de ces références, qui constituent une des surprises du *Liber Creaturarum*, cette oeuvre où son auteur avait promis et annoncé qu'il ne citerait ni n'alléguerait les docteurs.

Poursuivant la lecture parallèle du *Breviloquium* et du *Liber Creaturarum*, nous relevons des similitudes d'expression dans la façon de présenter la liberté humaine, qui constitue pour les deux auteurs le sommet et le chef-d'oeuvre de la création, à laquelle tout est soumis et qui ne doit se soumettre qu'à Dieu :

> Et quoniam in illud tendit per liberum arbitrium, ideo quantum ad arbitrii libertatem praecellit omnem virtutem corporalem ; ac per hoc cuncta nata sunt sibi servire, nihil autem sibi dominari habet, nisi solus Deus, non fatum seu vis positionis astrorum[412].

En voilà l'écho dans le *Liber Creaturarum* :

> Ulterius autem ipsum liberum arbitrium nichil portat creatum, nichil sedet in eo, quia nichil creatum est supra ipsum, sed ipsum est supra omnia ; ergo solus creator debet ibi sedere, quia valde rationabile est quod sicut liberum arbitrium, quia est supra omnia creata, sedet supra omnia alia, ita creator, quia est super liberum arbitrium, sedeat supra ipsum. Ecce liberum arbitrium est sedes Dei, portat Deum et est equus Dei, in quo Deus portatur et equitatur ; uide igitur qualiter liberum arbitrium immediate et sine medio coniungitur cum creatore summo, tangit ipsum sine medio et portat et non potest magis appropinquare[413].

---

[411] Ms. Arsenal 747, fol. 125 v°, lignes 24-31.
[412] *Breviloquium*, II, 4, 4 ; *ib.*, p. 223.
[413] Ms. Arsenal 747, fol. 55 r°, lignes 8-16.

La ressemblance des textes devient plus serrée dans l'angélologie des deux auteurs. D'abord, une raison de convenance de la création de la nature angélique passe de l'un à l'autre :

> ... Primum principium, hoc ipso quod primum, omnia de nihilo produxit ; ideo non tantum prope nihil, sed etiam *prope se*, non tantum substantiam a se longinquam, scilicet naturam corpoream producere debuit, verum etiam propinquam ; et haec est substantia intellectualis et incorporea, quae, hoc ipso quod Deo *simillima* est, simplicitatem habet naturae et discretionem personalem[414].

Sibiuda :

> Conuenit magis deo facere sibi simile quam dissimile et creaturas sibi totaliter *similes* quam dissimiles, et magis conuenit deo facere creaturas *prope se* quam distantes a se ; ergo magis conuenit deo facere creaturas spirituales per se existentes quam corporales per se existentes. Si deus fecit et sibi dissimile, ergo et sibi simile ; fecit creaturas sibi dissimiles, ergo magis fecit creaturas distantes a se (*sic*), ergo magis fecit creaturas prope se[415].

La chute des anges est exposée dans le *Liber Creaturarum* en suivant de près les textes bonaventuriens :

> Primus inter angelos lucifer, presumens de *privato bono*, privatam appetiit *excellentiam, volens allis superferri* ; et ideo cecidit cum ceteris consentientibus sibi[416].

Sibiuda :

> Et ideo primus angelus et superior inter omnes quia habebat naturam magis *excellentem* supra omnes, et post Deum erat creatura dignior et melior, pulchrior et alcior. Ideo exa(l)tatus consideracione sue pulchritudinis et altitudinis primo uoluit et dilexit se ipsum et *suum priuatum bonum*. Et sic totaliter separauit se a deo per uoluntatem et numquam dilexit deum et mutauit se ipsum a statu primo in quo creauerat ipsum, quia habuit totum suum uelle et totum suum amare inorditatum, iniustum, peruersum et deo contrarium. Unde in hoc constituit se ipsum sibi primum principium et primum bonum. Et ideo statim fuit inimicus dei et contrarius deo per propriam uoluntatem. Et quia habuit uelle inordinatum statim cupiuit proprium honorem et propriam et priuatam excellentiam inordinate et *uoluit* omnibus *aliis dominari*[417].

Bonaventure :

> ... lucifer, *suae pulchritudinis et altitudinis consideratione excitatus* ad se diligendum et suum privatum donum, praesumit de altitudine habita

---

414 *Breviloquium*, II, 6, 3 ; *ib.*, p. 230.
415 Ms. Arsenal 747, fol. 134 v°, lignes 29-35.
416 *Breviloquium*, II, 7, 1 ; *ib.*, p. 232.
417 Ms. Arsenal 747, fol. 159 v°, lignes 24-35.

et ambivit excellentiam propriam non tamen obtentam ; ac per hoc praesumendo *constituit se sibi principium*, in se ipso gloriando ; et ambiendo constituit se sibi *summum bonum*, in se ipso quiescendo[418].

Sibiuda :

Ideo *exa(l)tatus consideracione sue pulchritudinis et altitudinis*, primo uoluit et dilexit se ipsum et suum priuatum bonum... Unde in hoc *constituit se ipsum sibi primum principium* et *primum bonum*[419].

Bonaventure :

Et quoniam *immutabilitatem habet* post electionem, ideo statim *obstinatus* est in malo, et per hoc excaecatus a vero et *deordinatus* est in operatione et infirmatus in virtute ; ideo voluntas eius impia et actio aversa a Deo conversa est ad hominis odium et invidiam ; et perspicacitas rationis a vero lumine excaecata conversa est *ad deceptiones* per divinationes et *cautelas* ; et officiositas in ministrando a vero ministerio amota conversa est ad tentamenta[420].

Sibiuda :

Et quia angelus, quia est simplex, postquam et dilexit aliquid *habet immutabilitatem* in illo ut non possit nec velit aliud eligere nec amare. Ideo statim primus angelus fuit firmatus, *obstinatus* in sua propria uoluntate *inordinata*[421].

Ideo quia voluntas dominatur intellectui et utitur eo ad illa que uult, ideo *conuertit* totum intellectum suum et totam subtilitatem suam ad faciendum mala, ad inueniendum omnes artes faciendi mala, *ad decepciones, ad cautelas*, ad persuassiones falsas, *ad temptaciones*, ad nocendum[422].

Le *Breviloquium* a pu aussi fournir à Ramon Sibiuda sa terminologie des états de la nature humaine par rapport au plan naturel, surnaturel et de béatitude éternelle, que nous trouvons codifiée dans les formules *esse, bene esse, optime esse* [423]. En effet, la distinction *esse, bene esse*, se trouve dans

---

418 *Breviloquium*, II, 7, 3 ; *ib.*, pp. 232-233.
419 Ms. Arsenal 747, fol. 159 v°, lignes 26-28.
420 *Breviloquium*, II, 7, 4 ; *ib.*, p. 233.
421 Ms. Arsenal 747, fol. 160 r°, lignes 21-24.
422 *Ib.*, fol. 161 r°, lignes 22-26.
423 Cfr *Liber Creaturarum*, tit. 274, p. 469 s. : "... per *esse* intelligitur vivere, sentire, intelligere, velle, amare, posse et omnia quae pertinent ad corpus et ad animam ; per *bene esse* intelligitur recte, iuste, debite, sancte et virtuose vivere ; et si primo custodivisset et servaret homo suum bene esse, transivisset et pervenisset ad altiorem gradum, videlicet ad *optime esse*". Tit. 281, p. 487 s. : "... unde quia *bene esse* quod homo debet recipere a Christo est invisibile et ipsa gratia, *que est bene esse*, est invisibilis, quia est res spiritualis sicut anima... ". Tit. 117, p. 159 : "... homo non solum indiget *esse* et durare in esse, immo etiam indiget *bene esse* et *optime esse*". Tit. 275, p. 472 s. : "Quoniam autem ad complementum hominis tria sunt necessaria, scilicet corpus seu caro, anima immortalis et rationalis et bene esse ; vel dicamus quod duo sunt necessaria, scilicet, *esse* et *bene esse*, et ipsum esse comprehendit corpus et animam... ". Tit. 277, p. 476 : "Ut autem clare videamus dictinctionem inter *esse* et *bene esse*,

l'opuscule de saint Bonaventure, dans un contexte qui souligne l'incorruptibilité de *l'esse*, c'est-à-dire, des propiétés essentielles à l'esprit humain, face à la mutabilité de ce qui relève du *bene esse* :

> Postremo, quia omne quod ab alio beatificabile est et immortale est mutabile secundum bene esse, et incorruptibile secundum bene esse ; ideo anima nec a se est nec de divina natura, quia mutabilis ; nec producta de aliquo, nec per naturam generata, quia est immortalis et incorruptibilis[424].

La terminologie *esse-bene esse* a un sens très précis dans Sibiuda, plus ambigu dans Bonaventure, chez lequel *bene esse* peut désigner simplement la plénitude de facultés d'un être, sans spécifier s'il s'agit, pour l'homme, de facultés naturelles ou surnaturelles. Cela ne nous empêche pas de signaler l'origine bonaventurienne de ces formules propres à Sibiuda, car nous savons déjà que maître Ramon ne suit pas aveuglément les auteurs dont il subit l'influence jusque dans le fond de leurs prises de position doctrinales, tout en se permettant de développer leurs idées et leurs formules, en leur donnant des sens, des applications et des extensions nouvelles.

Une preuve de cette indépendance de Sibiuda par rapport à ses sources est fournie par la distance qu'il prend face à la théorie bonaventurienne du "liber creaturarum", telle qu'elle est exposée dans le *Breviloquium*. Certes, les expressions de Bonaventure passeront, dans une certaine mesure, dans l'oeuvre de Sibiuda ; mais le fond de la pensée des deux auteurs n'est pas identique. Pour Bonaventure, il existe bien le livre des créatures, dans lequel l'homme peut connaître Dieu :

> Ex praedictis autem colligi potest quod creatura mundi est quasi quidam liber in quo relucet, repraesentatur et legitur Trinitas fabricatrix secundum triplicem gradum expressionis, scilicet, per modum vestigii, imaginis et similitudinis ; ita quod ratio vestigii reperitur in omnibus creaturis, ratio imaginis in solis intellectualibus seu spiritibus rationalibus, ratio similitudinis in solis deiformibus ; ex quibus quasi per quosdam *scalares gradus* intellectus humanus natus est gradatim ascendere in summum principium, quod est Deus[425].

Dans l'état d'innocence originelle, ce livre aurait suffit à illustrer l'homme sur le mystère de sa destinée en Dieu :

> Et ideo in statu innocentiae, cum imago non erat vitiata, sed deiformis effecta per gratiam, sufficiebat liber naturae, in quo se ipsum exerceret homo ad contuendum lumen divinae sapientiae ; et sic

---

seu inter animam et bene esse, *seu inter naturam et gratiam*, qualiter non sunt unum, immo unum potest esse sine alio, possumus hoc declarare ad oculum in corpore humano... ".
[424] *Breviloquium*, II, 9, 4 ; *ib.*, p. 239.
[425] *Breviloquium*, II, 12, 1 ; *ib.*, p. 248.

sapiens esset cum universas res videret in se, videret in proprio genere, videret etiam in arte[426].

Déchu, l'homme ne peut plus lire ce livre sans difficultés, et il lui faut l'Ecriture et la foi pour en arriver à la connaissance de Dieu et de soi-même :

> ... Oculus contemplationis actum suum non habet perfectum nisi per gloriam quam amittit per culpam, recuperat autem per gratiam et fidem et Scripturarum intelligentiam, quibus mens humana purgatur, illuminatur et perficitur ad coelestia contemplanda ; ad quae lapsus homo pervenire non potest, nisi prius defectus et tenebras proprias recognoscat ; quod non facit nisi consideret et attendat ruinam humanae naturae[427].

Des textes sebondiens du prologue, dans le *Liber Creaturarum*, semblent reprendre ces vues bonaventuriennes [428]. Mais Sibiuda n'est pas un disciple de Bonaventure lorsqu'il souligne que, en opposition avec le *Liber Creaturarum*, le *Liber Scripturae* peut être falsifié, mal interprété et source d'hérésies, ce qui ne serait pas le cas, d'après Sibiuda, pour le *Liber Creaturarum* :

> Primus liber naturae non potest falsificari, nec deleri, nec false interpretari. ideo haeretici non possunt eum false intelligere ; nec aliquis potest fieri in eo haereticus. Sed secundus potest falsificari et false interpretari et male intelligi[429].

Ainsi, la pensée de Sibiuda va toujours au delà des sources avec lesquelles il dialogue. A l'intérieur d'une tradition donnée, il présente des points de vue propres. Nous reviendrons plus tard sur ce problème, au moment où nous tenterons d'expliquer le point de départ de la spéculation sebondienne.

Les emprunts directs au *Breviloquium* recommencent avec l'exposition de la doctrine sur la concupiscence et la description de l'état dans lequel se trouve l'homme déchu. Plusieurs textes bonaventuriens sont repris presque littéralement par Sibiuda :

> Et *quia anima carni unita est, opportet quod ipsam trahat vel trahatur ab ipsa ; et quia ipsam non potest trahere tamquam rebellem, necesse est* ut ab ipsa *trahatur et incurrat morbum concupiscentiae*[430].

---

[426] *Breviloquium*, II, 12, 4 ; *ib.*, pp. 249-250.
[427] *Breviloquium*, II, 15, 5 ; *ib.*, p. 250.
[428] Cfr, par exemple : "Unde sunt duo libri nobis dati a Deo, scilicet liber universitatis creaturarum sive liber naturae ; et alius est liber Scripturae sacrae. Primus liber fuit datus a principio... et singulae creaturae quasi quaedam litterae sunt non humano arbitrio sed divino inventae ad demonstrandum homini sapientiam et doctrinam sibi necessariam ad salutem... Ista autem scientia non est aliud nisi cognoscere et videre sapientiam scriptam in creaturis et extrahere ipsam ab illis... Quam quidem sapientiam nullus potest videre nec legere per se in dicto libro semper aperto, nisi sit a Deo illuminatus et a peccato originali mundatus... Unde etiam docet cognoscere omnes corruptiones et defectus hominis et damnationem et unde venerunt homini et in quo statu est homo et in quo primo fuit". Ed. Stegmüller, pp. 32*, 25*.
[429] Prol., éd. Stegmüller, pp. 36* - 37*.
[430] *Breviloquium*, III, 6, 3 ; *ib.*, p. 266.

Sibiuda :

> ... *opportet postquam anima est unita carni quod trahat ipsam uel quod trahatur ab ipsa, et anima non potest trahere carnem tamquam rebellem*, infirmam et languidam in suis concupiscentiis racione mortalitatis. Ideo *necesse est quod trahatur a carne et incurrat* suam infeccionem et corrupcionem[431].

Bonaventure

> Rursus, quia *culpa originalis in anima transfundi non posset, nisi poena rebellionis in carne praecederet ; et poena non esset nisi culpa praecessisset*, nec *culpa processit a voluntate* ordinata sed *inordinata, ac per hoc non a voluntate divina, sed humana* ; patet ergo quod originalis peccati transfusio *est a peccato primi hominis, non a Deo, non a natura condita, sed a vitio* perpetrato. Et sic verum est quod dicit Augustinus, quod "peccatum originale *non transmittit ad posteros propagatio, sed libido*"[432].

Sibiuda :

> ... quia *culpa*, corrupcio *originalis in animam non posset transfundi nisi precessisset in carne pena* mortalitatis et *rebellionis et pena* talis *non esset nisi culpa precessisset*, et ipsa *culpa* et corrupcio voluntatis *processit a uoluntate hominis inordinata et non a uoluntate Dei*. Et ideo tota corrupcio quam trahit anima est et procedit *a peccato primi hominis* et *non a Deo nec a natura* hominis *condita* a deo, *sed a uicio* et corrupcione uoluntatis primi hominis. Et ideo ipsa *propagacio* seu generacio in se *non transmictit in posteros* corrupcionem qua corrumpitur anima *sed* ipsa *libido*[433].

Nous signalerons aussi que Sibiuda a fait des emprunts importants au *Breviloquium* dans la partie du *Liber Creaturarum* consacrée à l'exposition de la doctrine des sacrements. La nature de ce travail nous dispense d'en donner des références trop détaillées, qui intéresseraient l'éditeur critique de Sibiuda ainsi que l'historien des sources théologiques du *Liber Creaturarum*. Nous allons finir cette lecture parallèle en montrant que l'ouvrage de Sibiuda est redevable de deux textes du *Breviloquium* qui se réfèrent à l'immortalité de l'âme et au châtiment de l'homme déréglé dans l'au-delà :

Bonaventure :

> Rursus quoniam deordinationis libidinosae poena debet esse afflictiva, quia delectatio punitur per tristitiam contrariam ; et spiritus rationalis in peccando convertit se ad bonum proprium et ut nunc et partiale libidinose amandum et ex hoc *contemnit* divinum imperium et

---

[431] Ms. Arsenal 747, fol. 165 v°, lignes 18-20.
[432] *Breviloquium*, III, 6, 5 ; *ib.*, pp. 266-267.
[433] Ms. Arsenal 747, fol. 166 v°, ligne 33-167 r°, ligne 5.

dominium, hinc est quod ad hoc, quod illa delectatio improba perfecte puniatur, in qua simul est delectatio cum contemptu, *necesse est* quod ad punitionem illius contemptus et delectationis peccator, sive homo sit, sive spiritus, praecipitetur *in locum infimum et maxime a statu gloriae longinquum,* hoc est *in* profundissimum infernum. Necesse est etiam, quod ibi exponatur affligendus infimae naturae ac per hoc non a substantia spirituali patiatur, sed a corporali et infima, hoc est *a faecibus corporum mundanorum, ut in faecibus defigatur* et igne et sulphure concremetur. Et quoniam spiritus qui per naturam praeponitur corpori et in corpus habet influere et ipsum movere, dignitatem naturae per culpam pervertit et se subiicit quodam modo vilitati et nihilitati peccati ; hinc est quod secundum ordinem iustitiae debet ordinari ut tam peccator spiritus quam homo *igni corporeo alligetur, non ut in illum influat vitam, sed ut* divino decreto *suscipiat poenam.* Cum enim rei, quam horret *per timorem divinitus immissum* et *quam sentit* per vim naturalis sensus sit inseparabiliter alligatus : necesse est quod acriter tormentetur. Et quia ille ignis non agit nisi per dispositionem peccati et reatus et maculae ex improbitate libidinis procedentis ; et haec non est aequaliter in omnibus : hinc est quod ab eodem igne aliter uritur palea, et aliter comburitur lignum : quoniam autem illa peccati distinctio et reatus secundum quam actio ignis ponderatur, in eodem est uniformis et numquam crescit nec decrescit, nec mutatur : hinc est quod divino imperio ordinante, ille sic agit ut *semper urit et non consumit,* semper affligit et *non interimit,* quia non agit ad suae formae multiplicationem, sed ad pacis animae in corpore perturbationem, sive spiritus ipsius in se ipso. Unde non fit nova ademptio, sed ademptae pacis continuatio ; ut sic in eadem poena nec acerbitas aeternitatem, nec aeternitas tollat acerbitatem[434].

Sibiuda :

Et quia necesse est quod punicio ipsius anime fiat in alio et per aliquod instrumentum, ideo opportet inquirere in quo loco anima eternaliter collocetur et puniatur et per quod instrumentum fiat uindicta punicionis eterne. Et quia causa et origo punicionis per uindictam iusticie est ipse contemptus dei et gaudium seu delectacio contra deum, ideo et necesse erit quod punicio correspondeat ipsi contemptui dei et gaudio seu delectacioni. Et iam necesse erit quod quia anima *contempsit deum,* quia ipsa anima summe contempnatur (*sic*), et quia contempsit creatorem omnium creaturarum, necesse erit quod ipsa creatura ab omnibus contempnatur. Et ideo necesse erit quod puniatur *in locum infimum et maxime longuinquum a celo* et hoc erit in medio terre in quo debet esse *infernus profundissimus,* et ut perfectissime contemptim necesse erit quod *feces omnium rerum corporalium* ibidem proiciantur *in quibus ipsa anima totaliter defigatur* ; ut ipsa que est spiritualis in ipsis fecibus rerum corporalium immergatur contra suam uoluntatem et appetitum naturalem et sic ab infima natura paciatur... Sicut enim anima, quamuis sit spiritualis, potuit delectari et complacere in rebus

---

[434] *Breviloquium,* VII, 6, 5 ; *ib.,* pp. 446-447.

corporalibus inordinate et contra deum et racionem, ita poterit tristari et puniri et affligi in eis per iusticiam. Et ita ipsa diuina iusticia poterit facere talem ignem et perpetuum in quo ipsa anima eternaliter puniatur. Unde sicut anima potuit alligari corpori per dei uoluntatem et ordinacionem ut homo fieret. Ita potuit *alligari igni corporali* inseparabiliter ad suam iusticiam exercendam, *non ut anima influat uitam* igni corporali sed *ut suscipiat* uitam *(sic)* in eo. Sicut enim deus potuit coniungere animam corpori et inclinacionem et appetitum dare sibi, ut amaret corpus et appeteret illud naturaliter et inclinaretur ad illud et sentiret in illo ad perfeccionem nature, ita potuit ipsam alligari igni corporali et dare sibi inclinacionem et appetitum contra illud et *immictere timorem* et (t)errorem et ut sit alligata cum eo contra suam uoluntatem *et ut senciat* ipsum ignem ad complementum iusticie sue. Cum ergo ipsa sit punienda et affligenda per iusticiam exterius et hoc debeat fieri per naturam corporalem inferiorem. Et cum nulla res corporalis sit tantum acuta, tantum afflictiua sicut ignis ; conuenientissimum erit quod anima puniatur eternaliter in igne qui *concremet, urat et non consumat, nec interimat* nec luceat[435].

Bonaventure :

Rursus quoniam retributio illa debet fieri secundum quod exigit non solum retributio iusta et productio virtuosa, verum etiam gubernatio ordinata ; et Deus in productione *corpus animae alligavit* et naturali et mutuo appetitu *invicem copulavit*, ad gubernationem vero subiecit et in statu meriti fecit, ut spiritus condescenderet et intenderet corpori gubernando propter exercitium in merendo ; *nec* naturalis appetitus patitur quod *anima sit plene beata nisi restituatur ei corpus, ad quod resumendum habet inclinationem* naturaliter insertam, nec regiminis ordo sustinet quod restituatur corpus spiritui beato nisi per omnia illi conforme et subiectum, quantum potest corpus spiritui conformari. Quoniam ergo spiritus est visione lucis aeterne clarificatus, ideo debet in eius corpore *claritas* lucis permaxime resultare. Quia vero dilectione illius summi Spiritus est summe spiritualis effectus, ideo in corpore habere debet correspondentem *subtilitatem et spiritualitatem*. Quia tentione aeternitatis factus est homo impassibilis, ideo in corpore eius debet esse *impassibilitas* omnimoda spiritus tam intra quam extra. Quia vero ex his omnibus spiritus promptissimus est ad tendendum in Deum, ideo in corpore glorioso debet summa *agilitas* reperiri[436].

Sibiuda :

... quia deus *copulauit animam cum corpore et corpus cum anima et alligauit corpus cum anima et alligauit corpus anime* et fecit quoddam naturale matrimonium inter ipsa, et anima cognoscit corpus suum esse factum propter ipsam. Et ideo ipsa anima amat suum corpus et omnia membra sua. Et exinde sequitur *quod ipsa anima uult recuperare corpus*

---

[435] Ms. Arsenal 747, fol. 92 r°, lignes 19-33 ; ligne 41-fol. 92 v°, ligne 17.
[436] *Breviloquium*, VII, 7, 41 ; *ib.*, pp. 451-452.

> *suum* et uult bonum sui corporis ; et eciam quia anima non est homo sed pars hominis principalis, nec corpus est homo sed simul anima et corpus constituunt hominem ; et ideo est ad perfeccionem anime quia ipsa recuperet suum corpus, quia melius et perfeccius et amabilius est totum quam pars, et esse hominem quam animam tantum. Et ideo ipsa anima, quia amat suam perfeccionem, amat suum corpus et reunionem ipsius cum ea. Et per consequens uult, appetit quod suum corpus ei restituatur, nec potest uelle contrarium, quia hoc habet *naturali inclinacione*. Et ideo *ut gaudium anime impleatur necesse est quod restituatur ei corpus suum*, et hoc in illa forma et in illo statu in quo erit magis amabile ipsi anime et magis conforme magis proporcionatum et magis conueniens secundum statum ipsius anime, et in quo poterit ipsa anima magis gaudere, et per consequens necesse erit, ut sit plenum gaudium, ut restituatur ei corpus in maxima pulchritudine et summo decore et *impassibile*, immortale, *spirituale, subtile, agile clarum*[437].

Après ces longues citations, nous allons conclure en disant que le *Breviloquium* a été bien présent à l'esprit de Sibiuda, lorsqu'il a écrit son oeuvre. Ajoutons qu'en se servant du merveilleux opuscule bonaventurien, Sibiuda a eu soin d'écarter du *Liber Creaturarum* les développements proprement théologiques qui émaillent le *Breviloquium*. Il s'est, donc, efforcé de s'approprier les idées et les textes de cet ouvrage sans en prendre rien qui ne pouvait pas être inclus dans un contexte de spéculation rationnelle.

7 - DUNS SCOT

Nous sommes amenés à étudier la relation possible entre Sibiuda et Duns Scot par deux raisons : il faut préciser, d'une part, la solution originale que maître Ramon a donné à la question du rapport entre philosophie et théologie ; d'autre part, nous avons remarqué dans le *Liber Creaturarum* certaines thèses et points de vue qui suggèrent une influence scotiste. Les recherches précédentes imposent, toutefois, une prudence rigoureuse. Lorsque nous parlons d'influence scotiste dans un univers intellectuel tel que celui de Ramon Sibiuda, nous ne prétendons pas une adscription de notre auteur au courant scotiste pure et simple ; nous nous bornons à signaler dans l'oeuvre sebondienne des éléments, à côté de bien d'autres, de la spéculation scotiste. Les textes ne permettent pas des rapprochements trop directs, comme nous allons voir tout à l'heure ; les points de coïncidence doctrinale n'ont pas toujours la même valeur ; enfin, comme il ressort des paragraphes antérieurs, il n'est pas évident que Sibiuda ait cherché à construire un système de pensée qui serait susceptible d'une seule dépendance doctrinale déterminante. A côté des influences détectables, ce trait explique aussi des silences, des questions qui ne sont même pas cernées.

---

[437] Ms. Arsenal 747, fol. 84 r°, ligne 31-fol. 84 v°, ligne 11.

a) Les rapports de la philosophie et de la théologie

Auparavant nous nous demandions pourquoi Sibiuda, tout en ayant conscience que le livre des créatures ne peut être lu qu'à la lumière du baptême, donc, de la grâce divine, se proposait comme objet de sa recherche la lecture du grand livre de la création. Nous savons maintenant que sa méthode n'est pas celle des lullistes pour lesquels "ubi natura deficit, ars incipit"[438]. Elle n'est pas non plus celle d'un saint Thomas. Reste par la suite à préciser son point de vue sur la question fondamentale du rapport de la philosophie à la théologie.

Au départ, nous avons deux thèses : dans le prologue, Sibiuda affirme que les anciens philosophes n'ont pas atteint la vérité :

> Et cognoscuntur infallibiliter omnes errores antiquorum philosophorum paganorum[439].

La raison en est donnée :

> ... quia erant excaecati quoad propriam salutem[440].

Par la deuxième thèse, Sibiuda affirme que la vérité (*sapientia*) ne peut être atteinte que par l'illumination divine et le baptême :

> Quam quidem sapientiam nullus potest videre nec legere per se in dicto libro semper aperto, nisi sit a Deo illuminatus et a peccato originali mundatus[441].

Il semble, donc, évident que ces textes réclament une conception diverse des possibilités de la raison humaine avant et après la chute. Dans l'état de la nature déchue - en langage scotiste, *pro statu isto* -, la philosophie n'atteint pas la vérité ; en revanche, c'est par la foi que la raison y parvient. Il n'est pas inutile de souligner la précision que donne Sibiuda sur l'incapacité de la nature pour atteindre la vérité *pro statu isto* (anciens philosophes) : *erant excaecati quoad propriam salutem*. Leurs erreurs sont imputables à leur ignorance de la fin de l'homme. Cette ignorance, qui commandait toute leur philosophie, la rend erronée aux yeux du chrétien, qui a reçu l'"illumination" par laquelle il connaît désormais

> omnes corruptiones et defectus hominis et damnationem et unde venerunt homini et *in quo statu* est homo et in quo primo fuit et unde cecidit et quo ivit et quantum elongatur a sua prima perfectione[442].

---

[438] JANER, J., *Ars metaphysicalis*, cap. I, fol. 6.
[439] Prol., éd. Stegmüller, p. 28*.
[440] *Ib.*, p. 38*.
[441] *Ib.*, ib.
[442] *Ib.*, p. 32*.

Sibiuda se place au plan de l'histoire, des *status* de l'homme : il y a un état originel de perfection, il y a un état de nature déchue, il y a un état de nature réparée et sauvée, dans ce sens du moins qu'il est possible de connaître la fin de l'homme et les moyens d'y parvenir. A ces trois états correspondent trois niveaux distincts de possibilités intellectuelles. Dans le premier, l'homme est capable de connaître sa fin par sa seule raison ; dans le deuxième, il ne la connaît pas ; dans le troisième, sa fin lui est révélée. Le fait que le *Liber Creaturarum* ne soit qu'un effort pour lire, en partant de la foi acquise, bien sûr, mais en s'aidant des seules puissances intellectuelles de l'homme, cette sagesse inscrite dans les créatures qui révèle à l'homme sa fin, en dit bel et bien sur les présupposés desquels part Ramon Sibiuda. Premièrement, il y a dans cette position une critique assez consciente des résultats de la philosophie des anciens : *errores*. Ensuite, une certaine conscience des possibiltés de la raison humaine, qui s'étendent bien au delà de ce qu'en ont pensé les anciens.

Notre auteur ne précise pas en toute profondeur et en détail sa position. A la rigueur, il s'agit moins chez lui d'une position soigneusement définie que d'une attitude vitale. Or, nous croyons ne pas nous tromper en décelant dans cette attitude un effet des points de vue de Duns Scot sur les rapports entre philosophie et théologie. Remarquons la terminologie employée par Sibiuda : *defectus hominis, prima perfectio* ; ce sont des termes qui reviennent dans *l'Opus Oxoniense*. Mais, au delà des termes, l'identité fondamentale des vues : comme le docteur subtil, Sibiuda se place dans "une perspective où la situation de l'homme est telle qu'une révélation divine lui est nécessaire pour connaître distinctement son essence"[443]. Et sa critique des anciens philosophes n'est que la constatation de l'impuissance de la nature humaine à se connaître dans l'état de péché. C'est dans cette perspective seulement que se justifie une science de l'homme telle que Sibiuda l'entend :

> Ista scientia docet hominem cognoscere se ipsum, propter quid factus sit et a quo factus sit ; quid est bonum suum, quid est malum suum ; quid debet facere, ad quid obligatur et cui obligatur[444].

Ainsi que la critique radicale de toute science incapable de déterminer ces sujets :

> Et nisi primo homo cognoscat omnia ista, quid proficiunt aliae scientiae ? Omnes sunt vanitates homini et omnibus utitur male et ad suum damnum, quia nescit quo vadit, nec unde venit, nec ubi est[445].

---

[443] Cfr VIGNAUX, PAUL, *Humanisme et théologie chez J. Duns Scot*, dans *La France franciscaine* XIX (1936) 215.
[444] Prol., éd. Stegmüller, p. 31*.
[445] *Ib.*, pp. 31* - 32*.

C'est pourquoi aussi, comme Duns Scot, Sibiuda "a conscience de donner à l'humanité plus que les philosophes"[446] :

> ... in fine sequitur fructus infinitus et notitiae nobilissimae de homine et de Deo[447].

Cependant, nous chercherions en vain chez maître Ramon les puissantes articulations de *l'Opus Oxoniense*. Il ne pose pas, par exemple, le problème du désir de la vision divine, il ne distingue pas non plus la *theologia in se* de la *theologia in nobis*. C'est pourquoi nous parlons prudemment *d'attitude* scotiste. Les textes ne nous permettent pas de dépasser l'ambigüité du terme. Mais si nous admettons une influence, fût-elle lointaine, du scotisme sur Sibiuda, nous parvenons mieux à nous expliquer le caractère que prend chez lui le *credo ut intelligam*, ce que les Carreras i Artau ont défini comme l'épuisement de l'augustinisme[448]. L'optimisme sebondien à l'égard des puissances de la raison en vue de prouver toutes les vérités que les philosophes n'ont pas découvertes, mais que le chrétien possède, rappelle la conscience, chez le docteur subtil, que la "connaissance du *defectus* est la découverte d'une *perfectio* imprévue"[449]. C'est dans ce sens que nous signalons une attitude scotiste chez Ramon Sibiuda.

Il faut ajouter que les développements ultérieurs de cette attitude dans la *Scientia libri creaturarum* ne sont pas strictement scotistes. Remarquons, en général, une frontière précise : lorsqu'il démontre par sa méthode une quelconque des vérités qu'au sens scotiste ne pourrait être que philosophiquement probable et même plus probable que la proposition contraire, Ramon Sibiuda ne tient jamais compte de ces réserves possibles. Du scotisme il n'en prélève que le moment de la rassurance optimiste de la raison qui se sait illustrée et soutenue par la foi. Les éléments de scepticisme philosophique que l'oeuvre de Duns Scot contient ont été passés sous silence par Sibiuda - peut-être assez consciemment, puisqu'il est un apologète de la foi -. Et l'effort scotiste de construire un arsenal philosophique apte pour les tâches du théologien ne se retrouve dans l'oeuvre de maître Ramon que dans la mesure où il fait siennes certaines vues du docteur subtil, c'est-à-dire, sous la forme de caution des résultats.

b) Idées scotistes dans le "Liber Creaturarum"

Dans la démonstration de l'existence de Dieu et dans la caractérisation de l'être divin, sous les textes rapides et apparemment simples du *Liber*

---
[446] VIGNAUX, P., *ib.*, p. 223.
[447] Prol., éd. Stegmüller, p. 34*.
[448] CARRERAS I ARTAU, T. y J., *Historia de la Filosofía española. Filosofía cristiana de los siglos XIII al XV*, t. II, p. 153.
[449] VIGNAUX, P., *ib.*, p. 215.

Creaturarum nous cernons les traces de certaines thèses scotistes. N'espérons pas une "traduction" du langage métaphysique de Duns Scot, n'espérons non plus une spéculation qui suit de près l'auteur de *l'Opus Oxoniense*. La présence de Scot dans l'oeuvre de Sibiuda se fait sentir distinctement, certes, mais d'une façon intermittente.

La preuve de Dieu chez Sibiuda est une ascension de l'esprit à travers le créé. Du monde inanimé à l'homme, Sibiuda met en valeur le mouvement ascensionel vers l'unité :

> Illa eadem que alie res inferiores habent diuisim et separatim (*esse, uiuere, sentire, intelligere*) ipse homo habet simul et coniunctim[450].

L'unité de l'ordre universel exige un ordonnateur. D'autant plus que sans cet ordonnateur, il manquerait un moment essentiel à l'unité, car l'unité qui se trouve réalisée dans la nature humaine réclame une unité supérieure, étant donné que, selon le principe scotiste, la nature tend toujours vers le maximum de réalité et de perfection ; elle tend à l'espèce comme plus parfaite que le genre et à l'individu comme plus parfait et plus réel que l'espèce[451]. Sibiuda reprend cette thèse entièrement :

> Sicut humana natura est solum una et eadem specie, ergo illa que est supra humanam naturam debet esse una et eadem numero, nullo modo multiplicata ; quia ultra unitatem in specie non est maior unitas (in) numero ; et sicut omnes nature inferiores homine sunt colligate cum una natura specie, scilicet cum humana, ita natura humana que est una sola in specie sit (*sic*) colligata cum una alia natura superiori, que sit tota una numero ; ut mundus sit colligatus et unus et terminetur et finiatur in summa unitate[452].

Autres traits caractéristiques du *Liber Creaturarum* qui mettent en évidence les tendances scotistes de son auteur : la première caractérisation de Dieu est son infinité (tit. 6) ; cette infinité de Dieu plaidoie pour l'unité de Dieu et exclue deux êtres suprêmes nécessaires (ib.) ; l'infini de Dieu n'a aucune limite, aucune privation (tit. 12) ; le mode d'être propre à ce qui n'est pas Dieu est la finitude, la limitation, une essence impliquant toujours la privation corrélative de ce qu'elle n'est pas ; le créé, pour Sibiuda comme pour Scot, est composé d'être positif et de privation d'être[453] :

---

[450] Ms. Arsenal 747, fol. 4 r°, lignes 34-35.
[451] GILSON, E., *Jean Duns Scot. Introduction à ses positions fondamentales*, Paris, Vrin 1952, p. 304.
[452] Ms. Arsenal 747, fol. 6 v°, lignes 19-25. Cfr DUNS SCOT, *Reportata Parisiensia* lib. I, d. 36, q. 4, n. 25 : "Intentio naturae in specie sistit, tamquam in perfectiore quam sit genus, et sistit in individuo tamquam in entitati perfectiori quam sit entitas speciei" ; cité par GILSON, *o. c*, p. 304, note 4.
[453] GILSON, *o. c.*, p. 234.

> ... homo habet tot non esse quot sunt res que remouentur ab eo, quia homo non est asinus ideo habet non esse asini. Et quia homo non est lapis ideo habet non esse lapidis. Et ideo esse hominis non fugat totaliter non esse, sed solum fugat unum non esse, scilicet non esse hominis[454].

Ainsi, et nous parvenons à un point essentiel, l'idée que Sibiuda se fait de l'être est la conception univoque de l'être scotiste. Bien qu'il emploie rarement, pour ne dire jamais, le terme *essentia*, Sibiuda n'abandonne jamais le plan essentialiste, au sens gilsonien du mot, de la métaphysique propre à la tradition augustinienne. Pour lui, en effet, *esse = res*. L'*esse hominis* c'est l'*humanitas*, l'*esse asini* c'est l'*asinitas*, l'*esse lapidis* c'est la *lapiditas*, et non point l'acte d'être. L'*esse* c'est l'*essentia*, le *non esse* c'est la *non essentia*. Et l'opposition de l'*esse Dei* à l'*esse creaturarum* est une opposition d'essences :

> Quia dictum est quod esse Dei fugat omne non esse, et per consequens nullum esse ei deficit, nullum esse est extra se ipsum, sicut per contrarium dicimus quod homo non habet esse terre, nec esse aque, nec ignis, nec arboris, nec asini et sic de omnibus ; ita quod homo habet tot non esse quot sunt res que remouentur ab eo, quia homo non est asinus, ideo habet non esse asini. Et quia homo non est lapis, ideo habet non esse lapidis. Et ideo esse hominis non fugat totaliter non esse, sed solum fugat unum non esse, scilicet esse hominis. Sed esse Dei fugat totaliter ipsum non esse, ideo fugat a se omne non esse, ideo habet necessario omne non esse. Et per consequens sequitur quod esse Dei habet in se esse terre, esse aque, aeris et ignis et esse omnium quattuor graduum, et omnium que continentur in ipsis gradibus quia nullum esse Dei (sic) deficit. Et ideo esse Dei est universale omnium[455].

Dieu n'est pas regardé comme l'être dont l'essence est son existence, tandis que dans les créatures l'*esse* n'est pas l'essence ; l'opposition Dieu-créature se réalise dans l'opposition infini-fini, illimité-limité, simple-composé :

> ... ipsum esse Dei cum sit principium fugat totaliter ipsum non esse ; sequitur quod ipsum non esse quod est Deus est infinitum, interminatum, non limitatum nec clausum, quia esse non potest restringi nec terminari nisi per non esse, quod est suum oppositum. Et quia nullum non esse potest esse in ipso esse, sequitur quod esse se extendit in infinitum ; et per consequens ipsum esse quod est ipsemet Deus habet in se quidquid pertinet ad esse. Et ideo omnes modos et gradus essendi et infinitos modos essendi, sicut si esset infinitum in quantitate, aut infinita magnitudo vel infinitus numerus, complecteretur et comprehenderet omnes gradus et modos quantitatis.
> ... sicut esse Dei fugat omne non esse totaliter, et in infinitum elongatur a non esse, eo quia non est acceptum de non esse (nullam

---

454 Ms. Arsenal 747, fol. 9 v°, lignes 12-15.
455 Ms. Arsenal 747, fol. 9 v°, lignes 9-20.

habet pluralitatem et est primum), nec de aliquo, ita nullum aliud esse fugat totaliter non esse, nec in infinitum elongatur a non esse[456].

Et exinde possumus dicere quod esse tocius mundi est quasi punctus et centrum respectu esse Dei quod est ipsum esse, quia ipsum esse Dei est infinitum actu, in infinitum elongatur a non esse ; sed esse mundi est finitum, de non esse et de nichillo productum[457].

C'est pourquoi il n'est pas étonnant de voir exprimée dans le *Liber Creaturarum* la thèse scotiste selon laquelle Dieu crée parce qu'il est l'être infini, non l'acte pur d'exister[458]. Le raisonnement sebondien infère l'idée de la contingence du monde à partir d'une essence divine qui, étant infinie, est seule par soi :

> Postquam ergo sunt duo esse realia uera et indubitabilia et unum est primum, non acceptum ab aliquo, simplicissimum, in se ipso sustentatum, necesse est quod aliud esse quia non est idem quam primum esse oriatur et uaniat (*sic*) a primo esse, aliter esset equale alteri esse quia non esset acceptum et hoc est impossibile ut sint duo equalia esse primum ; ergo esse quod reperitur aliud ab esse primo quod a nullo est acceptum, oritur ab illo et primum esse non potest diuidi, scindi, diminui nec mutari. Ideo impossibile est quod aliud esse possit recipi de illo esse ; ergo necessario opportet quod oriatur de non esse totaliter ; ergo sequitur necessario quod omne esse aliud sit productum a primo esse de non esse de nichillo. Ergo omnes quattuor gradus qui faciunt aliud esse a primo sunt producti de non esse in esse, de nichillo a primo esse[459].

Dans une telle métaphysique la créature ne tient pas de soi son existence. Sibiuda ne cesse de rappeler que tout être créé tend de soi vers le néant :

> ... necessario ipsum creatum esse de se uadit ad non esse unde uenit, eo quia productum est de non esse [460].
> Nec mundus potest per se stare nec conseruari absque presencia ineffabili Dei artificis per unum momentum, ymo statim rediret in non esse et in nichil totus mundus, quia de nichillo uenit[461].
> ... semper esse mundi est in potencia ad non esse de se, et semper possit (*sic*) non esse de natura sua[462].

Par là, Sibiuda rejoint un langage bien connu de Scot[463]. La production des créatures est vue aussi par maître Ramon sous le même angle de Duns

---

456 Ms. Arsenal 747, fol. 8 v°, lignes 8-15 ; fol. 10 v°, lignes 29-31.
457 *Ib.*, fol. 11 r°, lignes 27-30.
458 GILSON, *o. c.*, p. 352.
459 Ms. Arsenal 747, fol. 10 r°, lignes 31-41.
460 *Ib.*, fol. 10 v°, lignes 31-32.
461 *Ib.*, fol. 12 r°, lignes 2-5.
462 *Ib.*, fol. 13 v°, lignes 10- fol. 14 r°, ligne 1.
463 GILSON, *o. c.*, p. 341.

Scot. Il s'agit d'une production volontaire et non nécessaire, dans laquelle se manifeste la libéralité divine, c'est-à-dire, "celle de l'agent mu par la seule plénitude de sa propre perfection" et qui n'attend de son activité productrice aucun avantage pour soi[464] :

> Quia Deus qui est suum esse produxit mundum absque omni indigencia de non esse *uoluntarie et non naturaliter*, sequitur ex omnibus istis quod totaliter debuit (producere) esse mundi ut manifestaretur omnis inequalitas et taliter quod per esse mundi appareret nulla indigencia ipsius Dei... Que quidem indigencia destrueret totale esse Dei et suam perfeccionem. Sed pocius ut cognosceretur *summa liberalitas* et bonitas ipsius... Et ideo si mundus esset productus ab eterno et non de nouo, sed esset ei equale in duracione et ipse non precederet mundum duracione, iam notaretur aliqua equalitas in eternitate, iam notaretur quod ipse Deus indigeret mundo et quod non potuit esse sine mundo, et eciam quod *naturaliter et ex necessitate* produxerit mundum et non ex mera liberalitate, et omnia ista sunt absurdissima... Si autem mundus sit productus de nouo et ipse mundum precessit duracione, totum oppositum significatur et denotatur[465].

L'insistance sur la nouveauté du monde dans Ramon Sibiuda ainsi que l'idée de création volontaire et libérale par opposition à une création nécessaire, nous semble assez révélatrice. Ce sont des thèses que Scot a rabattu contre les "errores philosophorum". Mais il y a plus : de même que pour Duns Scot la source de la contingence du monde se trouve dans la volonté divine, parce que l'intellect *intelligit mere naturaliter et necessitate naturali*[466], Ramon Sibiuda oppose la création du contingent par la volonté divine à la production du Verbe par le Père - naturelle -, en se fondant sur ce caractère de nature que l'intellect a d'après Scot :

> Et quia in omni natura intellectuali est intellectus et uoluntas, et intellectus est naturalis et operatur naturaliter et de necessitate, et uoluntas est liberalis et non necessaria et operatur libere et uoluntarie, et ideo necesse est quod omnis produccio que est in diuina natura sit per modum intellectus uel uoluntatis, naturalis uel uoluntaria, quia produccio uel est naturalis uel necessaria, uel uoluntaria et liberalis. Nec sunt alii modi producendi nisi duo...[467].

Nous arrêtons ici notre analyse. Cela ne veut pas dire qu'il n'y ait plus d'influences repérables dans le *Liber Creaturarum* qui pourraient être mises en rapport avec Scot ou son école. Seulement, elles s'y trouvent à un niveau

---

464   ID., *ib.*, p. 267, note 1.
465   Ms. Arsenal 747, fol. 12 r°, ligne 40- fol. 12 v°, ligne 14.
466   *Opus Oxoniense*, I, d. 39, a. 3, n. 14 ; cité par GILSON, *o. c.*, p. 270, note 2.
467   Ms. Arsenal 747, fol. 23 v°, lignes 32-38.

moins évident, si non côtoyant d'autres sources reconnaisables[468]. Contentons-nous d'avoir découvert dans les premiers titres de l'ouvrage de maître Ramon un univers intellectuel voisin du scotisme : refus d'un salut philosophique, insertion de la révélation dans une spéculation rationnelle conduite par un chrétien auquel sa foi assure que l'intellect humain est capable de s'élever, au dessus de l'expérience humaine commune, vers le Dieu Un et Trine ; insuffisance de la raison à nous faire prendre possession de notre vraie nature sans la Parole divine qui lui éclaire ses véritables capacités. De ce point de vue, on pourrait même prétendre que l'insistence de Sibiuda sur l'identité d'enseignements contenus dans le livre des créatures et le livre de l'Ecriture n'est que l'expression concrète de la nécessité de la théologie, non seulement pour l'homme et son salut, mais en tant que science propre à l'être infini et de l'être infini, que par sa bonté il révèle librement dans la création et dans l'histoire, et sans laquelle l'homme ne parvient pas à se découvrir réellement *in quantum homo est*. Rappelons aussi que les vues métaphysiques sur l'être s'apparentent chez Sibiuda à un univers métaphysique de type scotiste - infinité de Dieu, univocité de l'être -, quoique Sibiuda n'en ait pas développé ou cautionné tous les points essentiels, notamment l'idée des *naturae communes* comprises comme de l'"existible" ; sa méthode toujours référée au réel et à l'expérience ne lui conseillait pas de prendre ce point de vue des conditions de la possibilité. Ensuite remarquons aussi que le programme scotiste *d'exaltare naturam* se retrouve dans le souci constant du *Liber Creaturarum* de souligner tout ce qui sert à *exaltare et dignificare naturam humanam*. Par là Sibiuda rejoint le naturalisme humaniste du Moyen Age, un humanisme théologique, certes, mais que la raison est invitée à souligner et à approfondir sans cesse, d'autant plus que, éclairée par la foi, elle est consciente, en s'y exerçant, de pouvoir parvenir à dégager le sens dernier de cette nature, inscrit en elle par la création et rappelé encore plus intensément par l'oeuvre du salut. Ces données pourraient être le point de départ d'une analyse plus poussée de la pensée de notre auteur que nous espérons pouvoir développer un jour, l'objet de cette étude n'étant qu'une première prise de contact avec le monde intellectuel de l'obscur professeur du *Studium* toulousain.

8 - CONCLUSION

La source principale de la pensée sebondienne reste à chercher dans le courant augustinien du Moyen Age. Certes, Scot n'est pas un simple augustiniste, mais la façon dont Sibiuda en subit l'influence ne fait pas de lui

---

[468] Cfr la manière d'aborder la pluralité des personnes en Dieu à partir des productions divines nécessaires, bien que nous avons déjà signalé l'influence du *De Trinitate* de Richard de Saint-Victor sur la théologie trinitaire de Sibiuda (titres 46-52).

un scotiste, tout comme il n'est pas un anselmien, un épigone des victorins ou un bonaventurien sans plus. Mais le fait est là : c'est vers ces penseurs que Sibiuda s'est tourné lorsqu'il a entrepris la tâche de bâtir une science de l'homme, laquelle *nihil allegat... nec aliquem doctorem*[469]. Il s'est servi des docteurs au lieu de se rapporter à leur enseignement strict. Par l'usage qu'il en fait, Sibiuda n'en est pas moins marqué par leur influence.

Qu'un maître en théologie du début du XVe siècle aligne dans son oeuvre des autorités si diverses de telle sorte que l'auteur le plus "moderne" à la pensée duquel il doive quelques vues soit Scot, mort en 1308, ou, si l'on veut, Lulle, qui meurt peu après 1315, mais qui par rapport à la doctrine de Scot est plus "ancien", ne laisse pas d'attirer notre curiosité. C'est pourquoi, après avoir signalé les sources de Ramon Sibiuda - du moins, celles que nous avons pu déceler -, il faudra que nous tentions d'expliquer raisonnablement la genèse de sa pensée et le sens de son oeuvre.

C - GENESE DE LA PENSEE DE RAMON SIBIUDA

Oeuvre apologétique, qui expose les points fondamentaux de la religion chrétienne ; science de l'homme en tant que tel ; réflexion rationnelle visant à faire apparaître les liens nécessaires (*rationes probantes*) susceptibles d'être mis en valeur en ce qui concerne une - hypothétique - liaison logique des vérités révélées ; le moins qu'on puisse dire du *Liber Creaturarum* est qu'il s'agit d'un ouvrage complexe. L'étude de ses sources ajoute encore à cette complexité. Si nos analyses n'ont pas été vaines, un trait général peut désormais définir le travail de Ramon Sibiuda : ses sources, qui ne sont jamais expressément avouées, se subordonnent à un plan tracé d'avance, dans le déploiement duquel les apports d'autrui trouvent la place qui leur a été destinée par l'ordonnateur de la matière. C'est pourquoi, en face du *Liber Creaturarum*, nous sommes amenés à poser deux questions : il s'agit d'abord de savoir, autant qu'il soit possible, pourquoi Ramon Sibiuda s'est tourné vers certains auteurs anciens, non pas pour redonner de l'actualité à des problèmes désuets ou pour reprendre des points de départ déjà essayés, mais seulement en vue de leur prendre des idées ou des textes, pas toujours strictement spéculatifs. C'est une question historique qui, à la rigueur, peut être dédoublée en deux : pourquoi ces emprunts, et pourquoi les emprunts de *tels* auteurs ? Ensuite, et en tenant compte de cette enquête historique, il faut examiner le sens de l'oeuvre de Sibiuda. Apologétique ? Théologie ? Philosophie ? Ou le tout ensemble et dans quelles conditions ? Il faut bien déjouer le problème et signaler une place précise à la spéculation du *Liber Creaturarum* en histoire de la philosophie, du

---

[469] Prol., éd. Stegmüller, p. 35*.

moins d'ordre général, en dégageant sa situation par rapport à ce qui le précède et à ce qui le suivra.

1 - SITUATION HISTORIQUE DU "LIBER CREATURARUM"

Nous avons vu auparavant que le milieu culturel de Ramon Sibiuda était travaillé par une crise complexe, à plusieurs composantes : le désarroi du Grand Schisme, le problème des apostates de la foi - affaire Turmeda -, le courant de scepticisme laïc en combinaison avec les premières manifestations de l'humanisme catalan. Nous n'allons pas reprendre ce qui a été déjà dit ; seulement, en vue de mieux encadrer le *Liber Creaturarum* dans le contexte de son époque, nous tenterons une approche sommaire de l'humanisme catalan du XVe siècle, représenté par Bernat Metge, à fin de dégager, autant qu'il soit possible, la cause historique qui a poussé Sibiuda à rédiger son oeuvre comme une *scientia de homine in quantum homo est*.

a) Humanisme et crise de valeurs chrétiennes dans "Lo Somni" de Bernat Metge

Lo Somni de Bernat Metge a été rédigé pendant les premiers mois de l'année 1399[470]. C'est un dialogue en quatre livres entre feu le roi Joan I et Bernat Metge, son ancien secrétaire. On ne peut plus douter, après les travaux de Martí de Riquer, que l'intention dernière de son auteur était une apologie personnelle, savamment menée, en vue d'être réadmis à la cour par le nouveau souverain Martí I, dit l'Humain. Elément essentiel de cette apologie c'est le changement d'opinion de Bernat Metge sur la question de l'immortalité de l'âme, qu'il niait auparavant, mais que feu le roi Joan lui démontre, non seulement lui apparaissant après sa mort, mais par des preuves philosophiques concluantes. Bernat Metge place cette abjuration publique de son scepticisme dans le livre premier de *Lo Somni*, celui qui aura, donc, un intérêt pour nous, les trois derniers livres ne contenant plus des questions philosophiques. En fait, *Lo Somni* de Bernat Metge a obtenu le but recherché par son auteur, et peu après la composition de l'oeuvre nous le voyons à côté de Martí I dans son ancien poste de secrétaire royal.

Qu'après cette réadmission Metge ait maintenu son scepticisme ou non, nous n'avons pas à le discuter. En tout cas, nous avons dans le livre premier de *Lo Somni* un dialogue philosophique entre feu le roi Joan I et son secrétaire, où celui-ci se montre, au début, platement sceptique : "Ço que veig crec e del pus no cur", dit l'ancien secrétaire à son maître[471]. Nous savons qu'il n'était pas, dans la cour de Joan I, le seul tenant d'un scepticisme hétérodoxe qui se combinait avec l'intérêt pour le pétrarquisme et les auteurs

---

[470] RIQUER, MARTI DE, *Història de la Literatura Catalana*, vol. II, p. 406.
[471] "Je crois à ce que je vois, le reste ne m'intéresse point" ; *Lo Somni*, livre I, éd. Selecta, Barcelona 1950, p. 166.

anciens. Dans la cour aragonnaise du temps de Joan I les belles lettres étaient en honneur, les nouveautés recherchées et le libéralisme intellectuel de mise[472]. *Lo Somni*, chef d'oeuvre de la première période de l'humanisme catalan, est le document littéraire le plus important qui en fait état, et c'est pourquoi nous allons lui demander quelles étaient les caractéristiques de ce milieu.

Or, Metge décrit d'abord un climat caractérisé par une liberté de recherche et de discussion très ouverte. *Lo Somni* transmet un détail révélateur de cette liberté. Bernat Metge dit qu'il discutait souvent avec le roi sur l'immortalité de l'âme, et que celui-ci n'avait jamais pu le détourner de son opinion :

> Tu saps bé quantes vegades ne parlest e en disputest estretament ab mi mentre vivia e jamai no et poguí induir a creure-ho fermament, ans difugies ab evasions colorades, e a vegades atorgaves ésser possible, a vegades ho posaves en gran dubte ; e finalment jo coneixia ben que en lo teu cor de dura pedra era esculpit ab punta de diamant tot lo contrari. E si no fos per lo bon voler que t'havia, per los agradables serveis a mi per tu fets e per tal com esperava raonablement que et llunyaries d'aqueixa vana opinió, jo per zel de justicia te n'haguera castigat[473].

Ce fut peut-être à l'occasion de ces discussions sur l'immortalité de l'âme et pour éviter que le secrétaire royal se dérobât avec des "évasions colorées" que le roi lui commanda l'étude du commentaire de Macrobe sur le "Somnium Scipionis" :

> ... l'exposició del qual, si et recorda, feta per Macrobi, te prestí en Mallorca, e la't fiu diligentment estudiar, per tal que jo e tu ne poguéssem a vegades conferir[474].

Ce fut aussi le roi qui prêta à Metge un exemplaire du Coran, traduit déjà en catalan à l'époque du roi Pere III :

> ... si us recorda, vos me prestàs algunes vegades l'Alcorà, e estudiélo bé e diligentment[475].

---

[472] Cfr RUBIO I LLUCH, A., *Joan I Humanista i el primer període de l'humanisme català*, dans *E. U. C.* X (1917-1918)1-117.

[473] "Tu sais combien de fois nous en avons parlé et discuté âprement, lorsque j'étais encore vivant ; et je n'ai pas pu t'obliger à le croire fermement, car tu te dérobais avec des raisons colorées, parfois en concédant cette possibilité, parfois en la mettant en doute ; et finalement je devinais que dans ton coeur de dure pierre il était gravé à pointe de diamant tout le contraire. Et si je n'avais pas eu égard à mon amour pour toi et aux agréables services que tu m'avais rendu, et parce que j'espérais raisonnablement que tu t'éloignerais de cette vaine opinion, je t'en aurais châtié par zèle de justice" ; *ib.*, p. 205.

[474] "... l'exposition duquel par Macrobe, si tu t'en rappelles, je t'ai prêtée à Majorque, et je t'ai commandé de l'étudier avec diligence, pour que nous en discutâmes de temps en temps" ; *ib.*, p. 181.

[475] "... si vous vous en souvenez, vous m'avez prêté quelques fois le Coran, et je l'ai étudié très bien et avec diligence" ; *ib.*, p. 186.

Un deuxième trait caractéristique à rappeler est le scepticisme rationaliste qui effleure sans cesse dans les propos de Bernat Metge. Lorsque, par exemple, il expose pourquoi il ne croit pas à l'immortalité de l'âme, il avance une raison scientifique, positive, ou qui, du moins, en a l'allure :

> Mas totstemps he cregut que ço que hom diu espirit e ànima no fos als sinó la sang o la calor natural que és en lo cors, que per la discrepància de les sues quatre humors se mor, aixi com fa lo foc per lo vent qui el gita de son lloc o quan és corromput lo subjecte en què és, qui s'apaga e d'aquí avant no el veu hom[476].

Ce trait conduit directement à un autre thème qui ne peut qu'intéresser vivement l'historien de Sibiuda ; c'est la question du rationalisme dans *Lo Somni*. Bernat Metge apparaît dans le dialogue comme un esprit qui ne se satisfait qu'avec des raisons nécessaires, des arguments évidents. C'est pourquoi, à un moment donné de la discussion, il rétorque au roi que toutes les raisons qu'il a apportées pour prouver la spiritualité de l'âme ne lui semblent pas solides, car elles ne sont que des "persuasions mêlées à de la foi" :

> ... car, sènyer, per molt que hajats dit, no m'havets probat, a mon juí, per *raons necessàries*, sinó ab *persuassions mesclades ab fe* que l'espirit de l'home sia immortal ; ne veig *coses evidents* perquè ho deja creure[477].

L'opposition entre science certaine, le savoir bien établi, et la croyance ou l'opinion, apparaît aussi dans le texte :

> Si hom demanava a cascun hom qui és estat son pare, ell nomenaria aquell qui es pensa que ho sia, però no ho *sabria certament*, sinó per *sola creença*[478].
>
> Sényer, no us cal treballar ; bé em recorda... tot ço que m'havets dit, que les ànimes sien immortals. E aixi ho cresec fermament e ab aquesta *opinió* vull morir. - Com opinió ?, dix ell ; ans és *ciència certa*. Car opinió no és als sinó rumor o fama o vent popular, e totstemps

---

[476] "Mais j'ai toujours cru que ce que l'on appelle esprit et âme n'est rien d'autre que le sang ou la chaleur naturelle qui est dans le corps, laquelle, par la corruption des quatre humeurs, vient à mourir, comme il en est du feu que l'air éloigne de son milieu ou lorsque le sujet dans lequel il est devient corrompu, et il s'éteint et depuis personne ne le voit plus" ; *ib.*, p. 165.

[477] "Car, Sire, bien que vous avez beaucoup parlé, vous ne m'avez pas prouvé, à mon avis, par des raisons nécessaires, mais avec des persuasions mêlées à de la foi, que l'esprit de l'homme soit immortel ; et je ne vois pas d'arguments évidents auxquels je sois tenu de croire" ; *ib.*, p. 173.

[478] "Si l'on demandait à chacun qui a été son père, chacun répondrait celui qu'il pense être son père ; mais personne ne le saurait de science certaine, mais par seule croyance" ; *ib.*, p. 167.

presuposa cosa dubtosa. - Haja nom, doncs, senyor, ciència certa. No em recordava ben la virtut del vocable[479].

A côté de ce rationalisme en quête de preuves et de raisons nécessaires, nous y trouvons l'intérêt pour l'expérience, pour la vérification dans les faits. C'est pourquoi le roi Joan rappelle à son secrétaire que certains individus ont connu l'immortalité de l'âme par expérience personnelle :

> Record-te què n'has llest en les gestes dels sants, en les vides e col. lacions dels Pares, en los llibres que han fets los quatre doctors de l'Esgleia de Déu e altres sants hòmens, qui no solament per *raons evidents* e *autoritats* ho han cregut, mas per *revelació divinal*, e alguns per experiència ho han sabut, segons que dessús és dit. E veuràs que tots van a un terme, jatsia per diversos camins[480].

Rationalisme, positivisme, expérience. Ces trois mots nous placent dans un climat où tout dogmatisme est mis à l'épreuve. C'est pourquoi le détail de la lecture du Coran, à côté des lectures des auteurs anciens, ainsi que des italiens de son temps, nous fait découvrir dans Bernat Metge un esprit moderne, curieux, libre, pour ne pas dire, déjà, autonome. Cette liberté s'exprime assez bien dans l'opinion que Metge donne sur la doctrine musulmane, un jugement tout à fait sociologique en même temps que sournois, très éloigné de l'esprit de polémique religieuse jusqu'alors courante :

> ... aquell enganador Mafomet així volia que ho creguessen los seus secaços. Mas no puix pensar que ell ho cregués així com ho deia, car no haguera fet perdre tanta multitud de gent com se tirà, si esperàs viure après la mort corporal. La sua doctrina és favorable e disposta a luxúria e a altres delits carnals ; et per ço com és fundada en raó e bons costums, no pens que tan hagués durat, sinó per tal com és feta en favor de les fembres, lo costum de les quals és tirar los hòmens, especialment efeminats, a aquell angle que designen ; e per nostres pecats encara, e gran fredor que havem en lo cor de mantenir veritat e morir per la religió cristiana[481].

---

[479] "Sire, il ne vous faut plus travailler ; je me souviens... de tout ce que vous m'avez dit, à savoir, que les âmes sont immortelles. Et je le crois ainsi et je veux mourir dans cette *opinion*. - Comment, opinion ?, dit-il ; il s'agit de *science certaine*. Car opinion n'est que rumeur ou bruit ou vent des gens, et suppose toujours chose douteuse. - Nommons-la, donc, Sire, science certaine. J'avais oublié la force du vocable" ; *ib.*, p. 186.

[480] "Souviens-toi de ce que tu en as lu dans les légendes des saints, dans les vies et collations des Pères, dans les livres des quatre Docteurs de l'Eglise de Dieu et d'autres hommes saints, qui non seulement l'ont cru par des *raisons évidentes* et par des autorités, mais aussi par révélation divine, et certains d'entre eux l'ont su par expérience, tel qu'il a été dit plus haut. Et malgré des voies différentes, ils vont tous vers le même terme" ; *ib.*, pp. 185-186.

[481] "Mahome, ce trompeur, voulait que ses partisans le croient ainsi. Mais je ne pense pas qu'il le croyait comme il disait, car il n'aurait pas fait perdre la foule de gens qu'il s'attira, s'il avait espéré de vivre après la mort du corps. Sa doctrine est favorable et bien disposée à la luxure et à d'autres plaisirs charnels ; et, étant donné qu'elle est fondée en raison et bonnes coutumes, je ne pense pas qu'elle ait tant duré, si ce n'est parce qu'elle est faite en faveur des femmes, dont l'habitude consiste à attirer les hommes, surtout ceux qui y sont les plus inclinés,

La dernière phrase, qui doit être interprétée comme la constatation de l'affaiblissement de l'esprit de croisade, n'en a pas moins sa correspondance exacte dans le *Liber Creaturarum*. Lorsque Sibiuda recommande sa *scientia*, il signale qu'elle est nécessaire aux chrétiens pour qu'ils puissent résister aux *impugnatores fidei* et aussi à fin qu'ils soient prêts à mourir pour la foi :

> ... est summe necessaria omni christiano ista scientia infallibilis, ut quilibet sit munitus et certus et solidatus in fide catholica contra impugnatores fidei, ut nullus decipiatur et sit paratus mori pro ea[482].

Sibiuda encourage là où Metge se borne à constater. C'est que l'esprit de Metge est l'envers de celui de Sibiuda. Metge est matérialiste. Lui et ses amis de cour cultivaient le souvenir d'Epicure :

> Nostre Senyor Déu, havent gran compassió de la tua ànima, la qual era disposta a perdició eternal (per tal com no solament dubtaves, ans seguint l'opinió *d'Epicuri*, havies per clar l'ànima morir qualque jorn ab lo cors, lo contrari de la qual cosa dessús t'he fet atorgar), ha ordonat que jo vengués a tu per mostrar-te clarament *per experiència* ço que per *escriptures* e *inducció* mia no havies volgut saber ne creure... E vull que sàpies que per res que tos enemics o perseguidors t'hagen imposat, tu no n'est pres ne n'hauràs mal, car net e sens culpa est de tot. Mas solament est en aquesta presó per tal com Nostre Senyor Déu vol que vexació te do enteniment, ab lo qual conegues lo *defalliment* que has ; et per conseqüent, pervengut a coneixença de veritat, pusques induir los *secaços de la tua damnada opinió*, que aquella vullen desraïgar de llurs coratges, per ço que no es perden e après la mort aconseguesques paradís[483].

> Una cosa solament vull de tu ; que res que a present hages vist o oït no tengues celat a mos *amics e servidors*. Car ultra lo plaer que hauran de mon estament, los ne seguirà gran profit e especialment per tal com seran certs de moltes coses en què no solament *alguns d'ells dubten*, mas la major part dels hòmens e signantment ignorants, dels quals és gran multitud en lo món[484].

---

vers l'angle qu'ils désirent ; et aussi à cause de nos péchés, et de la grande froideur de nos coeurs peu disposés à maintenir la vérité et à mourir pour la religion chrétienne" ; *ib.*, p. 187.

[482] Prol., éd. Stegmüller, p. 29*.

[483] "Notre Seigneur Dieu, ayant eu grande compassion de ton âme, qui risquait la condamnation éternelle (car non seulement tu doutais, mais, suivant l'opinion *d'Epicure*, tu pensais que l'âme meurt un jour avec le corps, et je t'ai obligé à accorder la sentence contraire auparavant), a ordonné que je vienne à toi pour te montrer clairement *par expérience* ce que par *l'Ecriture* et par *induction* de ma part tu n'avais jamais voulu savoir ni croire... Et je veux que tu saches que, quoi que ce soit que tes ennemis ou persécuteurs aient dit de toi, tu n'es pas entre leurs mains ni aucun mal va s'en suivre pour toi. Tu es dans cette prison seulement parce que Notre Seigneur Dieu veut que vexation t'apporte entendement, moyennant lequel tu puisses connaître *l'erreur* où tu es ; et, par conséquent, parvenu à connaissance de vérité, tu pourras convaincre *ceux qui te suivent* dans ta damnée opinion de vouloir l'arracher de leurs coeurs, pour qu'ils ne soient pas perdus et pour qu'après la mort tu rejoignes le paradis" ; *ib.*, pp. 205-206.

[484] "Je ne te demande qu'une chose : ne cache rien de ce que tu viens de voir ou d'entendre à mes *amis et serviteurs*. Car, outre le plaisir qu'ils auront de connaître ma situation

Nous venons, donc, de situer un groupe de sceptiques matérialistes dans la cour du roi Joan I d'Aragon. Ce n'est pas le moment de discuter si cette tendance était un produit de l'évolution intellectuelle du temps, si c'était un noyau fermé, ou si la tendance se combinait, et dans quelle mesure, avec la démoralisation que les longues années de peste noire avaient fait glisser dans les esprits. Il nous suffit pour l'instant ce témoignage des textes de Bernat Metge, qui nous font percevoir le phénomène d'une façon directe et brutale.

Un point à souligner est précisément celui du matérialisme et, dans ce sens, il faut retenir la référence à Epicure, connu par Metge sans doute grâce à Cicéron[485]. L'épicurisme de Metge est la philosophie du "carpe diem", un hédonisme plat, parfaitement vulgaire. C'est pourquoi, dans le dialogue, le roi Joan est obligé de démontrer d'abord la spiritualité de l'âme humaine, avant d'établir son immortalité. Metge, en effet, ne croyait pas que l'âme fût quelque chose de divers que le corps :

> No em par - diguí jo - que l'espirit sia res aprés la mort, car moltes vegades he vist morir hòmens e bèsties e ocells, e no veia que espirit ne altra cosa los isqués del cos, per la qual jo pogués conèixer que carn e espirit formen dues coses distintes e separades[486].
>
> ... totes les coses animades he vist morir en una forma, e jamés no viu lo contrari ; e per conseqüent als no crec[487].

Appliquant en toute logique les conséquences de son matérialisme, Metge n'imagine pas aucune forme de survivance après la mort :

> Digues - respós ell -, abans que vinguesses en lo món, què eres ? - Ço que seré aprés de la mort, diguí jo. - E què seràs ? - No res. - Doncs, no res eres abans que fosses engendrat ? - Així ho crec, diguí jo[488].

Lo Somni ne détaille pas en toute clarté les fondements théoriques, s'il y en avait, de cette position. Le roi tâche de démontrer à son secrétaire que l'âme

---

présente, ils en tireront grand profit et particulièrement parce qu'ils *sauront certainement beaucoup de choses à propos desquelles non seulement certains d'entre eux avaient des doutes*, mais encore la plus part des hommes, surtout les ignorants, dont la grande multitude remplit le monde" ; *ib.*, p. 206.

[485] L'humanisme et le classicisme catalan ont leurs sources dans l'Italie. C'est à travers Pétrarque que Metge connaît les écrivains latins et surtout Cicéron ; en fait, les pages de *Lo Somni* sont bourrées de références et de textes cicéroniens ; cfr NICOLAU D'OLWER, Ll., *Apunts sobre la influència italiana en la prosa catalana (Bernat Metge - F. Alegre)*, dans *E. U. C.*, II (1908) 166-179. 306-320, et l'article cité plus avant, note 491.

[486] "Il ne me semble pas - dis-je - que l'esprit soit quelque chose après la mort, car souvent j'ai vu mourir des hommes, des bêtes et des oiseaux, et je ne voyais pas que l'esprit ou quelque chose d'autre sortait de leur corps, de sorte qu'il m'ait été possible de connaître que chair et esprit constituent deux choses distinctes et séparées" ; *ib.*, p. 165.

[487] "... toutes choses animées j'ai vu mourir d'une même façon et je n'ai jamais vu le contraire ; par conséquent, je ne crois à rien d'autre" ; *ib.*, p. 166.

[488] "Dis-moi, répondit-il, avant ta naissance, qu'est-ce que tu étais ? - Ce que je serai après ma mort, dis-je. - Et qu'est-ce que tu seras ? - Rien du tout. - Donc, tu n'étais rien avant d'être engendré ? - Je crois bien, dis-je" ; *ib.*, pp. 166-167.

de l'homme a) est créée par Dieu, b) immortelle, et c) convertible au bien et au mal, quoique sur ce dernier point le secrétaire n'expérimente aucun doute puisqu'il *per experiència* en voit *gran partida cascun jorn*[489].

Maintenant, comment ne pas penser que le *Liber Creaturarum*, avec sa recherche de *rationes probantes*, de *certitudo* et d'*experientia* n'est pas le contre-pied chrétien et engagé du scepticisme qui se manifeste dans *Lo Somni* ? Parce que, enfin, l'orthodoxie à laquelle se rallie Metge vers la fin du dialogue apparait bien externe et comme imposée du dehors[490]. Tous les arguments positifs et d'autorité étalés par Joan I - arguments traditionnels, bien connus au Moyen Age -[491] ne constituent que la base pour une confession de foi essentiellement politique du secrétaire royal, qui ne cherche, par ce moyen et par d'autres ruses qu'il développera dans les livres suivants de *Lo Somni*, qu'à être réadmis dans la cour, comme ce fut le cas. *Lo Somni* n'est pas l'apologie d'un point de doctrine de la foi chrétienne, mais une apologie de son auteur, très intelligente d'ailleurs, vu qu'elle eût des conséquences heureuses. Mais le problème d'un esprit critique nouveau, qui met en cause les valeurs jusque là inattaquables, reste posé. On ne se contente plus de l'argument d'autorité, fut-elle divine, on cherche au contraire des raisons positives, nécessaires, évidentes. Ce sera justement le programme que se donne Sibiuda :

> Haec scientia arguit per *argumenta infallibilia*, quibus nullus potest contradicere, quoniam arguit per illa quae sunt *certissima* cuilibet homini per *veram experientiam*, scilicet per omnes creaturas et per naturam ipsius hominis. Et per ipsummet hominem omnia probat et per illa quae *certitudinaliter* homo cognoscit de se ipso *per experientiam*. Nulla autem *certior cognitio* quam per experientiam, et maxime *per experientiam cuiuslibet intra se ipsum*. Et ideo ista scientia non quaerit alios testes quam ipsummet hominem[492].
> Haec sciencia nihil allegat, nec Scripturam sacram nec aliquem doctorem[493].

Mort en 1413[494], Bernat Metge demeura en honneur parmi tous les écrivains catalans pendant tout le XVe siècle et bien au delà. Or, nous savons que Sibiuda mourut en 1436. Il a pu être le contemporain de Metge pendant quelques années. En tout cas, on ne peut pas exclure qu'il ait connu *Lo Somni* et aussi le milieu duquel cet ouvrage est sorti. Ceci expliquerait assez bien

---

[489] "... par expérience je le constate abondamment chaque jour" ; *ib.*, p. 187.
[490] RUBIO I LLUCH, *o. c.*, p. 75.
[491] Pour les sources de *Lo Somni*, notamment pour le livre premier, cfr NICOLAU D'OLWER, Ll., *Del classicisme a Catalunya : Notes al primer diàlech d'en Bernat Metge*, dans *E. U. C.* III (1909) 429-444.
[492] Prol., éd. Stegmüller, p. 33*.
[493] *Ib.*, p. 35*.
[494] RIQUER, *o. c.*, vol. II, p. 432.

pourquoi Sibiuda entreprend d'exposer par des raisons nécessaires l'essentiel de la *sacra doctrina*, en insistant sur l'expérience et la certitude des résultats auxquels son travail aboutit. Le *Liber Creaturarum* serait, donc, un livre de combat, une oeuvre destinée à l'humanisme naissant et à pourfendre le scepticisme et le rationalisme positiviste de certains milieux éclairés de son temps. Dans l'état de nos connaissances, on ne retrouve, du côté chrétien et dans le pays de Ramon Sibiuda, rien qui ressemble à *Lo Somni*, comme expression d'une rupture intellectuelle assez consciente avec la tradition du Moyen Age. Aussi, une oeuvre comme le *Liber Creaturarum* n'est pas l'affaire de tous les jours dans la littérature de son temps ; nous croyons ne pas nous tromper en regardant Sibiuda comme un théologien de son temps qui accepte le défi des humanistes à tendance sceptique de son pays et de son époque, et leur oppose sa vaste recherche de raisons en faveur de la vérité chrétienne, en choisissant un terrain commun : l'homme. Contre la positivité à composante scientifique et rationaliste, Sibiuda présente sa spéculation axée sur l'homme, à fin de montrer la positivité et la rationalité du christianisme. De ce point de vue, Sibiuda reste encore médiéval, un homme de la tradition ; mais sa réduction anthropologique radicale nous montre en lui un esprit avisé qui aurait bien cerné le mouvement spirituel de son temps et aurait entrepris d'attaquer la problématique en présence dans son point central : la question de l'homme. Bien sûr, maître Ramon ne fait pas de l'homme la mesure de toutes choses, encore moins la mesure du révélé. Sa *scientia* n'envisage l'homme que sous le concept de nature, son humanisme reste un naturalisme, il n'est pas l'introducteur en philosophie de la problématique du sujet. Mais, en tant qu'anthropologie théologique, le *Liber Creaturarum* apparaît comme une oeuvre ouverte à la préoccupation qui sera celle de la nouvelle culture : qu'est-ce que l'homme ? C'est cette question, posée au seuil de l'ouvrage[495], qui va commander toute la démarche du *Liber Creaturarum*. La réponse apportée n'est qu'un développement du thème scotiste *dignificare naturam* ; ainsi, des spéculations typiques du Moyen Age rejoignent l'humanisme naissant, et tel nous semble être le sens du travail et aussi le mérite de ce modeste ouvrier de la pensée que fut Ramon Sibiuda, par l'intermédiaire duquel nous assistons à un des premiers dialogues de la théologie avec l'humanisme des débuts, en Catalogne.

b) L'attaque de Gerson contre Raymond Lulle

Nous avons remarqué auparavant qu'un autre religieux contemporain de Metge et de Sibiuda, le dominicain Antoni Canals (+1419), avait aussi pris conscience des changements de son temps, et qu'il avait essayé d'y faire face,

---

[495] "Ista scientia docet hominem cognoscere se ipsum", prol., p. 31* ; "(homo) ignorat se ipsum, nescit se ipsum... ignorat se ipsum a nativitate", tit. 1, pp. 44* - 45*.

soit en traduisant des auteurs classiques facilement récupérables pour le christianisme, soit en écrivant des ouvrages mystiques rédigés en catalan et adressés au public éclairé de la cour. Et nous avons signalé que, vers la fin de sa vie, Canals s'était tourné vers Lulle, l'homme du dialogue entre les religions du livre, et le champion médiéval des *rationes probantes*. Malheureusement nous ne ne possédons plus *l'Exposició de l'Ars memoratiua de Ramon Lul* écrite par Antoni Canals, ce qui nous empêche de pouvoir mesurer l'intérêt qui l'avait poussé à étudier Lulle, ainsi que la place d'Antoni Canals dans la violente campagne menée contre l'ermite majorquin et son école par l'inquisiteur dominicain Nicolau Eymerich. Quoiqu'il en soit, une chose est certaine : la doctrine de Lulle ayant été déclarée orthodoxe par la Sentence de Barcelona (mars 1419), il faut que nous nous demandions pourquoi Sibiuda, qui connaissait pourtant Lulle, n'a pas entrepris de renouveler l'apologétique lullienne traditionnelle, préférant le recours à d'autres auteurs. Vu la persistance du courant lulliste dans la couronne d'Aragon, et même en France, il est pour nous un problème historique de savoir pourquoi un auteur qui assume le programme de Lulle et qui en subit certainement l'influence, ne suit pas la méthode lullienne. Si, tout en demeurant attaché aux *rationes probantes*, Sibiuda a abandonné l'école de Lulle, nous pensons que sa décision doit obéir à des motivations précises.

Soulignons d'abord, pour mieux comprendre les termes du problème, la différence de la méthode lullienne par rapport à celle de Sibiuda. Lulle déduit, à partir des dignités divines, les vérités révélées, la Trinité et l'Incarnation. Sibiuda, par contre, suit la voie de l'induction s'élevant jusqu'à Dieu à partir des créatures, quoique il n'en prouve pas moins le même genre de vérités qui constituaient l'objet de la recherche déductive lullienne. La méthode est inversée, et les *quattuor gradus* sebondiens ne correspondent pas aux dignités divines de Lulle. D'autre part, il ne sera peut-être pas superflu de remarquer que Lulle était autodidacte, tandis que Sibiuda est un esprit de formation universitaire, bien plus familiarisé avec l'Ecole que ne le fut jamais le majorquin. L'examen critique du *Liber Creaturarum* nous a révélé que maître Ramon connaissait bien et savait utiliser un certain nombre d'auteurs parmi les plus célèbres du Moyen Age latin. Un second problème consiste à nous demander pourquoi *ces* auteurs et non point d'autres.

Nous pensons que nous pouvons trouver la clé des questions posées, en nous rapportant à l'opuscule de Gerson *Contra Raymundum Lulli*, écrit à Lyon en 1423[496]. Cet opuscule gersonien avait déjà, lorsqu'il a été rédigé, une histoire derrière lui d'interventions gersoniennes à propos de Lulle. Gerson lui-

---

[496] Etudié et édité par E. VAN STEENBERGHE, *Un traité inconnu de Gerson sur la doctrine de Raymond Lulle*, dans *Revue des Sciences Religieuses* XVI (1936) 441-473.

même raconte que la faculté de théologie de Paris promulga un statut défendant la propagation du lullisme[497] ; dans ses écrits, il mentionne cette décision de la faculté à deux reprises[498], et, en fin, il semble bien que c'est lui qui a barré la route au lullisme dans l'Université de Paris à une date à situer entre le 13 avril 1395, date à laquelle Benoît XIII réserva à Gerson la chancellerie, et le 9 novembre 1402, date de la *Secunda lectio contra vanam curiositatem*, où il se réfère à l'acte de l'Université comme un fait accompli[499]. Mais c'est dans l'opuscule mentionné où nous pouvons lire pourquoi Gerson s'est opposé à l'enseignement du lullisme à Paris, quelle est la valeur qu'il accorde aux *rationes* alléguées par Lulle en faveur de la foi, et quelle est sa pensée sur la question des services que le raisonnement peut rendre à la foi chrétienne.

D'abord, Gerson reproche à Lulle l'emploi d'une méthode "imaginée par lui de toutes pièces et étrangère aussi bien aux philosophes qu'aux théologiens"[500], sans tradition dans l'Eglise et même renfermant en soi le danger de confusion et de troubles :

> Dixit quidem et scripsit iste Raymundus multa vera ; sed modus applicationis sue fuit extraneus a modis tam philosophorum quam theologorum, proprius quoque sibi et sue ymaginacioni ; cui se conformando necesse foret tradiciones patrum veterum deserere, quas ecclesia suscepit et in eis se suosque hactenus exercuit. Caueamus obsecro ne fiat in doctrinis ecclesiasticis quedam babylonica confusio ydiomatum uel lingwarum se mutuo non intelligencium[501].

La campagne de Gerson contre Lulle s'inscrit, donc, dans son effort pour le retour à l'enseignement traditionnel des grands maîtres ecclésiastiques. Dans la mesure où la doctrine de Lulle s'écarte de leur enseignement, il faut bien la considérer

> ... phantastica et inutilis et uana, plus reddere nata studiosos in ea phantasticos, turbatos et obscuros quam intellectuales et illuminatos[502].

Quand à la valeur accordée par Gerson aux *rationes* de Lulle, le chancelier en admet la validité, si elles n'ont pour but que de consoler et éclairer les fidèles, mais il nie qu'elles soient valables pour convaincre les infidèles :

---

[497] *De examinatione doctrinarum*, II pars, 1. consideratio ; éd. Du Pin, t. I, cols. 12-13. Cité par VAN STEENBERGHE, *o. c.*, pp. 444-6.

[498] *Secunda lectio contra vanam curiositatem*, 2. consideratio ; éd. Du Pin, t. I, cols. 102-103 ; *Epistola ad fratrem Bartholomeum carthusiensem*, éd. Du Pin, t. I, col. 82. Cité par VAN STEENBERGHE, *o. c.*, p. 445.

[499] Cfr VAN STEENBERGHE, *o. c.*, pp. 451-452.

[500] ID., *ib.*, p. 452.

[501] Edition de VAN STEENBERGHE, *o. c.*, p. 466.

[502] *Ib.*, ib.

> Recipiantur... tamquam ad consolaciones et illustraciones fidelium, non ut conuincentes animos infidelium rebelles lumini, sed eos pocius in tenebrosiora mergentes. Hoc uidit qui dixit : Nisi credideritis non intelligetis. Non transgrediamur ergo terminos quos posuerunt patres nostri, prophanas quoque vocum nouitates deuitemus, neque doctrinis uariis et peregrinis uolumus obduci et inepte phantasiando tentari, nulla tamen salubrium facta trepidacione[503].

Trait remarquable, en parlant ainsi, Gerson vise le *Liber de articulis sacrosanctae et salutiferae legis christianae sive Liber Apostrophe*, le seul ouvrage de Lulle auquel notre Sibiuda semble avoir fait quelques emprunts, comme nous avons vu, et que Gerson appelle *Liber de probacione articulorum nostre fidei*[504]. Encore un trait intéressant, à côté de Lulle, il cite Anselme et Richard de Saint-Victor :

> Uideantur in speciali dicta per doctores, et specialiter de uenerabili et uere memorando Richardo de Sancto Victore, dum in suo De Trinitate dicit ad fidem nostram non deesse necessarias raciones[505].
> Recipiantur ad extremum tales huius Raymundi sicut et Anselmi et Richardi et similium raciones ad fidem nostram tamquam ad consolaciones et illustraciones fidelium[506].

C'est-à-dire, Gerson admettrait les raisons lulliennes, si elles ne se présentaient pas comme un effort dialectique trop ambitieux, et s'il était possible de les ramener au "courant traditionnel de la pensée catholique sur les rapports de la raison et de la foi"[507].

Quant aux services que la raison peut rendre à la foi, Gerson en traite en reprenant la question "ex professo, avec toute la précision requise en pareille matière"[508].

Il commence par poser une première série de distinctions sur la façon dont on peut parler nécessairement de Dieu. La nécessité absolue et indéfectible ne peut pas être attribuée aux oeuvres de Dieu *ad extra*, car elle répugne à sa liberté :

> Necessitas absoluta et indefectibilis nullatenus est attribuenda operibus Dei ad extra, quia repugnaret sue libertati et soli summe necessitati sue. Omnis igitur argumentacio que uult concludere necessitatem in Deo cuiuscumque facti uel faciendi circa creaturam suam peccat in materia, quia Deus non necessitatur agere quitquam ad extra. Et oppositum credere est heresis et blasphemia gencium contra Deum qui

---

[503] *Ib.*, p. 457.
[504] *Ib.*, p. 468.
[505] *Ib.*, p. 467.
[506] *Ib.*, ib.
[507] VAN STEENBERGHE, *o. c.*, p. 459.
[508] *Ib.*, p. 460.

nihil debet creature, ut sibi dici possit : Cur ita facis ? eciam si destruxerit omnia aut in unum coartauerit[509].

En revanche, on peut parler, pour les oeuvres divines *ad extra*, de nécessité ordonnée ou conditionnelle, une fois connue la volonté de Dieu et sa loi :

> Ponitur secundo quod necessitas ordinata seu condicionalis et legalis reperitur in Deo ad extra. Sic enim dicimus quod, presupposita uoluntate Dei et sua lege, que sic preordinauit uel sic fieri conueniens est, iustum decens et racionabile quod fiat. Resoluitur enim talis necessitas ad necessitatem communem et non conuenientis ; et sic fit perspicuum omnem argumentacionem peccare in forma uel petere principium quod ex tali necessitate condicionali necessitatem absolutam inferre conatur[510].

On peut, enfin, parler d'une nécessité nuancée et rationnelle des oeuvres divines *ad extra* par comparaison avec le langage humain. Mais ce mode de nécessité présuppose toujours la connaissance préalable de la volonté de Dieu :

> Ponitur tercio quod necessitas comparata et racionalis attribuitur in operibus Dei per comparacionem ad humanam palasiam. Sed non efficaciter, non presupposita semper lege Dei cum sua uoluntate[511].

Une deuxième série de distinctions vient compléter et éclaircir la précédante, en précisant les rapports de la créature avec son créateur. Notre intelligence conçoit la créature d'abord comme éternellement connue de Dieu, puis comme devant être produite par Dieu dans le temps, enfin comme existante réellement et posée dans son genre propre :

> Addatur idcirco distinccio pro precedentis intellectu super ordine seu comparacione creaturarum ad Deum. Comparat itaque noster intellectus creaturam, primo ut eternaliter a Deo cognitam, secundo ut temporaliter a Deo producendam sed nondum productam, tercio ut realiter existentem et in proprio genere positam[512].

A ces trois idées correspondent trois êtres de la créature dans la réalité : l'être en tant que purement connu dans l'essence divine conçue par rapport à la créature ; l'être en tant que purement produisible *ad extra* par l'essence divine ; et l'être en tant que déjà produit par Dieu :

> Primum esse uocatur ab antiquis metaphysicis esse cognitum uel obiectale uel speculatiuum ; secundum esse uocatur ab antiquis metaphysicis esse cognitum uel obiectale uel speculatiuum uel productum uel ydeale uel practicum ; tercium esse uocatur reale uel causatum uel in existencia constitutum... Dicamus preterea quod primum

---

509 Ed. VAN STEENBERGHE, *o. c.*, p. 468.
510 *Ib.*, ib.
511 *Ib.*, p. 469.
512 *Ib.*, ib.

esse creature non est realiter nisi creatrix essencia, sed ita concipimus eam cum respectu ad creaturam ut ad extra producibilem. Porro tercium esse creature est tantummodo ipsa creatura iam existens quam concipimus a Deo iam in esse productam nedum ut cognoscibilem et producibilem[513].

De ces trois êtres seul le premier est nécessaire, les deux autres sont contingents :

> Dicamus insuper quod primum esse creature necessarium est tam racione subtracti, scilicet diuine essencie, quam racione modi significandi seu consignificati, quia non dependet a futuro quod creatura sit cognoscibilis a Deo. Secundum esse creature contingens est, non quidem racione subtracti quod est diuina essencia, sed racione modi significandi seu significati, quia dependet a futuro ; et sic omnis creatura contingens conseruatur a Deo. Tercium esse creature similiter est contingens tam racione subtracti quod est ipsa essencia creature, quam racione consignificati quod est ipsa diuina essencia, non in se sed comparata ad creaturas, que dependet a solo beneplacito creatoris[514].

Les philosophes et les théologiens s'accordent pour affirmer la nécessité du premier être de la créature, car Dieu connaît nécessairement par lui-même tout ce qu'il a pu ou voulu connaître :

> Conueniunt theologi cum philosophis in necessitate primi esse creature, quia Deus non potest omnia non cognoscere quecumque potuit aut uoluit producere, et hoc cognoscit non compositiue aut diuisiue, non putacinatiue aut discursiue, sed uno et eodem intuitu simplicissimo qui est Deus ipse summe unus, quamuis ad ipsum diuersi respectus ab intellectu formentur[515].

Mais les théologiens et les philosophes ne s'entendent plus à propos du deuxième et du troisième être de la créature. Tandis que les théologiens affirment la liberté souveraine de Dieu dans ses opérations *ad extra*, les philosophes posent que l'être nécessaire agit nécessairement :

> Discordant uero theologi a philosophis circa secundum et tercium esse creature. Ponunt itaque philosophi talem necessitatem habere deum ad extra qualem habeat ad intra respectu sue cognicionis uel aptitudinis ad producendum ; theologi nequaquam, sed habent pro principio quod Deus omnia sola quecumque uoluit fecit. Philosophi dicunt : omnia quecumque potuit fecit et non alia[516].

Ces deux principes sont à l'origine de deux philosophies, celle vraie et celle fausse. Le principe des philosophes une fois écarté pour maintenir la toute-puissance et la liberté divines, toute objection contre la foi s'évanouit :

---

[513] *Ib.*, pp. 469-470.
[514] *Ib.*, p. 470.
[515] *Ib.*, ib.
[516] *Ib.*, p. 471.

> Ecce duo principia que profundius considerata distingwunt apertissime ueram philosophiam a falsa philosophia ; illam scilicet que dicitur diuinalis et theologica a naturali et metaphysica. Quo circa dicamus quod negato philosophorum principio falso, quemadmodum racionaliter interimendum est propter gloriam immense potencie diuine et libertatis sue, non remanet ipsis ulterius quod opponant contra fidem nostram, neque de prima creaturarum, neque de cottidiana animarum nostrarum creacione, neque de resurreccione mortuorum, neque de toto benedicte et gratuite incarnacionis mysterio, neque de miraculis omnibus simul noue et antique legis, pro quanto philosophi predicto innituntur principio ; quod primum necesse esse agit necessario, quod ab eodem non procedit nisi idem, quod ab eterna uoluntate non procedit nouus effectus, quod omnia Deo comparata sunt necessaria. Sic de similibus multis et racionibus quas fides et parisienses articuli dampnauerunt[517].

C'est en tenant compte de ces distinctions et de la méthode qu'elles imposent que, d'après Gerson, les erreurs des philosophes pourront être efficacement démasquées. Et, pour donner un exemple de ce qu'il veut dire, le chancelier en appelle au *Breviloquium* de saint Bonaventure, ouvrage théologique qui procède de la cause première à ses effets, tandis que la méthode philosophique qui aboutit à Dieu à partir des effets créés n'en revient qu'à coarcter sous la nécessité la grandeur et la liberté divines :

> Postremo dicamus quod faciet erroribus philosophorum damnatis per articulos fidei, si non fideliter et fauorabiliter resoluantur argumentaciones modo tacto. Sic interpretandum est illud pulcherrimum et diuinum theologie Breuiloquium a Bonaventura compilatum ; uere procedit modo theologico a prima causa ad suos effectus, sicut conuersiue philosophalis deduccio progreditur ab effectibus ad Deum benedictum, cuius magnitudinem et libertatem mensurare et coartare, sub uinculo necessitatis uoluerit, qui stabilis manens dat cuncta moueri non plane quantum potest sed quantum uult, non quod diuersitas sit nulla inter potenciam Dei et uoluntatem realiter uel formaliter, sed in modo significacionis et exemplificacionis negociatur intellectus diuersimode, non ficte neque mendaciter, quoniam abstrahencium non esse mendacium dicit Philosophus[518].

Mais une foi théologique peut bien tirer parti de la logique, en vue de présenter et de résoudre les questions polémiques qui opposent les théologiens aux philosophes :

> Denique presupposita ueritate fidei quam theologus credit et inquit, non est exemplificacio uel resolucio facilior quam per loycam, siue sit materia predestinacionis et reprobacionis, siue de priuacionibus et negacionibus, siue de relacionibus extrinsecis. Sic de uniuersali reali et racione. Sic de esse et essencia. Sic de distinccione quod est et quo est.

---

517 *Ib.*, ib.
518 *Ib.*, ib.

Sic de accione Dei mensa et immensa, necessaria uel contingente. Sic de distinccione formali et materiali. Sic de complere singularibus cum similibus universis[519].

Après cet exposé, Gerson en vient aux conclusions : Si l'on argumente sur ce qui convient à Dieu lui-même, le raisonnement sur les articles de la foi aboutit à des affirmations nécessaires. Si l'on argumente sur les rapports de Dieu à la créature, le raisonnement ne peut pas établir une nécessité absolue des articles de la foi qui s'y réfèrent, mais seulement un nécessité conditionnelle :

> Conclusiue dicamus ex premissis quod argumentacio concludens necessitatem articulorum fidei, si persistat tantummodo circa ea que Deo conueniunt ad intra, necessaria est et necessitate conuenientis, quia necessarium sequitur ad quodlibet. Omnia autem que ad intra Deo conuenit aut conuenire potest necessarium est. In hoc solo non differt esse a posse. Sic de eternis estimatis dixit Aristoteles. Dicamus secundo quod omnis argumentacio concludens necessitatem articulorum fidei, si persistat in eis que Deo conueniunt per regulam creaturarum ad extra, ualet necessitate condicionali et comparata seu de lege ordinata. Quo presupposito, concludimus iustum esse et conueniens et necessarium Petrum saluari et Iudam damnari cum similibus legis nostre articulis seu credibilibus nobis datis, quia Deus negare se non potest[520].

Enfin, s'il ne transgresse pas les limites de la modestie, le raisonnement sur les articles de la foi - qu'il ne convient pas d'étaler devant les infidèles - vaut pour montrer que Dieu a réellement voulu ce que la foi enseigne, pour consoler les fidèles et convaincre les infidèles en ce qui concerne les vérités théologiques que la raison naturelle atteint, pour refuter les calomnies des infidèles au sujet des plus grands mystères et pour éclairer aussi la foi :

> Sequitur ad extremum quod raciocinacio super articulis fidei modeste facienda et aliquando non facienda apud infidelibus canis comparatis qui lacerant, nec non apud sordidos et obstinatos in viciis fideles solo nomine, non incerto porcis assimilabitur (assimilatos ?)... Ualet autem raciocinacio si modeste fiat, ad ea que sunt fidei : primo ad ostendendum quod Deus ita uoluit fieri sicut fides tradit, et hoc per scripturas prophetarum et aliorum, signis et prodigiis innumerabilibus cum attestacionibus omne exempcione maioribus confirmatas. Ualet iterum circa que consonat racioni naturali tam de Deo quam creaturis, ad consolandum fideles et infideles compessendum. Ualet amplius ad ea que sunt supra naturam nobis tradita, sicut de Trinitate et Incarnacione et Eucharistie sacramento, ad reuelandum calumpnias infidelium dum ostenditur quod Deus, quem negare non possunt infinitum habere uigorem, talia facere potuerit preter, non contra naturam, cum ipse sit

---

[519] *Ib.*, pp. 571-572.
[520] *Ib.*, p. 472.

> auctor nature... Ualet postremo pro fide... Qui paruuli sunt fideles captiuantes omnem intellectum in obsequium Christi, et credentes ut intelligant, et intelligentes ut diligant, et diligentes ut laudent, et laudantes ut cum implecione preceptorum tandem salui fiant[521].

Pour conclure l'analyse de l'opuscule de Gerson, nous remarquerons, avec Van Steenberghe[522], que le chancelier a abordé la position doctrinale de Lulle non point "en historien des doctrines qui procède par voie d'exegèse et de confrontation de textes", mais "en théologien toujours soucieux de maintenir intacte la vérité religieuse qu'il a mission d'étudier et de défendre". Gerson veut éviter à tout prix que le caractère transcendant de la Révélation soit perdu à cause des raisons nécessaires appliquées au domaine de la foi. Il attaque le dessein lullien de prouver la foi et en même temps lui reproche son langage pertubateur et manqué de tradition. Le *Contra Raymundum Lulli* n'est, donc, qu'un appel à l'ordre, au bon sens théologique et à la tradition. Impeccable du point de vue du théologien de métier, l'opuscule de Gerson n'entre pas dans la discussion des objectifs que poursuivait Lulle avec sa méthode et sa tentative de synthèse universelle du savoir ; il n'entre pas non plus à fond dans la question, si chère à Lulle, du dialogue avec les autres religions du Livre.

c) Sibiuda et Gerson

Nous nous demandions tout à l'heure pourquoi Sibiuda, qui connaissait Lulle et qui a utilisé le lullien *Liber Apostrophe* dans son *Liber Creaturarum*, renonce à reprendre les voies et les méthodes du majorquin, pour s'inspirer davantage dans les écrits d'Anselme, des Victorins, de Bernard, de Bonaventure, même de Scot. Une première réponse a été déjà apportée, lorsque nous signalions que, de son temps, c'était le problème de l'homme que les humanistes venaient de poser, et que Ramon Sibiuda n'a pas pas hésité à l'aborder. Mais le caractère apologétique et décidément rationnel du *Liber Creaturarum*, très proche des préoccupations fondamentales de Lulle, même en tenant compte de la différence des époques, pose le problème du rapport Lulle-Sibiuda d'une façon aigüe.

Or, nous nous demandons si l'opuscule *Contra Raymundum Lulli* de Gerson n'est pas pour rien dans le parti pris de Sibiuda de s'attacher à une spéculation sur l'homme, au lieu de tenter la continuation et le renouveau des méthodes d'une école aussi glorieuse que controversée. La question devient inévitable devant le fait que nous voyons Sibiuda se tourner du côté des docteurs précisément recommandés par Gerson comme des bons apologètes et expositeurs de la théologie : Anselme, Richard de Saint-Victor, Bonaventure (*Breviloquium*).

---

[521] *Ib.*, pp. 472-473.
[522] *Ib.*, p. 465.

A priori, il n'est pas impossible que Sibiuda ait connu le *Contra Raymundum Lulli*. Ecrit à Lyon en 1423, il précède de onze ans l'élaboration du *Liber Creaturarum*, commencé en 1434. Or, celui-ci apparaît désormais comme un ouvrage qui a été préparé avec soin, et pour lequel son auteur s'est muni de références précises, choisies, délibérément incorporées dans le cours de la matière, selon un plan calculé vraisemblablement d'avance. Etant donné que ces références appartiennent pour la plus grande partie à des auteurs que Gerson oppose à Lulle et à ses trop ambitieuses *rationes probantes*, il ne nous manquerait, pour établir un rapport de cause à effet, que l'aveu de Sibiuda lui-même, ou, en son défaut, quelque allusion, fut-elle nuancée, au défi que lance Gerson contre ceux qui attribuent à la raison, en matière de foi, un rôle qu'elle n'est pas en mesure de remplir.

Cependant, le *Liber Creaturarum* se tait sur ce point. Il n'y a pas d'allusion à Lulle ni à Gerson ni à quelque fait contemporain contrôlable et précis. Il se livre à nous avec une étonnante pudeur, sans d'autre autojustification que sa seule présence.

Mais sous ce silence, plus apparent que réel, le texte n'en renferme pas moins une vie souterraine tendue. Comment faut-il, en tout cas, interpréter le fait que cet ouvrage, tout en proclamant qu'il ne va pas citer d'autorités, s'en trouve pourtant bourré ? Dès lors, notre curiosité est éveillée par un problème qu'il faut essayer de résoudre à partir de l'ouvrage lui-même, sans lui faire violence, mais en ne négligeant aucun des éléments qu'il nous livre.

Or, le *Liber Creaturarum* se dévoile maintenant à nos yeux, d'une part, comme un effort de clarification rationnelle de la foi chrétienne, d'autre part, comme une prolongation et mise à jour de la tradition anselmienne-richardienne-partiellement bonaventurienne surtout. L'argument dit ontologique et le *Cur Deus homo*, le *De Trinitate* richardien et le *Breviloquium* ont servi de base à beaucoup de développements du *Liber Creaturarum*. Ce sont les auteurs et les ouvrages que Gerson met en honneur dans son opuscule anti-lullien. Comment ne pas penser que leur inclusion dans le *Liber Creaturarum*, cette exploration rationnelle du domaine de la révélation, n'obéit pas au dessein de montrer, contre Gerson, qu'une exploration rationnelle de la foi n'est pas seulement souhaitable et possible, mais encore rigoureusement traditionnelle ? Ce serait pourquoi les extraits de ces docteurs sont directement incorporés et comme fondus dans le fleuve des raisonnements sebondiens, à titre de matière coulante, non point comme des autorités vénérables sur lesquelles on s'appuierait, qu'on nuancerait et, éventuellement, corrigerait. Cette interprétation s'impose à nous, d'autant plus que nous avons constaté à plusieurs reprises quel est l'esprit dans lequel ces emprunts sont faits à ces auteurs, ainsi qu'aux autres autorités que le *Liber Creaturarum* accueille et que Gerson n'a pas mentionné dans l'opuscule contre

Lulle. Maître Ramon se sert à l'occasion des idées et des textes de ses sources pour appuyer ses propres points de vues, non pour se mettre à l'écoute attentive des maîtres auxquels il a recours. Il n'est pas strictement anselmien, pas plus que richardien ni bonaventurien ; mais il met Anselme, Richard et Bonaventure à son service, il les force à entrer dans le jeu du *Liber Creaturarum*, c'est-à-dire, dans un vaste effort pour enraciner dans l'homme et élucider à partir de l'homme lui-même l'essentiel de la révélation chrétienne. Dans un certain sens, les sources de Ramon Sibiuda sont aussi ses complices.

C'est pourquoi nous pensons que le *Liber Creaturarum* constitue une réponse indirecte et polémique au *Contra Raymundum Lulli* de Gerson. Sibiuda se montre non seulement partisan des *rationes probantes*, mais il revendique encore comme telles des expositions anselmiennes, de Richard et de Bonaventure dans le *Breviloquium*. Non plus, il ne suit pas les savantes distinctions de Gerson autour des rapports foi-raisonnement au service de la foi, mais il tente de renverser les positions gersoniennes en montrant que les auteurs prisés par celui-ci à cause de leur bon sens théologique n'en sont pas moins les devanciers et les inspirateurs de son effort pour continuer une théologie axée sur l'homme et qui ne part que de l'homme et de sa nature. Certes, Sibiuda ne dément jamais formellement que c'est bien la foi qui oriente sa recherche, mais il n'en est pas moins disposé à renoncer aux possibilités de l'effort rationnel. Par là, il se situe à la limite du programme *fides quaerens intellectum*, une limite qui n'est pas rupture et qui est commandée par une intention missionaire, car le *Liber Creaturarum* s'adresse *omni homini*, chrétien ou infidèle, croyant ou incroyant. C'est pourquoi son programme dépasse les exigences du théologien de métier, qui est tout d'abord au service des croyants, ses frères dans l'Eglise. En contrepartie, Sibiuda renonce à tout prouver sans tenir compte de la tradition ecclésiastique. De ce point de vue, nous pouvons conclure que le *lullisme* sebondien serait non seulement un lullisme rectifié dans la méthode, mais encore un lullisme ramené à sa source vivante dans l'Eglise, combinant, donc, l'effort rationnel et l'élan missionaire avec l'acquis de la tradition.

2 - RAMON SIBIUDA ET LA PHILOSOPHIE

Reste à voir maintenant quelle est la place de Ramon Sibiuda dans l'histoire de la philosophie. Plusieurs problèmes s'offrent à notre considération, d'une importance diverse. Précisons d'abord : qu'est-ce que nous entendons faire, en situant Sibiuda dans l'histoire de la philosophie ? Car Sibiuda est un maître en théologie et le *Liber Creaturarum*, malgré son allure presque rationaliste, n'en est pas moins un ouvrage théologique.

D'après les recherches et l'enseignement de M. Paul Vignaux, il est désormais clair "qu'un usage *proprement théologique* de la raison" relève "d'une histoire de la raison" [523]. Par delà la pluralité des théologies médiévales et les motivations elles-mêmes diverses qui ont poussé les théologiens du Moyen Age à faire des recherches philosophiques, "le fait demeure... de l'intérêt d'oeuvres *théologiques* pour l'histoire de la *philosophie*"[524]. Pour ce qui en est du *Liber Creaturarum*, ouvrage où sont abordés beaucoup de problèmes strictement théologiques et qui suppose acquise la foi à une révélation transcendante, nous remarquerons que nous nous trouvons face à une spéculation dont l'objet n'est pas d'autre que l'application du travail de la raison à une élucidation *anthropologique* du révélé. De ce point de vue, à côté d'un moment de radicalisation de la recherche, toujours à partir de la foi acquise, des raisons nécessaires, le *Liber Creaturarum* n'en débouche pas moins, dans un deuxième moment, sur la recherche consciente de la foi par la raison. Nous sommes, donc, en pleine philosophie de la religion, en comprenant ce terme comme M. Paul Vignaux nous invite à le faire, c'est-à-dire, comme une spéculation qui se donne pour objet une religion historiquement donnée[525]. De ce point de vue, il est inconstestable que Ramon Sibiuda ne peut être exclu du domaine de l'histoire de la pensée philosophique.

a) Sens et limites du "socratisme chrétien" de Sibiuda

Se livrant à nous comme une *scientia de homine*, le *Liber Creaturarum* nous a poussé à faire des recherches historiques en vue de comprendre pourquoi maître Ramon avait été amené à réfléchir sur la foi en partant de l'homme. Les problèmes posés par les premiers humanistes catalans amorcent la situation historique à partir de laquelle cette réflexion anthropologique a pu être éveillée. Mais Sibiuda n'est pas un innovateur, au contraire ; sa tentative s'inscrit dans le sillage d'une tradition aussi ancienne que la réflexion même des chrétiens sur leur foi. Dans le *Liber Creaturarum* nous lisons un chapitre fort intéressant d'une question qui n'a jamais cessé de se développer avant et après lui : nous nous référons à ce que Etienne Gilson a baptisé du nom de "socratisme chrétien"[526].

En effet, il ne manque au *Liber Creaturarum* aucune des notes que Gilson donne, sous le nom de socratisme chrétien, à la réflexion des théologiens médiévaux sur l'homme : Le thème de l'homme comme image de Dieu, que Sibiuda, suivant saint Bernard, place dans sa liberté ; l'antiphysicisme, c'est-à-dire, la conviction que la connaissance de soi est bien plus importante pour

---

[523] VIGNAUX, PAUL, *Sur la place du Moyen Age en histoire de la philosophie*, dans *Bulletin de la Société française de la philosophie* (séance du samedi 24 novembre 1973), 68e année, n° 1, janvier - mars 1974, Paris, Armand Colin 1974, p. 15.
[524] ID., *ib.*, p. 12.
[525] ID., *ib.*, p. 15.
[526] GILSON, E., *L'Esprit de la philosophie médiévale*, Paris, Vrin 1969, pp. 214-233.

l'homme que la connaissance scientifique et détaillée du monde extérieur ; l'accent mis sur la nécessité absolue de la connaissance de soi, soubordonnée à une doctrine du salut, qui rende cette connaissance le point de départ, l'objet unique et dernier de toute connaissance ; l'inutilité de toutes les sciences, si l'homme ne parvient pas à se connaître ; l'idée selon laquelle pour l'homme se connaître consiste à se placer dans son lieu juste, au dessus des créatures, au dessous de Dieu ; la conscience de la dignité propre à l'homme que lui donne la connaissance de soi-même, opposée à l'aliénation qui découle de l'oubli de soi ; le moralisme de base qui soutient cette spéculation[527].

Dans ce sens, le *Liber Creaturarum* est un ouvrage traditionnel, typiquement médiéval. Mais la découverte ou la nouveauté qu'il apporte c'est l'affirmation initiale que "homo ipsemet et sua natura propria debet esse medium, argumentum, testimonium ad probandum omnia de homine, scilicet quae pertinent ad salutem hominis, vel damnationem vel felicitatem, vel ad bonum vel ad malum eius"[528]. L'homme n'est pas envisagé seulement comme l'objet de connaissance le plus important, mais encore comme le seul moyen d'obtenir cette connaissance. Par là, le socratisme chrétien se trouve radicalisé, et la tentative sebondienne consiste à dégager une science *chrétienne* de l'homme en tant qu'homme, "homo in quantum homo est".

Il n'y a pas dans le *Liber Creaturarum* de justification théorique de cette prise de position. Tout au plus, Sibiuda affirme que "aliter numquam homo erit ultimate certus"[529]. Et pour lui l'homme ne peut pas renoncer à cette recherche de certitude, il en a un besoin naturel : "Homo naturaliter semper quaerit certitudem et evidentiam claram, nec aliter quiescit nec quiescere potest, donec pervenit ad ultimum gradum certitudinis"[530].

Nous avons déjà analysé le sens de *certitudo* dans le *Liber Creaturarum* et son rapport avec le concept *d'experientia* que Sibiuda propose. Nous avons vu aussi qu'un des problèmes de maître Ramon consistait à trouver un statut rationnel pour le vrai impensable. Là se manifeste clairement l'intention apologétique de Sibiuda, qui cherche à donner un statut rationnel aux vérités les plus mystérieuses de la révélation chrétienne, intention qui éclaire le sens ainsi que les limites de sa réduction anthropologique, de son socratisme chrétien radicalisé.

La prise de position sebondienne, en effet, ne s'explique que par cette préoccupation d'ordre apologétique. Lorsqu'il affirme que l'homme doit être le moyen, l'argument et le témoignage pour prouver tout ce qui se rapporte à

---

[527] ID., *ib.*, pp. 219-223.
[528] Tit. 1, éd. Stegmüller, p. 43*.
[529] *Ib.*, ib.
[530] *Ib.*, p. 40*.

l'homme, Sibiuda frôle la problématique du sujet. Lorsqu'il affirme que, si l'on ne procède pas ainsi, l'homme n'atteindra jamais la certitude et l'évidence claire, nous avons l'impression d'avoir affaire avec un précédant plus ou moins lointain de Descartes. Mais Sibiuda ne franchira pas le seuil de la philosophie moderne, parce qu'il se borne à réfléchir sur un domaine restreint de la problématique philosophique : la fin de l'homme, "omnia quae pertinent ad salutem hominis, vel damnationem vel felicitatem, vel ad bonum vel ad malum eius". Cette restriction, d'origine religieuse, commande toute la recherche sebondienne et lui donne son sens précis. Le *Liber Creaturarum* n'est qu'une anthropologie théologique. Théologique, parce que l'intention fondamentale de maître Ramon consiste à vouloir ramener l'homme à une idée théologique de lui-même. Anthropologie, parce qu'il s'efforce, avec le déploiement de ses *rationes*, à parcourir ce chemin en partant toujours, et seulement, de l'homme. De l'homme en tant que nature, bien entendu, et non de l'homme en tant que la "chose qui pense" de la philosophie moderne. En quoi, Sibiuda reste médiéval.

C'est pourquoi la radicalisation anthropologique sebondienne, au lieu de s'ouvrir à la problématique du sujet, thème dominant à partir de Descartes, reste un chapitre du socratisme chrétien. De ce point de vue, le *Liber Creaturarum* doit être regardé comme une des premières réponses théologiques à l'humanisme naissant, mais on se tromperait à vouloir déceler dans la position sebondienne des éléments philosophiques révolutionnaires. Même si nous savons aujourd'hui combien la philosophie cartésienne a été influencée par la théologie, cela n'autorise pas à cartésianiser certaines positions de théologiens antérieurs à Descartes. Cela dit, c'est une autre question que de se demander si, tout en restant le point de départ de la philosophie moderne, le cartésianisme n'est pas aussi l'aboutissement d'un mouvement de la pensée bien antérieur qui s'annonce déjà, obscurément, mais irréversiblement, dans des penseurs, même modestes, comme Sibiuda.

b) Le "Liber Creaturarum" comme essai de philosophie de la religion chrétienne

C'est Montaigne qui le souligne, la fin du *Liber Creaturarum* "est hardie et courageuse, car il entreprend, par raisons humaines et naturelles, établir et vérifier contre les athéistes tous les articles de la religion chrétienne : en quoi, à dire la vérité, je le trouve si ferme et si heureux que je ne pense point qu'il soit possible de mieux faire en cet argument-là, et crois que nul ne l'a égalé"[531].

Raisons humaines et naturelles, dit du *Liber Creaturarum*, c'est une expression assez juste, tout comme "établir et vérifier". Car l'originalité de

---

[531] *Essais*, lib. II, chap. 12 ; éd. Seuil, Paris 1967, p. 182 b.

l'apologétique sebondienne consiste dans la prise en charge de tout le dogme chrétien, d'un point de vue qui ne veut jamais abandonner la considération et la référence à l'homme. Le terrain où se place Sibiuda est universel, sa science est destinée à tous, savants et rudes, croyants et incroyants. Par delà la valeur intrinsèque des raisonnements, la tâche de maître Ramon consiste à penser la religion chrétienne à partir de l'homme. C'est pourquoi il est bien plus adéquat d'envisager l'approche de son oeuvre du point de vue de la philosophie de la religion, que de celui de la *theologia naturalis*, bien que ces deux mots aient été placés en tête du *Liber Creaturarum* par les éditeurs de Sibiuda. Car il ne s'agit pas, pour Sibiuda, de dégager du *revelabile* à partir des prépositions qu'un théologien considère comme révélées de fait, mais d'une lecture de toute la dogmatique chrétienne ramenée à un point central : l'homme et sa fin, domaine commun au philosophe et au théologien. Cependant, il faut répéter ici que pour Sibiuda ces deux domaines ne sont pas cloisonnés : la raison d'un côté, la révélation de l'autre côté. Au contraire, son point de vue est hardi dans la mesure où il reste un. Car s'il applique la raison à élucider, en partant de l'homme, à organiser autour de l'homme les vérités de la foi chrétienne, c'est parce que cette raison demeure, dès le début, théologique. Ici prend toute son importance l'affirmation du Prologue : "Quam quidem sapientiam nullus potest videre nec legere per se in dicto libro semper aperto, nisi sit a Deo illuminatus et a peccato originali mundatus"[532]. L'auteur du *Liber Creaturarum* est un théologien qui s'exerce à trouver la *ratio fidei* des vérités du dogme chrétien à partir d'une situation historique donnée, *pro statu isto*. Ce n'est pas ici que nous devons juger de la valeur de cet effort ; bornons-nous à signaler l'ampleur de la tâche qu'il suppose. Et aussi le risque qu'entraîne, pour une religion révélée et historique, que d'être soumise à la considération critique d'une pensée qui se propose de ne jamais abandonner la référence à l'homme. C'est la conscience de ce risque qui expliquerait pourquoi Sibiuda, à la fin du Prologue et aussi dans l'explicit final, pose cette affirmation : " Et quia sacrosancta Romana ecclesia est mater omnium fidelium christianorum et magistra, regula fidei et veritatis, idcirco suae correctioni totaliter submittitur quidquid hic dicitur et continetur"[533].

Cette mesure de prudence invite à voir dans l'oeuvre de Sibiuda un *essai* de philosophie de la religion chrétienne axé sur l'homme. Car c'est en tant que philosophe qui essaye de montrer le sens positif pour l'homme de la religion chrétienne que Sibiuda entreprend la défense de celle-ci. Il n'y a pas dans le *Liber Creaturarum* des éléments de polémique contre d'autres théologiens, mis à part certains démarquages, ni, à proprement parler, de polémique

---

[532] Ed. Stegmüller, p. 38*.
[533] *Ib.*, p. 39*.

philosophique positive. Cet ouvrage ne se propose que de développer le programme scotiste de *dignificare naturam (humanam)*, en montrant que le christianisme est la doctrine à l'intérieur de laquelle cette possiblité est donnée au plus haut degré. La mise en oeuvre de ce programme passe par une critique des philosophes, qui n'ont pas tenu compte de la révélation, et par une polémique contre les musulmans et les juifs, jugés insuffisants et dépassés dans leurs positions par le christianisme en ce qui concerne la fondation d'une science religieuse sur l'homme qui soit à la hauteur de celui-ci.

C'est pourquoi le *Liber Creaturarum*, à côté d'une radicalisation anthropologique qui intéresse aussi bien le théologien que le philosophe, contient en outre des éléments de philosophie de la religion, que des études ultérieures devront mettre en valeur, soit qu'on les considère du point de vue de l'histoire de l'apologétique chrétienne, soit qu'on les prenne comme points de repère pour une histoire de la philosophie médiévale de la religion.

BIBLIOGRAPHIE

I - SOURCES
A - Scientia libri creaturarum *ou* Liber Creaturarum

1 - MANUSCRITS

Bibliothèque Nationale. Catalogue Général des Manuscrits Latins, t. IV (*nos. 3014 à 3277*), Paris 1958, pp. 207-210, nos. 3133-3135.

CALCOEN, Roger, *Inventaire des manuscrits scientifiques de la Bibliothèque Royale de Belgique*, Bruxelles, Bibliothèque Royale 1965, p. 26, n° 26 ; p. 38, n° 36.

Catalogue des Manuscrits des Bibliothèques Publiques des Départements, t. V, Paris, Imprimerie Nationale 1879, pp. 65-66 ; t. VII, Paris, Imprimerie Nationale 1883, pp. 440-441.

Catalogue Général des Manuscrits des Bibliothèques Publiques de France. Départements, t. I, Paris 1886, p. 150 ; t. IV, Paris 1886, pp. 394-395 ; t. VII, Paris 1899, p. 123 ; t. XIV, Paris 1890, p. 67.

Catalogue des Manuscrits de la Bibliothèque Royale des Ducs de Bourgogne, t. I, Bruxelles 1842, pp. 15, 17, 23.

Chirographorum in Bibliotheca Academica Bonnensi servatorum catalogus, t. II, quo libri descripti sunt praeter orientales relicui, Bonn 1858-1876, pp. 80-81.

CZEIKE, Felix, *Verzeichnis der Handschriften des Dominikanerskonvent in Wien bis zum Ende des 16. Jahrhunderts*, Wien 1952.

DELISLE, Léopold, *Inventaire des manuscrits latins de Notre-Dame et d'autres fonds conservés à la Bibliothèque Nationale conservés sous les nos. 16179-18613*, dans "Bibliothèque de l'école des Chartes" 31 (1870) 543.

DOMINGUEZ BORDONA, Jesús, *Manuscritos con pinturas*, t. I, Madrid 1933, p. 261, n° 542.

FAIDER, Paul, *Catalogue Général des Manuscrits des Bibliothèques de Belgique*, t. I, *Catalogue des Manuscrits conservés à Namur*, Gembloux, Duculot 1934, p. 91.

FISCHER, Hans, *Die Lateinischen Papierhandschriften des Universitätsbibliothek Erlangen*, Erlangen 1936, pp. 237-238.

GALLARDO, B. J., *Ensayo de una biblioteca española*, t. II, *Apéndice : Indice de manuscritos de la Biblioteca Nacional*, p. 142.

GHEYN, J. van den, *Catalogue des Manuscrits de la Bibliothèque Royale de Belgique*, t. III, *Théologie*, Bruxelles 1903, p. 324-325.

GOMEZ HERAS, José María, *El "Liber Creaturarum" de R. Sabunde. Estudio biobibliográfico*, dans "Cuadernos Salmantinos de Filosofía" III (1976) 256.

GOTTLIEB, T., *Mittelalterliche Bibliothekskataloge Österreichs*, t. I. Wien 1915, p. 363, cod. L 20.

HAENEL, G., *Catalogui librorum manuscriptorum qui in bibliothecis Galliae, Helvetiae, Belgii, Britanniae M., Hispaniae, Lusitaniae asservantur*, Lipsiae 1830, p. 313, n° 43 ; p. 813, n° 565 ; p. 814, n° 617 ; p. 1030, n° K. 1. 16.

HALM, C. et MEYER, G., *Catalogus codicum latinorum Bibliothecae Regiae Monacensis secundum Andreae Schemelleri Indices, tomi II pars I, codices 8101-10930 complectens*, Monachii 1874, pp. 51, 153.

HEINEMANN, Otto von, *Die Handschriften der Herzoglichen Bibliothek zu Wolfenbüttel, II Abteilung, Die Augusteichen Handschriften*, t. V, Wolfenbüttel 1903, p. 206.

KRISTELLER, Paul Oskar, *Iter Italicum. A finding list of uncatalogued or incompletely catalogued humanistic manuscripts of the Renaissance in Italian an other Libraries*, vol. I, *Italy, Agrigento to Novara*, London-Leiden 1965, pp. 26, 337 ; vol. II, *Italy, Orvieto to Volterra Vatican city*, 1967, p. 360 ; *Iter Italicum. Accedunt alia itinera (Alia Itinera I)*, vol. III *Australia to Germany*, 1983, pp. 53a, 89b, 90a-b, 109b, 268b, 502b, 522b, 603a, 605a ; vol. IV *(Alia itinera II), Great Britain to Spain*, 1989, pp. 197b, 198a, 340b, 461a-b, 496b, 545a ; vol. V *(Alia itinera II and Italy III), Sweden to Yugoslavia Utopia. Supplement to Italy (A-F)*, 1990, p. 179.

Index of Manuscripts in the British Library, vol. IX, Cambridge, Chadwyck-Healey 1985, 74b.

Inventario Ceruti dei manoscritii della Biblioteca Ambrosiana, Trezzano, Editrice Etimar 1978, t. IV, L sup-R sup, pp. 306-307.

Inventario general de manuscritos de la Biblioteca Nacional, t. IV, ms. 1101-1598, Madrid s. d., pp. 446-447.

LIEFTINCK, G. I., *Manuscrits datés conservés dans les Pays-Bas. Catalogue paléographique des manuscrits en écriture latine portant des indications de date*, t. I (seul publié), *Les manuscrits d'origine étrangère (815-C 1550). Texte*, Amsterdam, North-Holland Publishing Company 1964, p. 9, n° 20 ; *Planches*, ib., pl. 210.

MARTIN, M., *Catalogue des Manuscrits de la Bibliothèque de l'Arsenal*, t. II, Paris 1886, p. 73.

MARTINS, Mario, *As origens da Filosofia de Raimundo Sibiúda*, dans "Revista Portuguesa de Filosofia" 4 (1948) 5-24 ; *Estudos de Literatura Medieval*, Braga 1956, p. 396.

MARX, L., *Verzeichnis der Handschriften-Sammlung des Hospitals zu Cues bei Bernkastel am Mosel*, Trier 1950, pp. 182-183.

MASAI, François et WITTEK, Martin, *Manuscrits conservés à la Bibliothèque Royale Albert 1er Bruxelles*. Notices établies sous la direction de..., Editions Scientifiques E. Story-Scientia, Bruxelles-Gand 1982, p. 47, pl. 813.

MAZZANTINI, Albano Sorbelli, *Inventario dei manoscritti delle biblioteche d'Italia*, vol. XXVII, Firenze, Olschki 1923, p. 122, nº 1989.

MONTFAUCON, B., *Bibliotheca bibliothecarum manuscriptorum nova*, vol. I, Paris 1739, pp. 24, 68 ; vol. II, p. 749.

OMONT, Henri, *Catalogue des Manuscrits de la Bibliothèque de Sir Thomas Phillips*, Paris, Bibliothèque Nationale 1903, pp. 5-6.

PEREIRA, Gabriel, *A Colecçao dos Codices com iluminuras da Biblioteca Nacional de Lisboa*, Lisboa 1904, p. 97.

PUIG I OLIVER, Jaume de, *Els manuscrits del "Liber Creaturarum" de Ramon Sibiuda : un inventari tothora obert*, dans "Arxiu de Textos Catalans Antics" 10 (1991) 303-319.

Rheinische Handschriften des Universitätsbibliothek Bonn, Bonn 1941, pp. 11, 15.

ROURERA I FARRÉ, Lluís, *Escrits i polèmiques del lul. lista Salvador Bové (1869-1915)*, Barcelona, Institut d'Estudis Catalans 1986, p. 117.

SAMARAN, Charles et MARICHAL, Robert, *Catalogue des Manuscrits en Écriture Latine portant des indications de date, de lieu ou de copiste*, t. II, Bibliothèque Nationale, Fonds latin (nos. 1 à 8. 000), sous la direction de Marie Thérèse d'Alverny. Notices établies par Monique Garaud, Madeleine Mabille et Josette Metman, Paris, CNRS 1962, p. 151, pl. CVX ; p. 153, pl. CXLII ; t. VI, Paris, CNRS 1968, p. 417, pl. XCII i CXLVII.

SANTIAGO-OTERO, Horacio, *Manuscritos del "Liber Creaturarum" de Ramón Sabunde*, dans "Revista Española de Teología" XXXVII (1977) 424-425.

STEVENSON (ior.), Henricus, *Codices Palatini Latini Bibliothecae Vaticanae*, Romae 1886, p. 107.

Supplement to the Census of Medieval and Renaissance Manuscripts in the United States and Canada, originated by C. C. FAYE, continued and edited by W. H. Bond, New York, The bibliographical Society of America 1962, p. 476.

TODA i GÜELL, Eduard, *Bibliografia espanyola d'Itàlia dels orígens de la imprempta fins a l'any 1900*, vol. IV, Castell de Sant Miquel d'Escornalbou 1930, p. 9.

WARNER, George F. et GILSON, Julius P., *British Museum, Catalogue of western manuscritpts in the old Royal and King's Collections*, t. II, Oxford 1921, pp. 228, 231 et 258.

WILMART, Andreas, *Bibliothecae Apostolicae Vaticanae Codices Reginenses Latini*, t. II, (codices 251-500), in Bibliotheca Vaticana 1945, pp. 453-454.

B - EDITIONS

ANDREAE, Valerianus, *Bibliotheca Belgica*, Louvain 1643, pp. 735-737.

ID., *Catalogus clarorum Hispaniae Scriptorum*, Moguntiae 1607, p. 100.

BATAILLON, Marcel, *Introduction au Dialogo de Doctrina Cristiana de Juan de Valdés (1529)*. Avant-propos de J. R. Armogathe avec une étude inédite de Robert Ricard "En Espagne : orthodoxie et inquisition", Paris, Vrin 1981, p. 247.

BAUDRIER, J., *Bibliographie Lyonnaise*, Lyon, Brun, 12 vol., 1895-1921 ; cfr. vol. II, pp. 154-155 ; vol. IV, pp. 247 et 288 ; vol. VI, p. 194 ; vol. XII, p. 50.

Bibliothèque Nationale. Catalogue des Imprimés, t. 159, Paris 1940, cols. 884-899.

The British Library General Catalogue of Printed Books to 1975, vol. 287, London 1985, pp. 2-3.

BRUNET, J. -CH., *Manuel du Libraire et de l'amateur de livres*, t. V, Paris 1864, cols. 9-11 ; *Suppl.*, vol. II, p. 624.

BUDDAEI, J. -F., *Isagoge historico-theologica ad theologiam universam singulasque eius partes*, Lipsiae 1727, p. 288.

Catalogus librorum impressorum Bibliothecae Bodleyanae in Academia Oxoniensis, Oxonii 1843, p. 429.

CLAUDIN, Auguste, *Histoire de l'imprimerie en France au XVe et XVIe siècle*, Paris 1900-1914, vol. III, p. 518.

COPPINGER, *Supplement to Hain's Repertorium Bibliographicum*, vol. I, London 1893, p. 361.

CRENIUS, TH., *Animadversionum philologicarum et historicarum pars IX*, Amstelodami 1701, cap. II, pp. 101-102.

SOURCES

DENIS - PINÇON - MARTONNE, *Nouveau manuel de Bibliographie Universelle*, Paris 1857, p. 566 a.

Dictionnaire des oeuvres, Paris, Laffont-Bompiani 1954, t. IV, p. 550 c.

DIRKS, S., *Histoire littéraire et bibliographique des Frères Mineurs de l'Observance de Saint François*, Anvers 1885, p. 63.

DRAUDUS, G., *Bibliotheca classica, sive catalogus officinalis...*, Francofurti ad Moenum 1625, pp. 174, 316 et 622.

DU VERDIER, Antoine, *La Bibliothèque d'Antoine du Verdier, seigneur de Vauprivas*, Lyon 1585, pp. 719-720, 872 et 1088.

DU VERDIER - LA CROIX DU MAINE, *Les Bibliothèques françaises de La Croix du Maine et de Du Verdier, seigneur de Vauprivas*, nouv. éd., Paris 1773, t. V, p. 395.

EBERT, F. A., *Allgemeines bibliographisches Lexikon*, 2. Band, Leipzig 1830, cols. 670-671, nos. 19679-19685.

FABRICIUS, J. A., *Bibliotheca latina mediae et infimae aetatis*, t. V-VI, Florentiae 1898, pp. 345-346.

ID., *Delectus argumentorum et syllabus scriptorum qui veritatem religionis christianae... Asseruerunt*, Hamburgi 1725, pp. 454-458.

FOPPENS, J. F., *Bibliotheca Belgica*, t. II, Bruxellis 1739, p. 973.

FREYTAG, F. J., *Apparatus litterarius ubi libri partim antiqui partim rari recensentur*, t. II, Lipsiae 1753, pp. 1120-1128.

GEORGI, TH., *Allgemeines Europäisches Bücher-Lexikon*, 4. Teil, Leipzig 1742, pp. 4 et 83.

GRAESSE, *Trésor des livres rares et précieux, ou nouveau dictionnaire bibliographique*, t. VI, Ière partie, s. l., 1865, pp. 203-204.

HAEBLER, K., *Bibliografia ibérica del siglo XV*, La Haya 1903-1917, vol. II, n. 590.

HAIN, L., *Repertorium bibliographicum*, vol. II, Pars II, Tubingae 1838, nn. 14066- 14071.

HAMBERGER, G. CHR., *Zuverlässige Nachrichten von der vornehmsten Schriftstellern von Anfange der Welt bis 1500*, s. l., 1756-1760, Teil IV, pp. 697-700.

HURTER, H., *Nomenclator litterarius recentioris theologiae catholicae*, t. IV, Oeniponte 1899, cols. 666-667.

JÖCHER, CHR. G., *Allgemeines gelehrten Lexikon*, vierter Teil, Leipzig 1751, col. 463.

KRONENBERG, M. E., *Catalogus van de Incunabelen in de Athenaeum-Bibliotheeck te Deventer*, Æ. E. Kluwer, 1917, pp. 48-49, n. 203 ; p. 103, n. 230.

KÖNIG, G. M., *Bibliotheca Vetus et Nova*, Altdorf 1687, p. 713 a.

LABARRE, Albert, *Variantes de trois incunables*, dans "Gutenberg Jahrbuch" 1979, p. 96.

LIPEN, Martin, *Bibliotheca realis philosophica omnium materiarum, rerum et titulorum*, Francofurti ad Moenum 1682, t. I, p. 683 a ; t. II, p. 1473 b.

LUDWIG, V. O., *Die Klosterneuburger Incunabeln*, dans "Jahrbuch des Stiftes Klosterneuburg" VIII, 2. Abteilung, Wien und Leipzig 1920, p. 158.

MOEREELS, L., *Dorlant*, dans "Dictionnaire de Spiritualité" III, Paris, Beauchesne 1957, cols. 1646-1651.

The National Union Catalog. Pre-1956 Imprints, volume 483, *Rayer - Rechenberger, Joseph*, Mansell 1976, pp. 106-108.

NICÉRON, *Mémoires pour servir à l'histoire des hommes illustres dans la république des lettres*, Paris 1731, t. XVI, p. 216.

NORTON, F. J., *Printing in Spain (1501-1520)*, Cambridge, 1966, pp. 49-50.

OUDIN, C., *Supplementum de Scriptoribus vel scriptis ecclesiasticis a Bellarmino omissis ad annum 1460, vel ad artem typographicam inventam*, Parisiis 1686, p. 700.

PALAU DULCET, A., *Manual del librero Hispano Americano*, t. XVIII, Barcelona 1966, pp. 215-219.

PANZER, G. W., *Annales typographici*, Norimbergae 1789, vol. I, pp. 55, n. 294 ; 319, n. 324 ; 324, n. 367 ; 368, n. 151 ; vol. III, p. 49, n. 10 ; vol. IV, pp. 41, n. 323 ; 185, n. 11059 ; vol. VI, pp. 26, n. 3 ; 348, n. 4 ; vol. VII, pp. 325, n. 413 ; 440, n. 10 ; 538, n. 325 ; vol. IX, pp. 351, n. 179 c ; 354, n. 3.

PELLECHET, Marie, *Catalogue des Incunables des Bibliothèques Publiques de Lyon*, Lyon 1893, p. 361.

PENNEY, C. L., *Printed Books (1468-1700) in the Hispanic Society of America*, New York 1965, p. 488.

POSSEVINI MANTUANI, Antonii, *Apparatus Sacer*, t. II, Coloniae Agripinae 1608, p. 316.

REIMMANN, J. F., *Bibliothecae theologicae catalogus systematicocriticus*, Pars Altera, Hilderiae 1731, pp. 977-978, 1063.

REULET, Denis, *Une passion de Notre-Seigneur à l'aurore de la Renaissance. Dorlant le Chartreux, les mystères de la passion, Dialogue entre la Vierge Marie et Dominique*, Paris 1876 et 1878.

SCHAARSCHMIDT, C., article "Raimundus Sabieude" dans *Realencyclopädie für Theologie und Kirche*, XVI Band, Leipzig 1905, pp. 415-416.

SINCER, Theophile, *Neue Sammlung von lauter alten und raren Büchern und Schriften*, VI Stück, Frankfurt und Leipzig 1734, pp. 525-527.

STEGMÜLLER, Fr., *Raimundus Sabundus. THEOLOGIA NATURALIS seu LIBER CREATURARUM. Faksimile Neudruck der Ausgabe Sulzbach 1852*, Stuttgart-Bad Cannstadt 1966, pp. 11* - 20*.

TODA i GÜELL, Eduard, *Bibliografia espanyola d'Itàlia dels orígens de la imprempta fins a l'any 1900*, vol. IV, Castell de Sant Miquel d'Escornalbou 1930, p. 7.

C - DONNEES BIOBIBLIOGRAPHIQUES, ETUDES ET REFERENCES CRITIQUES SUR RAMON SIBIUDA

ABBAGNANO, Niccolò, *Storia della Filosofia*, II, Torino 1966, p. 28.

ABELLAN, José Luis et MARTINEZ GOMEZ, L., *El pensamiento español de Séneca a Zubiri*, Madrid 1977, pp. 137-141.

ABELLAN, José Luis, *Historia crítica del pensamiento español. T. I. Metodología e introducción histórica*, Espasa-Calpe S. A., Madrid 1979, pp. 307-312.

AGRIPPA DE NETTESHEIM, H. C., *In artem brevem Raymundi Lulli Commentaria. Epistola Dedicatoria I. Laurentiano Lugdunensi*, dans *Operum pars posterior*, Lugduni s. d., pp. 332-333.

ALBERTI, S., *Diccionari Biogràfic*, vol. IV, Barcelona, Albertí Editor 1970, p. 285 a.

ALDEA VAQUERO, Q., MARIN MARTINEZ, T., VIVES GATELL, J., *Diccionario de Historia Eclesiástica de España*, t. IV, Madrid 1975, p. 2131 a.

ALTAMURA, A. de, *Bibliothecae Dominicanae... incrementum et prosecutio*, Romae 1677, p. 454.

ALTÉS ESCRIVA, J., *Raimundo Sibiuda y su sistema apologético*, Barcelona 1939, 127 p.

ALZOG, J., *Universal Geschichte der christlichen Kirche*, Mainz 1841, p. 717.

ANDRE, Marius, *Le bienheureux Raymond Lulle*, Paris, Lecoffre 1900, p. 173.

ANDRÉS, Melquíades, et al., *Historia de la teología española. I. Desde sus orígenes hasta fines del siglo XVI*, Madrid, Fundación Universitaria Española 1983, pp. 546-548.

ANTONIO, Nicolás, *Bibliotheca Hispana Vetus*, Romae 1696, pp. 141-142, n. 116.

AULOTTE, Robert, *Montaigne. Apologie de Raymond Sebond*, Paris 1979, pp. 13-14.

AVINYO, Joan, *Història del Lul. lisme*, Barcelona 1925, XIV + 661 p.

- *Breu estudi del filòsof català Ramon Sibiuda*, Barcelona 1935, 30 p.

BARRERO DIAZ, J. R., *R. Sibiuda, filósofo español del siglo XV*, thèse inédite, Universidad de Comillas, Madrid 1971.

Basili de Rubí, *Documents per a la història de la filosofia catalana. Centenari de Ramon Sibiuda*, dans "Critèrion" XII (1936) 46-51.

BATLLORI, Miquel, *El lul. lisme del primer Renaixement*, dans "IV Congreso de Historia de la Corona de Aragón. Mallorca 1955, Ponencias 2", Palma de Mallorca 1955, 15 p. ; réimprimé dans *Ponencias del IV Congreso de Historia de la Corona de Aragón (25 septiembre a 2 de octubre de 1955)*, *celebrado en Palma de Mallorca*, Barcelona, Comisión Permanente de los Congresos de Historia de la Corona de Aragón 1976, pp. 311-321 ; et dans BATLLORI, M., *A través de la història i de la cultura*, Publicacions de l'Abadia de Montserrat 1979, pp. 61-75.

BATLLORI, Miquel - GARCIA VILLOSLADA, Ricardo, *Il pensiero della Rinascenza in Spagna e Portogallo*, dans *Grande Enciclopedia Filosofica*, vol. VI, Milano, Marzorati 1964, pp. 296 et 397-400.

BATLLORI, Miquel, *Giovanni Pico e il lullismo italiano del Quattrocento*, dans *L'Opera e il pensiero di Giovanni Pico della Mirandola nella storia dell'Umanesimo*, Convegno Internazionale (Mirandola 15-18 settembre 1963) II, Firenze 1965, pp. 7-16 ; traduit en catalan dans, *A través de la història i de la cultura*, pp. 269-277.

- *De Raymundo Sabundo atque de Ignatio de Loyola*, dans "Archivium historicum Societatis Iesu" XXXVIII (1969) 454-463.

- *Sur le lullisme en France au XVe siècle*, dans *Colloque International de Tours (XIVe stage). L'Humanisme français au début de la Renaissance*, De Pétrarque à Descartes XXIX, Paris, Vrin 1973, pp. 117-126 ; traduit en catalan dans *A través de la història i de la cultura*, pp. 243-257.

- *Sebond et Loyola encore*, dans "Montaigne. Apologie de Raimond Sebond. De la *Theologia* à la *Théologie*. Etudes réunies sous la direction de Claude Blum", Paris, Librairie Honoré Champion 1990, pp. 117-135.

BAUR, L., *Raymund Sabunde*, dans *Lexikon für Theologie und Kirche*, 8. Band, Freiburg im Breisgau 1963, col. 620.

BAYLE, Pierre, *Dictionnaire historique et critique*, t. II, 2e partie, Rotterdam 1697, pp. 1034-1036.

BERNARD, E., *Un inconnu célèbre. Raymond de Sebonde par l'abbé Reulet*, dans "Le Correspondant" t. CIII, nouv. sér., t. LXVII (Paris 1876) 168-174.

BERNOUILLI, R., *De Sebond à Montaigne*, dans "Etudes Montaignistes, en hommage à Pierre Michel" par le concours de Claude Blum et François Moureau, Paris 1984, pp. 31-42.

BERTRAND, Nicolas, *Gesta Tholosanorum*, Tholosae 1515, fol. 51.

BLANC, Elie, *Histoire de la philosophie, et particulièrement de la Philosophie Contemporaine. T. I. Depuis les origines jusqu'au XVIIe siècle*, Lyon-Paris 1896, pp. 531-532, n. 315.

BOER, C. de, *Montaigne as Apologeet van R. Sebond : Een moreel Problem*, dans "Medeelingen der Nederlandsche Akademie van Wetenschappen, Afderling Lutterkunde", Amsterdam 1940, pp. 489-514.

BONA, card. J., *Opera Omnia*, Antwerpiae 1677, p. 966.

BONACINA, *Lessico Ecclesiastico Illustrato*, Milano s. d., vol. IV, p. 446.

BOVÉ, Salvador, *Assaig crítich sobre'l filosoph barceloní en Ramon Sibiude*, dans *Jochs Florals de Barcelona*, Barcelona 1896, pp. 115-429.

- *Vindicació den Ramon Sibiuda*, dans "Revista Catalunya" I, 6 (1897) 214-235 ; I, 7 (1897) 267-295.

- *La filosofia nacional de Catalunya*, Barcelona 1902, pp. 60-66.

- *El sistema científico luliano*, Barcelona 1908, pp. 257-261.

BROTHIER, Léon, *Histoire populaire de la philosophie*, Paris 1861, pp. 115-116.

BUHLE, J. G., *Geschichte der Kunst und Wissenschaften*, Göttingen 1800, pp. 892-896.

CABANELAS, D., *Raymond of Sabunde*, dans *New Catholic Encyclopedia*, vol. XII, The Catholic University of America, Washington 1967, p. 106.

CABANES, J. M., *Notes a un estil de teologia : Ramon de Sibiuda*, dans "Estudis Franciscans" LXXI (1970) 59-72.

CANALEJAS Y CASAS, Francisco de Paula, *Estudios críticos de filosofía, política y literatura*, Madrid 1872, pp. 190-191, 321.

CARAMAN, V. A. Ch. de Riquet, duc de..., *Histoire des Révolutions de la Philosophie en France pendant le Moyen Age jusqu'au seizième siècle*, Paris 1848, pp. 342-345.

CARRERAS I ARTAU, J., *La historia del lulismo medieval*, dans "Verdad y Vida" I (1943) 804-805.

- *La difusió del lul. lisme teològic a Europa en la primera meitat del segle XV*, dans "IV Congreso de Historia de la Corona de Aragón. Actas y Comunicaciones", II, Barcelona 1970, pp. 387-396.

CARRERAS I ARTAU, T., *Orígenes de la filosofía de Ramon Sibiuda*, Barcelona 1928, 30 p.

- *Introducció a la història del pensament filosòfic a Catalunya*, Barcelona 1931, pp. 51-58.

- *Aportaciones hispanas al curso general de la filosofía*, dans "Congreso Internacional de Filosofía. Barcelona 4-10 octubre 1948 con motivo del centenario de los filósofos Fr. Suárez y Jaime Balmes. Actas", I, Madrid 1949, pp. 80-87.

CARRERAS I ARTAU, T. y J., *Historia de la Filosofía Española. Filosofía cristiana de los siglos XIII al XV*, t. II, Madrid 1943, pp. 101-174.

CASAUBON, Merik, *Of Credulity and Incredulity in things divine and spirituals*, London 1670, p. 16.

CASTELLANOS DE LOSADA, B. S., *Biografía Eclesiástica completa*, vol. XXIV, Madrid 1865, p. 685.

CEJADOR Y FRAUCA, Julio, *Historia de la lengua y literatura castellanas*, vol. I, Madrid 1915, p. 302, n. 313.

CHAMPIER, Symphorien, *De claris medicinae scriptoribus*, Lugduni 1506, fol. 39.

CHEVALIER, J., *Y a-t-il une philosophie espagnole ?*, dans "Estudios eruditos in Memoriam de Adolfo Bonilla i San Martín", vol. I, Madrid 1927, p. 3.

- *Histoire de la Pensée*, vol. II : *La Pensée chrétienne*, Paris 1956, pp. 430-433.

CICCHITTI-SURIANI, F., *Sopra Raimondo Sabunde, teologo, filosofo e medico del s. XV. Studio storico-critico*, L'Aquila 1889.

CLASCAR, Frederic, *En Ramon Sibiude*, dans "Revista Catalunya" I, 6 (1897) 215-235 ; I, 7 (1897) 267-295.

COLOMER, Eusebi, *El pensament català a l'Edat Mitjana i el Renaixement i el llegat filosòfic grec*, dans "Espíritu" 27 (1978) 123-124.

- *Das Menschenbild des Nikolaus von Kues in der Geschichte des christlichen Humanismus*, dans *Das Menschenbild des Nikolaus von Kues und der christlichen Humanismus*, Mainz 1978, pp. 119-125.

- *L'humanisme als països catalans : Sibiuda, Turmeda, Vives*, dans "Anvari de la Societat catalana de Filosofia" II (1988) 23-44.

- *Raymond Sebon, un humaniste avant la lettre*, dans "Montaigne. Apologie de Raimond Sebond. De la "Theologia" à la "Théologie". Etudes réunies sous la direction de Claude Blum". Paris, Champion 1990, pp. 49-67.

COMMENIUS, J. A., *De Uno necessario*, Amstelodami 1668, p. 49.

COMPAGNON, A., *Montaigne, de la traduction des autres à la traduction de soi. La farcissure, Intertextualités au XVIe siècle*, dans "Littérature" 55 (Paris 1984).

COMPAROT, Andrée, *Amour et vérité : Sebon, Vivès et Michel de Montaigne*, Klincksieck 1983, 272 p. (pp. 17-20, 31-81).

- *Augustinisme et aristotélisme, de Sebon à Montaigne*, Editions du Cerf 1984, 758 p. (pp. 64-88).

COMPAYRÉ, G., *De Ramundo Sebundo ac de Theologiae Naturalis libro*, Paris 1872, 85 p.

CONGER, George Perrigo, *Theories of Macrocosmos and Microcosmos in the history of philosophy*, New York 1922, p. 32.

CONSTANTIN, C., art. *Montaigne*, dans *Dictionnaire de Theologie Catholique*, vol. X, 2e partie, Paris 1929, cols. 2340-2341 ; art. *Pascal*, dans *ib.*, vol. XI, col. 2182.

COPPIN, J., *Montaigne traducteur de Raymond Sebonde*, Lille 1925, pp. 11-23.

- *Marguerite de Valois et le livre des Créatures de Raymond Sebon*, dans "Revue du Seizième siècle" X (1923) 57-66.

CRENIUS, Th., *Animadversionum philologicarum et historicarum pars IX*, Amstelodami 1701, cap. II, p. 101 ss.

CURTIUS, *Europäische litteratur und lateinisches Mittelalter*, Bern, A. Francke AG Verlag 1948, p. 322.

DE GÉRANDO, Joseph Marie, *Histoire comparée des systèmes de philosophie*, II, Paris 1847, pp. 367-372.

DE WULF, Maurice, *Histoire de la Philosophie Médiévale*, vol. II, Paris-Louvain 1925, pp. 229-230.

DELEGUE, Yves, *Sebond et la Boétie inspirateurs de Montaigne*, dans "Travaux de linguistique et de littérature" VI, 2 (Strasbourg 1968) 69-79.

DESING, Anselmus, *Iuris naturae larva detracta*, Monachii, sumptibus J. V. Gastl, 1753, p. 54.

Dictionnaire biographique des auteurs, Paris, S. E. D. E. - Bompiani 1956, t. II, p. 526 a.

Dictionnaire des philosophes, II, Paris 1984, col. 2358.

Dictionnaire des sciences philosophiques, par une société de professeurs et de savants, t. V, París 1851, pp. 365-367.

DIDOT, F., *Nouvelle biographie générale*, t. 43, Paris 1864, p. 670.

DILTHEY, W., *Grundriss der allgemeinen Geschichte der Philosophie*, Frankfurt a. M., Vittorio Klostermann 1949.

DITTRICH, O., *Geschichte der Ethik*, vol. III, Leipzig 1926, pp. 196-201.

Dizionario Ecclesiastico, sotto la direzzione di Angelo Mercati e Augusto Pelzer, vol. III, Torino 1958, p. 720.

DOMINGUEZ, Dionisio, *Historia de la Filosofía*, t. I, Santander 1941[4], pp. 249-250.

DOMINGUEZ BERRUETA, Juan, *Juan de los Ángeles*, Madrid 1927, p. 132.

- *Filosofía mística española*, CSIC Instituto Luis Vives de Filosofía, Madrid 1947, pp. 53-59, 118-127.

DORER, Maria, *Montaignes Apologie des Raimund von Sabunde und ihre Bedeutung für den Skepticismus*, dans "Philosophisches Jahrbuch" XL (1927) 414-422 ; XLI (1928) 71-82.

DRÉANO, M., *La pensée religieuse de Montaigne*, Paris, Beauchesne 1936, pp. 100, 295.

- *L'augustinisme dans l'"Apologie de Raymond Sebon"*, dans "Bibl. d'Hum. et Ren. " XXIV (1962) 559-575.

DU PIN, L. E., *Histoire des controverses et des matières ecclésiastiques traitées dans le XVe siècle*, I, Paris 1698, p. 310.

EICHHORN, J. G., *Geschichte der Litteratur*, Göttingen 1805-1812, vol. I, p. 515.

EISLER, Rudolf, *Philosophen Lexikon. Leben, Werke und Lehren der Denker*, Berlín 1912, p. 582.

ELOY, N. F. J., *Dictionnaire historique de la médecine*, t. II, Liège et Francfort 1755, p. 371.

Enciclopedia Cattolica, t. X, Firenze, Sansoni 1953, col. 505.

Enciclopedia Filosofica, t. IV, Venezia - Roma 1957, col. 267 ; *Idem, Ristampa aggiornata...,* t. VII, Roma, Edipem 1979, col. 290.

Enciclopedia Universal Ilustrada, Madrid-Bilbao-Barcelona, Espasa-Calpe, t. 52, 1926, pp. 1101-1103.

ERDMANN, J. E., *Grundriss der Geschichte der Philosophie*, vol. I, Berlin 1869, pp. 437-443.

FEIJOO y MONTENEGRO, B. J., *Cartas eruditas y curiosas en que por la mayor parte se continua el designio del theatro crítico español, impugnando y reduciendo á dudosas varias opiniones comunes, Carta XIII*, Madrid, Ibarra 1770, p. 149, nos. 41-42.

FELLER, F. X., *Dictionnaire historique ou Histoire abregée*, Liège 1797, t. VIII, au mot *Sebonde*.

FERRATER MORA, J., *Diccionario de Filosofía*, vol. II, Buenos Aires-Barcelona 1965, p. 605 a-b.

FOREST, A., *Montaigne humaniste et théologien*, dans "Revue des Sciences Philosophiques et Théologiques" 18 (1929) 66-68.

FORNER Y PIQUER, Juan Pablo, *Oración apologética por la España y su mérito literario : para que sirva de exhornación al Discurso leído por el abate Denina en la Academia de Ciencias de Berlín respondiendo a la qüestión : Qué se debe a España*, Madrid, Imprenta Real 1786, pp. 137-138, 203-208.

FRAILE, Guillermo, *Historia de la Filosofía. Vol. III. Del Humanismo a la Ilustración (siglos XV-XVIII)*, Madrid, B. A. C. 1966, pp. 150-153.

FRAME, Donald M., *Did Montaigne betray Sebond ?* , dans "Romanic Review" XXXVIII (1947) 297-329.

FRANK, art. *R. S.* dans *Dictionnaire des sciences philosophiques*, Paris 1885, pp. 1460-1461.

FRIES, J. R., *Geschichte der Philosophie*, t. II, Halle 1840, p. 248-249, par. 154.

GANDILLAC, Maurice de, *Histoire de la Philosophie. II. De la Renaissance à la Révolution kantienne*, Encyclopédie de la Pléyade, vol. 36, Paris, Gallimard 1973, pp. 257-258.

GARASSE, François, *La doctrine curieuse des beaux esprits de ce temps, ou prétendus tels, contenant plusieurs maximes pernicieuses à la Religion, à l'Etat et aux bonnes moeurs, combattue et renversée*, Paris 1623, p. 269.

GARCIA DEL REAL, Eduardo, *Historia de la Medicina en España*, Madrid, Editorial Reus 1921, cap. II, p. 37.

GARCIA LUNA, Tomás, *Manual de Historia de la Filosofía*, Madrid 1847, p. 187.

GARDEIL, A., art. *Crédibilité*, dans *Dictionnaire de Théologie Catholique*, vol. III^{II}, Paris 1911, col. 2280.

GENY, P., *Brevis conspectus Historiae Philosophiae ad usum seminariorum*, Romae 1932, p. 217.

GESNER, C., *Bibliotheca Universalis*, Tiguri 1545, p. 598 b.

GEYMONAT, Ludovico, *Historia de la Filosofía y de la Ciencia. 2. Del Renacimiento a la Ilustración*. Introducción, adaptación y edición al cuidado de Pere Lluís Font, Barcelona, Editorial Crítica Grupo Editorial Grijalbo 1985, pp. 26-27.

GILSON, E., *La philosophie au Moyen Age*, Paris 1947", pp. 465-466.

GOMEZ-HERAS, José María, *El "Liber Creaturarum" de R. Sabunde. Estudio bibliográfico*, dans "Cuadernos Salmantinos de Filosofía" III (1976) 229-271.

GONZALEZ, card. Zeferino, *Historia de la Filosofía*, vol. II, Madrid 1886, pp. 349-350.

GRAY, Floyd, *Montaigne and Sebond : the rethoric of paradox*, dans "French Studies. A quatterly Review" (London 1974) 134-145.

GRAY, Floyd i PALLASSIS, George, *Montaigne devant Sebond et La Boétie*, dans "Mémorial du Premier Congrès International des Etudes Montaignistes, Bordeaux-Sarlat 1-4 juin 1963", Bordeaux, Ed. Taffard 1964, pp. 150-155.

GROTIUS, Hugo, *De veritate religionis christianae*, Paris 1640, p. 2 ; traduction française de l'abbé Goujet, *Traité de la vérité de la Religion chrétienne*, dans M. L. MIGNE, *Démonstrations Evangéliques*, II, 1843, col. 1003.

GUTWIRTH, Marcel, *Montaigne, pour et contre Sebond*, dans "Revue des Sciences Humaines" (avril-juin 1969) 185-187.

GUY, Alain, *Les philosophes espagnols d'hier et d'aujourd'hui*, vol. I, Toulouse, Privat 1956, pp. 39-45, vol. II, pp. 11-13.

- *Histoire de la Philosophie Espagnole*, Toulouse 1983, pp. 28-32.

- art. *Raymond Sibiuda*, dans *Dictionnaire de Spiritualité*, t. XIII, fasc. LXXXVI-LXXXVIII, Paris, Beauchesne 1987, cols. 194-201.

- *La "Theologia Naturalis" en son temps : structure, portée, origines*, dans "Montaigne. Apologie de Raimond Sebond. De la "Theologia" à la "Théologie". Etudes réunies sous la direction de Claude Blum", Paris, Champion 1990, pp. 13-47.

HEGEL, G. W. F., *Vorlesungen über Geschichte der Philosophie*, 3. Band, Stuttgart 1928, pp. 195-196.

HERGENRÖTHER, card. J., *Handbuch der allgemeinen Kirchengeschichte*, 3 vols., Freiburg 1876-1880 ; trad. castellana de Francisco García Ayuso, *Historia de la Iglesia*, Madrid 1887, p. 578.

HOLBERG, F., *De Theologia Naturalis R. de Sabunde*, Halle 1843, 77 p.

HÖLLHUBER, Ivo, *Geschichte der Philosophie im Spanischen Kulturbereich*, München-Basel, Ernst Reinhardt Verlag 1967, pp. 39-40.

HONTHEIM, J., *Institutiones Theodiceae*, Friburgi 1893, pp. 325-326.

HORNBECK, J., *De conversione indorum et gentilium*, Amstelodami 1669, lib. II, cap. II, p. 94.

HOSSFELD, P., art. *Raymund von Sabunde*, dans *Lexikon für Theologie und Kirche*, 8. Band, Freiburg, Herder 1963, col. 978.

HUTTLER, M., *Die Religionsphilosophie des R. von Sabunde. Ein Beitrag zur Geschichte der Philosophie*, Augsburg 1851, 76. p.

JERPHAGNON, Lucien, *Histoire de la pensée. Antiquité et Moyen Age*, Paris, Tallandier 1989, pp. 524-526.

IRIARTE, *Los grandes Médicos-Filósofos. Los de ayer y los de hoy*, dans "Razón y Fe" 150 (1954) 192.

KLEIBER, C. C. L., *De Raymundi quem vocant de Sabunde vita et scriptis*, Berolini 1856, 17 p.

KLIMKE, F., *Institutiones Historiae Philosophiae*, Romae-Friburgi Brisg. 1923, p. 251.

LABANCA, Baldassare, *La filosofia cristiana*, Torino, Loescher 1888, p. 533.

LABOUDERIE, J., *Le christianisme de Montaigne ou Pensées de ce grand homme sur la Religion*, Paris 1819, p. 1.

- Art. *Sabunde*, dans *Biographie universelle ancienne et moderne*, t. 37, Paris, Michaud s. d., pp. 190-191.

Larousse Universel, Grand, t. 13, Paris 1985, p. 9204.

LAVISSE, E., *Histoire de France depuis les origines jusqu'à la Révolution*, t. IV-II, Paris 1911, pp. 202-203.

LE BACHELET, X. M., art. *Apologétique-Apologie*, dans *Dictionnaire Apologétique de la Foi Catholique*, vol. I, Paris 1925, cols. 189-251.

LE BANSAIS, Emile, *Montaigne et la traduction de R. Sebond*, dans "Bulletin des Amis de Montaigne" 2e série, n° 1 (1937) 25.

Lessico Italiano di Lingua, Lettere, Arti, Scienza e Tecnica, vol. XVIII, 1977, p. 370s.

Lessico Universale Italiano, t. XVIII, Roma 1977, p. 370.

MABILLON, J., *Traité des études monastiques*, Paris 1691, pp. 443-444.

MAISONNEUVE, L., art. *Apologétique*, dans *Dictionnaire de Théologie Catholique*, vol. I, Paris 1903, col. 1538.

MARTI D'EIXALA, Ramon, *Manual de la historia de la filosofía esperimental de Mr. Amice, con notas, y aumentado con un apéndice de la filosofía de España y con la parte bibliográfica*, Barcelona 1842, pp. 171-172.

MARTINEZ ARANCON, Ana, *Ramón Sibiuda. Tratado del amor de las criaturas. Libro tercero de Libro de las criaturas. Traducción, prólogo y notas de...*, Madrid, Tecnos 1983, p. 199.

MARTINEZ DE BUJANDA, J., *L'influence de Sebond en Espagne au XVIe siècle*, dans "Renaissance and Reformation" X (1974) 78-84.
- *Juan de Cazalla. Lumbre del Alma*, Madrid 1974, 172 p.

MARTINEZ GOMEZ, Luis, dans Johannes HIRSCHBERGER, *Historia de la Filosofía*, vol. I, Barcelona, Herder 1973, pp. 575-577.

MARTINS, Mario, *As origens de Filosofia de Raimundo Sibiúda*, dans "Revista Portuguesa de Filosofia" IV (1948) 5-24.
- *Sibiuda, a "Corte Imperial" e o Racionalismo naturista*, dans *Estudos de Literatura Medieval*, Braga 1956, pp. 395-415.

MATTER, M., *L'Histoire de la Philosophie dans ses rapports avec la Religion depuis l'ère chrétienne*, Paris 1854, pp. 176-177.

MATZKE, D., *Die natürliche Theologie des Raymund von Sabunde. Ein Beitrag zur Dogmengeschichte des 15 Jahrh.*, Breslau 1846, 104 p.

MAUSSAC, D. de, prologue au *Pugio Fidei* de Raymond Martí, éd. Paris 1651, p. 3iij.

MELLIZO, Carlos, *La prueba ontológica de Ramón Sibiuda*, dans "Anuario Filosófico" XVIII (1985) 169-179.

MENÉNDEZ Y PELAYO, Marcelino, *Historia de las Ideas Estéticas en España*, t. I, II^a parte, Madrid, Imprenta de A. Pérez Dubrull 1891, pp. 191-208.

- *La Ciencia española*, t. II, Madrid 1915, pp. 383 ss.
- *Historia de los heterodoxos españoles*, t. III, Madrid 1917, pp. 273-283.

MORERI, L., *Le Grand Dictionnaire Historique*, t. X., Paris 1759, p. 306.

NAUDE, J., *Bibliographia politica*, dans *Relectiones hyemales de ratione et methodo legendi utrasque historias*, Cantabrigiae 1684, pp. 255 et 257.

NAZARIO de SANTA TERESA, C. D., *Filosofía de la mística. Análisis del pensamiento español*, Madrid- B^{os} A^{res} 1953, pp. 95, 373.

New Catholic Enciclopedia, vol. XII, The Catholic University of America 1967, p. 106.

NITZSCH, F. A. B., *Quaestiones Ramundanae*, dans "Zeitschrift für historische Theologie", Heft 3 (1859) 393-437.

NOACK, L., *Philosophie-geschichtliches Lexikon. Historisch-biographisches Handwörterbuch zur Geschichte der Philosophie*, Leipzig 1879, pp. 729-730.

NOULET, J. B., *De la division des êtres naturels d'après Raymond de Sebonde, professeur de médecine, de philosophie et de théologie à l'Université de Toulouse, au commencement du XVe siècle*, dans "Mémoires de l'Académie des Sciences, Inscriptions et Belles Lettres de Toulouse" (1861) 290-305.

NOURRISSON, J. F., *Tableau des progrès de la pensée humaine depuis Thalès jusqu'à Hegel*, Paris [1858] 1886⁶ pp. 291-292.

Nouveau Dictionnaire historique ou Histoire abregée de tous les hommes qui se sont fait vn nom par des Talens, des Vertus, des Forfaits, des Erreurs, etc. depuis le commencement du monde jusqu'à nos jours... par vne Société de Gens-de-Lettres, t. VIII, Caen-Lyon 1779, p. 293.

Nouvelle Biographie Générale depuis les temps les plus reculés jusqu'à nos jours, vol. XLIII, Paris, F. Didot 1864, p. 670.

OUDIN, C., *Commentarius de scriptoribus ecclesiae antiquis*, t. III, Lipsiae 1722, cols. 2367-2368.

PASCHINI, Pio, *Raimond Sabunde*, dans "Enciclopedia Italiana", vol. XXVIII, Roma 1935, cols. 788-789.

PASQUAL, A. R., *Vindiciae Lullianae*, Avignon 1778, vol. I, dissert. I, cap. XXXVIII, p. 21 ; cap. LXVI-LXVII, p. 89.

PERCIN, J. J., *Monumenta conventus tholosani. Oppusculum de Accademia*, Tholosae 1693, p. 196.

PICAVET, F., art. *Raymond Sebonde*, dans *La Grande Encyclopédie. Inventaire raisonné des sciences, des lettres et des arts*, par une Societé de Savants et de gens de Lettres, sous la direction de MM. Berthelot et al., t. 28, Paris s. d., p. 188.

POU I BATLLE, Joseph, *La filosofia catalana, sa existencia, sos caràcters, sa decadencia y necessitat de sa restauració. Discurs llegit à la Academia Catalana d'Estudis Filosòfichs en lo solemne repartiment de premis als autors llorejats en lo certamen de Ciencies Eclesiastiques celebrat á Barcelona lo dia 9 de juny de 1907*, Girona, Imprempta de'n Tomàs Carreras, pp. 21 et 24.

POU I RIUS, R., *La antropología del "liber Creaturarum" de Ramón Sibiuda*, dans "Analecta Sacra Tarraconensia" XLII (1969) 211-270.

- *Orientación y método filosóficos en los pensadores renacentistas de la Corona de Aragón*, Barcelona 1970, 60 p.

POUDOU, F., *Deux médecins philosophes de l'ancienne faculté de médecine de Toulouse : Raymond de Sebonde et François Sanchez*, Toulouse 1939, 84 p.

PROBST, Jean Henri, *Le Lullisme de Raymond de Sebonde*, Toulouse 1912, 53 p.

- *Ramon de Sibiude et la "Theologia Naturalis"*, dans "Arxius de l'Institut de Ciències" III (1915) 1-10.

- *La Psychologie dans la "Theologia Naturalis" de Ramon de Sibiude*, dans "Arxius de l'Institut de Ciències" IV (1916) 7-24.

PUIG I OLIVER, Jaume de, *Escriptura i actitud humanística en el "Liber Creaturarum" de Ramon Sibiuda*, dans "Revista Catalana de Teologia" III (1978) 127-151.

- Art. *Sibiuda, Ramon*, dans *Gran Enciclopèdia Catalana*, vol. 13, Barcelona 1979, p. 573.

- *Deu anys d'estudis sobre Ramon Sibiuda*, dans "Arxiu de Textos Catalans Antics" I (1982) 277-289.

- *Ramon Sibiuda i Michel de Montaigne : una relació intellectual plena de paradoxes*, dans "El Món" any 2, n. 55 (24 décembre 1982) 25.

- *Ramon Sibiuda i sant Anselm*, dans "Arxiu de Textos Catalans Antics" 7-8 (1988-1989) 255-263.

- *L'impensable rationnel dans le "Liber Creaturarum" de Raimond Sebonde*, dans "Montaigne. Apologie de Raimond Sebond. De la "Theologia" à la "Théologie". Etudes réunies sous la direction de Claude Blum", Paris, Champion 1990, pp. 69-84.

- *Valoració crítica del pensament de Ramon Sibiuda al llarg del temps*, dans "Arxiu de Textos Catalans Antics" 9 (1990) 275-368.

- *Sobre el lullisme de Ramon Sibiuda*, dans "Arxiu de Textos Catalans Antics 10 (1991) 225-260.

- *Cinc documents tolosans sobre Ramon Sibiuda*, dans "Arxiu de Textos Catalans Antics" 10 (1991) 298-302.

- *Complements a la valoració crítica del pensament de Sibiuda al llarg del temps*, dans "Arxiu de Textos Catalans Antics" 10 (1991) 358-390.

- *Introducció*, dans *Ramon Sibiuda. El llibre de les criatures (pròleg, títols 1-222)*, traducció i edició a cura de..., Edicions 62, Barcelona 1992, pp. 9- 41.

PUJOLS, Francesc, *Concepte general de la ciència catalana*, Barcelona, Antoni López 1918, pp. 72-76.

QUEJERAZU, Alfonso, *Filosofía. La verdad y su historia*, Madrid, Edit. Moneda y Crédito 1969, p. 170.

RAPIN, René, *Réflexions sur la Philosophie ancienne et moderne, et sur l'usage qu'on en doit faire pour la religion*, Paris 1676, 260.

RAYNAUD, Th., *Theologia naturalis sive entis creati et increati... ex naturae lumine investigatio*, t. V, Lugduni 1665, p. 20.

REINHARDT, Heinrich, *Raimund von Sabunde oder das Wagnis einer Trinitätslehre auf sprachtheoretischer Basis*, dans "Wissenschaft und Weisheit" XLIII (1980) 33-46.

REULET, D., *Un inconnu célèbre. Recherches historiques et critiques sur Raymond de Sebonde*, Paris, Palmé 1875, 320 p.

REVAH, I. S., *Une source de la spiritualité péninsulaire au XVIe siècle : La théologie naturelle de R. Sebond*, Lisboa, Academia das Ciencias de Lisboa. Biblioteca de Altos Estudos 1953, 62 p.

RIBER, Llorenç, *Erasmo en el Indice paulino con Lulio, Sabunde y Savonarola*, dans "Boletín de la Real Academia Española" XXXVIII (1958) 249-263.

RICARD, Robert, *Estudios de Literatura Religiosa Española*, Madrid 1964, 35-40.

RICO, Francisco, *El pequeño mundo del hombre. Varia fortuna de una idea en las letras españolas*, Madrid, Editorial Castalia 1970, 96-101.

RIESCO TERRERO, J., *La metafísica en España (siglos XII al XV)*, dans *Repertorio de las Ciencias Eclesiásticas en España*, t. 4, Salamanca 1972, pp. 248-250.

RITTER, H., *Geschichte der Philosophie*, 8. Teil, Hamburg 1845, pp. 658-678.

RIXNER, Th. A., *Handbuch der Geschichte der Philosophie. Geschichte der Philosophie des Mittelalters*, 4 vols., Sulzbach 1829-1850 ; t. II, p. 157, n. 75.

ROIG GIRONELLA, J., dans Tredici, Jacinto, *Breve curso de historia de la filosofía. Traducción de la décimotercia edición italiana* por mons. Cipriano Montserrat, Pbro. Segunda edición revisada, ampliada y puesta al día con adiciones complementarias por el P...., Barcelona, Edit. Luis Gili 1959, p. 137.

ROTHE, R., *Dissertatio de Raymundo Sabunde*, Turici 1846, XII, 98 p.

SAINZ RODRIGUEZ, P., *Introducción a la Historia de la literatura mística en España*, Madrid 1927, p. 188.

- *Antología de la literatura espiritual española*, I, Madrid 1980, pp. 585-596.

SALA-MOLINS, Louis, *Sebonde (Sibiuda) Raymond*, dans "Dictionnaire des Philosophes", sous la direction de Denis Huisman, Paris 1984, tome II, p. 1958.

SANCHEZ NOGALES, J. L., *Del hombre a Dios. Los presupuestos antropológicos de Ramón Sibiuda*, Pontificia Universidad de Salamanca, thèse de licence, an 1973 (inédite).

SCADUTO, Mario, *Laínez e l'Indice del 1559. Lullo, Sabunde, Savonarola, Erasmo*, dans "Archivium historicum Societatis Iesu" XXIV (1955) 3-32.

SCALIGER, J. J., *Epistola respons. III° id. sept. anno 1603 ad Casaubonum*, citée par Maussac dans le prologue du *Pugio Fidei* de Raymond Martí, éd. Paris 1651, p. 3iij.

SCHAARSCHMIDT, C., art. *Raimundus Sabieude*, dans *Realencyclopädie für Theologie und Kirche*, t. XVI, Leipzig 1905, pp. 415-421.

SCHARBAU, H., *Judaismus detectus*, Lubecae 1722, pp. 120-123.

SCHAUR, J., *Raymundus von Sabunde. Ein Versuch die natürliche Theologie des Raymundus von Sabunde in ihrem Zusammenhange kurz darzustellen als Programm zum Schlusse des Studienjahres 1850*, Dilingen 1850, 34 p.

- *Raymundus von Sabunde. Ein Versuch die natürliche Theologie des Raymundus von Sabunde in ihrem Zusammenhange kurz darzustellen als Programm zum Schlusse des Studienjahres 1854*, Kempten, 1854, 17 p.

SCHEEBEN, M. J., *Handbuch der Katholischen Dogmatik*, Freiburg i. B. 1873, vol. I, n. 891, 1066, 1069, 1074.

SCHENDERLEIN, R. J., *Die philosophische Anschauungen R. von Sabunde*, Leipzig 1898, 64 p.

SCHROECK, J. M., *Christliche Kirchengeschichte*, Leipzig 1800-1802, vol. XXX, p. 417.

SCHUMANN, A., *Raimundus von Sabunde und der ethische Gehalt seiner Naturtheologie. Ein Beitrag zur Ethik des Mittelalters*, Crefeld 1875, 40 p.

SCIACCA, M. F., *Manuale di Storia della Filosofia*, 1938 ; éd. espagnole, *Historia de la Filosofía*, Barcelona, Miracle 1966^5, p. 246, note 4.

SELLAS, Joaquim, *Assaig Crítich sobre'l filosoph barceloní en Ramon Sibiude, per Mn. Salvador Bové, Pbre.*, dans "La Veu del Monserrat" XX (1897) n. 5, 36-39.

SIGWART, H. C. W., *Geschichte der Philosophie vom allgemeinen wissenschaftlichen und geschichtlichen Standpunckt*, I, Stüttgart und Tübingen, J. G. Cotta 1844, p. 360.

SIMLER, J., *Bibliotheca instituta et collecta primum a C. Gesnerio, deinde in Epitomem redacta... iam vero postremo recognita et aucta...*, Tiguri 1574, p. 598 b.

SIMMLER, J., *Des sommes de théologie*, Paris 1871, pp. 158-162.

STÄUDLIN, C. Fr., *Geschichte und Geist des Scepticismus*, vol. I, Leipzig 1794, p. 554.

STEGMÜLLER, Fr., *Einführung*, dans *Raimundus Sabundus. Theologia Naturalis seu Liber Creaturarum. Faksimile Neudruck der Ausgabe Sulzbach 1852*, Stuttgart-Bad Cannstatt 1966, pp. 3*-23*.

STÖCKL, Albert, *Geschichte der Philosophie des Mittelalters*, Mainz 1865, vol. II, pp. 1055-1078.

SUAREZ BARCENA, R., *Vida y escritos de Raimundo de Sabunde*, dans "Revista de Instrucción Pública" 1853.

TENNEMANN, W. G., *Geschichte der Philosophie*, 8. Band, Leipzig 1811, pp. 964-986.

The Cambridge history of Renaissance philosophy, Cambridge 1988, pp. 544-545.

THOMASIUS, J., *Praefationes sub auspicia disputationum suarum in Academia lipsiensi recitatae*, Lipsiae 1683, pp. 501-502.

TIEDEMANN, Dietrich, *Geist der spekulativen Philosophie*, 5. Band, Marburg 1796, pp. 290- 299.

TISSOT, C. J., *Histoire abregé de la philosophie*, Paris-Dijon 1842, pp. 214-215.

TORRAS I BAGES, J., *La tradició catalana*, Barcelona 1892, p. 390.

TORRES AMAT, Félix, *Memorias para ayudar a formar un diccionario crítico de los escritores catalanes*, Barcelona, Imprenta de J. Verdaguer 1836, pp. 595 b-596 a.

TRITHEMIUS, J., *De Scriptoribus Ecclesiasticis*, Bâle 1494, fol. 108 vº.

TURNER, art. *Raymond Sabunde*, dans *The Catholic Encyclopedia*, vol. XII, New York 1911, p. 672.

UEBERWEG, F., *Grundriss der Geschichte der Philosophie*, 2. Teil, Berlin 1868, p. 215-217.

ULLMANN, C., *Reformatoren vor der Reformation*, 2. Band, Hamburg 1842, pp. 422 ss.

URALES, Federico, *La evolución de la filosofía en España*, Biblioteca de la Revista Blanca, Barcelona 1934, pp. 193-197.

VASOLI, Cesare, *La filosofia Medioevale*, Milano, Feltrinelli Editore 1972^4, p. 389.

Verbo. Enciclopedia Luso-Brasileira de Cultura, vol. 17, Lisboa 1975, pp. 39-40.

VIDART, L., *La filosofía española. Indicaciones bibliográficas*, Madrid 1886, pp. 55-59.

VILANOVA, Evangelista, *Història de la teologia cristiana. I. Dels orígens al segle XV* (Col.lectània Sant Pacià XXXII), Barcelona, Facultat de Teologia-Editorial Herder 1984, pp. 686-689.

VILLEY, Pierre, *Les sources et l'évolution des "Essais" de Montaigne*, Paris 1933, II, pp. 171-187.

VORLÄNDER, K., *Geschichte der Philosophie*, 9. Auflage, 1. Band : *Altertum und Mittelalter*, Hamburg 1949, p. 365.

WALCHIUS, J. G., *Bibliotheca theologica selecta*, Jenae 1757, vol. I, p. 604.

WEBB, C. C. J., *Studies in the history of Natural Theology*, Oxford, Clarendon Press 1915, pp. 18, 64-65, 140-141, 292-312.

WEBER, Alfred - HUISMAN, Denis, *Histoire de la philosophie européenne*, Paris, Editions Fischbacher 1964, p. 246.

WHARTON, H., *Appendix* (de 1689) à *Scriptorum Ecclesiasticorum Historia Litteraria...*, auctore Gulielmo CAVE, Londini 1688, p. 104.

WICKERSHEIMER, Ernest, *Dictionnaire biographique des médecins en France au Moyen Age*, vol. II, Paris 1936, p. 680.

WINDELBAND, W., *Lehrbuch der geschichte der Philosophie*, Tübingen 1948, p. 271.

WOLF, J. Chr., *Bibliotheca Hebraea*, Hamburgi 1721, vol. III, p. 991, n. 1912 b.

WOWER, J., *Centur. I. Epistola LX*, Hamburg 1618, p. 120.

ZIEGENFUSS, Werner, *Philosophen Lexikon. Handwörterbuch der Philosophie nach Personen*, unter Mitwirkung von Gertrud Jung, Berlin, de Gruyter 1949-1950, vol. II, p. 326.

ZÖCKLER, O., *Geschichte der Apologie des Christentums*, Gütersloh 1907, pp. 225-230.

- *Geschichte der Beziehungen zwishen Theologie und Naturwissenschaft*, I, Gütersloh 1877, pp. 353-357.

- *Theologia Naturalis*, I, 1860, pp. 40-46.

II - MILIEU HISTORIQUE ET CULTUREL
A - UNIVERSITE DE TOULOUSE

Almanach historique de la Province de Languedoc 1752-1754 (contenant une notice sur l'ancienne Université).

ANNAT, *Les étudiants clercs à l'Université de Toulouse de 1482 à 1498*, dans "Bulletin de la Société archéologique du Midi de la France" II sér. 32-36 (1903-1906) 82-86.

ASTRE, F., *L'Université de Toulouse devant le Parlement en 1406*, dans "Mémoires de l'Académie Impériale des Sciences, Inscriptions et belles lettres de Toulouse", VIIème sér., I (1869) 109-124.

BARBOT, J., *Les chroniques de la Faculté de Médecine de Toulouse du XIIème au XXème siècle*, Toulouse 1905, pp. 1-41.

BAUDOUIN, A., *Discours sur l'ancienne Université de Toulouse*, dans "Mémoires de l'Académie des Sciences, Inscriptions et belles lettres de Toulouse", (1876) XIX-XXV ; (1881) 74-81.

BENECH, R. O., *De l'enseignement du droit français dans l'ancienne Université de Toulouse*, Toulouse 1847, 117 p.

- *Cujas et Toulouse*, Toulouse, Dieulafoy et Bertrand 1842, 146 p.
- *Bibliographie de l'ancienne Université de Toulouse*, dans "Revue des Pyrénées" II (1890) 603-605.

CALMETTE, Joseph, *Les sept siècles de l'Université de Toulouse (1229-1929)*, dans "Bulletin des amitiés franco-étrangères" I (1929) 25 ss.

CAUBET, *L'ancienne faculté de médecine et l'ancienne école de chirurgie dans Toulouse*, Toulouse, Privat 1887.

VII Centenaire de la fondation de l'Université de Toulouse, Toulouse, Privat 1931, IX + 329 p.

D'IRSAY, Stephen, *Histoire des Universités françaises et étrangères des origines à nos jours*, Paris, Picard 1933-1935 : t. I, XII + 373 p. ; t. II, VII + 451 p.

DELARUELLE, E., *Les Papes, les Dominicains et la Faculté de Théologie de Toulouse au XIIIème et XIVème siècles*, dans "Annales du Midi" LXV (juillet 1935) 355-374.

DELOUME, A., *Aperçu historique sur la faculté de droit de l'Université de Toulouse. Maîtres et écoliers de l'an 1229 à 1900*, Toulouse, Privat 1905, 171 p.
- *Histoire sommaire de la faculté de Droit de Toulouse, fondée en 1229 : centenaire de la réorganisation de 1805*, Toulouse, Privat 1905, 205 p.

DENIFLE, H., *Die Universitäten des Mittelalters bis 1400*, Berlin 1885, pp. 325-340.
- *Urkunden zur Geschichte der mittelalterlichen Universitäten*, dans *Archiv für Litteratur und Kirchengeschichte* IV (1888) 239 ss.
- *Les Universités françaises au moyen-âge. Avis à M. Marcel Fournier*, Paris, Bouillon 1892, 99 p.

DENIFLE-CHATELAIN, *Les Délégués des Universités françaises au Concile de Constance : Nouvelle rectification aux ouvrages de M. Marcel Fournier*, Rennes 1892, et dans "Revue des Bibliothèques" II (1892) 341-348.

DOUAIS, C., *L'enseignement dans le Haut Languedoc avant 1789*, dans *Revue des Pyrénées* I (1889) 485-531 ; II (1890) 84-151.

DU BOURG, A., *Episode des luttes de l'Université et du Capitole de Toulouse*, dans "Mémoires de l'Académie des Sciences, Inscriptions et belles lettres de Toulouse", 9ème sér. I (1889) 358-374.

DU MEGE, A. L. CH. A., *Histoire des Institutions religieuses, politiques, judiciaires et littéraires de la ville de Toulouse*, Toulouse, L. Chapelle, t. IV, pp. 618 ss.

- *Extrait de plusieurs lettres patentes et arrêts concernant les privilèges, franchises et immunitéz de l'Université de Toulouse*, Toulouse, Hénault 1695, petit in-4º.

FOURNIER, Marcel, *Les Bibliothèques des Collèges de l'université de Toulouse*, dans "Bibliothèque de l'Ecole des Chartes" LI (1890) 443-476.
- *Les Statuts et privilèges des Universités françaises depuis leur fondation jusqu'en 1789*, 3 vols., Paris 1890-1892 ; vol. I, pp. 437-880 ; vol. III, pp. 521-640.

GADAVE, R., *Les documents sur l'histoire de l'Université de Toulouse*, Toulouse, Privat 1910, XIII + 380 p.

GATIEN-ARNOULT, A. F., *Note sur les commencements de l'Université de Toulouse*, dans "Mémoires de l'Académie des Sciences, Inscriptions et belles lettres de Toulouse", 5e s., t. I (1857) 202-220. 422-423.
- *Trois maîtres de théologie à l'Université de Toulouse*, dans "Revue de Toulouse et du Midi de la France" (1866) 117-137.
- *Jean de Garlande, docteur-régent à l'Université de Toulouse de 1229 à 1232*, dans "Revue de Toulouse et du Midi de la France" (1866) 229-246.
- *Histoire de l'Université de Toulouse*, dans "Mémoires de l'académie des Sciences, Inscriptions et belles lettres de Toulouse", sér. G IX (1877) 455-494 ; X (1878) 1-34 ; sér. H I : I (1879) 1-32 ; III : I (1881) 1-36 ; IV : I (1882) 1-26.

GAUSSAIL, *Fragment d'études sur François Bayle docteur en médecine*, Toulouse, impr. de C. Douladour 1860, 24 p.

JOURDAIN, Charles, *L'Université de Toulouse au XVIIème siècle*, dans "Revue des Sociétés Savantes" VIII : II (sep. -oct. 1862) 314-405 ; édité à Paris, chez Durand 1862, 55 p.

LAFAILLE, M. G., *Annales de la Ville de Toulouse*, Toulouse 1687, p. 191.

LAHONDES, Jules, *Le Collège de Pampelune*, dans "Bulletin de la Société d'Archéologie du Midi de la France" XXXVII-XXXIX (1907-1909) 487-506.

LAPIERRE, E., *L'Ancienne Université de Toulouse*, dans *Toulouse* (volume collectif), Toulouse, Privat 1887.

MOLINIER, A., *Etude sur l'organisation de l'Université de Toulouse au XIVe et XVe siècles*, dans VIC-VAISSETE, *Histoire du Languedoc*, t. VII, Toulouse, Privat 1879, pp. 570-608.

PERCIN, J. -J., *Monumenta Conventus Tholosani Ordinis Fratrum Praedicatorum*, Tholosae 1693, fol. 94 ss.

PESSEMESSE, *Sur l'ancienne Université de Toulouse*, dans "Bulletin de la societé archéologique du Midi de la France" XI (1875-1876) 4 ss.

Procès verbal des commissions du roi pour la Réformation de l'Université de Toulouse (avril 1668), dans VIC-VAISSETE, *Histoire du Languedoc*, t. XIV, Toulouse, Privat 1876, cols. 997-1030.

Procès verbal de la visitation des Collèges de la province de Languedoc dans le ressort de la généralité de Toulouse (juin 1668), dans VIC-VAISSETE, *Histoire du Languedoc*, t. XIV, Toulouse, Privat 1876, cols. 1030-1059.

PUGET, Juliette, *L'Université de Toulouse aux XIVe et XVe siècles*, dans "Annales du Midi" XLII (1930) 345-381.

RASHDALL, Hastings, *The Universities of Europe in the Middle Ages*, Oxford 1895, vol. II : I, pp. 158-170.

RODIERE, *Recherches sur l'enseignement du droit dans l'Université de Toulouse*, dans "Recueil de l'Académie de Législation de Toulouse" IX (1860) 244 ss. ; X (1861) 153 ss. ; XII (1863) 216 ss. ; XV (1866) 210 ss.
- *Des études juridiques dans l'Université de Toulouse du XIIIe au XVIIIe siècles*, dans "Revue de Toulouse" XXX (1869) 22-43.

ROSCHACH, E., *Ville de Toulouse. Inventaire des Archives communales antérieures à 1790*, t. I, sér. AA, nn. 1-60, Toulouse 1891, pp. 48-49, n. 327.

SAINT-CHARLES, L., *Etudes sur les arrêts du parlement de Toulouse qui concernent l'Université de Toulouse*, dans "Mémoires de l'Académie des Sciences, Inscriptions et belles lettres de Toulouse", (1881) 74-81 ; (1882) 55-88 ; (1885) 255-325 ; (1886) 155-207.
- *Jean de Quayrats, professeur de chirurgie et de Pharmacie à Toulouse*, dans "Mémoires de l'Académie des Sciences, Inscriptions et belles lettres de Toulouse", 8ème sér. VI : II (1884) 149-154.

SALTET, L., *L'Ancienne Université de Toulouse*, dans "Bulletin de littérature écclésiastique" XIV (1912) 16-32 ; XVII (1916) 50-65.

SANTI, M. de, *La réaction universitaire à Toulouse à l'époque de la Renaissance*, dans "Mémoires de l'Académie des Sciences, Inscriptions et belles lettres de Toulouse" X sér. VI (1906) 27-68.

SCHACHNER, N., *The Medieval Universities*, New York 1938, VIII + 388 p.

SMITH, C. E., *The University of Toulouse in the Middle Ages. Its origins and growth to 1500 A. D.*, Milwaukee, The Marquette University Press 1958, 244 p.

THOMAS, A., *Lettres closes de Charles VI et de Charles VII adressées à l'Université de Toulouse*, dans "Annales du Midi" (1915-1916) 176-191.

VAïSSE-CIBIEL, Emile, *L'ancienne université de Toulouse*, Toulouse Bonnal et Gibrac 1865, 32 p.

VIE, L., *Fragments d'une histoire de l'Université de Toulouse*, dans "Bulletin de l'Université et de l'Académie de Toulouse" 36ᵉ année, nouv. sér., n° 6 (avril 1928) 197-210 ; n° 7 (mai 1928) 237-254 ; n° 8 (juin 1928) 277-304 ; 37ᵉ année, nouv. sér., n° 1 (novembre 1928) 1-24.

B - UNIVERSITE DE LLEIDA (Lérida)

AJO, C. Mª. y SAINZ DE ZUÑIGA, G., *Historia de las Universidades Hispánicas. Orígenes y desarrollo desde su aparición hasta nuestros días*, t. I, Madrid 1957, pp. 213-217 ; 278-285 ; 401-403 ; t. II, Madrid 1958, pp. 308-316 ; t. III, Madrid 1959, pp. 217-222 ; t. IV, Madrid 1966, pp. 473-474 ; t. VI, Madrid 1967, pp. 180-186 ; t. VII, Madrid 1972, p. 52 (avec références documentaires).

ALTISENT JOVÉ, J., *Alfonso de Borja en Lérida (1408-1423), después Papa Calixto III*, Lérida, Gráficas Academia Mariana 1924, 24 p.

AZAGRA, Melchor de, *Cartas eruditas de algunos literatos españoles*, Madrid 1775, VIII + 148 p.

BATLLE I PRATS, L., *Estudiantes gerundenses en los Estudios Generales*, dans "Hispania" VII (1947) 179-221.

COLL, José María, *Tres maestros de teología del Convento Dominicano de Lérida en el s. XIV*, dans "Ilerda" XIV (1952) 7-28.
- *Ramon de Tárrega fue formalmente hereje ?* dans "Ilerda" X-XI (1949) 5-29.

DENIFLE, H., *Die Universitäten des Mittelalters bis 1400*, Berlin 1885, pp. 499-508.
- *Urkunden zur Geschichte der mittelalterlichen Universitäten*, dans "Archiv für Litteratur und Kirchengeschichte" IV (1888) 249-262.

DIAGO, *Historia de la Provincia de la Corona de Aragón de la Orden de Predicadores*, Barcelona 1598, pp. 149 ss.

FINKE, J., *Acta Aragonensia*, vol. II, Berlin und Leipzig 1908, documents nn. 589, 590, 592-594, 598-600, 602, 607, pp. 917-936.

GAYA I MASSOT, R., *Apostillas monográficas al Colegio de Domingo Pons*, dans "Ilerda" IV (1945) 7-17.
- *Comentarios al período preparatorio de la fundación del Estudio General de Lérida*, dans "Ilerda" XII-XIII (1949) 57-72.

- *Chartularium Universitatis Ilerdensis*, dans "Miscelánea de trabajos sobre el Estudio General de Lérida", vol. I, Lérida 1949, 9-48.
- *Los valencianos en el Estudio General de Lérida*, Valencia 1950, 58 p.
- *Cancilleres y Rectores del Estudio General de Lérida*, Lérida 1951, 65 p.
- *Como vestían los estudiantes en la Universidad de Lérida*, dans "Ilerda" XVIII (1954) 7-20.
- *Las rentas del Estudio General de Lérida*, dans "Analecta Sacra Tarraconensia" XXVI (1954) 293-338.
- *Influencia de la Universidad de Salamanca en la de Lérida*, dans "Analecta Sacra Tarraconensia" XXXI (1959) 101-124.

GRAS I DE ESTEVA, R., *Catálogo de los privilegios y documentos originales que se conservan en el archivo reservado de la ciudad de Lérida*, Lérida 1897, 75 p.
- *La pahería de Lérida. Notas sobre la antigua organización municipal de la ciudad (1149-1707)*, Lérida 1911, pp. 341-342.

LA FUENTE, Vicente de, *Historia de las Universidades, colegios y demás establecimientos de enseñanza en España*, 4 vols., Madrid 1884-1889 ; vol. I pp. 136-143, 209-212, 300-310 ; vol. II, pp. 322-327.

LLADONOSA I PUJOL, J., *La antigua parroquia de San Martín de Lérida*, Lérida, Artes Gráficas Ilerda 1944, 138 p.
- *Anecdotari de l'antiga universitat de Lleida*, Barcelona, Ed. Barcino 1957, 74 p.
- *Localización de la antigua universidad de Lérida a la luz de los nuevos hallazgos arqueológicos y documentales*, Lérida, Artis Estudios Gráficos 1958, 18 p.
- *La facultat de medicina de l'antiga universitat de Lleida*, Barcelona, Dalmau Editor 1969, 69 p.
- *Escoles i mestres antics de minyons a Lleida*, Barcelona, Dalmau Editor 1970, 64 p.
- *L'Estudi General de Lleida del 1430 al 1524*, Barcelona, Institut d'Estudis Catalans 1970, 231 p.
- *Història de Lleida*, vol. I, Tàrrega, Camps Calmet 1972, pp. 416-428, 432, 438, 442-444, 515-529, 533-542, 548-553, 613-615, 731-740.

LLORENS I FABREGA, J., *La Universitat de Lleida*, Lleida, Impremta de Sol i Benet 1901, 79 p.

MARTINEZ FERRANDO, J. E., *Jaume II o el seny català*, Barcelona, Ed. Aedos 1956, pp. 119-134.

PLEYAN CONDAL, A., *L'antiga Universitat Ilerdanesa*, Lleida 1901, 38 p.

POCH, Josep, *Estado actual de las investigaciones críticas sobre la antigua Universidad de Lérida*, Lérida, Instituto de Estudios Ilerdenses 1968, 26 p.

- *La Bula de la Maestrescolía del Estudio General de Lérida (22 agosto 1592)*, dans "Ilerda" XXX (1970) 7-34.

- *Referencias inéditas del primer maestrescuela del Estudio General de Lérida, Dr. Matías Ferrer (1597-1602)*, dans "Ilerda" XXXII (1971) 33-48.

RASHDALL, Hastings, *The Universities of Europe in the Middle Ages*, vol. II : II, Oxford 1895, pp. 86-92.

RIUS I SERRA, J., *Més documents sobre la cultura catalana*, dans "Estudis Universitaris Catalans XIII" (1928) 135-170.

- *L'Estudi General de Lleida en 1396*, dans "Critèrion" VIII (1932) 72-90, 295-304.

- *Subsidis vaticans per a la història de la nostra cultura*, dans "Analecta Sacra Tarraconensia" IX (1933) 177-184.

- *Documents per a la història de la filosofia catalana. Un altre rotllo de l'Estudi General de Lleida (1386)*, dans "Critèrion" X (1934) 96-105 ; XI (1935) 139-151.

- *L'Estudi General de Lleida en 1378*, Barcelona, Impremta de la Casa de Caritat 1936, 61 p.

- *Aportación documental al Colegio de Domingo Pons*, dans *Miscelánea de trabajos sobre el Estudio General de Lérida*, Lérida, vol. I, 1949, pp. 57-64.

ROCA, Joseph M., *L'Estudi General de Lleyda*, Barcelona, Il. lustració Catalana s. d., 136 p.

ROIG I REY, *Noticias relativas a las antiguas Universidades de Lérida, Vich, Gerona y Tarragona*, dans "Revista crítica de historia y literatura" V (1900) 49-59.

RUBIO I LLUCH, A., *Documents per a la història de la cultura catalana migeval*, 2 vols., Barcelona 1908-1921, t. I, pp. 14-27, 32-33, 82-90, 136, 160-163, 166-167, 184-185, 267-268, 270-271, 275, 289-290, 297-298, 313, 396-397 ; t. II, pp. 13-14, 253-254, 269-270, 274-275, 310-311, 317, 318, 323-324, 332-333, 362-363, 379.

- *Notes sobre la ciència oriental a Catalunya en el segle XIV*, dans "Estudis Universitaris Catalans" III (1909) 389-398.

SAINZ DE BARANDA, *España Sagrada*, t. XLIV, Madrid 1850, pp. 245-254, 340-360.

SANAHUJA, P., *La enseñanza de la teología en Lérida. Cátedras regentadas por maestros franciscanos, siglos XIV y XV*, dans "Archivo Ibero-Americano" XXXVIII (1935) 418-448.

- *Antiguos impresores y libreros de Lérida*, Lérida, Artes Gráficas Ilerda 1944, 73 p.

- *El Inquisidor Fray Nicolás Eymerich y Antonio Riera*, dans "Ilerda" IV (1946) 31-55.

- *Lérida en sus luchas por la fe*, Lérida 1946, pp. 43-45.

SERRA RAFOLS, E., *Fundació de l'Estudi General de Lleida*, dans "Vida Lleidatana" II nº 32 (1927) 220-222.

- *De l'Estudi General de Lleida. Treballs per a la seva història*, dans "Vida Lleidatana" IV nº 62 (1929) 2-10.

- *Una Universidad Medieval. El Estudio General de Lérida*, Madrid Victoriano Suárez 1931, 91 p.

VILLANUEVA, J. L., *Viaje literario a las Iglesias de España*, t. XVI, Madrid 1851, pp. 196-198 et Appendices III, IV, V, VI et XVII.

C - COURANTS DE PENSEE

BADIA, Lola, *L'"Humanisme català" : Formació i crisi d'un concepte historiogràfic*, dans *Actes del Cinquè Col. loqui Internacional de Llengua i Literatura Catalanes*, Montserrat, Publicacions de l'Abadia 1980, pp. 41-70 ; *Sobre l'Edat Mitjana, el Renaixement, l'humanisme i la fascinació ideològica de les etiquetes historiogràfiques*, dans "Revista de Catalunya" 8 (maig 1987) 143-155 ; *A propòsit de les obres de Jeroni Pau*, dans "Llengua i Literatura" 2 (1987) 590-594 ; imprimés dans ID., *De Bernat Metge a Joan Roís de Corella. Estudis sobre la cultura literària de la tardor medieval catalana*, Edicions dels Quaderns Crema, Barcelona 1988, pp. 13-56.

BATLLORI, Miquel, *Els manuscrits d'autors catalans servats a la Biblioteca Nacional torinesa*, dans "Analecta Sacra Tarraconensia" IX (1933) 269-271.

- *Entorn de certs corrents actuals sobre l'Humanisme i el Renaixement a Catalunya*, dans "L'Avenç" nº 66 (décembre 1983) 18-22 ; réimprimé dans *Orientacions i Recerques*, Barcelona, Curial Edicions Catalanes - Publicacions de l'Abadia de Montserrat 1987, pp. 80-85.

- *Sur le Lullisme en France au XVe siècle*, dans *Colloque international de Tours (XIVe stage). L'Humanisme français au début de la Renaissance*, Paris, Vrin 1973, pp. 117-126 ; réimprimé en catalan dans ID., *A través de la història i de la cultura*, Publicacions de l'Abadia de Montserrat 1979, pp. 243-257.

BOHIGAS I BALAGUER, Pere, *Profecies catalanes dels segles XIV i XV*, dans "Butlletí de la Biblioteca de Catalunya" VI (1920-1922) 24-49.

BORDOY-TORRENTS, Pere Màrtir, *Les escoles dominicana i franciscanes en "Lo Somi" de Bernat Metge*, dans "Critèrion" I (1925) 60-94.

CALVET, A., *Fray Anselmo Turmeda heterodoxo español*, Barcelona, Casa Editorial Estudio 1914, 240 p.

CANALS, Antoni, *Scipió e Anibal. De Providència. De arra de ànima*, a cura de Martí de Riquer, Barcelona, E. N. C. 1935, 192 p.
- *Scala de contemplació*, introducción y transcripción por J. Roig Gironella S.I., Barcelona, Biblioteca Balmes, serie II, vol. XXVII, 1975, 190 p.

CARDONER I PLANAS, Antoni, *Història de la Medicina a la Corona d'Aragó (1162-1479)*, Barcelona, Editorial Scientia 1973, 300 p.

CARRERAS I ARTAU, J., *Notas sobre el escotismo medieval en la provincia franciscana de Aragón*, dans "Antonianum" XL (1965) 467-479.
- *El agustinismo político medieval y su vigencia en la confederación catalano-aragonesa*, dans "San Agustín. Estudios y coloquios", Zaragoza, Institución Fernando el Católico 1960, pp. 57-72.

CASELLA, M., *Il "Somni" d'en Bernat Metge e i primi influssi italiani sulla letteratura catalana*, dans "Archivum Romanicum" III (1919) 201-203.

COLL, Josep Maria, *El maestro fray Antonio de Canals discípulo y sucesor de san Vicente Ferrer*, dans "Analecta Sacra Tarraconensia" XXVII (1954) 9-21.

EPALZA, Miguel de, *La TUHFA. Autobiografía y polémica islámica contra el cristianismo de Abdallah al-Taryuman*, dans "Atti dell'Accademia Nazionale dei Lincei", serie VIII, vol. XV, Roma 1917, 522 p.

FARINELLI, A., *Note sulla fortuna del Corbaccio nella Spagna medievale*, dans *Bausteine zur romanischen Philologie. Festgabe für A. Mussafia*, Halle 1905, pp. 401-406 ; reproduit dans *Italia e Spagna*, Torino 1929, pp. 272-278, avec le titre *Boccaccio in Spagna, sino al secolo di Cervantes e di Lope*. Dans ce même volume, cfr. l'appendice *Aggiunta. Il plagio nel "Somni" del Metge*, pp. 331-352.

FUSTER, Joan, *Poetes, moriscos i capellans* (cap. I : *Lectors i escriptors en la València del segle XV*), dans *Obres Completes*, vol. I, Barcelona, Edicions 62 (1968) pp. 317-331.

IVARS, Andreu, *Los jurados de Valencia y el inquisidor fray Nicolau Eymerich*, dans "Archivo Ibero-Americano" XVI-XVII (1916) 68-159.

LOPEZ DE MENESES, A., *Estudios de Edad Media de la Corona de Aragón*, t. IV, s. 1, 1956, pp. 291-447.

MONTOLIU, Manuel de, *Eiximenis, Turmeda i l'inici de l'Humanisme a Catalunya : Bernat Metge*, Barcelona, Ed. Alpha 1960, 160 p.

NICOLAU D'OLWER, Lluís, *Apunts sobre l'influècia italiana en la prosa catalana (Bernat Metge - F. Alegre)*, dans "Estudis Universitaris Catalans" II (1908) 166-179. 306-320.

- *Del classicisme a Catalunya. Notes al primer diàleg d' en Bernat Metge*, dans "Estudis Universitaris Catalans" III (1909) 429-444.
- *En Turmeda i el Llibre de Tres*, dans "Estudis Universitaris Catalans" VIII (1914) 89-91.

PACIOS LOPEZ, A., *La Disputa de Tortosa*, Madrid-Barcelona 1957, 2 vols., 383 et 623 p.

PERARNAU i ESPELT, Josep, *Consideracions diacròniques entorn dels manuscrits medievals de la "Bayerische Staatsbibliothek" de Munic*, dans "Arxiu de Textos Catalans Antics" II (1983) 123-169.
- *El lul. lisme de Mallorca a Castella a través de València. Edició de l'"Art abreujada de confessió"*, dans "Arxiu de Textos Catalans Antics" IV (1985) 61-172.
- *La traducció castellana medieval del "Llibre de meravelles" de Ramon Llull*, dans "Arxiu de Textos Catalans Antics" IV (1985) 7-60.
- *Política, lul. lisme i Cisma d'Occident. La Campanya barcelonina a favor de la festa universal de la Puríssima els anys 1415-1432*, dans "Arxiu de Textos Catalans Antics" III (1984) 59-191.

PUIG i OLIVER, Jaume de, *Antoni Canals i els clàssics llatins. Notes sobre un ambient*, dans "Arxiu de Textos Catalans Antics" IV (1985) 173-186.
- *El procés dels lul. listes valencians contra Nicolau Eimeric en el marc del Cisma d'Occident*, dans "Boletín de la Sociedad castellonense de Cultura" LVI (Julio-Diciembre 1980) 319-463.
- *La "Brevis compilatio utrum beata et intemerata virgo Maria in peccato originali fuerit concepta". Edició i estudi*, dans "Arxiu de Textos Catalans Antics" II (1983) 241-318.
- *Nicolau Eimeric i Raimon Astruc de Cortielles, Noves dades a propòsit de la controvèrsia mariana entorn de 1395*, dans "Annals de l'Institut d'Estudis Gironins" XXV-I (1979-1980) 309-331.
- *Documents inèdits referents a Nicolau Eimeric i el lul. lisme*, dans "Arxiu de Textos Catalans Antics" II (1983) 319-346.

POU I MARTI, Josep Maria, *Visionarios, beguinos y fraticelos catalanes*, Vich, Editorial Seráfica 1930, 534 p.

RENUCCI, Paul, *L'aventure de l'Humanisme européen au Moyen-Age (IVe-XIVe s.)*, Clermont-Ferrand, G. de Boussac 1953, 272 p.

RIERA I SANS, Jaume, *La crònica en hebreu de la Disputa de Tortosa*, Barcelona, Fundació Vives-Casajoana 1974, 74 p.

RIQUER, Martí de, *Influències del "Secretum" de Petrarca sobre Bernat Metge*, dans "Critèrion" IX (1933) 243-248.

- *L'Humanisme català*, Barcelona, Editorial Barcino 1934, 105 p.
- *Obras de Bernat Metge*, Barcelona 1959, 1+ -254+ plus 1-384 p.
- *El "Somnium" de Honoré Bouvet (o Bonet) y Juan I de Aragón*, dans "Analecta Sacra Tarraconensia" XXXII (1959) 229-235.
- *Història de la Literatura Catalana*, t. II, Barcelona, Ariel 1964, 748 p.

RUBIO I LLUCH, A., *Joan I Humanista i el primer període de l'Humanisme català*, dans "Estudis Universitaris Catalans" X (1917-1918) 1-117.

SANVISENTI, B., *I Primi influssi di Dante, del Petrarca e del Boccaccio sulla letteratura spagnuola*, Milano 1902, pp. 380-381.

TURMEDA, Encelm, *Disputation de l'asne contre frère Anselme Turmeda*, Lyon 1544 ; réimpression par R. FOUCHÉ-DELBOSCH dans *Revue Hispanique* XXIV (New York - Paris 1911) 358-479.

- *Disputa de l'ase*, versió per E. N. C., introducció per Marçal Olivar, Barcelona, E. N. C. 1928, 206 p.

VILANOVA, A., *La Génesis de "Lo Somni" de Bernat Metge*, dans "Boletín de la Real Academia de Buenas Letras de Barcelona" XXVII (1957-1958) 123-156.

III - BIBLIOGRAPHIE AUXILIAIRE

AA. VV., *L'argomento ontologico*, dans "Archivio di Filosofia" LVIII (1990) 11-745.

BAUDIN, *Les rapports de la raison et de la foi du Moyen-Age à nos jours*, dans "Revue des Sciences Religieuses" III (1923) 233-255 ; 328-357 ; 508-537.

BAUMGARTEN - CRUSIUS, L. F., *Lehrbuch der Christlichen Dogmengeschichte*, Jena 1832, p. 525.
- *Compendium der christlichen Dogmengeschichte*, Leipzig 1840, p. 269.

BERTHIER, A., *Un maître orientaliste du XIIIe siècle : Raymond Martin O. P.*, dans "Archivium Fratrum Praedicatorum" VI (1936) 267-311.

BIELKE, J. F. A., *Neure Geschichte des in göttlichen Dingen zunehmenden menschlichen Vertandes*, Zelle 1748, 1a pars, par. 1, incl. 3. V., pp. 1-48.

BLANCHET, *L'attitude religieuse des jésuites et les sources du Pari de Pascal*, dans "Revue de Métaphysique et de Morale" (1919) 477-516 ; 617-647.

BOFARULL, Prósper de, *Colección de documentos inéditos del Archivo de la Corona de Aragón*, vol. 36, Barcelona 1868, pp. 262 ss.

BOVÉ, Salvador, *La filosofía nacional de Catalunya*, Barcelona, Estampa de Fidel Giró 1902, 144 p.

COLOMER, E., *El ascenso a Dios en el pensamiento de Llull*, dans "Pensamiento" XVIII (1962) 165-184.

DRÉANO, M., *La Religion de Montaigne*, Paris 1969, pp. 233-273.

DUFOURCQ, CH. -E., *L'Espagne catalane et le Maghrib aux XIIIe et XIVe siècles*, Paris, P. U. F. 1966, 664 p.

FREIDRICH, Hugo, *Montaigne* (traduit de l'allemand par Robert Rovini), Paris 1968, pp. 104-121.

FREIHERR VON ERBSTEIN, W. L. G., *Natürliche Theologie der Scholastiker*, Leipzig 1803.

GILSON, E., *Jean Duns Scot. Introduction à ses positions fondamentales*, Paris, Vrin 1925, 700 p.
 - *Introduction à l'étude de Saint Augustin*, Paris, Vrin 1969^4, 372 p.
 - *L'Esprit de la philosophie médiévale*, Paris, Vrin 1969", 448 p.
 - *La Théologie Mystique de Saint Bernard*, Paris, Vrin 1969^3, 245 p.
 - *Le Thomisme. Introduction à la philosophie de saint Thomas d'Aquin*, Paris, Vrin 1972^6, 480 p.
 - *La philosophie de saint Bonaventure*, Paris, Vrin 1953^3, 420 p.

GUERIKE, H. E. F., *Handbuch der Kirchengeschichte*, Halle 1837".

GUILLEUMAS, Rosalia - MARIMON, Josep Maria, *La biblioteca de Joan Bonllavi, membre de l'escola lul. lista de València al segle XVI*, dans "Revista Valenciana de Filología" IV (1954) 23-73.

HEITZ, TH., *Essai historique sur les rapports entre la philosophie et la foi de Bérenguer de Tours à saint Thomas d'Aquin*, Paris, Lecoffre 1909, 176 p.

HILLGART, J. N., *Ramon Llull and lullism in fourteenth-century France*, Oxford 1917, XXVIII + 504 p.

JACQUIN, A. M., *Les "rationes necessariae" de Saint Anselme*, dans *Mélanges Mandonnet*, t. 2 (Bibliothèque thomiste), Paris, Vrin 1930, pp. 67-78.

KIBRE, P., *The Library of Pico della Mirandola*, New York 1936, p. 135, n. 121 ; p. 261, n. 1067.

MARCH, J., *Ramon Martí i la seva "Explanatio symboli apostolorum"* dans "Anuari de l'Institut d'Estudis Catalans" (Barcelona 1908), pp. 443-496.

MILLAS VALLICROSA, Josep Maria, *Assaig històric de les idees físiques i matemàtiques a la Catalunya medieval*, Barcelona 1931, XV + 351 p.

MIQUEL, Francesc A., *Un gran lul. lista de Santes Creus : Fra Jaume Gener*, Tarragona, Publicacions de l'Arxiu Bibliogràfic de Santes Creus 7, 1957, 48 p.

NAUDEAU, Olivier, *La pensée de Montaigne et la composition des Essais*, Genève, Droz 1972, XIV + 114 p.

NORTON, G., *Early writings of Montaigne and other papers*, New York, McMillan 1904, pp. 3-27.

PLATZECK, E. W., *Raimund Lull. Sein Leben. Seine Werke. Die grundlagen seines Denkens (Prinzipienlehre)*, Düsseldorf, Verlag L. Schwann 1962, 2 vols., XXIV + 470 et XI + 340 p.

PRING-MILL, R., *El microcosmos lul. lià*, Palma de Mallorca 1961, 176 p.

RENAUDET, A., *Préréforme et humanisme à Paris pendant les guerres d'Italie (1494-1517)*, Paris 1916, pp. 520-521.

REUSCH, F. H., *Die Indices librorum prohibitorum des sechzenten Jahrhundertes*, Tübingen 1886 (réimpression 1916), p. 240.

SCHROECK, J. M., *Christliche Kirchengeschichte*, Leipzig 1800-1802, vol. XXX, p. 417.

SOLANA, M., *Corroboración filosófica del dogma de la Trinidad por Ramón Martí*, dans "Revista de Filosofía" XXII (Madrid 1963) 335-368.

TARRE, J., *El Indice de libros prohibidos (fuentes históricas)*, dans "Apostolado Sacerdotal" II (1945) 394-402.

VANSTEENBERGHE, E., *Le Cardinal Nicolas de Cues (1401-1464). L'action, la pensée*, Lille 1920, pp. 282, 324, 425.

- *Un traité inconnu de Gerson : "Sur la doctrine de Raymond Lulle"*, dans "Revue des Sciences Religieuses" XVI (1936) 441-473.

VERA, *La cultura española medieval*, Madrid 1937, vol. II, pp. 252 ss.

VIGNAUX, Paul, *Philosophie au Moyen Age*, Paris, Armand Colin 1958, 224 p.

- *L'histoire de la philosophie devant l'oeuvre de saint Anselme*, dans "Bulletin de l'Académie Saint Anselme" XLVII (1974-1975) 11-24.

- *Sur la place du Moyen Age en histoire de la philosophie*, Paris, Armand Colin 1974, 32 p.

- *De Saint Anselme à Luther*, Paris, Vrin 1976, 492 p.

VILLEY, Pierre, *Les sources et l'évolution des Essais de Montaigne*, Paris 1933, t. II, pp. 171-187.

APPENDICE

APPENDICE

DOCUMENTS D'ARCHIVES QUI DONNENT DES REFERENCES SUR RAMON SIBIUDA

1) *1429 mars 17. Toulouse. Addition aux statuts du Collège Saint Raymond*

"Noverint universi quod, anno Domini M CCCC XXVIII et die XVII mensis Martis, reverendus in Christo pater et dominus Ramundus Sebiende, magister in artibus et rector venerabilis Universitatis studii Tolosani, visitavit presens collegium Sancti Raymundi, prout et tenebatur ratione sui officii rectorie, prout dicebat, et pro videndo si collegium erat per administratores eiusdem debito modo provisum. Cui de voluntate collegiatorum pro tunc in dicto collegio presentium, fuit responsum, et per magistrum Petrum de Capdenaco, bacchalaureum in legibus, dicti collegii scindicum, quod reverendus in Christo pater et dominus dominus Abbas Sancti Saturnini debet providere et administrare ipsi collegio predicto ea que sequuntur quolibet anno.

"Et primo debet panem quotidianum facere ministrari coctum et preparatum, suis sumptibus et expensis, pro et in quolibet die, decem et octo panes, quod ascendit in anno ad XXXVI cartones bladi, de quibus tertia pars debet esse de siligne, et alie due partes de frumento.

"Item, debet facere ministrari pro et in quolibet die decem et octo tersones vini, quolibet tersone valente medium pegarium antique mensure Tolosane, ascendit pro toto anno ad triginta pippas vini.

"Item, debet facere ministrari, sumptibus eius et pro quolibet die, sexdecim denarios turonenses, quod ascendit in anno ad viginti quattuor libras, septem grossos et quinque denarios, pro companagio et sale, etiam oleo.

"Item, pro lignis pro toto anno revoluto ante festum beati Saturnini quinque cadrigatas, valentes quindecim pagellas lignorum.

"Item, debet pati ac etiam permittere quod collegiati recipiant de solo Sancti Saturnini paleas pro toto anno eisdem ac collegio necessarias.

"Item, debet etiam pati ac permittere quod dicti collegiati recipiant pro festo Sancti Raymundi, Corporis Christi, et etiam pro bacchalauriis fiendis in dicto collegio ramatas necessarias de boria Montis Isalguerii.

"Item, debet etiam pati ac permittere quod dicti collegiati recipiant, dictus dominus abbas, eidem collegio, ultra predicta, et die Sancti Saturnini, duos florenos francos.

"Item, debet etiam domum et capellam ipsius collegii tenere reparatam suis sumptibus et expensis.

"Item, quod super predictis omnibus fuit exortum litigium in curia domini senescalli Tolose, et post in curia parlamenti per modum principatis retentum, et demum, post magnas persecutiones, fuit per curiam parlamenti appunctatum, et per arrestum declaratum, quod dictus dominus abbas traderet per modum provisionis dictis collegiatis, pro pane predicto quotidiano, decem et octo cartones bladi, videlicet sex cartones frumenti et duodecim cartones mixture, et pro vino, sexdecim pippas vini, et, pro companagio, decem grossos pro mense, et de ceteris uterentur more solito, ut latius constat per arrestum super his per dictam curiam parlamenti latum (quod habemus) in caxa thesaurarie.

"Item, quod quolibet anno oriebatur dissentio inter dictum dominum abbatem et collegiatos, super dicta mixtura qualis debebat esse, fuit facta transactio inter abbatem predictum et collegiatos, per magnum Carolum de Ruygny, curie parlamenti consiliarium, videlicet, quod dictus dominus abbas daret quolibet anno novem cartones cum dimidio boni frumenti

novi, et octo cum dimidio siliginis, et quod amplius non fieret mentio de mixtura".

Archives de la Haute-Garonne, fonds de Saint-Sernin, Reg. du Coll. Saint-Raymond, copie du XVIIIè s., fol. 19 v°. Cité par FOURNIER, Marcel, *Les status et privilèges des universités françaises depuis l'origine jusqu'en 1789*, vol. I, p. 774 a-b.

2) *1434 juillet 21. Toulouse. Conseil universitaire*

"Anno a natiuitate Domini M° CCCC° XXXIIII° et die mercurii in vespere beate Marie Magdalene, que fuit XXI iulii, existentes in collegio Sancti Martialis et intus capellam, post tertiam horam, congregati per bedellos univeritatis de mandato dicti domini locumtenentis, venerabilis vir dominus Hugo Amelli, decretorum doctor, canonicus Sancti Saturnini, locumtenens domini rectoris, videlicet, domini Raymundi Sibioude ; reuerendus in Christo pater dominus F[errarius], abbas Sancti Saturnini ; (reverendi magistri :) reverendus in Christo pater dominus B[ernardus], prepositus Tholosanus ; Petrus Porquerii, minorum ; Iohannes Martello, minorum regens ; Dy Portola, Augustinorum regens ; Petrus Galterii, predicatorum ; Thomas Baronis, carmelitarum regens ; Blasius de Sancto Ginerio, minorum, (in sacra pagina professores) ; B. de Clusello ; B. Andree, (decretorum regentes :), Helias Brulheti, (legum doctores).

"Dictus dominus prepositus ibidem dixit et exposuit

qualiter super propositione facta per ipsum de concensu ac voluntate domini Rectoris et universitatis in curia domini seneschalli Tholose die lune [tunc] preterita, contra eundem et statum ac honorem persone sue locuti fuerant, et cetera, et cum, ut premissum est, hoc fecisset de mandato domini Rectoris et Uniuersitatis, requirebat quatenus aduocarent et [causam] contra quemcumque obloquentem et ipsum vexare volentem recipient ac [defend]ent expensis universitatis, requirendo iusticiam per nos Malhaferri et Assolenti, promittendo tradere per extensum [premiserunt] infrascriptis et cetera, presentibus domino P[etro] Porquerii, magistro in Sacra Pagina, et domino Iacobo Ferradestius [pro testibus].

"Item ibidem fuerunt similiter plura deducta per dominum Heliam Brulheti, sindicum [...] licenciatum Universitatis tangentur. Et tandem auditis [...] de quibus supra de et super omnibus, remanserunt in hunc appunctamentum.

"Primo quod dictus dominus sindicus et Universitas aduocaverunt acta, dicta et gesta per dictum dominum prepositum in curia domini seneschalli, die lune proxime preterita, XVIIII huius mensis iulii, [presentibus] domino rectore et Universitate et mandant sindicis quatenus assumant dictam causam [non] deffensoris contra quoscumque, volentes directe vel indirecte dominum prepositum proponen[tes] inquietare vel molestare, promittento causam ducere expensis Universitatis con[...] litteras quibuscumque sindicis de assumendo et concesserunt litteras sub sigillo [comitendas] domino comitti Fuxi et quibuscumque aliis.

"Item, super debato inter dominum thesaurarium et collegium Sancti Martialis, deputarentur ad [eundem] ad dictum thesaurarium dominos prepositum et B[ernardum] de Clusello pro parte Universitatis.

"Item super aliis excessibus deductis ibidem inflictis per dominum thesaurarium et que [deinceps] infligantur per ipsum et suos officiarios, deputarentur quatuor heligendi per Universitatem, qui bene et viriliter exponerent domino thesaurario.

"Presentibus quibus supra.

"Item quod accederetur ad iudicem curiarum, dominum Iohannem de Saxis cum requesta que ibidem fuit facta huius[modi ?] tenoris.

"Ex parte.

"Et requireretur si aduocabat contenta in ea et cetera, et ad hoc accederet, dictus dominus Iacobus Ferradesthius, ut sindicus, et Robertus Assolenti, bedellus, cum [testibus].

Archives de la Haute-Garonne, Fonds Notaires (E), Reg. Assolenti J 379, fol. 72 r° - v^o ;

3) *1434 novembre 6. Toulouse. Le conseil universitaire allègue manque de personnel devant le commandement du roi d'envoyer des délégués au concile de Bâle.*

"In anno quo supra et die VI mensis novembris, conuocato concilio de mandato domini B[ernardi] Andree, rectoris, hora vesperorum, infra ecclesiam Sancti Martialis, ubi erant ipse dominus rector, magister Iohannes Magdale, regens Sancti Bernardi, Guillemus Galilerii, predicatorum, Raymundus Sebioude, sacre pagine magister, B[ernardus] de Clusello, H[ugo] Amelli, decretorum doctores, A. de Bosco, magister in medicina, Dominicus de Pulcro, magister in artibus, Iohannes Iuneris, magister in artibus et dominus

H[elias] Brolheti, sindicus, ad mittendum ad consilium Bale, prout dominus noster rex mandabat per suas litteras, quas ibidem idem dominus rector, fuit visum dictis dominis de quibus supra quod ipsi erant pauciores [...] ad omnes fines. Ibidem expressum est esset bonum quod vocarentur omnes et cum cancellario ordinarent diem deputacioni fuit computatum (?), presentibus Malhaferri".

Archives de la Haute-Garonne, Fonds Notaires (E), Reg. Assolenti J 379, fol. 73 r°.

4) *1435 janvier 12. Toulouse. Réquisition faite à Ramon Sibiuda, recteur, par Raymond Serène.*

"Item anno quo supra et die XII^a mensis ianuarii, existens coram domino Raymundo Sebioude, rectore Uniuersitatis, in capitulo patrum Augustinorum, dominus Raymundus Serene, legum doctor et regens in Uniuersitate Tholosana, dixit verba dirigendo dicto domino rectori, quod casu quo ipse incorporaret dominum Petrum Pigati Uniuersitati absque solucione iurium [...] et [...] ac [nomine suo], prouocabat ab eodem et cetera pro se et suis adherentibus et protestabatur contra eum et cetera, necnon et contra magistrum Iohannem Iuneris, thesaurarium, etiam presentibus, de quibus petiit instrumentum, presentibus magistro Iohanne Adhemarii, in legibus baccalario, et Iacobo Ferradesthius. Item, ibidem, dictum appuntamentum adhesit domini H[ugo] Nigri, I[ohannes] Martelli, Theodoricus, regens Sancti Bernardi, Philippus Robberti, de quibus et cetera, presentibus quibus supra. Item etiam adhesit De Bosco, presentibus quibus supra".

Archives de la Haute-Garonne, Fonds Notaires (E), Reg. Assolenti J 379, fol. 74 r°.

5) *1435 janvier 24. Toulouse. Ramon Sibiuda, recteur, reçoit Jean Junerii comme maître régent.*

"Item anno quo supra et XXIIII ianuarii, magister promisit et iurauit magistro Iohanni Iuneris in manibus domini R. Sebioude, rectoris, [dare nomen] omnium scolarum infra et solvere promisit stabilitum pro omnibus, hoc excepto quod ipse deduceret recepta et dedit licentiam regendi hinc ad Pasca, presentibus Malhaferri et magistro petro [Brunelli] in medicina".

Archives de la Haute-Garonne, Fonds Notaires (E), Reg. Assolenti J 379, fol. 74 r°.

6) *1435 mars 8. Toulouse. Conseil universitaire.*

"Anno quo supra et die octaua mensis marcii, existentibus infrascriptis infra capellam patrum Augustinorum ecclesie Tholosane, inter tertiam et quartam horam post meridiem, mandati siue rogati per bedellum, videlicet Robbertum Assolenti, consenserunt quod dispensaretur super fi[...] [...] [...]lome, ordinis Carmelitarum et ibidem fuit dispensatum super statuto et

illico fuit reduct[?] ad statum. Item, infrascripti dederunt licenciam domino vicegerenti dispensandi de qualiter per ipsum nominandi et nunc pro tunc, et cetera, dispensabantur et dispensationi consenciebant.
    Primo, dominus vicecancellarius
    P[etrus] Martialis, carmelitarum
    R[aymundus] Sebiuode
    R[aymundus] de Maseriis
    Petrus Serni, Deaurate
    Safontis
    Martelli
    Regens Sancti Bernardi pro se et magistro Hugone Nigri
    De Genolhato
    Thome Baronis
    Seguiy
    Jalgia
    Robbertus, predicatorum
    Theodoricus

INDEX

INDEX

INDEX DES THÈMES

action humaine : 89-90
âme : 145-146, 148
- sa spiritualité : 220
amour : 91-93, 148-151, 157, 162
- science de l'amour : 149, 162
- spécifie la volonté : 149
- et vertu : 149
- sa force : 149-150
anges : 80, 94, 124-125, 174-176, 198-199
anthropocentrisme : 137, 140-141, 222
apologétique : 93, 121, 137, 141, 144, 157, 234, 236
argument de saint Anselme : 86-88, 109, 151, 153-156
art d'affirmer et de nier : 109-110, 122, 191
Ascension : 89
augustinisme : 5, 141, 143-144, 208 : 213-214
auteurs classiques : 69-71, 223
averroïsme : 163-164

béatitude : 141-142
Bible : 93-94, 96, 139, 143, 193-195, 201
bonheur : 93

certitude : 99-102, 13, 105, 144-145, 221-222, 234
- conditions : 99, 194
- degrés : 99
cités, (les deux) : 150
christianisme : 89, 93
- exalte et dignifie la nature humaine : 89, 113, 122
clercs : 176-177

communication de nature divine : 84
comparaison par convenance : 81-85
- par différence : 85-92
concupiscence : 201-202
connaissance de l'homme : 79, 100, 110, 125, 141-142, 145-146, 189-190, 234
connaissance de soi : 5, 141-142, 145-146, 159, 164-165, 189-190, 233-234
conscience de soi : 90, 101
conviction : 104
corrélatifs lulliens : 185-186
crainte : 93, 150, 162
création, créatures : 78-80, 83-85, 87, 89-92, 96, 98-99, 102, 105, 147, 151, 163, 169-171, 193-194, 212, 213
crise religieuse : 68, 111-114, 215-222

degrés de la nature : 81-86, 137
démérite : 90
destinée de l'homme : 87, 100, 157
devoir, obligation de l'homme : 90-93, 157, 162
Dieu
- son existence : 80-82, 89, 131, 147, 209
- nature supérieure : 82, 151
- infinité : 82, 209
- attributs : 83, 87, 89, 104, 151
- rémunérateur : 90
- sa connaissance : 189

dignité de l'homme : 88, 91, 122, 234
dignités divines : 131, 137, 167, 223
divinité du Christ : 93, 157
doute : 145

échelle : 130
- de nature : 101
Ecriture : v. Bible
épicurisme : 219-220
eschatologie : 78-79
Esprit Saint : 133
essence : 146-148, 210-211
éthique : 81, 93, 148-150
être : 81-83, 131, 146-147, 179, 210-211, 226-227
- univocité de l'être : 210, 213
expérience : 83, 102-105, 106, 110, 221-222

fin de l'homme : 206-207, 235
fin du temps : 139-140
fins du monde : 90-91
foi : 97-98, 125-126, 141-144, 158, 193, 196, 206, 213, 225
foi, doctrine, religion chrétienne : 88-89, 93, 100, 113, 143, 150, 195-196, 221, 231

gloire : 93
grâce : 196

hiérarchie : 147
homme
- intermédiaire : 92
- science de l'homme : 95, 96, 164
- ignorance de l'homme : 100-102
- sa nature de créature : 86-88, 90-92, 102, 105, 199-200

- sa connaissance : 100, 102, 105
- sa supériorité : 118-119
- microcosme : 137
- sa chute et sa corruption : 133-134, 139, 157, 174-176, 201-202
- son châtiment : 202-205
- son intériorité : 145
- sa signification particulière : 146
- son union avec Dieu : 149
- image de Dieu : 152, 159, 233
- dons qu'il reçoit de Dieu : 167-171
homme-Dieu, l' : 158
honneur : 93, 157
humanisme : 5, 70, 91, 168, 213, 215-222, 235
- la question de l'homme : 222

idéalisme : 102
illumination : 143
immortalité de l'âme : 89, 94, 173-174, 202-205, 215-221
Incarnation : 89, 135, 223
intelligence, compréhension : 81-83, 86-89, 212

joie : 150, 162
jugement dernier : 89
juifs : 68

laïcs : 176-177
liberté, libre arbitre : 89-90, 159-160, 171-173, 197, 225-227
livre : 96, 114
- les deux livres : 97-99, 143-144, 146, 163-164, 193, 197, 200-201, 213
logique : 106

INDEX DES THÈMES

loi morale : 93
lullisme : 74, 127-141, 222-224, 232

mariage : 177-178
matérialisme : 219-220
mérite : 90
métaphysique : 81, 210-211, 213
méthode : 95-110, 114, 151, 165, 168
modes lulliens : 130

monde
 - créé : 83-85, 212
 - éternel : 125-126
 - livre du : 163-164
musulmans : 68-69, 93, 113-119

nature : 196, 199
naturel, le : 97-98
néant : 131, 211
nécessité : 225-227, 229
néoplatonisme : 147
nominalisme : 111
non-être : 147-148

opinion : 217-218
optimisme : 208
ordre de l'univers : 81-82, 209

parole de Dieu : 93, 97-98, 196-197, 213
parole humaine : 93-94
péché : 174-176
 - originel : 175
peste noire : 68, 111
philosophie : 206-208, 232-237
 - philosophie chrétienne : 144
 - philosophie de la religion : 235-237
 - philosophie des anciens : 112, 206-207

pouvoir temporel et spirituel : 68
preuve : 105-107, 112, 124
production (artificielle et naturelle) : 83-84, 132-133, 181-182, 211-212
prophétisme : 68, 112-113
puissance : 181

raison : 98, 104, 106, 125-126, 141-144, 151, 193, 196, 206, 208, 213, 225-229
 - raisons nécessaires : 105-107, 123-124, 131, 141, 151, 158, 217-218, 221-222, 223-225, 231-232
rationalisme : 217-220, 222
rédemption : 78-79
règles : 86-87, 108-110, 154-155
 - règles lulliennes : 130
règle de nature : 87-89
rémunération : 90, 93
responsabilité morale : 90
résurrection : 89, 136

sacrements : 125, 202
sagesse : 99, 142-144, 148, 206
salut : 156-158, 193, 213
 - sa connaissance : 98, 102
sanction morale : 90
scepticisme : 69, 102, 113, 118, 215-220, 222
science : 95-99, 106, 129-130, 142, 143, 195, 207, 217, 219, 237
sentir, sensibilité : 81-82
signe : 146, 163
signification : 187-188
 - mode de signification : 187-188
socratisme chrétien : 5, 158-159, 189-190, 192, 233-235
spirituels (mouvement des) : 140

surnaturel, le : 97-98, 199

théologie : 80, 107, 121-122, 151, 192, 196, 206-208
- naturelle : 95, 99, 192
Trinité : 83-85, 89, 104, 123, 132-133, 151-152, 158, 165-167, 179-189, 223
tristesse : 93, 150, 162

vérités incompréhensibles : 104, 106, 152, 166, 184-185
vertu : 93
vice : 93
vie future : 78-79
vivre, vie : 81-83
volonté : 86, 160-162, 212

INDEX DES MANUSCRITS CITÉS

Auch
    Bibliothèque Municipale
    ms. 6 : 14, 40
Barcelone
    Arxiu Històric Municipal
    ms. B.79 : 9, 42
    Biblioteca de Catalunya
    ms. 462 : 25
    ms. 473 : 70
Bonn
    Universitätsbibliothek
    ms. lat 311 : 34
    ms. " 312 : 36
    ms. " 324 : 44
Bruxelles
    Bibliothèque Royale
    ms. 1391 : 44
    ms. 2168 : 9, 14, 35
    ms. 2169 : 9, 42
Clermont-Ferrand
    Bibliothèque Municipale
    ms. 195 : 9, 14, 39-40
Cues
    Bibliothèque de l'Hospital
    ms. 196 : 9, 14, 32
Cuyk-Sint Agatha
    Kruisheerenklooster
    ms. C 119 : 45
Düsseldorf
    Landes-und Stadtbibliothek
    ms. B 121 : 43
Erlangen
    Universitätsbibliothek
    ms. 571 : 44

Girona
    Arxiu Municipal
    Manual d'acords de l'any 1445 : 26
Grenoble
    Bibliothèque Publique
    ms. 319 : 9, 14, 43
Liège
    Bibliothèque de l'Université
    ms. lat. 350 : 44
Lisbonne
    Biblioteca Nacional
    ms. iluminado 97 : 14, 33
Londres
    British Library
    ms. 17.D. XXII : 52
    ms. 17.B. XIV, XXVI : 61-62
Madrid
    Biblioteca Nacional
    ms. 1552 : 9, 14, 39
Manchester
    John Rylands Library
    ms. lat. 490 67858 : 44
Mayence
    Stadtbibliothek
    ms. lat II 235 : 34,
    ms. lat II 608 : 43
    Bibliothek des Bischöflichen Priesterseminars
    ms. 161 : 34
Metz
    Bibliothèque Municipale
    ms. 149 : 9, 14, 32

Milan
Biblioteca Ambrosiana
ms. lat. 0 67 Sup. : 44

Munich
Staatsbibliothek
clm 8743 : 9, 36
clm 10592 : 43

Namur
Bibliothèque de la Ville
ms. 28 : 9, 14, 41-42

New York
Hispanic Society of America
ms. HC 327/108 : 44

Paris
Bibliothèque de l'Arsenal
ms. 747 : 11, 14, 23, 37-38, 78, 95, 98, 102-103, 105-110, 113-115, 118-119, 122-123, 125-126, 143-144, 147-150, 153-156, 158-162, 165-166, 168-170, 172-189, 191, 193-195, 197-199, 202-205, 209-212

Bibliothèque Nationale
ms. lat. 3133 : 9, 14, 21-22, 38
ms. lat. 3134 : 9, 33-34
ms. lat. 3135 : 9, 35
ms. lat. 18133 : 38

Philadelphie, Pennsylvania
University Lia
ms. 7 : 36

Rouen
Bibliothèque Publique
ms. 595 : 9, 13-14, 22, 41, 63

Seville
Biblioteca Capitular
ms. 84-1-4 : 43

Toulouse
Bibliothèque Municipale
ms. 747 : 9, 11-14, 22, 29-31, 112
ms. 748 : 14, 36

Archives de la Haute-Garonne
Fonds Notaires, Reg.
Assolenti : 10-11, 22, 280-283

Vatican
Biblioteca Apostolica Vaticana
Reg. Lat. 397 : 9, 14, 23, 31
Pal. Lat. 379 : 62-64

Vienne
Dominikanerkonvent
lat. 100/65 : 44
lat. 212/178 : 44

Wolfenbüttel
Herzogliche Bibliothek
ms. 3914 : 14-15, 44

INDEX DES NOMS ET DES OUVRAGES CITÉS

Dans cet index nous avons conservé toutes les variantes du nom de R. S. Sous l'entrée *Sibiuda, Ramon*, v. les références à ces variantes.

Abbagnano, N. : 247
Abd Allah : 117
Abellán, José Luis : 247
Abou el-Abbas Amed : 69
Adam Teutonicus : 63
- *Summa Raymundi versibus compilata* : 63
Adhemar, Jean : 282
Adolphus, Johannes : 59
Africa : 70
Africus : 14
Agrigento : 242
Agrippa de Nettesheim, H. C. : 127, 247
Aguiló : 23
Agustín, v. Augustin, saint
Ajo, C. Mª : 267
Alain de Lille : 188
- *De fide catholica contra haereticos* : 121-123, 188
Alamanni, card. : 71
Albert I : 243
Albertí, S. : 247
Albunizar : 14
Aldea Vaquero, Q. : 247
Alegre, F. : 220, 271
Allemagne : 65, 242
Alphonse V d'Aragon : 117
Altamura, A. : 9, 18, 247
Altdorf : 246
Altés Escrivà, J. : 11, 18, 247
Altisent Jové, J. : 267
Alverny, Marie Thérèse d' : 243
Alzog, J. : 248
Amelli, Hugues : 10, 280, 281
America : v. Amérique

Amérique : 44, 243, 246, 249, 257
Amice : 256
Amstelodami : v. Amsterdam
Amsterdam : 24, 45, 54, 242, 244, 249, 251, 255
André, Marius : 248
André, Valérien : 9, 54, 58, 59, 63, 244
Andree, B. : 280, 281
Andrés, Melquíades : 248
Angeles, Juan de los : 252
Anibal : 70, 270
Anna : v. Anne, sainte
Annat : 263
Anne, sainte : 57
Anselme, saint : 4, 86, 94, 109, 151-155, 157, 158, 179, 193, 196, 225, 230, 232, 258, 274, 275
- *Proslogion* : 86-87, 109, 151, 153-156
- *Monologion* : 151-153
- *Cur Deus homo* : 135, 156-158, 193, 231
- *Epistola de Incarnatione Verbi* : 196
Antonio, Nicolas : 18, 62, 248
Antwerpen : v. Anvers
Anvers : 58, 59, 127, 245
Aquila, L' : 250
Aquin, Thomas d' : 19, 69, 124-126, 274
- *Summa contra Gentes* : 124-125, 157
Aragó : v. Aragon

Aragon : 11, 21, 23, 27, 67, 68, 69, 71, 74, 140, 167, 223, 248, 250, 258, 271, 274
Arbosio : 31
Arc, Jeanne d' : 67
Ares, Antonio : 61
- Diálogos de la naturaleza del hombre : 61
Argentina : v. Strasbourg,
Ariel : 69, 116, 273
Aristoteles : 229
Armaingaud : 19, 51
Armogathe, J. R. : 61, 244
Arnobe : 122
- Adversus nationes libri VII : 122
Arras : 60, 137
Assolenti, Robert : 10, 22, 280, 281, 282
Astre, F. : 263
Augsburg : 255
Augustae Taurinorum : v. Turin
Augustin, saint : 72, 141-145, 147-151, 166, 202, 271, 274
- De libero arbitrio : 142, 146
- De Trinitate : 142-143, 145
- De vera religione : 145
- Enarrationes in Psalmos : 145, 150
- In Epistola Johannis ad Parth. : 149
- Confessiones : 149-150
- De Civitate Dei : 150
Aulotte, Robert : 248
Australia : v. Australie
Australie : 242
Autriche : 74, 242
Avignon : 257
Avinyó, Joan : 11, 71, 127, 248
Azagra, Melchor de : 267

Babylonia : v. Babylone
Babylone : 150

Bad-Cannstatt : 20, 50, 247, 261
Badia, Lola : 270
Bâle : 9, 15, 51, 67, 255, 262, 281, 282
Balsarin, Guillaume : 45
Barbara : v. Barbe
Barbe, sainte : 42
Barbier, Jean : 48
Barbot, Jules : 73, 263
Barcelona v. Barcelone
Barcelone : 9, 11, 18, 23, 25, 26, 42, 45, 49, 50, 53, 55, 67, 68, 69, 70, 71, 74, 102, 111, 115, 116, 127, 138, 215, 223, 243, 246, 247, 248, 249, 250, 253, 256, 258, 259, 260, 261, 262, 268, 269, 270, 271, 272, 273, 274, 275
Barcino : 268
Bari : 116
Baronis, Thomas : 280, 283
Barrero Díaz, J. R. : 248
Barthélemy, saint : 34
Bartholomeus : v. Barthélemy
Basel : v. Bâle
Basili de Rubí : 248
Basle : v. Bâle
Bassier, Johannes : 33, 34
Bassorah : 117
Bataillon, Marcel : 61, 244
Batlle i Prats, L. : 267
Batllori, Miquel : 248, 270
Baudin : 273
Baudouin, A. : 263
Baudrier, J. : 45, 244
Bauduin, François : 60
Baumgarten - Crusius, L. F. : 273
Baur, L. : 249
Bayle, Pierre : 9, 18, 54, 249
Beauchesne : 246, 252, 254
Beaune : 34
Beauvais, Romain de : 51

Belgique : 33, 41, 44, 241, 242
Belgium : v. Belgique
Bellarmin : 246
Bellarminus : v. Bellarmin
Belne : v. Beaune
Benech, R. O. : 263
Benoist, saint : v. Benoît, saint
Benoît, saint : 60
Benoît XIII : 68, 72, 116, 224
Berand, S. : 59
Bérenguer de Tours : 274
Berge, P. van der : 54
Berlin : 253, 255, 262, 263, 264, 267
Bernard, prévôt de Toulouse : 280
Bernard, saint : 4, 150, 158-160, 162, 192, 230, 233, 274
  - De gratia et libero arbitrio : 159-160
  - In tempore Resurrectionis sermo III : 161
Bernard, E. : 249
Berne : 251
Bernkastel am Mosel : 32, 243
Bernouilli, R. : 249
Beroaldus, Matthaeus : 35
Berolini : v. Berlin
Berthelot : 258
Berthier, A. : 273
Bertrand : 264
Bertrand, Nicolas : 9, 16, 17, 249
Bielke, J. F. A. : 273
Bilbao : 253
Blanc, Elie : 249
Blanchet : 273
Blendecq, Charles : 60
  - La Violette de l'ame : 60-61
Blondel, Charles : 60
Blum, Claude : 249, 251, 255, 258
Boccace : 69, 271, 273
Boccaccio : v. Boccace

Boer, C. de. : 249
Bofarull, Pròsper de : 274
Bohigas i Balaguer, Pere : 67, 112, 270
Bompiani : 245, 252
Bona, card., Giovanni : 127, 249
Bonacina : 249
Bonaventure, saint : 4, 130, 136, 150, 160, 192-196, 198-202, 204, 228, 230, 232, 274
  - *Breviloquium* : 130, 136, 158, 192-205, 228, 230-232
Bond, W. H. : 243
Bonet, Honoré : v. Bouvet, H.
Bonilla y San Martín, Adolfo : 250
Bonllavi, Joan : 274
Bonn : 34, 36, 44, 241, 243
Bonnal : 267
Bordeaux : 19, 254
Bordoy-Torrents, Pere Mártir : 270
Borja, Alfonso de : 267
Bosco, A. de. : 281, 282
Bouillon : 264
Bourgogne : 241
Boussac, G. de : 272
Bouvet, Honoré : 273
Bové, Salvador : 11, 102, 127, 140, 243, 249, 261, 274
Braga : 128, 162, 243, 256
Braxatoris, Johannes : 34
Bray, Toussaints de : 51
Breslau : 256
Britannia Magna : v. Grande-Bretagne
Brolheti : v. Brulheti
Brothier, Léon : 249
Brulheti, Elie : 280, 281, 282
Brun : 244
Brunelli, Pierre : 282
Brunet, J.-Ch. : 46, 244

Bruxelles : 9, 14, 35, 42, 44, 241, 242, 243, 245
Budde, J. F. : 55, 244
Buenaventura, san : v. Bonaventure, saint
Buenos-Aires : 253, 257
Buhle, J. G. : 249
Bunel, Pierre : 19, 20, 64

Cabanelas, D. : 249
Cabanes, J. M. : 250
Caen : 257
Caesar, Martin : 58
Calcoen, Roger : 241
Calixte III : 267
Calixto : v. Calixte
Calmette, Joseph : 264
Calvet, A. : 270
Cambridge : 242, 246, 261
Camerale : 53
Campania : 38
Camps Calmet : 268
Canada : 243
Canalejas y Casas, Francisco de Paula : 250
Canals, Antoni : 70, 130, 168, 222, 223, 271, 272
- *Scala de contemplació* : 70, 130, 168
- *Scipió e Anibal* : 70
- *Exposició de l'art memorativa de Ramon Llull* : 223
Cantabrigia : v. Canterbury
Canterbury : 17, 127, 151, 257
Cantorbéry : v. Canterbury
Capréole, Jean : 72
Caraman, V. A. Ch. de Riquet, duc de : 250
Cardoner i Planas, Antoni : 271
Carreras, Tomàs : 258
Carreras i Artau, Joaquim : 11, 23, 74, 102, 104, 128, 129, 130,
131, 138, 143, 163, 185, 208, 250, 271
Carreras i Artau, Tomàs : 11, 23, 74, 102, 104, 128, 129, 130, 131, 138, 143, 163, 185, 208, 250
Casaubon, Merik : 9, 17, 250
Casella, M. : 271
Casp : 67
Castalia : 259
Castella : v. Castille
Castellanos de Losada, B. S. : 250
Castille : 26, 272
Catalogne : 11, 25, 49, 50, 69, 70, 112, 140, 222, 249, 250, 251, 269, 270, 272, 274, 275
Catalunya : v. Catalogne
Caubet : 264
Cave, G. : 263
Cazalla, Juan de : 256
Cebeyde : 9, 16, 17
Cejador y Frauca, Julio : 250
Ceruti : 44, 242,
Cervantès : 271
Cesena : 53
Chadwyck - Healey : 242
Champier, Symphorien : 16, 17, 250
Champion, Honoré : 249, 251, 255, 258
Chapelle, L. : 264
Charles VI : 266
Charles VII : 266
Châtelain : 10, 264
Chaudière, Guillaume : 51
Cheltenham : 42
Chevalier, J. : 250
Christ : 23, 32, 34, 43, 57, 58, 59, 61, 93, 119, 156, 157, 158, 193, 196, 199
Christus : v. Christ

Cicchitti - Suriani, F. : 250
Cicéron : 69, 220
Clairvaux : 162
Clarendon : 126, 262
Clascar, Frederic : 251
Claudin, Auguste : 45, 244
Clermont - Ferrand : 9, 14, 39
Clusello, B. de : 280, 281
Colin, Armand : 159, 233, 275
Coll, José María : 267, 271
Collège Saint Marçal (de Toulouse) : 280, 281
Collège Saint-Raymond (de Toulouse) : 9, 10, 279, 280
Cologne : 32, 42, 54, 55, 57, 58, 59, 64, 246
Colomer, Eusebi : 251, 274
Colonia : v. Cologne
Comillas : 248
Commenius : v. Komensky
Compagnon, Pierre : 18, 50, 251
Comparot, Andrée : 251
Compayré, G. : 11, 102, 127, 251
Conard : 19, 51
Conger, George Perrigo : 251
Constance : 10, 67, 264
Constantin, C. : 251
Conti : 53
Coppin, Joseph : 20, 51, 251
Coppinger : 42, 46, 58, 244
Cortielles, Raimon Astruc : 272
Cotta, J. G. : 261
Crefeld : 261
Crenius, Th. : 244
Cues, Nicolas de : 9, 14, 32, 243, 251, 275
Cuesta, Juan de la : 61
Cujas : 264
Curtius : 251
Cuyk-Sint-Agatha : 45
Czeike, Felix : 241

D'Irsay, Stephen : 264
Dalmau : 268
Dante : 273
Daulphin, Claude : 9, 50, 51
Daventria : v. Deventer
Davolio, G. : 53
De Gérando, Joseph Marie : 251
Delaruelle, E. : 264
Delègue, Yves : 252
Delisle, Léopold : 38, 241
Deloume, A. : 264
Demonville : 52
Denifle, H. : 10, 264, 267
Denina : 253
Denis : 245
Denis, saint : 25
Descartes : 102, 235, 248
Desing, Anselmus : 252
Despuig, Cristòfor : 26
Deventer : 9, 15, 34, 45, 46, 95, 246
Diago : 267
Dich, Johannes : 32
Didot, F. : 252, 257
Dieulafoy : 264
Dijon : 262
Dilingen : 260
Dilthey, W. : 252
Dionís, sent : v. Denis, saint
Dirks, S. : 52, 245
Dittrich, O. : 252
Dobben de Alemaria, Johannes : 42
Domínguez, Dionisio : 252
Domínguez Berrueta, Juan : 252
Domínguez Bordona, Jesús : 241
Dominique : v. Seminiverbius
Dorer, Maria : 252
Dorlandus : v. Dorlant
Dorlant, Pierre : 54, 55, 56, 58, 62, 246, 247

- Viola animae ou De natura hominis : 9, 54-59
- Violeta del ànima : 61

Douais, C. : 264

Douladour, C. : 265

Dottrina dello schiavo di Bari : 116

Draudus, G. : 245

Dréano, M. : 252, 274

Droz : 275

Du Bourg, A. : 72, 264

Du Cange : 24, 25

Du Mège, A. L. Ch. A. : 264

Du Pin, L. E. : 54, 224, 252

Duculot : 241

Dufourcq, Ch.- E. : 274

Duns Scot, Jean : 69, 205, 207-209, 211-214, 230, 274
- *Opus Oxoniense* : 207-208
- *Reportata Parisiensia* : 209

Durand : 265

Düsseldorf : 43, 275

Duval, Amaury : 52

Ebert : 45, 46, 245

Eichhorn, J. G. : 252

Eimeric : v. Eymerich

Eisler, Rudolf : 253

Eiximenis, Francesc : 25, 69, 70, 271
- Libre dels Angels : 25

Eloy, N. F. J. : 253

Epalza, Mikel de : 68, 69, 115, 117, 271

Epicure : 219, 220

Epicuri : v. Epicure

Erasme : 64

Erdmann, J. E. : 253

Erlangen : 44, 241

Escornalbou : 244, 247

Escurial : 62

Espagne : 9, 26, 33, 54, 61, 63, 242, 244, 246, 247, 248, 253, 254, 256, 259, 268, 270, 271

España : v. Espagne

Espasa - Calpe : 247, 253

Etats-Unis : 243

Etimar : 44, 242

Eugène IV : 16

Eymerich, Nicolas : 71, 74, 140, 223, 269, 271, 272

Eyquem, Pierre : 64

Fabricius, J. A. : 55, 245

Faenza : 53

Faidier, Paul : 41, 241

Farinelli, A. : 271

Faye, C. C. : 243

Feijóo y Montenegro, B. J. : 253

Feller, F. X. : 253

Feltrinelli : 262

Ferdinand I d'Aragon : 116

Ferdinand II d'Aragon : 271

Fernández de Córdoba, Francisco : 61

Fernando el Católico : v. Ferdinand II d'Aragon,

Ferradesthius : v. Ferradestius

Ferradestius, Jacques : 281, 282

Ferrara : 53

Ferrater Mora, J. : 253

Ferrer, Matías : 269

Ferrer, Vincent : 70, 271

Ferrer i Mallol, Mª Teresa : 115

Finke, J. : 267

Firenze : v. Florence

Fischbacher : 262

Fischer, Hans : 44, 241

Fita, Fidel : 26

Flach, Martin : 46

Flach, Martin, ior. : 43, 46, 47

Florence : 55, 243, 245, 248, 253

Florentia : v. Florence
Foix, comte de : 281
Foppens, J. F. : 245
Forest, A. : 253
Forner y Piquer, Juan Pablo : 253
Fouché-Delbosch, R. : 118, 273
Fournier, Marcel : 9, 10, 15, 22, 72, 73, 264, 265, 280
Fraile, Guillermo : 253
Frame, Donald, M. : 253
France : 10, 13, 33, 39, 67, 128, 207, 223, 241, 242, 244, 248, 256, 263, 265, 266, 274
Franciscus : v. François
Francfort : 49, 245, 246, 247, 252, 253
Francke, A. : 251
Francofurti ad Moenum : v. Francfort
François, saint : 34, 245
Frank : 253
Frankfurt : v. Francfort
Freiburg im Breisgau : 249, 255, 261
Freidrich, Hugo : 274
Freiherr von Erbstein, W. L. G. : 274
Freytag, F. J. : 245
Friburgi : v. Freiburg im Breisgau
Fries, J. R. : 253
Frommann, Friedrich : 50
Fuster, Joan : 271
Fuxi : v. Foix

Gadave, René : 10, 11, 265
Galatinus, Petrus : 35
Galilerii, Guillaume : 281
Gallardo, B. J. : 241
Gallia : v. France
Gallimard : 253
Galterii, Pierre : 280

Gand : 243
Gandillac, Maurice de : 253
Garasse, François : 254
Garaud, Monique : 243
García Ayuso, Francisco : 255
García del Real, Eduardo : 254
García Luna, Tomàs : 254
García Villoslada, Ricardo : 248
Gardeil, A. : 254
Gardineto : v. Jardinet
Garlande, Jean de : 265
Gastl : 252
Gatien-Arnoult, A. F. : 265
Gaufredi, Raymundus : v. Godefroid, Raymond
Gaussail : 265
Gaya i Massot, R. : 267
Gemblox : 41, 241
Gener, Jaume : v. Janer, Jaume
Genève : 275
Geneviève, sainte : 46
Genolhato : 283
Geny, P. : 254
Georgi, Th. : 245
Germany : v. Allemagne
Gerson : 141, 22-225, 228-232, 275
- Contra Raymundum Lulli : 223-232
- Secunda lectio contra vanam curiositatem : 224
- Epistola ad fratrem Bartholomaeum carthusiensem : 224
Gesner, C. : 9, 17, 254, 261
Gesnerius, C. : v. Gesner, C.
Gesú : v. Jésus
Geymonat, Ludovico : 254
Gheyn, J. van den : 35, 44, 242
Gibrac : 267
Gili, Luis : 260

Gilson, Etienne : 121, 122, 123, 158, 192, 209, 211, 212, 233, 254, 274
Gilson, J. P. : 52, 141, 142, 143, 144, 146, 147, 148, 149, 150, 244
Gimont : 41
Giró, Fidel : 274
Girona : 26, 258
Giunta, Jacques : 49
Glocester : 42
Godefroid, Raymond : 15, 44
Gómez Heras, José Mª : 43, 242, 254
González, Ceferino : 102, 254
Gossi, Hugues : 33
Göttingen : 249, 252
Gottlieb, T. : 242
Goujet, abbé : 254
Gourbin, Gilles : 19, 24, 51
Graesse : 9, 58, 245
Grande-Bretagne : 33, 242
Gras i de Esteva, R. : 268
Gray, Floyd : 254
Great Britain : v. Grande-Bretagne
Gredos : 121
Grégoire, saint : 34, 69
Grégoire XI : 71
Gregorius : v. Grégoire
Grenoble : 9, 14, 43
Grijalbo : 254
Grotius, Hugo : 254
Gruyter, de : 263
Gryphius, Sébastien : 38, 59
Guerike, H. E. F. : 274
Guillemot, veuve : 51
Guilleumas, Rosalia : 274
Gutenberg : 246
Gütersloh : 263
Gutwirth, Marcel : 254
Guy, Alain : 254

Haebler, K. : 245
Haenel, G. : 33, 242
Hagenbach, P. : 52
Hain, L. : 9, 45, 46, 54, 244, 245
Hainrici, Martinus : 44
Halle : 253, 255, 274
Halm, C. : 36, 43, 242
Hamberger, G. Chr. : 245
Hambourg : 9, 55, 245, 260, 262, 263
Hamburg : v. Hambourg
Harztheim, Caspar : 54
Haute-Garonne : 9, 10, 22, 280, 281, 282
Hegel, G. W. F. : 255, 257
Heineman, Otto von : 14, 242
Heitz, Th. : 274
Helvetia : v. Suisse
Hénault : 265
Herben, Matthaeus : 56, 57
Herder : 255, 256, 262
Heremo : v. L'Herm
Hergenröther, card. J. : 255
Hilderia : 246
Hillenius, Johannes : 59
Hillgarth, J. N. : 128, 136, 137, 274
Hippone : 148
Hirschberger, Johannes : 256
Hispania : v. Espagne
Hoffman, Wolgang : 49
Holberg, F. : 255
Höllhuber, Ivo : 255
Hontheim, J. : 255
Hornbeck, J. : 255
Hossfeld, P. : 255
Hugues de Saint-Victor : 4, 70, 135, 162-170, 173-179, 192, 230
- *Soliloquium de arrha animae* : 70, 162, 164, 167-172

- *Summa Sententiarum* : 135, 162, 174
- *De Sacramentis* : 162, 164, 167, 174-177
- *De Archa Noe morali* : 162, 169, 171
- *Eruditio Didascalica* : 162, 163, 165, 173-174
- *De Vanitate mundi* : 162, 164-165, 173
- *Quaestiones in Epistolas Pauli* : 166-167

Huisman, Denis : 260, 262
Hurter, H. : 245
Huttler, M. : 255

Ibarra : 253
Ihesus Christus : v. Jésus
Ilerda : 74
Innocent VI : 71
Innsbruck : 245
Iriarte : 255
Isalguerii : 279
Italia : v. Italie
Italie : 220, 242, 244, 247, 271
Italy : v. Italie
Iudas : v. Judas
Ivars, Andreu : 271

Jacobi : v. Jacques, saint
Jacques, saint : 48, 51, 59
Jacquin, A. M. : 274
Jalgia : 283
Janer, Jaume : 138, 139, 140, 196, 206, 275
- *Ars metaphysicalis* : 138, 140, 196, 206

Jardinet, monastère : 41
Jaume II : 268
Jehanneau, Eloi : 51
Jena : 262
Jerphagnon, Lucien : 255

Jérusalem : 150
Jésus : 12, 13, 30, 31, 32, 33, 35, 36, 37, 38, 39, 40, 42, 43, 44, 45, 50, 53, 55, 56, 57, 64, 93, 119, 248
Joan I d'Aragon : 67, 215, 216, 218, 220, 221, 273
Jöcher, Chr. G. : 55, 245
Jordane : v. Jourdain
Jourdain : 161
Jourdain, Charles : 265
Judas : 229
Junerii, Jean : 281, 282
Jung, Gertrud : 263
Justiniannus, Augustinus : v. Justinien, Augustin
Justinien, Augustin : 17

Keller, Andreas : 52
- Von der Uebertreffenlichkeit, Glaubwirdigkeit und gwalltigen Autoritet der heligen Schrift : 52

Kempten : 260
Kibre, P. : 274
Kleiber, C. C. L. : 255
Klimke, F. : 255
Klincksieck : 251
Klostermann, Vittorio : 252
Kluwer, Ae. E. : 246
Koberger, Antonius : 47
Komensky, J. A. : 24, 54, 251
- *Oculus Fidei* : 54

König, G. M. : 246
Kristeller, Paul Oskar : 34, 38, 43, 44, 242
Kronenberg, M. E. : 246
Kues, Nicolas von : v. Cues, Nicolas de
Kyron : 15

La Boétie : 252, 254

La Croix du Maine : 245
La Haie : 245
La Haya : v. La Haie
La Fuente, Vicente de : 268
Labanca, Baldassare : 255
Labarre, Albert : 246
Labouderie, J. : 52, 55, 255
Lafaille, M. G. : 265
Laffont : 245
Lahondès, Jules : 265
Laínez : 64, 260
Languedoc : 21, 24, 27, 67, 71, 72, 263, 264, 265, 266
Lapierre, E. : 265
Larousse : 255
Lathomi, Aymo : 31
Lavaur : 20
Lavisse, E. : 256
Le Bachelet, X. M. : 256
Le Bansais, Emile : 256
Le Clerc, J. V. : 52
Le Myésier, Thomas : 128, 136, 137, 140
 - Introductio in artem Remundi : 128, 137
 - Electorium : 136
Lecoffre : 248, 274
Leiden : 242
Leipzig : 33, 54, 55, 242, 244, 245, 246, 247, 252, 257, 260, 261, 267, 274, 275
Lenoncourt, card. de : 60
Leonor : 59, 60
Lérida : v. Lleida
Lescuyer, Bernard : 51
L'Herm : 36
Lia : 36
Lieftinck, G. I. : 45, 242
Liège : 44, 253
Lignano, Jean et Jacques de : 58
Lille : 20, 51, 251, 275
Lipen, Martin : 246

Lipsia : v. Leipzig
Lisboa : v. Lisbonne
Lisbonne : 14, 33, 243, 259, 262
Live, Tite : 70
Lladonosa i Pujol, J. : 268
Lleida : 74, 267, 268, 269, 270
Llorens i Fàbrega, J. : 268
Lluís Font, Pere : 254
Llull : v. Lulle
Loescher : 255
Londini : v. Londres
London : v. Londres
Londres : 9, 42, 58, 242, 244, 250, 263
Lope de Vega : 271
López, Antoni : 259
López de Menesses, A. : 68, 271
Louvain : 244, 252
Loyola, Ignacio de : 248, 249
Lubeca : v. Lubeck
Lubeck : 18, 260
Lucifer : 174, 198
Ludwig, V. O. : 246
Lugduni : v. Lyon
Lulio : v. Lulle
Llull : v. Lulle
Lulle, R. : 64, 69, 70, 71, 124, 127-141, 152, 166, 185, 186, 222-225, 230-232, 247 248, 259, 260, 272, 274, 275
 - Liber de articulis fidei seu Liber Apostrophe : 128, 131-136, 225, 230
 - Ars generalis et ultima : 129
 - Quaestiones Attrebatenses : 136
 - Ars Magna : 136, 138, 140
Lulli : v. Lulle
Lullo : v. Lulle
Lusitania : v. Portugal
Luther : 64, 275

Lyon : 9, 16, 18, 45, 47, 48, 49, 50, 51, 54, 59, 116, 118, 127, 223, 231, 244, 245, 246, 247, 249, 250, 257, 259

Mabille, Madeleine : 243
Mabillon, J. : 256
Macrobe : 69, 216
- Somnium Scipionis : 216
Madrid : 9, 14, 16, 23, 24, 39, 61, 62, 68, 74, 115, 121, 124, 149, 150, 151, 153, 156, 185, 193, 196, 241, 242, 247, 248, 250, 252, 253, 254, 255, 256, 257, 259, 260, 262, 267, 268, 269, 270, 272, 275
Mafomet : v. Mahome
Magdale, Jean : 281
Magrhib : 274
Mahome : 68, 93, 119, 218
- *Le Coran* : 216
Mahomet : v. Mahome
Maisonneuve, L. : 256
Majorque : 116, 216, 248, 272
Malhaferri : 280, 282
Mallorca : v. Majorque
Mallorques : v. Majorque
Manchester : 44
Mandonnet : 274
Mansell : 246
Marburg : 262
Marc, Jean de : 51
March, J. : 274
Marchiennes : 60
Maria : v. Marie
Marichal, Robert : 243
Marie : 30, 31, 33, 35, 36, 37, 38, 39, 40, 42, 45, 55, 56, 57, 58, 246, 272
Marie Madeleine, sainte : 280
Marimon, Josep Maria : 274
Marín Martínez, T. : 247

Martelli(o), Jean : 280, 282, 283
Martí, Ramon ou Raymond : 17, 35, 256, 260, 273, 274, 275
- Pugio fidei : 17
Martí d'Eixalà, Ramon : 256
Martí l'Humà : 25, 67, 215
Martialis, Pierre : 283
Martin V : 71
Martin, Jean : 59, 60
- La Théologie naturelle de Dom Raymond Sebon : 59-60
Martin, Louis-Aimé : 51, 52
Martin, M. : 242
Martin, Raymond : v. Martí, Ramon
Martínez Arancón, Ana : 256
Martínez de Bujanda, J. : 256
Martínez Ferrando, J. E. : 268
Martínez Gómez, L. : 247, 256
Martins, Mario : 33, 128, 162, 243, 256
Martonne : 245
Marx, J. : 32, 243
Marzorati : 248
Masai, François : 243
Maseriis, Raymond de : 283
Matter, M. : 256
Matzke, M. : 256
Maussac : 17, 18, 256, 260
Mayence : 9, 34, 43, 54, 63, 244, 248, 251, 261
Mazzantini, Albano Sorbelli : 243
McMillan : 275
Mediolani : v. Milan
Mellizo, Carlos : 256
Menandi, Hugues : 33
Menéndez y Pelayo, Marcelino : 16, 24, 257
Mercati, Angelo : 252
Metge, Bernat : 25, 69, 70, 111, 113, 215, 216, 217, 218, 219,

220, 221, 222, 270, 271, 272, 273
- *Apologia* : 25
- *Lo Somni* : 111, 113, 215-222
Metman, Josette : 243
Metz : 9, 14, 32
Meyer, G. : 36, 43, 242
Michaud : 255
Michel, Claude : 51
Michel, Pierre : 249
Middlehill : 42
Midi, le : 10, 263, 265, 266
Migne, M. L. : 254
Milan : 44, 58, 248, 262, 273
Milano : v. Milan
Millàs Vallicrosa, Josep Maria : 275
Milwaukee : 266
Miquel, Francesc A. : 275
Miracle : 261
Modena : 53, 62
Moereels, L. : 62, 246
- Viola animae, dat is Zieleviolltje : 62
Moguntia : v. Mayence
Molinier, A. : 24, 73, 265
Monachii : v. Munich
Montaigne, Michel de : 9, 17, 18, 19, 20, 21, 24, 27, 40, 51, 52, 64, 235, 248, 249, 251, 252, 253, 254, 255, 256, 258, 262, 274, 275
- Apologie de Raymond Sebond : 19
- La Théologie Naturelle de Raymond Sebond : 24, 51-52
- Essais : 19, 24, 52, 285
Montcada, Roger de : 116
Monte, Michael a : v. Montaigne
Montfaucon, B. : 243
Montoliu, Manuel de : 271

Montserrat : 248, 261, 270
Montserrat, Cebrià : 52, 260
Morel, F. : 60
Moréri, L. : 18, 257
Moureau, François : 249
München : v. Munich
Munich : 9, 36, 37, 43, 242, 252, 255, 272
Mussafia, A. : 271
Myt, Jacques : 48

Namur : 9, 14, 41, 241
Naudé : 17, 127, 257
Naudeau, Olivier : 275
Navarre : 38
Nazario de Santa Teresa, C. D. : 257
Negri : 53
New York : 44, 243, 246, 251, 262, 266, 274, 275
Nicéron : 246
Nicolas d'Amiens : 123, 124
- De arte seu articulis catholicae fidei : 123-124
Nicolas de Cues : 32
Nigri, Hugues : 282, 283
Niort : 35
Nithcolaus : 31
Nitzsch, F. A. B. : 257
Noack, L. : 257
Noë : 162, 169, 171
Noethen, Servatius : 54
Norimberga : v. Nuremberg
Norton, F. J. : 246
Norton, G. : 275
Noulet, J. B. : 257
Nourrisson, J. F. : 257
Novara : 242
Nuremberg : 47, 246

Oeniponte : v. Innsbruck
Olivar, Marçal : 273
Olschki : 243
Olwer, Nicolau d' : 220, 221, 271
Omont, Henri : 42, 243
Operarii, Berenguer : 12, 13, 30
Orvieto : 53, 242
Österreich : v. Autriche
Oudin, C. : 54, 246, 257
Ovide : 69

Oxford : 52, 61, 126, 128, 244, 262, 266, 268, 274
Oxonii : v. Oxford

Pacià, saint : 262
Pacios López, A. : 68, 272
Paffroed, Richard : 46
Paganelli, Mariano : 53
Paganus : v. Payen
Palau Dulcet, Antonio : 45, 50, 53, 55, 58, 61, 246
Pallassis, George : 254
Palma de Mallorca : 248, 275
Palmé : 259
Pampelune : 265
Panzer, G. W. : 46, 58, 246
Paris : 10, 11, 17, 18, 19, 20, 21, 24, 33, 35, 37, 38, 42, 45, 46, 47, 48, 49, 50, 51, 52, 54, 55, 57, 58, 59, 60, 61, 64, 71, 72, 74, 78, 102, 127, 141, 159, 209, 224, 233, 235, 241, 242, 243, 244, 245, 246, 247, 248, 249, 250, 251, 252, 253, 254, 255, 256, 257, 258, 259, 260, 261, 262, 265, 270, 274, 275
Parrhissiis : v. Paris
Parvi : v. Petit
Pascal : 251, 273
Paschini, Pio : 257
Pasqual, A. R. : 257

Patin, Charles : 35
Pau, sent : v. Paul, saint
Pau, Jeroni : 270
Paul, saint : 25, 159, 166, 167
 - Epître aux Romains : 102
Paul IV : 64
Paula, François de : 61
Paulus : 59
Payen, Théobald : 46, 47, 49, 59, 60
Pays-Bas : 45, 65, 242
Pellechet, Marie : 45, 246
Pelzer, August : 252
Penney, C. L. : 246
Pennsylvania : 36
Penyafort, Ramon de : 63
 - Summa de Poenitentia : 63
Perarnau i Espelt, Josep : 63, 272
Percin, J. J. : 258, 265
Pere III d'Aragon : 140, 216
Pereira, Gabriel : 243
Pérez Dubrull, A. : 257
Perpignan : 25
Pessemesse : 266
Petit, Jean : 48
Petrarca : v. Pétrarque
Pétrarque : 69, 70, 220, 248, 272, 273
 - *Africa* : 70
Petrus : v. Pierre
Phillips, Thomas : 42, 243
Picard : 264
Picavet, F. : 258
Pico della Miradolla, Giovanni : 248, 274
Pierre, saint : 34, 229
Pigat, Pierre : 11, 282
Pinçon : 245
Pise : 67
Platzeck, E. W. : 275
Pleyan, Condal, A. : 268

Poch, Joseph : 268
Pompei, Sperandio : 53
Pons, Domingo : 267, 269
Porquerii, Pierre : 280, 281
Portogallo : v. Portugal
Portola, Denis : 280
Portugal : 33, 242, 248
Possevino Mantuano, Antonio : 54, 246
Pou i Batlle, Joseph : 258
Pou i Martí, J. M. : 67, 112, 272
Pou i Rius, R. : 11, 23, 258
Poudou, F. : 258
Pring-Mill, R. : 275
Privat : 24, 254, 264, 265, 266
Probst, J. H. : 11, 127, 128, 258
Puget, Juliette : 72, 266
Puig i Oliver, Jaume de : 243, 258, 272
Pujols, Francesc : 259
Pulcro, Dominique de : 281
Pyrénées : 22, 264

Quayrats, Jean de : 266
Quentell, H. : 55, 57, 58
Quejerazu, Alfonso : 259
Quintinus : 59

Randa : 138
Rapin, René : 259
Rashdall, Hastings : 266, 268
Rayer : 246
Raynaud, Th. : 259
Rechenberger, Joseph : 246
Reggio (Emilia) : 53
Regoli, Giovanni : 53, 62
 - Theologia Naturale di Raimondo Sabunde ou Le Creature) : 53, 62
Reimmann, J. E. : 246
Reinerus : 59
Reinhardt, Ernst : 255

Reinhardt, Heinrich : 259
Renaudet, A. : 275
Rennes : 10, 264
Rennuci, Paul : 272
Requesèn : 26
Reulet, Denis : 11, 12, 13, 16, 24, 247, 249, 259
Reus : 254
Reusch : 64, 275
Revah, I. S. : 259
Rhin : 65
Rhône : 50
Ribaillier, Jean : 130, 179, 182
Riber, Llorenç : 259
Ricard, Robert : 61, 244, 259
Richard de Saint-Victor : 4, 104, 123, 130, 152, 165, 178-182, 187-189, 191, 192, 213, 225, 230, 232
 - *De Trinitate* : 104, 123, 130, 152, 178-188, 213, 225, 231
 - *Beniamin minor* : 130, 189-190
 - *Beniamin maior* : 181-182, 191-192
Rico, Francisco : 259
Riera, Antonio : 74, 269
Riera, Pablo : 53
Riera i Sans, Jaume : 68, 272
Riesco Terrero, J. : 259
Riquer, Martí de : 25, 69, 70, 116, 117, 168, 215, 221, 271, 272
Ritter, H. : 260
Rius, J. : 74
Rius i Serra, J. : 269
Rivière, Guillaume de la : 60
Rixner, Th. A. : 260
Robberti, Philip : 282, 283
Robbertus : v. Robberti
Robertes, John : 61
 - *Of the nature of man* : 61-62

INDEX DES NOMS ET DES OUVRAGES CITÉS

Roca, Joseph M. : 269
Rodière : 266
Roig Gironella, J. : 260, 271
Roig i Rey : 269
Roís de Corella, Joan : 270
Rolet : 34
Roma : v. Rome
Rome : 9, 18, 62, 64, 69, 243, 247, 248, 253, 255, 257, 271
Roquetaillade, Jean : 140
Roschach, E. : 266
Rosne : v. Rhône
Rothe, R. : 52, 63, 64, 260
Rotterdam : 9, 18, 54, 249
Rouen : 9, 13, 14, 22, 41, 51, 63
Rourera i Farré, Lluís : 243
Rovini, Robert : 274
Rubió i Lluch, Antoni : 216, 221, 269, 273
Rupe, Alricus de : 12, 13, 30
Ruygny, Charles de : 280
Rylands, John : 44

Sabauda : 9
Sabieude, R. : 9, 14, 22, 33, 35, 38, 39, 247, 260
Sabonda, R. de. : 19, 52
Sabunde : 9
Sabunde, R. (de) (von) : 9, 14, 16, 23, 32, 34, 37, 43, 46, 47, 48, 49, 50, 52, 53, 58, 62, 64, 127, 242, 243, 249, 250, 252, 254, 255, 256, 257, 259, 260, 261, 262
Sabundius, R. : 9, 42
Sabundo : 9, 11, 14, 35, 41, 45
Sabundus, R. : 9, 20, 23, 24, 29, 34, 47, 50, 53, 54, 59, 62, 67, 68, 102, 127, 247, 248, 261
Safontis : 283
Saint-Bernard (Toulouse) : 281, 282, 283

Saint-Charles, L. : 266
Saint-Nicolas in Brauweller : 35
Saint-Sernin (Toulouse) : 9, 10, 279, 280
Sainte-Barbare : 42
Sainz de Baranda : 269
Sainz de Zuñiga, G. : 267
Sainz Rodríguez, P. : 260
Sala-Molins, Louis : 260
Salamanca : 259, 260, 268
Saltet, L. : 72, 266
Samaran, Charles : 243
San Martín, paroisse : 268
Sanahuja, P. : 74, 269
Sánchez, François : 258
Sánchez Nogales, J. L. : 260
Sancto Ginerio, Blaise de : 280
Sansoni : 253
Sant Miquel d'Escornalbou : v. Escornalbou
Santander : 252
Santes Creus : 275
Santi, M. de : 266
Santiago Otero, Horacio : 34, 36, 44, 243
Sanvisenti, B. : 273
Sarlat : 254
Saturninus : v. Saint-Sernin
Savonarole : 64, 259, 260
Saxis, Jean de : 281
Scaduto, Mario : 64, 65, 260
Scaliger, J. J. : 17, 18, 260
Schaarschmidt, C. : 247, 260
Schachner, N. : 266
Scharbau, H. : 18, 260
Schaur, J. : 260
Scheeben, M. J. : 261
Schemeller, A. : 36, 242
Schenderlein, R. J. : 261
Schroeck : 261, 275
Schumann, A. : 261

Schwann, L. : 275
Sciacca, M. F. : 261
Scipió : v. Scipion
Scipion : 70, 216, 271
Scot : v. Duns Scot, Jean
Sebaudi : 9
Sebeide, R. : 9, 15, 34
Sebende, R. : 9, 14, 32, 40
Sebeyde, R. : 9, 51
Sebeydem : 9, 45
Sebiende, R. : 10, 11, 22, 279
Sebieude : 22
Sebioude, R. : 10, 11, 22, 281, 282, 283
Sebon, R. : 9, 17, 19, 20, 51, 52, 59, 60, 251, 252
Sebond, R. : 9, 19, 35, 51, 248, 249, 251, 252, 253, 254, 255, 256, 259
Sebonde, R. : 9, 42, 62
Sebonda, R. de : 9, 11, 17, 23, 44, 128, 249, 251, 253, 257, 258, 259, 260
Sebondi : 40
Sebude, R. : 9, 14, 23, 31, 37
Sebunde, R. : 50, 61
Sebundius R. : 9, 55, 56, 57, 58, 59, 61
Sebundus, R. : 58, 251
Seguiy : 283
Seidel, J. E. de. : 50
Selecta : 25, 111, 215
Sellas, Joaquin : 261
Seminiverbius, Dominicus : 55, 56, 57, 58, 247
Séneca : v. Sénèque
Sénèque : 70, 247
  - De Providentia : 70
Serène, Raymond : 11, 282
Serni, Pierre : 283
Serra Ràfols, E. : 270
Seuil : 20, 64, 235

Sevilla : v. Séville
Séville : 43
Siber, Johannes : 45
Sibieude, R. : 9, 13, 41
Sibioude, R. : 10, 11, 22, 23
Sibiuda, Ramon : 5, 9-27, 29, 32, 53-55, 62-65, 67-69, 70-75, 77-115, 117-119, 121-215, 217, 219, 221-223, 225, 230-236, 243, 247-251, 255, 256, 258- : 260, 279, 282.
v. aussi Cebeyde, Sabauda, Sabieude, Sabonde, Sabunda, Sabunde, Sabundius, Sabundo, Sabundus, Sebaudi, Sebeide, Sebende, Sebeyde, Sebeydem, Sebiende, Sebieude, Sebioude, Sebon, Sebond, Sebonda, Sebonde, Sebondi, Sebude, Sebundius, Sebundus, Sibieude, Sibioude, Sibiude
 - *Scientia libri creaturarum (Liber nature, liber de homine, liber creaturarum)* : 5, 11-16, 19-22, 24, 27, 29-50, 54-55, 62, 64-65, 67-69, 74, 77-79, 95-99, 106-109, 111-114, 117-118, 121-123, 125-126, 128-136, 139-151, 153-158, 160-166, 168-215, 219, 221-223, 230-237
 - Quaestiones disputatae : 16, 55, 62-64
 - Livre des créatures : 51-52
 - Natural theologie or the book of creatures : 52
 - Las Criaturas. Grandioso tratado del hombre : 53
Sibiude, R. (de) : 11, 22, 30, 102, 140, 251, 258, 261
Sigismond : 16
Sigwart, H. C. W. : 261
Silveli, Johannes : 32
Simler, Josias : 9, 17, 54, 261

INDEX DES NOMS ET DES OUVRAGES CITÉS

Simlerus, Josias : v. Simler, Josias
Simmler, J. : 78, 261
Sincer, Théophile : 247
Smith, C. E. : 266
Socrate : 159
Solana, M. : 275
Solisbaci : v. Sulzbach
Sonnius, Michel : 51
Soubron, Thomas : 51
Spagna : v. Espagne
Spain : v. Espagne
Sponheim : 16, 20
Stapf, Caspar : 37
Staüdlin, C. Fr. : 261
Stegmüller, Friedrich : 20, 23, 29, 30, 31, 32, 34-40, 42, 45-47, 50, 52-54, 59, 62, 78, 95, 98, 99, 102, 106, 110, 112-114, 126, 129, 139, 142, 143, 145-147, 163, 164, 189, 195 201, 206-208, 214, 219, 221, 234, 236, 247, 261
Stephanus : 58
Stevenson, H. (ior) : 62, 63, 243
Stöckl, Albert : 261
Strasbourg : 9, 43, 46, 252
Stuttgart : 20, 50, 247, 255, 261
Suárez Bárcena, R. : 261
Suède : 242
Suisse : 33, 242
Sulzbach : 20, 50, 52, 247, 260, 261
Sweden : v. Suède

Taffard : 254
Tallandier : 255
Tarragona : 275
Tarré, J. : 275
Tàrrega : 268
Tàrrega, Ramon de : 267
Taryuman, Abdallah al : v. Turmeda, Anselm

Tecnos : 256
Tennemann, W. G. : 261
Thalès : 257
Theodoricus : 282, 283
Thiboust, S. : 51
Tholosa : v. Toulouse
Thomas, saint : v. Aquin, Thomas d'
Thomas, A. : 266
Thomasius, J. : 261
Tiedemann, Dietrich : 262
Tielin, F. J. : 35
Tielt : 62
Tiguri : v. Zurich
Tissot, C. J. : 262
Toda i Güell, Eduard : 42, 244, 247
Tolède : 57
Torino v. Turin
Torras i Bages, J. : 262
Torres Amat, Fèlix : 262
Tortosa : 26, 68, 272
Toulouse : 9-11, 13-24, 27, 29, 30, 36, 71-73, 112, 128, 159, 249, 254, 257, 258, 263-267, 279-282
Tournon : 51
Tours : 270
Trastàmara : 67
Tredici, Jacinto : 260
Trento : 65
Trêves : 32, 243
Trezzano : 44, 242
Trier : v. Trêves
Trithème, J. : 9, 15, 16, 17, 18, 20, 21, 27, 55, 62, 64, 262
Trithemius : v. Trithème
Troie : 15
Tubingen : 52, 245, 261, 263, 275
Tunis : 69, 115, 116, 117
Turici : 260

Turin : 122, 252, 255, 271
Turmeda, Anselm : 68, 69, 114-119, 215, 251, 270-273
- *Tuhfa* : 68-69, 117
- *Libre de bons amonestaments* : 69, 116
- *Cobles de la divisió del regne de Mallorques* : 69, 116
- *Disputa de l'ase* : 69, 116, 117-119
- *Profecies* : 69, 116
- *Libres de tres* : 69
Turnèbe, Adrien : 19, 20
Turnebu : v. Turnèbe
Turner : 262

Ueberweg, F. : 262
Ullmann, C. : 262
Underdürncken : 37
United States : v. Etats-Unis
Urales, Federico : 262

Vagot Sobrius : 34
Vaisette : 24, 71, 72, 265, 266
Vaïsse-Cibiel, Emile : 267
Valdés, Juan de : 61, 244
Valence : 74, 138, 271, 272, 274
Valencia : v. Valence
Valentia : v. Valence
Valère, Maxime : 69, 70
- Dictorum factorumque memorabilium : 70
Valladolid : 61
Valois, Marguerite de : 251
Van Steenberghe, E. : 223-225, 230, 275
Vascosan : 50, 60
Vasoli, Cesare : 262
Vatican : 242
Vauprivas : 9, 245
Vénise : 20, 253
Vera : 275

Verboot, Fr. : 52
- Boek der natuerlichen Wyshet : 52
Verdaguer, J. : 262
Verdier, Antoine du : 9, 54, 245
Vic : 24, 71, 72, 112, 265, 266
Vidart, L. : 262
Vie, L. : 267
Vienne : 44, 241, 242, 246
Vignaux, Paul : 159, 207, 208, 232-233, 275
Vilanova, A. : 273
Vilanova, Evangelista : 262
Vilar, Johannes : 36
Villanueva, J. L. : 270
Villey, Pierre : 262, 275
Vivès, L. : 251, 252
Vives-Casajoana : 272
Vives Gatell, J. : 247
Volterra : 242
Vorländer, K. : 262
Vrin : 61, 141, 179, 209, 233, 244, 248, 270, 274, 275

Walchius, J. G. : 262
Walcourt : 41
Walkuria : v. Walcourt,
Warner, G. F. : 52, 244
Washington : 249
Webb, C. C. J. : 126, 262
Weber, Alfred : 262
Warthon, H. : 263
Wickersheimer, Ernest : 263
Wien : v. Vienne
Wilmart, Andreas : 244
Windelband, W. : 263
Wittek, Martin : 243
Wolf, J. Chr. : 263
Wolfenbüttel : 14, 44, 46, 242
Worcester : 42
Wower, J. : 9, 262
Wulf, Maurice de : 252

Yougoslavie : 242
Yugoslavia : v. Yougoslavie

Zaragoza : 271
Ziegenfuss, Werner : 263
Ziletus, Franciscus : 49
Zöckler, O. : 263
Zubiri : 247
Zurich : 9, 54, 254, 261

TABLE DES MATIÈRES

AVANT - PROPOS 5
PREMIÈRE PARTIE : BIO - BIBLIOGRAPHIE DE RAMON SIBIUDA.... 7
CHAPITRE I - Sa Vie...9
  A - Sources manuscrites 9
  B - Sources imprimées..15
  C - Deux détails autobiographiques dans le "Liber Creaturarum" ?...20
  D - La question du nom 22
  E - La langue de Ramon Sibiuda.....................................24
CHAPITRE II - Son oeuvre..29
  A - "Scientia libri creaturarum" ou "Liber Creaturarum"...........29
    1 - Manuscrits 29
      a) mss. datés...29
      b) mss. non datés..37
      c) appendice..44
    2 - Editions..45
    3 - Traductions 50
      a) traduction française anonyme de Lyon, année 1519 50
      b) traduction française de Montaigne...........................51
      c) extraits de la traduction de Montaigne......................51
      d) traduction flamande...52
      e) traduction anglaise..52
      f) traduction catalane incomplète 52
      g) traduction allemande incomplète............................52
      h) traduction italienne..53
      i) traduction espagnole 53
    4 - Refontes..54
      a) "Oculus fidei" 54
      b) Hartzheim..54
  B - "Viola Anime" 54
    1 - Editions..55
    2 - Traductions 59
      a) traductions françaises 59
        1) de Iean Martin...59
        2) de Charles Blendecq.....................................60
      b) traductions espagnoles...61
        1) anonyme de Valladolid 1549............................61
        2) d'Antonio Ares..61
      c) traduction anglaise..61

d) traduction hollandaise...62
C - "Quaestiones Disputatae"...62
D - Ramon Sibiuda et l'"Index librorum prohibitorum".................64
CHAPITRE III - Son milieu historique et culturel 67
   A - Considérations générales..67
   B - L'Université de Toulouse au temps de Ramon Sibiuda............71
   C - Les courants théologiques en Aragon au début du XVe siècle....74

DEUXIÈME PARTIE: LES SOURCES DE LA PENSÉE
PHILOSOPHIQUE DE RAMON SIBIUDA..75
   CHAPITRE IV - Description du "Scientia libri creaturarum"...............77
     A - Distribution de la matière 77
       1 - Division Générale...77
       2 - Articulations de la 1e partie..80
         a) Comparatio per convenientiam et primo generaliter 81
         b) Comparatio per convenientiam secundo specialiter........85
         c) Comparatio per differentiam et primo generaliter :
           per habere..85
         d) Comparatio per differentiam secundo specialiter : per
           cognoscere se habere...90
         e) L'amour et les autres devoirs de l'homme....................92
     B - La méthode sebondienne..95
       1 - "Scientia de homine"...95
         a) Objet...95
         b) Caractéristiques...95
         c) Sources..96
       2 - "Certitudo, experientia" 99
       3 - "Rationes probantes"...105
       4 - "Regulae" 108
   CHAPITRE V - Sources externes du "Liber Creaturarum" 111
     A - Crise des valeurs chrétiennes 111
     B - Polémique antimusulmane : l'affaire Turmeda......................114
   CHAPITRE VI - Sources internes du "Liber Creaturarum"..................121
     A - La tradition apologétique du Moyen Age et
       le "Liber Creaturarum" 121
       1 - Alain de Lille 121
       2 - Nicolas d'Amiens 123
       3 - Saint Thomas..124
       4 - Ramon Lulle et le lullisme de Ramon Sibiuda................127
         a) La question..127
         b) Le lullisme sebondien d'après les Carreras i Artau......129
         c) Thomas le Myésier et Ramon Sibiuda......................136

TABLE DES MATIÈRES

```
        d) Sibiuda et Jaume Janer.................................................138
        e) Conclusion.................................................................140
B - La tradition augustinienne dans le "Liber Creaturarum"............141
    1 - Augustin.......................................................................141
        a) Point de départ: la foi et la raison............................141
        b) La place de la connaissance de soi - même................145
        c) Idées métaphysiques..............................................146
        d) Morale..................................................................148
        e) Conclusion.............................................................150
    2 - Saint Anselme................................................................151
        a) Monologion...........................................................151
        b) Proslogion............................................................153
        c) Cur Deus homo......................................................156
        d) Conclusion.............................................................158
    3 - Saint Bernard.................................................................158
    4 - Hugues de Saint - Victor.................................................162
        a) L'idée du monde comme un livre.............................163
        b) La connaissance de soi - même...............................164
        c) Spéculation trinitaire dans un contexte rationnel........165
        d) Les dons de Dieu à l'homme....................................167
        d') Toutes choses sont au service de l'homme................169
        e) Evaluation de l'homme. Le libre arbitre....................171
        f) Immortalité de l'âme..............................................173
        g) La chute des anges et le péché de l'homme................174
        h) Clercs et laïcs.......................................................176
        i) Mariage chrétien....................................................177
    5 - Richard de Saint - Victor.................................................178
        a) Le "De Trinitate" et le "Liber Creaturarum".............179
        b) Les deux "Beniamin" et le "Liber Creaturarum"........189
    6 - Saint Bonaventure..........................................................192
    7 - Duns Scot.....................................................................205
        a) Les rapports de la philosophie et de la théologie........206
        b) Idées scotistes dans le "Liber Creaturarum"..............208
    8 - Conclusion....................................................................213
C - Genèse de la pensée de Ramon Sibiuda.....................................214
    1 - Situation historique du "Liber Creaturarum"...................215
        a) Humanisme et crise de valeurs chrétiennes dans
           "Lo Somni" de Bernard Metge................................215
        b) L'attaque de Gerson contre Raymond Lulle..............222
        c) Sibiuda et Gerson..................................................230
    2 - Ramon Sibiuda et la philosophie.....................................232
```

　　　　　a) Sens et limites du "socratisme chrétien"
　　　　　　　de Ramon Sibiuda 233
　　　　　b) Le "Liber Creaturarum" comme essai de philosophie
　　　　　　　de la religion chrétienne 235

BIBLIOGRAPHIE 237
　I - Sources 241
　　　A - Manuscrits 241
　　　B - Editions 244
　　　C - Données bio - bibliographiques 247
　II - Milieu historique et culturel 263
　　　A - Université de Toulouse 263
　　　B - Université de Lleida (Lérida) 267
　　　C - Courants de pensée 270
　III - Bibliographie auxiliaire 273

APPENDICE
　Documents d'archives qui donnent des références sur
　Ramon Sibiuda 279

INDEX 285
　Index des thèmes 287
　Index des manuscrits cités 291
　Index des noms et des ouvrages cités 293

TABLE DES MATIÈRES 313

*Achevé d'imprimer en 1994
à Genève – Suisse.*